D1723191

Schriftenreihe

Studien zur Schulpädagogik

Band 45

ISSN 1435-6538

Verlag Dr. Kovač

Ulrike Graf

Schulleistung
im Spiegel kindlicher Wahrnehmungs-
und Deutungsarbeit

Eine qualitativ-explorative Studie
zur Grundlegung selbstreflexiven Leistens
im ersten Schuljahr

Verlag Dr. Kovač

VERLAG DR. KOVAČ

Arnoldstraße 49 · 22763 Hamburg · Tel. 040 - 39 88 80-0 · Fax 040 - 39 88 80-55

E-Mail info@verlagdrkovac.de · Internet www.verlagdrkovac.de

Bibliografische Information Der Deutschen Bibliothek
Die Deutsche Bibliothek verzeichnet diese Publikation
in der Deutschen Nationalbibliographie;
detaillierte bibliografische Daten sind im Internet
über http://dnb.ddb.de abrufbar.

ISSN 1435-6538
ISBN 3-8300-1602-6

Zugl.: Dissertation, Pädagogische Hochschule Ludwigsburg, 2004

© VERLAG DR. KOVAČ in Hamburg 2004

Umschlagillustration: Bearbeitung Anne Klug

Ich danke

Anna
Anna-Lisa
Ariel
Carlotta
Carmen
Charlotte
Claudia
Davidos
Dilec
Elisabeth
Emanuelos
Ercan
Fabian
Friederike
Gundula
Gustavios
Heike
Jan
Julius
Karsten
Manuel
Marc
Michael
Miriam
Norbert
Paul
Peter
Richard
Richi
Robert
Rolf
Sabine
Sebastian
Stina
Thea
Theo
Theresia
Timo
Tolga
Torben
Torsten
Victor

und ihren Lehrerinnen

Gewidmet meinen Patentöchtern Julia G., Hanna B. und Julia T.,
die durch beachtliche und beachtete Leistungen in den Feldern ihrer Begabungen
viel Freude erleben und Freude schenken.

Inhaltsverzeichnis

Vorwort

Um im Sprachbild des Themas zu bleiben: Wenn ich die vorliegende Arbeit in ihrem Entstehungsprozess reflektiere, verdankt sich ihre „Leistung" einer Reihe von Menschen, die mich mit ihren vielfältigen Gaben fachlich und persönlich begleitet haben.

Ich danke Frau Professorin Dr. Edeltraud Röbe für den großen pädagogischen Bogen, den sie immer wieder über die Einzelschritte spannte und ihnen damit einen Sinn-Horizont gab. Ich habe in ihr, der Leiterin des Teilprojekts „Wie Grundschulkinder ihre Leistungen sehen und verstehen", eine Erstbetreuerin gefunden, in deren Begleitung ich das Hauptaugenmerk meines schulpraktischen Handelns wissenschaftlich-forschend zu vertiefen lernte: die Frage nach der Bedeutung erziehlichen und unterrichtlichen Handelns für das einzelne Kind. Frau Röbe hat sich in den vergangenen drei Jahren unermüdlich zugunsten einer promotionsförderlichen Arbeitssituation engagiert und fand jederzeit Raum für die Besprechung anstehender Fragen. Ich nehme aus diesen Gesprächen die dankbare Erfahrung mit, dass Forschungsaufgaben manchmal eine langfristige Verteidigung brauchen und verdienen.

Ich danke meiner Zweitbetreuerin Frau Professorin Dr. Dorothee Freudenreich, die mit ihrem erfahrenen Blick wissenschaftlicher *und* ganzheitlicher Ansätze in Leben und Forschung meine Arbeit immer wieder würdigte, ihr kritische Anregung und mir Ermutigung schenkte.

Ich danke den Mitgliedern des interdisziplinären Forschungs- und Nachwuchskollegs „Lehr- und Lernprozesse in der Ausbildung und Entwicklung der Lese- und Schreibfähigkeit" unter Leitung von Frau Professorin Dr. Iris Füssenich, die mir in den regelmäßigen Kolloquien und Fachtagungen durch Anerkennung der Stärken und Kritik wertvolle Impulse für die Weiterarbeit gaben.

Ich bin dankbar für die Möglichkeit der beruflichen Freistellung durch die Einrichtung des Forschungs- und Nachwuchskollegs im Land Baden-Württemberg.

Ich danke meinen KollegInnen auf den unterschiedlichen Qualifikationswegen - Regine Morys, Gertrud Binder, Dr. Cordula Löffler, Carsten Gehring und Dr. Petra Schulz - für viele Gespräche, in denen manche zwischenzeitlichen Unübersichtlichkeiten Klärung fanden und Teilerfolge gefeiert wurden.

Ich danke meiner Bürogenossin und Weggefährtin Martina Knörzer, die über viele fachliche und private Gespräche zu unseren Arbeiten zur Freundin wurde.

Ich danke von Herzen meinen Freundinnen und Freunden, die bereit waren, im Laufe der Jahre mit Namen und Themen der Arbeit vertraut zu werden, mir die nötige Balance zur beruflichen Anstrengung leicht machten und meinen Blick immer wieder auf das lenkten, was mir in der Verbindung von Leben und Arbeit wichtig ist. Sie halfen auch, die Nähe zur Wirklichkeit Schule aus nicht-wissenschaftlicher Sicht aufrecht zu erhalten. Es sind: *Lydia*, Rudi, Julia, *Ingrid*, *Irene*, Jutta, *Wolfgang*, Cornelie, Martin, Maria, Michael, Uschi, Birgit, Brigitte, Gudrun, Peter, Simone. Einige von ihnen *(Namen kursiv)* haben ebenso wie mein geschätzter Kollege Dr. Heinz Risel in der üblichen Eile der Schlussphase bereitwillig die Mühe des Korrekturlesens übernommen.

Ich danke meiner Familie, die meinen bisherigen verschiedenen beruflichen Wegen immer offen gegenüberstand.

Ich danke meiner Lehrmeisterin Ilsetraud, die mir durch ihre profunde Lebens- und Menschenkenntnis immer wieder einen neuen Blick auf vertraute Dinge ermöglichte, so dass Wertvolles wertvoll blieb und Beschwerliches leichter werden konnte.

Ich danke den namentlich aufgeführten Kindern und ihren LehrerInnen, die in der sensiblen und prägenden Zeit des Schulanfangs ihre tägliche Unterrichtsarbeit für die Forschungsfragen und meine Erhebungsarbeit öffneten. Das Interesse der Lehrerinnen war ein Geschenk für das Anliegen der Arbeit.

Ich danke den wissenschaftlichen Hilfskräften Ramona Käfer und Marit Arntz, die sich der detailreichen Arbeit der Transkription widmeten.

Was Berufsbiografie und Alter anbetrifft, sind die drei am engsten mit der Arbeit betrauten Menschen – Dorothee Freudenreich, Edeltraud Röbe und ich - Frauen dreier Generationen. Ich erlebe das im Nachhinein als Spiegel und Achtung einer Wirklichkeit, in der und von der wir leben.

11. Dezember 2003   Ulrike Graf

„Wir tun gut an dem Versuch,
die Sicht des Kindes zu sehen und zu hören
und nicht Strukturen aufzubauen,
in denen jene Sicht der Kinder nicht
gesehen oder gehört werden kann."

MARGARET CARR (2002)[1]

TEIL I: **Schulleistung in der pädagogischen Diskussion**

KAPITEL I: **Das Forschungsinteresse der Studie**

1.1 Selbstreflexives Leisten als Aufgabe der Humanisierung einer leistungsorientierten Schule

Das Thema „Leistung" begegnet dem Menschen in einem polaren Bedingungsfeld: Internal erfährt er es als anthropologisches Grundbedürfnis, das seine Entwicklung von Anfang an begleitet und prägt. In der äußeren Realität unserer Zeit und Kultur begegnet er einem gesellschaftlich virulenten Leistungsverständnis, das in der Fast-Ausschließlichkeit der Superlative gipfelt. Superlative leben vom Vergleich. Wo dieser Vergleich bewertet, produziert er GewinnerInnen und VersagerInnen. Längst hat dieser gesellschaftliche Leistungsbegriff (zu) breiten Raum in der Leistungspraxis des Unterrichts mit ihren dazugehörigen Rückmeldekulturen gefunden. Gehören Erfolg und die Erfahrung von Defiziten zu jeder Biografie, werden sie in unseren Schulen sehr häufig zum Wettlauf um die Plätze derer, die gewinnen – und verlieren. Zu den Grundrechten der Bildung muss es gehören, dass Leistung zur „differenzierte(n) Teilhabe" (TITZE 2000, 54) und nicht zum Ausschluss führt. Dabei ist es noch nicht die „Leistung an sich", die diese Folgen hat. Ihre Wahrnehmung und Deutung entscheidet darüber, wie sie beim Kind auf der Haben-Seite seiner *Personalisation* (WURZBACHER 1968)[2] verbucht wird. Welchen unseligen Anteil das Notensystem daran

---

[1] Im Original: „We do well to try to see or hear the child's point of view, and not to set up structures in which that viewpoint cannot be seen or heard" (CARR 2002, 42). Übersetzung ins Deutsche von Anne Bastian.
[2] WURZBACHER unterscheidet die drei Begriffe **Sozialisation, Enkulturation** und **Personalisation** folgendermaßen: „S o z i a l i s a t i o n [...] als Vorgang der Führung, Betreuung und Prägung des Menschen durch die Verhaltenserwartungen und Verhaltenskontrollen seiner Beziehungspartner – auch in ihrer durch ihn zum Leitbild oder „Über-Ich" verinnerlichten Form"; „Sie zwingt ihn, sich funktional dem jeweiligen sozialen Wirkungsganzen ein- und unterzuordnen, eine zugewiesene Position anzunehmen und auch seinerseits Rollenträger und

hat, ist vielfach beschrieben (z.B. SACHER 2002; VIERLINGER 1999, 40-66). Inzwischen haben sich Alternativen – in reformorientierten Schulen als durchgängiges Prinzip, in Regelschulen als Pädagogisierung der Anfänge schulisch-systematischen Lernens – bewährt. Viele LehrerInnen haben sich in ihrem täglichen Unterricht auf den Weg gemacht, zusätzlich zu den verpflichtenden Rückmeldeformen Wege der Leistungsbegleitung für ihre SchülerInnen zu finden, die die Unausweichlichkeit des Themas ertragreicher macht. Dass „Fehler" statt zur Verurteilung als Lernchancen genutzt werden können, ist nicht neu und vielen dabei im Blick. Zur weiteren stetigen Humanisierung[3] der Schule fehlt eine wichtige Perspektive: die Sicht derer, um deren Leistung es geht, die der Schülerinnen und Schüler.[4] Denn Fremdbewertung durchzieht den Umgang mit der Leistung. Wer Kinder zu lebenslangem selbstverantworteten Lernen befähigen will, darf sie nicht einer alleinigen fremdbestimmten Struktur in der Beurteilung und Bewertung überlassen, da diese den „heimlichen Lerneffekt" zeitigt: Was ich für gelungen oder misslungen halte, hängt völlig vom Urteil anderer, wohl kompetenter Erwachsener ab. Ein Lehrer der Ecole d'Humanité[5] hat es auf einem Elternabend so ausgedrückt: „Wenn wir

---

-partner zu werden" (1968, 12.) In Deutschland hat in den 1980er Jahren ein Paradigmenwechsel zu einem erweiterten Verständnis von Sozialisation „als **produktive** (Hervorhebung U.G.) Verarbeitung der inneren und äußeren Realität geführt" – HURRELMANN/BRÜNDEL 2003, 42). E n k u l t u r a t i o n bedeutet „eine gruppen- wie personspezifische Aneignung und Verinnerlichung von Erfahrungen, „Gütern", Maßstäben und Symbolen der Kultur zur Erhaltung, Entfaltung und Sinndeutung der eigenen wie der Gruppenexistenz" (1968, 14). P e r s o n a l i s a t i o n definiert WURZBACHER als „Selbstformung und -steuerung der eigenen Triebstrukturen wie als sinngebende, koordinierende und verantwortliche gestaltende Rückwirkung des Individuums auf die Faktoren Gesellschaft und Kultur"; „Personalisation bedeutet somit Ausbildung und Anwendung der menschlichen Fähigkeit zur Integration des sozialen und kulturellen P l u r a l i s m u s" (1968, 14). Die Sozialisation im schulischen Bewertungssystem birgt Chancen, wo sie auch als Raum der Personalisation wahrgenommen, angeboten und genutzt wird.
[3] Aus der traurigen Sammlung vieler Gegenbeispiele eines humanen Schullebens bei Kurt SINGER (1998): „Die Würde des Schülers ist antastbar" ergibt ein starker Handlungsimpuls, Alternativen zu finden.
[4] In Teil I Kapitel 3.3 wird auf veröffentlichte Unterrichtsversuche hingewiesen. Es mag viele weitere unerwähnte geben, die im Verborgenen eines einzelnen Klassenzimmers oder an manchen Schulen im Konsens vieler LehrerInnen existieren. Ihrer sei in der Defizitbeschreibung ausdrücklich gedacht. Die betreffenden KollegInnen seien ermutigt, ihre Arbeit zu multiplizieren und zu veröffentlichen.
[5] Sie ist eine Niederlassung der ehemaligen Odenwaldschule (Paul Geheeb und Edith Cassirer-Geheeb) in Hasliberg-Goldern in der Schweiz und wurde jahrelang durch Ruth C. Cohn (s. Teil I Kapitel 2.1.5 – Abschnitt über Themenzentrierte Interaktion) in ihrer Arbeit begleitet.

Heranwachsende zum selbstständigen, lebenslangen Lernen befähigen wollen, müssen wir ihre Fähigkeiten zur Selbstbeurteilung fördern."[6]

Darum geht es: Die Kinder auf ihrem Weg zunehmender Selbststeuerung zu begleiten und in diesen Prozess das in der Schule unausweichliche und oftmals tabuierte Thema Leistung hineinzunehmen.

Denn die Leistungsorientierung bleibt ein Gütekriterium der Schule. Als sie im 18./19. Jahrhundert die Funktion der Allokation und Selektion übernahm, markierte das einen enormen Fortschritt gegenüber der Statuszuweisung durch Geburt und Besitz. Heute sehen wir uns der Tatsache gegenüber, dass soziale Herkunft und schulischer Leistungserfolg in Deutschland eng korrelieren (PISA 2001). Ein Skandal und eine Aufgabe nach einer Zeit, die vor ca. einem Jahrhundert eine große reformpädagogische Tradition kannte und sich in den 70er Jahren einer größeren Bildungsgerechtigkeit verschrieb.

Diese Gerechtigkeit setzt bei den „VerliererInnen" des momentanen Systems an: den leistungsschwächeren Kindern bzw. bei den Bereichen, in denen einzelne Kinder sich im unteren Niveau wiederfinden. Sie sind früh „Abkühlungsprozessen" (TITZE 2000, 53) ausgesetzt. Viele Bemühungen konzentrieren sich auf „subjektive „Leistungsnischen""" (HELMKE 1998, 130; vgl. auch SCHOLASTIK 1997, 382), in denen die Kinder selbstwertdienliche Leistungserfahrungen machen können. Nur: Das Thema Leistung ist damit nicht in allen schullaufbahnrelevanten Feldern gelöst. „Ab einem bestimmten Punkt in der Schullaufbahn wird den Schülern bewusst, dass es gegenüber dem schulischen Leistungsprinzip kein Ausweichen gibt" (NITTEL 2001, 449). Angesichts der Unausweichlichkeit der Leistung in der Schule geht es um eine **Pädagogisierung der Leistung** – angefangen von der Aufgabenstellung, in der sie sich konkretisiert (RÖBE 2000) und auf das Kind zukommt, bis hin zur Wahrnehmung und Deutung des Leistungsproduktes einschließlich des vorangegangenen Leistungsprozesses.

Die vorliegende Untersuchung konzentriert sich auf den Bereich der **Leistungsselbstreflexion** als Teil und Bedingung einer **veränderten und (sich) verändernden Rückmeldekultur:** Wir[7] haben das Kind als Akteur seines Lern- und

---

[6] F. BÄCHTOLD auf einem Elterntag im November 2000, in: www.ecole.ch/elterntag.htm vom 15.03.2001.

[7] An dieser und anderen Stellen steht „Wir" für das Kolleg-Team von Teilprojekt 3, s.

Abbildung 1: Das Forschungs- und Nachwuchskolleg (FuN-Kolleg) im Überblick im anschließenden Kapitel 1.3.

Leistungshandelns in den Dialog mit sich selbst, mit Mit-Lernenden und signfkanten Anderen (Lehrerin, Eltern) geführt. Im Sinne der Grundlegung von Bildung sind wir dabei ausschließlich auf SchulanfängerInnen zugegangen und haben von den ersten Schulwochen an die Leistungsfremdbewertung für eine dialogische Leistungsbetrachtung geöffnet, in der das Kind Platz hatte für seine Wahrnehmung und Deutung der erbrachten Leistungen. Das Forschungsinteresse galt der Frage: Können und werden die jüngsten Schulkinder sich auf Selbstreflexionsangebote einlassen? Wenn ja: Welche Antworten werden sie generieren? Schließlich: Welche dialogorientierten Rückmelde-Elemente werden sich in den Unterricht implementieren lassen?

Wir haben dabei an eine „anthropologische Ressource" angeknüpft: Kinder wollen leisten. Sie stehen – wie Erwachsene – in einem Bedingungsfeld von Aufgaben, die sie sich zu eigen machen wollen. Leistung als eine solche Aufgabe soll vom Anfang der Schulzeit an im Sinne der Persönlichkeitsförderung dazugehören. Auf dass der Sog einer „Salutogenese" (VAN DER GROEBEN, in: RÖBE 1999, 17) entstehe!

1.2   Einordnung der Arbeit in ein interdisziplinäre Projekt

Die vorliegende Arbeit ist im Rahmen des interdisziplinären Forschungs- und Nachwuchskollegs „Lehr- und Lernprozesse bei der Ausbildung und Entwicklung der Lese- und Schreibfähigkeit in der Primarstufe" an der Pädagogischen Hochschule Ludwigsburg (Baden-Württemberg) entstanden. In dem Kolleg kooperierten drei Jahre lang KollegInnen der Fächer Sonderpädagogik, Abteilung Sprachbehindertenpädagogik (Pädagogische Hochschule Ludwigsburg/Außenstelle Reutlingen), Deutsch, Abteilung Sprache und Literatur (Pädagogische Hochschule Schwäbisch Gmünd) sowie Erziehungswissenschaft, Abteilung Pädagogik und Didaktik der Primarstufe (Pädagogische Hochschule Ludwigsburg). Die thematische und personelle Kooperation im Projektabschnitt 1 stelle ich in einer Übersicht dar:

Interdisziplinäres Forschungs- und Nachwuchskolleg „Lehr- und Lernprozesse bei der Ausbildung und Entwicklung der Lese- und Schreibfähigkeit in der Primarstufe" (Projektabschnitt 1, 2000 bis 2003) der Pädagogischen Hochschulen Ludwigsburg mit Außenstelle Reutlingen und Schwäbisch Gmünd		
Teilprojekt 1	Teilprojekt 3	Teilprojekt 2
„Prävention von Analphabetismus in den ersten beiden Schuljahren"	„Leistung in der Grundschule: Wie Grundschulkinder ihre (Schul-)Leistungen sehen und verstehen"	„Ausbau fortgeschrittener Lesestrategien nach dem Erwerb der alphabetischen Phase. Förderung von Kindern mit Leseschwierigkeiten in Klasse 2 bis 4"
Fakultät für Sonderpädagogik, Abteilung Sprach-behindertenpädagogik	Fakultät für Erziehungs- und Gesellschafts-wissenschaften, Abteilung Pädagogik und Didaktik der Primarstufe	Fakultät II, Institut für Sprache und Literatur
Leitung: Prof'in Dr. Iris Füssenich (Ludwigsburg-Reutlingen) Wissenschaftliche Mitarbeiterin: Dr. Cordula Löffler (Habilitation)	Leitung: Prof'in Dr. Edeltraud Röbe(Ludwigsburg) Mitarbeiterinnen: Ulrike Graf (Promotion, Kooperation mit Teilprojekt 1) Regine Morys (Promotion, Kooperation mit Teilprojekt 2) Gertrud Binder (Promotion, Kooperation mit Teilprojekt 1)[8]	Leitung: Prof'in Dr. Annegret von Wedel-Wolff, Prof. Dr. Manfred Wespel (beide Schwäbisch Gmünd) Mitarbeiter: Carsten Gehring (Promotion)
Kooperation Teilprojekt 1 und 3/1: • untersuchte Klassen von Teilprojekt 3/1 = Segment des Samples von Teilprojekt 1 • gemeinsame Untersuchungsplanung • gegenseitige personelle Unterstützung bei der Erhebung • gemeinsam durchgeführte LehrerInnenfortbildungen (s. TEIL II, 1.7)		Kooperation Teilprojekt 2 und 3/2: • untersuchte Kinder von Teilprojekt 3/2 = Segment des Samples von Teilprojekt 2 • gemeinsame Untersuchungsplanung • gegenseitige personelle Unterstützung bei der Erhebung • gemeinsam durchgeführte LehrerInnenfortbildungen
regelmäßige Kollegsitzungen und gemeinsame Fachtagungen mit externen ExpertInnen		

Abbildung 1:   **Das Forschungs- und Nachwuchskolleg (FuN-Kolleg) im Überblick**

---

[8] Frau Gertrud Binder wurde im Jahr 2000 aus ihrer Stellung als stellvertretende Seminardirektorin pensioniert. Seitdem führt sie „ehrenamtlich" die von mir begonnene Untersuchungsarbeit in den Folgeschuljahren mit erweitertem Erhebungsinstrumentarium durch.

Die vorliegende Arbeit ist aus der Mitwirkung in Teilprojekt 3 „Wie Grundschulkinder ihre (Schul-)Leistungen sehen und verstehen" entstanden.

Absicht des Gesamtkollegs war es, der gegenseitigen Verwiesenheit fachwissenschaftlicher bzw. fachdidaktischer Fragen auf die erziehungswissenschaftliche Perspektive und umgekehrt einen Handlungsrahmen zu geben. Das geschah anhand der Gegenstandsbereiche *Schriftspracherwerb*, der immer in schulpädagogisch zu beleuchtende Lernarrangements eingebettet ist, und *Leistenlernen*, das stets an einem konkreten Lerngegenstand geschieht.

Die interdisziplinäre Zusammenarbeit verwirklichte sich

- in gemeinsamen Erhebungsplanungen, damit die Kinder und LehrerInnen maßvoll beansprucht waren;
- in Absprachen bezüglich des Einsatzes bzw. der Entwicklung von Erhebungsinstrumenten;
- in gemeinsamer Diskussion von Beobachtungen und Zwischenergebnissen, die in die weiteren Erhebungsplanungen mit einflossen;
- in teilweise gegenseitiger personeller Unterstützung bei der Erhebungsdurchführung, so dass eine Vertrautheit mit den Kindern und deren Diagnoseergebnissen entstand;
- in gemeinsam durchgeführten LehrerInnenfortbildungen (im Fall der Teilprojekte 1 und 3 über zweieinhalb Jahre hinweg), deren Ziel es war, die Untersuchungsergebnisse in eine erweiterte Handlungskompetenz der LehrerInnen zu „konvertieren".

KAPITEL II: Schulleistung als Gegenstand pädagogischer Forschung

2.1   Forderung nach einem pädagogischen Leistungsbegriff für die Regelgrundschule – problemgeschichtliche Aspekte

2.1.1   Leistungsbegriffe aus der Perspektive unterschiedlicher wissenschaftlicher Disziplinen – ein Gemengelage von Wirkfaktoren im pädagogischen Kontext

HANS-CHRISTIAN FLOREK (1999, 14 – 20) skizziert in seiner Überblicksdarstellung die Leistungsbegriffe folgender wissenschaftlicher Disziplinen, die als Nachbar- oder Bezugsdisziplinen der Erziehungswissenschaft für den pädagogischen Leistungsbegriff eine Rolle spielen:

In der **Psychologie** ist HEINZ HECKHAUSEN mit seiner Leistungsmotivationsforschung führend. Schulpädagogisch relevante Ergebnisse seiner Arbeit sind:

- Tüchtigkeit gilt als Maßstab für Handlungen und deren Ergebnisse.
- Erfolg und Misserfolg haben Auswirkungen auf die Leistungsbereitschaft einer Person.
- „Fähigkeit" und „Anstrengung" werden unterschieden (wobei gerade diese Unterscheidung für Kinder im Grundschulalter nach der SCHOLASTIK-Studie noch nicht möglich zu sein scheint, SCHOLASTIK 1997, 334/335.)
- Im Mittelpunkt steht das Verhältnis des Individuums zu seiner Handlung bzw. zu seinem Handlungsergebnis.

Nach RALF SCHWARZER UND MATTHIAS JERUSALEM (2002) wird angenommen, dass Selbstwirksamkeitserwartungen (self-efficacy) das Leistungshandeln regulieren. Selbstwirksamkeitserwartungen beschreiben die „subjektive Gewissheit, neue oder schwierige Anforderungssituationen auf Grund eigener Kompetenz bewältigen zu können" (a.a.O., 35). „Neue oder schwierige Aufgabensituationen" sind solche, zu deren Lösung nicht einfach Routine ausreicht, sondern „Anstrengung und Ausdauer" für die Bewältigung erforderlich sind (a.a.O., 35). Die Selbstwirksamkeitserwartungen werden von folgenden Faktoren beeinflusst (SCHWARZER/JERUSALEM 2002, 42 – 48):

(1) Erfolgserfahrungen

(2) nachahmendes Modelllernen: Jemand erlebt bei einer/einem Anderen, dass und wie sie/er eine schwierige Aufgabe erfolgreich bewältigt. Solche Erfahrungen

scheinen besonders wirksam, wenn die betreffenden Anderen die gleiche oder ähnliche Position besitzen – im Fall von Schule also gleichaltrige oder ältere MitschülerInnen (Tutorien nutzen diesen Mechanismus).

(3) Überredungen wie „Du kannst das". Sie sollten möglichst verbunden sein mit einer durch Anstrengung bewirkten Erfolgserfahrung, um nicht gegenteilig zu wirken.

(4) die Leistungshandlung begleitende Gefühlsregungen: Selbstvertrauen in Regulationskompetenzen sind selbstwirksamkeitsförderlicher als Versagensangst.

(5) Nahziele: Erreichte Ziele wirken im Sinn von Erfolgserfahrungen (s. (1)). Nahziele erhöhen die Frequenz und die damit verbundenen Gefühlsregungen (s. (4)) von Selbstwirksamkeit, wenn die Zielerreichung selbstwirksam interpretiert wird.

(6) Fördern von Bewältigungsstrategien: Das geschieht in einer selbstwirksamkeitsdienlichen Ursachenzuschreibung. Leistung sollte deshalb als „Diagnose des persönlichen Lernfortschrittes zurückgemeldet werden" (SCHWARZER/JERUSALEM 2002, 47).

Schulpädagogische Impulse:

1. In der Unterrichtswirklichkeit ist die Tüchtigkeit in Form von Ermunterungen „in aller Munde", z.B. wenn an ein Kind die Aufforderung ergeht „Übe fleißig!" Hier wird lediglich die Tüchtigkeit angesprochen ohne konkrete, von fachdidaktischer Kenntnis getragene Hinweise auf Übungsstrategien oder -inhalte.

2. Schon von Beginn der Schulbiografie an machen Kinder die Erfahrung von Erfolg und Misserfolg – einerseits in Fortsetzung ihrer vorschulischen „natürlichen" Lebenserfahrung, andererseits in neuer Konnotation: Der Erfolg bzw. Misserfolg wird bei den „signifikanten Anderen" (MEAD), also den für die emotionale Entwicklung relevanten Bezugspersonen neu verbucht – er bedingt in vielen Fällen die emotionale Beziehung, droht damit in der Wahrnehmung der Kinder zu einem personenbezogenen Wertmaßstab zu werden. Die Frage nach einer humanen, persönlichkeitsförderlichen (Miss-)Erfolgs-Rückmeldepraxis erhebt sich, die die Leistungsbereitschaft – ein wesentlicher Faktor auch der Leistungsfähigkeit – auf möglichst hohem Niveau aufrechterhält. Damit muss eine Ursachenzuschreibung verbunden sein, die dem Kind seine persönliche Investition als Erfolgsfaktor transparent macht.

3. Dass Fähigkeit und Anstrengung im Grundschulalter noch nicht unterschieden werden können, hat Auswirkungen auf das Selbstkonzept eines Kindes: Wenn es sich sehr anstrengt, die Anstrengung mit seiner Fähigkeit gleichsetzt und weiterhin Misserfolg zeitigt, muss es sich einen mangelnden Einsatz vorwerfen. Denn die Anstrengung als variable Größe liegt in seiner Verfügbarkeit – bei Gleichsetzung beider Phänomene dann auch die Fähigkeit. Diese jedoch gilt als in gewissem Maße invariable Größe – wobei sie durch die investierte zeitliche Anstrengung – also Fleiß – entfaltet werden kann.

   Konkret wird die Dramatik bei Kindern, die z.B. Woche für Woche ein Übungsdiktat schreiben müssen, und jeder weiß dabei, dass sie bestenfalls eine „fünf" bekommen werden. Die Frage, wie hier Leistungsverdrossenheit vermieden werden kann, ist für die lebenslange Leistungsbereitschaft einer Person relevant. Wir haben uns deshalb dem ersten Schuljahr als Untersuchungszeitraum gewidmet, weil hier Schulerfahrungen und der daraus resultierende Umgang mit schulischen und später berufs- und gesellschaftsrelevanten Themen wie z.B. der Leistung grundgelegt werden.

4. Die Beziehung zwischen dem Individuum und seinem Handlungsergebnis bzw. seiner Handlung scheint mir über die Schule hinaus anthropologische Relevanz zu haben: Denn der Werkstolz ist etwas jedem Kind eigenes, wenn es dafür Ermutigung und Bestätigung erfährt – was auch für jeden Erwachsenen in den verschiedensten Kontexten wünschenswert ist, weil hier durch die Beziehung zum Werk bzw. schon zum Entstehungsprozess eines Werkes die sachmotivierte Zuwendung grundgelegt werden kann. Diese ist unter der Perspektive der Aufgabe - selbstgestellter Aufgaben bis hin zu „Lebens-Aufgaben" - elementar, um Menschen nicht nur zum Gehorsam in der Ausführung von Aufgaben zu bewegen, sondern sie zur Selbstleitung zu befähigen.

Die **Soziologie** beschreibt das Leistungsprinzip als Ordnungskriterium der sozialen Beziehungen und der gesellschaftlichen Stellung (Allokationsfunktion): Positionen, Laufbahnen, Güter und Lebenschancen werden über Leistungen verteilt. Die Einführung dieses Prinzips markierte in den demokratisch verfassten Gesellschaften einen großen Fortschritt gegenüber der Allokation durch Geburt und Stand.

Die Zeit, in der Kinder nach ihrer Leistung einen Platz weiter vorne bzw. weiter hinten im Klassenzimmer zugewiesen bekamen, ist Gott sei Dank pädagogische Vergangenheit. Allerdings ist in der Elternarbeit an Schulen deutlich zu spüren, wie sehr die Allokationsfunktion späterer Schulabschlüsse schon in das erste Schuljahr hineinwirkt: Zum Hauptanliegen sind vielfach[9] in Ziffern messbare Leistungsergebnisse geworden. Die Aufrechterhaltung der Leistungsbereitschaft – ich behaupte, ErstklässlerInnen bringen sie ungebrochen mit in die Schule – gerät dabei leicht aus dem Blick; ebenso wie die Selbststeuerungs- und sachbezogene Motivationskomponente der Leistung: Kinder verweigern sich einem ausschließlichen Zukunftsbezug ihrer Leistung. Für sie ist ein gegenwärtig erfahrbarer Sinn ihrer Aufgaben und Handlungen wichtig. Und sie haben einen Anspruch darauf. Unser Interesse galt unter anderem der Erhebung leistungsrelevanter Einstellungen zu ausgewählten Unterrichtsaspekten. Wir verbanden damit die Absicht, mögliche Sinndimensionen, die die Kinder mit ihrem konkreten Leistungshandeln verbinden, zu eruieren.

Der Vollständigkeit halber sei die **Jurisprudenz** erwähnt, die ein Schuldverhältnis als „Leistungsbeziehung" definiert.

In der Tat wird die Einstellung, dass Kinder von sich aus Leistung zu vollbringen haben, in dem von MARIA FÖLLING-ALBERS (1999, vgl. auch Teil I Kapitel 2.2.5) festgestellten Erziehungsstil der sog. „veränderten Kindheit" in die Eigenverantwortung der Kinder gelegt. Dabei wird sorgsam überwacht, dass sie diese Eigenverantwortung im Sinne der Elternwünsche wahrnehmen. Leistungsbereitschaft ist somit bei vielen Kindern zur Gewissenssache geworden: Verweigern sie sich, fühlen sie sich u.U. ungehorsam. HANS RAUSCHENBERGER (1999, vgl. auch Teil I, Kapitel 2.2.4 (1) dritter Punkt) analysiert, dass die betreffenden Kinder Leistung nicht einfach verweigern, sondern tatsächlich leugnen, negieren, weil sie sonst die emotionale Beziehung zu ihren lebenswichtigen Bezugspersonen aufs Spiel setzen würden. Und das kann kein Kind riskieren.

In ökonomischen Zusammenhängen zählen laut **Wirtschaftswissenschaften**

- Tätigkeit, Arbeitsergebnis, Qualität und Leistung als Lohngrundlage;
- Wert und Menge der erzeugten Produkte im betrieblichen Produktionsprozess;
- eine günstige Kosten-Ertrags-Relation, die durch rationalen und effektiven Einsatz von Fähigkeiten und Energien im Arbeitsprozess erzielt wird.

Schulpädagogische Impulse:

Zu einem hohen Prozentsatz scheint die schulische Leistungsfeststellungs- und -rückmeldepraxis sich diese ökonomischen Prinzipien zu Eigen gemacht zu haben:

1. Noch zu häufig wird allein das Arbeits*ergebnis* bewertet.

2. Die sachbezogene Norm wird neben der sozialen Norm zu einem zu großen Prozentsatz als Leistungsmaßstab genutzt. Mag das in ökonomischen Zusammenhängen sinnvoll sein, geht es doch in der Schule in Verbindung mit den Sachthemen um Menschen, die zu Leistung ermutigt werden sollen. Dazu ist es erforderlich, die individuellen Voraussetzungen einer Leistung bei der Bewertung mit zu berücksichtigen. Sonst besteht die Gefahr, dass die Schule an ihrer Sozialisationsfunktion für die Arbeitswelt vorbeigeht: Denn die Kinder und Jugendlichen müssen Leistungszutrauen entwickeln, damit sie später in der Lage sind, sich den ökonomischen Leistungsprinzipien ihres Arbeitsverhältnisses „leistungsgedeihlich" zu stellen.

   Im Übrigen ist die Forderung nicht neu, dass Schule sich nicht dem ökonomischen Leistungsprinzip verschreiben darf: Bereits Anfang der 70er Jahre forderte der Deutsche Bildungsrat: „Das Leistungsprinzip, wie es im gesellschaftlichen Wettbewerb gilt, kann nicht auf den Bildungsprozeß des Jugendlichen oder gar des Kindes übertragen werden" (Deutscher Bildungsrat 1972, 35).

3. Das Prinzip des rationalen und effektiven Einsatzes der eigenen und bereitgestellten Ressourcen ist geeignet, Ziel eines selbstgesteuerten Lern- und Leistungsverhaltens zu sein. In der Leistungsrückmeldung - in unserem Sinn: dem Dialog zwischen LehrerIn und Kind und der Kinder untereinander - kann dieses Prinzip zu einem Kriterium der Leistungsbetrachtung einschließlich der Reflexion des Leistungsprozesses werden.

---

[9] Auch hier seien die vielen Eltern erwähnt, die ihre Kinder deren Begabungen und Fähigkeiten gemäß in ihrer Schullaufbahn so begleiten, dass ein gedeihliches

Im Blickpunkt der **Theologie** liegen die Bedingungen der Humanität für menschliche Leistung. Sie wendet sich gegen die Gefahr einer „sozialdarwinistischen Konkurrenzmentalität" (HUBER 1990, in FLOREK, 20), also gegen eine Rechtfertigung gesellschaftlicher Ungleichheit und Besserstellung der Überlegenen. Zudem gilt als schöpfungstheologisches Grundprinzip, dass die Würde eines Menschen „vor jeder Leistung" liegt (ZULEHNER 1994, 14 u.ö.) und unabhängig von ihr bleiben muss. Ethisch betrachtet sind Leistungen an ihren Zielen zu messen. So wird z.b. solidarisches Verhalten unbestritten als Leistung akzeptiert – allerdings ist auch das an seinen Zielen zu messen.

Schulpädagogische Impulse:

1. Den Blick für humane Bedingungen menschlicher Leistung muss die Schulpädagogik teilen. Art. 1 des Grundgesetzes gilt auch in der Schule ungebrochen: „Die Würde des Menschen ist unantastbar." Wie sehr sie angetastet wird, beschreibt KURT SINGER eindrücklich in seinem Buch „Die Würde des Schülers ist antastbar" (1998). Und solange Versagenserfahrungen Kinder und Jugendliche in ausweglose Situationen führen, bleibt die Schaffung humaner Leistungsbedingungen Aufgabe von Schulpolitik und Unterrichtspraxis.[10] Deshalb haben wir die Lehrperspektive mit in unsere Betrachtungen aufgenommen und methodisch das „qualitative Experiment" in verschiedenen Ausprägungen gewählt.

2. Dass in unserem Notensystem Kinder allzu häufig ihren personalen „Wert" gemäß ihren Noten empfinden – als sähe man sich im Spiegel mit der entsprechenden Note im Gesicht (Erwachsene in ihren Kontexten nicht minder) – muss als pädagogische Bankrotterklärung gelten. Es verstößt gegen das abzulehnende Prinzip der Besserstellung der Überlegenen, denn durch die Ziffernnotenpraxis werden die „Besseren" schon zu Schulzeiten psychisch besser gestellt. Das aber verbietet die gleiche Würde aller.

Persönlichkeitswachstum möglich ist.
[10] und in gleicher Weise Aufgabe der staatlichen Schulaufsicht. Denn der Staat hat sich in Artikel 7 GG zur Aufsicht über das gesamte Schulwesen verpflichtet. Demnach verbürgt er die „Würde" auch jeder Schülerin und jeden Schülers (Artikel 1GG Absatz 1 Satz 2: „Sie (die Würde) zu achten und zu schützen ist Verpflichtung aller staatlichen Gewalt.") Die Anbahnung entsprechender schulpädagogischer Handlungskompetenzen muss mit der LehrerInnen-Ausbildung beginnen.

Im Wirkungsfeld der erwähnten Nachbar- und Bezugswissenschaften der Pädagogik hat diese in den letzten vierzig Jahren einen eigenen pädagogischen Leistungsbegriff zu etablieren versucht. Wichtige Akzentuierungen sowie Aspekte verschiedener pädagogischer Leistungsbegriffe werden in den folgenden Abschnitten vorgestellt.

Akzentuierungen verschiedener Leistungsaspekte in pädagogischen Kontexten – ein Gemengelage von Wirkgrößen

Leistungsbewertung im pädagogischen Feld ist bestimmt von Leistungsaspekten, die den verschiedenen wissenschaftlichen Disziplinen entlehnt sind. Vor allem im Grundschul- bzw. Alternativschulbereich hat die Rückmeldepraxis eine Variationsbreite erhalten, die von einer erfreulichen Auffächerung verschiedener Leistungsaspekte zeugt. (Die folgende Aufzählung orientiert sich an HANS-CHRISTIAN FLOREK 1999, 22-25).

Der **physikalische Leistungsaspekt** erhebt den Zeitfaktor zum maßgeblichen Merkmal: Leistung = Arbeit in der Zeit. Bei Klassenarbeiten wird dieses Prinzip angewandt – z.T. leistungsblockierend, denn die Aufmerksamkeit auf die immer knapper werdende Zeit kann inhaltliche Denkprozesse hemmen. Sinnvoll eingesetzt werden kann der Zeitaspekt in Formen selbstverantwortlichen Arbeitens, denn da wird die Zeitplanung möglicherweise zu einem Effektivitätskriterium – in individueller Anwendung. Das entschärft ungerechten zeitlichen Gleichschritt.

Der **produktorientierte Leistungsbegriff** ist gekennzeichnet durch seine Ergebnisorientierung: Das Produkt wird an den Anforderungen gemessen – in völliger Missachtung prozessorientierter Merkmale wie Anstrengung und gewählte Aktivitäten.

Ein **prozessorientierter Leistungsbegriff** berücksichtigt, würdigt und wertet den Prozess der Arbeit: also die gewählten und ausgeführten Aktivitäten, das Zustandebringen, den Weg. Das entspricht der Erfahrung vieler Menschen bei kreativen Akten: Der Prozess, der Akt des Wirkens ist ebenso maßgeblich, wichtig und oft beglückend wie das Ergebnis selbst. Der Weg bestimmt das Ergebnis mit.

Der **individuelle Leistungsbegriff** bestimmt die Anstrengung zum zentralen Begriffsmerkmal. Sie beinhaltet die eigenen Bemühungen angesichts der subjektiven und gegebenen Umstände.

Ausgehend von jeder Unterrichtsplanung, die an ihren Anfang die Analyse der Lernvoraussetzungen der betreffenden SchülerInnen stellt, ist nicht einzusehen, warum die festgestellten Voraussetzungen in der gängigen Leistungsbewertung dann einem normorientierten Maßstab zum Opfer fallen. „Gerecht" ist nicht, jede/n am gleichen Normmaß zu messen, sondern am eigenen Maßstab in Verbindung mit den sachlichen Anforderungen.

Der **kollektive Leistungsbegriff** nimmt das Sozialprodukt in den Blick, also eine von allen erreichte Leistung. Die Anforderungen eines modernen Betriebsmanagements legen auf Team-Fähigkeit großen Wert. Auch offizielle Verlautbarungen haben die Teamfähigkeit in den Kanon ihrer Schlüsselqualifikationen aufgenommen[11]. Hier geraten rein am Ergebnis orientierte Bewertungen an ihre Grenzen, denn das Produkt ist ein Ergebnis verschiedener Kompetenzen, die ein fruchtbares Zusammenspiel gefunden haben. Oft gibt es die Erfahrung, dass sich die zusammenwirkenden Kompetenzen im Gruppen- und Entstehungsprozess potenzieren, so dass das Ergebnis nicht einfach teilbar ist in die Faktoren der einzelnen Teammitglieder.

Der **konkurrenz- bzw. wettbewerbsorientierte** Leistungsbegriff ist allen bestens aus der Schule bekannt: Es geht um Vergleich und Unterschiede. Sie bestimmen die Bewertung. Wer „am besten" ist, hängt von der jeweiligen Gruppenzusammensetzung ab. Als Vergleichsaspekte werden Tätigkeiten, Resultate, Quantität, Qualität, Anstrengung, Zeitaufwand – also z.T. Aspekte anderer Leistungsbegriffe - herangezogen. Das Fatale an einer konkurrenzorientierten Bewertungspraxis ist: Wo jemand bzw. das Werk von jemandem besser ist, ist auch jemand bzw. das Werk eines Anderen schlechter. Mit dem Interesse einer Leistungssteigerung bringt eine solche Praxis lediglich ins Spiel, dass ich Andere übertrumpfen möchte – ein der Sache bzw. dem Produkt fremder Aspekt.

Dieser Mechanismus ist der Menschheit als Urerfahrung bekannt: Die geschichtsätiologische Erzählung des Ersten Testaments von „Kain und Abel"

---

[11] Z.B. der z.Zt. gültige Bildungs- und Lehrplan für die Grund- und Hauptschulen in Baden-Württemberg (1994) – hier im Verbund mit den weiteren Schlüsselqualifikationen Selbstständigkeit, Eigenverantwortung, vernetztes Denken und Methodenkompetenz.

berichtet eindrücklich davon, dass ein solcher Vergleich tödlich ausgehen kann bzw. ist: nicht immer physisch, wohl aber oft psychisch.[12]

Der **soziale Leistungsbegriff** hat einen bestimmten Leistungsinhalt im Blick: nämlich die Beziehungen zwischen Menschen, was Menschen für ein soziales Miteinander tun. Als Grundsätze einer sozialen Handlungsweise gelten: Verantwortung, Mitbestimmung, Solidarität.

Manche Schulen heben diesen für das Gemeinwesen wichtigen Aspekt in die Achtung, indem sie z.B. einen „Sozialpreis" verleihen.

Im **dynamischen Leistungsbegriff** wird beschrieben, was in Lernarrangements kaum zu planen und schwierig zu messen ist: „möglichst originale Ideen, Taten und Werke als Leistungen" (FLOREK, 1999, 25). Die Palette der Aspekte reicht von „Problemsensibilisierung" bis „Kreativität", unter der eigenständiges Fragen, Zweifel an bisher als sicher Geltendem, kritisches Analysieren, neue Methoden, Erfindungen u.Ä. zählen. Aspekte also, die die Menschheit in ihren Erfindungen oder weltbildändernden Gedanken vorangebracht haben (angefangen bei Kopernikus über Galilei bis hin zu Freud). Der dynamische Begriff impliziert also u.U. ein herrschaftskritisches Moment und spätestens hier wird deutlich, dass Bewertungskriterien an inhaltliche Werturteile bzgl. des Leistungsproduktes stoßen können – die Abschaffung des Ziffernnotensystems, dessen Validität und Reliabilität längst widerlegt sind (vgl. z.B. SACHER 2002; VIERLINGER 1999, 40-66), würde unser soziales Denken revolutionieren, denn dann müssten wir keine Versager mehr produzieren, um Gewinner zu haben.

---

[12] Vgl. das Kinderbuch von Irmela Wendt und Antoni Boratynski: „Der Krieg und sein Bruder", Düsseldorf ²1993. Wendt bringt zum Ausdruck, dass Kain und Abel an einem *gemeinsamen* Feuer damals besser miteinander gesprochen hätten, als dass der Eine aufgrund seiner Wahrnehmung, dass seine geforderte „Leistung", das Opfer, bei Gott weniger wohlgefällig ankommt, den Anderen umbringt. (Vgl. auch das Gedicht von Hilde Domin „Abel, steh auf" in der gleichnamigen Sammlung, Stuttgart 1979, 49f). Ähnliches geschieht bei Leistungsbewertungen per Ziffernnoten: Die Beurteilten empfinden sich mit der erteilten Bewertung oft entsprechend „geliebt". Der Kampf um die Gunst der Lehrerin fließt auch in den Leistungsbereich ein. Es sind signifikante Zusammenhänge zwischen Leistung, Konformität (Kind hört auf Lehrerin) und Status festgestellt worden, die als Wechselwirkungen zu deuten sind (Petillon 1991, 195).

2.1.2 Reformpädagogisch orientierte Traditionslinie: Das Kind als Subjekt

Die Geschichte der Leistungsbegriffe in der neueren Erziehungswissenschaft ab 1960 weist jeweils Konkretisierungen der beschriebenen Leistungsaspekte (mit Ausnahme des physikalischen Aspekts) auf (vgl. Grafik bei FLOREK 1999, 32; zu Florek selbst s. unter Teil I Kapitel 2.1.5).

Leistungsbereitschaft als Aufgabenhaltung und Selbstbeanspruchung in Selbststeuerung (LICHTENSTEIN-ROTHER)

In ihrer theoretisch-anthropologischen Argumentation charakterisiert ILSE LICHTENSTEIN-ROTHER (1964) das Kind als Leisten-Wollendes. Diese zunächst jedem positiv unterstellte Leistungsbereitschaft sieht sie in fünf erzieherischen Aspekten bewahrt und gefördert (LICHTENSTEIN-ROTHER 1964, 469 – 485):

1. Leistungsbereitschaft als Leistenwollen setzt Könnenserfahrungen voraus.
2. Leistungsbereitschaft ist als Aufgabenhaltung konkretisierbar.
3. Leistungsbereitschaft drückt sich in Selbstbeanspruchung und Selbststeuerung (so 1987 ergänzt) aus.
4. Die Sozialsituation hat für das Leistungsstreben Bedeutung.
5. Leistungsbereitschaft schließt eine höhere geistige und sittliche Selbstbeanspruchung ein.

ILSE LICHTENSTEIN-ROTHER stellt die Aufgabe als Genese-Punkt von Leistung in den größeren Horizont eines Sinngeschehens: Die Aufgabe soll über die gestellte Aufgabe hinaus zu einer Aufgabenhaltung führen, die in vielen konkreten Aufgaben belebt wird und auf einer existentiellen Ebene hinführt zu der Bereitschaft, den eigenen persönlichen „Anruf" im Sinn von Lebensaufgaben zu vernehmen und sich mit dem Zutrauen gerüstet zu sehen, diese Lebensaufgaben zu meistern.

In schulpraktischer Realisation heißt das, dass Kinder auch dazu geführt werden müssen, sich selbst Aufgaben zu stellen – denn die Lebensaufgaben gibt einem niemand vor, die muss (und kann) jeder Mensch selbst vernehmen, annehmen und auf seine Weise gelingend lösen.

Die Ergänzung um den Aspekt der Selbststeuerung trägt dem konstruktivistischen Gedanken Rechnung, dass die Lernerin ihren Leistungsprozess selbst steuern kann.

Es ist zu beachten, dass Leistungsfähigkeit und -bereitschaft zum Bereich der sog. „Sekundärtugenden" zu rechnen sind, d.h. sie sind ambivalent, und deshalb muss Leistungserziehung für eine „kritische Leistungsbereitschaft" (SACHER 2001, 223) sorgen. Nur mit ihr kann der Mensch kontrollieren, „warum und zu welchem Zweck eine Leistung angestrebt wird" (NEUHAUS 1971, 11, in SACHER 2001, 223). SCHULZ (1980, S. 35 ff, in SACHER 2001, 223) gibt folgende Richtziele für eine kritische Leistungsbereitschaft an:

- Autonomie
- Kompetenz
- Solidarität.

Anknüpfungspunkte für das Forschungsinteresse der Studie:
- Wie kann die Leistungsrückmeldung als Könnenserfahrung gestaltet werden?
- Der Aspekt der Selbstbeanspruchung wirft die Frage auf, wie das Kind sein SELBST in den Prozess des Leistenlernens aktiv einbringen kann. Als Anspruch des Kindes formuliert bedeutet das: Wenn das Kind beim Leisten, im Leistungsprozess sich selbst/sein Selbst beansprucht, dann hat dieses Selbst auch ein Recht auf Einbeziehung in den Leistungsrückmeldeprozess. Die Leistungsrückmeldung darf nicht einseitig von der alleinigen Kommunikationsrichtung LehrerIn-Kind bestimmt sein, sondern sollte ein dialogischer Austausch über die Leistungsbetrachtung der Lernerin/des Lerners mit sich selbst und Anderen - den Mitlernenden und der Lehrerin sowie signifikanten Anderen aus dem familiären Sozialisationsfeld - sein.
- Wer Selbststeuerung übt, muss Ausgangspunkt, Richtung und Ziel seiner Handlungen kennen. Wir haben im Dialog herauszufinden versucht, inwiefern ErstklässlerInnen dazu in der Lage sind.
- In diesem Zusammenhang stellt sich die Frage, inwiefern die (jüngsten) Schulkinder metakognitiv zur Leistungsbetrachtung fähig sind.

Wenn Bildung der „Weg der Persona-Genese des einzelnen im sozialen Kontext" (LICHTENSTEIN-ROTHER 1987, 154, nach ERNST LICHTENSTEIN 1971) ist, dann knüpft sich daran die Frage, wie vom ersten Schultag an auch die Leistungserfahrung – im Sinne einer grundlegenden Bildung – als „Gedeihraum" (ein Begriff von HELGA HERRMANN – ohne weitere Angabe zitiert in KROEGER 1995, 116, 93 und 105) für eine förderliche Persona-Genese gestaltet werden kann. Denn sowohl die Aufgabenstellungen wie die Leistungsrückmeldungen sollen dem Kind ein „Bemeisterungsgefühl" (SUTTON-SMITH, in: EINSIEDLER O.J., 5) vermitteln.

Offene Fragen:

- Wie kann eine didaktisch-methodische Konkretisierung von Selbstbeanspruchung auch im Leistenlernen aussehen?
- Wer sich sinnvoll in den Dialog mit Anderen einbringen möchte, muss vorher in einen Selbst-Dialog eingetreten sein. Wie kann dieser im Leistungsrückmeldeprozess organisiert, strukturiert und gefördert werden?
- Welche Kategorien von Ausgangspunkten, Richtungen und Zielen ihres Selbststeuerungsprozesses im Lern- und Leistungskontext nennen ErstklässlerInnen?

2.1.3   Kritische Revision der Bildungsreform

Bildung als Dienst an der Persönlichkeitsentwicklung (DEUTSCHER BILDUNGSRAT)

Bildung im Dienst der Persönlichkeitsentwicklung – das ist ein Tenor der Empfehlungen des DEUTSCHEN BILDUNGSRATS (1972, 25 u.ö.). Sie soll den Menschen zur Wahrnehmung seiner demokratischen Grundrechte und -pflichten befähigen (a.a.O., 25). Auch der soziale Auftrag der Schule sei mehr von seiner Bedeutung für die Entwicklung des Einzelnen als von den Zielen und Zwecken der Gesellschaft her zu verstehen (a.a.O., 26). Ausdrücklich warnt der Bildungsrat vor einer ungebrochenen Übertragung des gesellschaftlich virulenten, wettbewerbsorientierten Leistungsbegriffs auf den Bildungsprozess. Die „Forderung von Leistungen", für die ein klares Plädoyer ergeht, müsse vielmehr unter dem „pädagogischen Prinzip der individuellen Förderung" stehen. Keinesfalls dürfe mit ihr eine Sozialauslese einhergehen. Nur das „pädagogische Leistungsprinzip", negativ abgrenzend definiert als das „Prinzip der Herausforderung, die keine Angst erzeugt", kann auf die gesellschaftlichen Leistungsanforderungen vorbereiten (DEUTSCHER BILDUNGSRAT 1972, 35 u. 36). Der Bildungsrat sieht mehr in den curricularen als in schulorganisatorischen und –

strukturellen Veränderungen Chancen für die Umsetzung seiner Forderungen (a.a.O., 27).

Anknüpfungspunkte für das Forschungsinteresse der Studie:

- Auch nach dreißig Jahren hält die Aufgabe an, den pädagogischen Leistungsbegriff weiter (positiv) zu profilieren.
- Ein pädagogischer Umgang mit Leistung muss dabei mit individualisierten und differenzierten Leistungsforderungen verbunden bleiben.
- Unsere Versuche einer alternativen Rückmeldekultur setzen nicht auf schulorganisatorischer Ebene an, sondern nutzen Möglichkeiten der Unterrichtsgestaltung („curriculare Ebene").

Offene Fragen:

- Wie kann erreicht werden, dass der gesellschaftliche, konkurrenzorientierte Leistungsbegriff, der seinen Siegeszug in den Schulen vielfach fortsetzt, durch ein pädagogisch orientiertes Leistungsverständnis abgelöst wird?
- Wie kann – im Sinne der Individualisierung und Differenzierung - die Sicht von Kindern in einem pädagogischen Leistungsverständnis verankert werden?

Leistungsbegleitung im Licht der Unantastbarkeit und Unverfügbarkeit eines jeden Menschen (FLÜGGE)

Die von JOHANNES FLÜGGE (1978) verteidigte *Unantastbarkeit* und *Unverfügbarkeit* jedes Kindes gebietet die Achtung vor dem, was in keinem Kind mehr machbar ist und nicht mehr machbar sein darf, wenn es an die Kräfte seines ureigenen Selbst kommen soll. Seine These ist, dass ein Kind umso mehr gegenwärtig sein kann, je mehr es sich in seiner Unverfügbarkeit und Unantastbarkeit geachtet und beide gewahrt sieht (FLÜGGE 1978, 22). Zielhorizont ist auch für JOHANNES FLÜGGE der zur Selbstbestimmung fähige Mensch.

- Die erzieherische Begegnung muss von einer Grundeinstellung geprägt sein, die dem Kind den Kontakt zu seinen Kräften ermöglicht und ihn fördert – auch zu seinen Leistungskräften.

- Daraus ergibt sich als Konsequenz für die Rolle der Lehrerin: Sie ist Begleiterin der Selbst-bewusst-Werdung sowohl von inhaltlichen Kompetenzen als auch von Fähigkeitsselbstkonzepten.

- Wie kann die Lehrperspektive im Hinblick auf die oben geforderten Grundeinstellungen erhoben werden?

- Wie kann ein Reflexionsprozess im Hinblick auf vorhandene und anzustrebende pädagogische Grundeinstellungen des didaktisch-methodischen Handelns initiiert werden?

Leistungserziehung als Beitrag zu einer Bildungsgerechtigkeit unter An-Sehen der Person (FLITNER, SCHWARTZ)

Gerechtigkeit ist in den Augen der SchülerInnen ein wichtiges Kriterium der LehrerInnen-„Beurteilung". Welche Art von Gerechtigkeit kann der pädagogischen Verantwortung für den Einzelnen in einer demokratischen Gesellschaft gerecht werden? ANDREAS FLITNER setzt sich in der Diskussion um die Chancen-Gerechtigkeit für zwei schon von ARISTOTELES vertretene Prinzipien ein: die „egalisierende" in Verbindung mit der „unterscheidenden" Gerechtigkeit (1985, 2). Erstere lässt allen das Gleiche zukommen, also z.B. gleiche Schul- und Unterrichtsqualität, gleiche LehrerInnen-Beachtung. Als alleiniges Prinzip vergrößert sie angesichts unterschiedlicher körperlicher, geistiger und psychischer Voraussetzungen die Ungerechtigkeit. Deshalb muss mit der egalisierenden als ein Korrektiv die „unterscheidende" Gerechtigkeit Hand in Hand gehen. In ihr wird jeder und jedem das Ihre bzw. Seine zuerkannt. „Erst die unterscheidende Gerechtigkeit gibt allen im höheren Sinn das Gleiche, nämlich etwas gleich Wichtiges, Hilfreiches" (FLITNER 1985, 2).

In der Grundschulreform der 90er Jahre findet sich dieses Anliegen in den zwei tragenden Forderungen der „Gleichberechtigung" und „Entfaltung" (SCHWARTZ 1992) wieder. Es stellt(e) sich also die Frage, wie das in Artikel 2 GG verbriefte Recht „Jeder hat das Recht auf die freie Entfaltung seiner Persönlichkeit" auch in der Schule umgesetzt werden kann.

Anknüpfungspunkte für das Forschungsinteresse der Studie:

- Im Sinne der „unterscheidenden" Gerechtigkeit ANDREAS FLITNERS möchte ich das Prinzip „unter An-Sehen der Person" als Maxime gerechten didaktisch-methodischen Handelns fordern: Denn es ist jeweils individuell zu beachten, was das einzelne Kind schon kann und was dieses Kind als Nächstes lernen kann und will[13] – sowohl auf den inhaltlichen Lernprozess als auch auf seine Lern- und Leistungseinstellungen bezogen.

- Wenn die lern- und leistungsbezogenen Einstellungen des Kindes gefragt sind und als relevant für den schulischen Sozialisationsprozess angesehen werden, erfährt das Kind über die konkret verhandelten Inhalte hinaus ein An-Sehen seiner Person, das seiner Persona-Genese hin zu einem immer größeren Maß an Selbstbestimmung dienlich sein dürfte.

- Das Prinzip der Individualisierung ist insofern ein wichtiger Anknüpfungspunkt, als die Fähigkeitsselbstkonzepte nur individuell beschreibbar sind.

Offene Fragen:

- Wie können die individuellen Unterschiede der Kinder in den Leistungen und Leistungseinstellungen methodisch und gegenstandsorientiert nutzbar gemacht werden? Denn es ist zu vermuten, dass auch Kinder in den Bereichen der Einstellungen voneinander zu lernen bereit sind (wie es für Erwachsene in Lerngruppen, die nach den Prinzipien der Themenzentrierten Interaktion (TZI)[14] geführt werden, schon lange erfahrbar ist).

---

[13] Vgl. den DEHN'schen Dreischritt: (1) Was kann das Kind schon? (2) Was muss es noch lernen? (3) Was kann es als nächstes lernen? (DEHN U.A. 1996, 16), um die Frage ergänzt: Was will das Kind als nächstes lernen? (IRIS FÜSSENICH, in: Lehr- und Lernprozesse bei der Ausbildung und Entwicklung der Lese- und Schreibfähigkeit in der Primarstufe 2000, 10).
[14] Vgl. Teil I Kapitel 2.1.5.

2.1.4   Relationale Kindorientierung

Handhabung des Leistungsprinzips FÜR das Kind (Schwartz, Bartnitzky)

Nach Erwin Schwartz (1992) kann ein pädagogischer Leistungsbegriff als Orientierungshilfe für die Grundschulreform dienen. Denn in ihm hat die Lehrerin zwischen den Anforderungen der Gesellschaft und den Bedürfnissen des Kindes zu vermitteln. Sie tut das in Form von Aufgaben. Friedrich Fröbel (in Schwartz 1992) spricht in diesem Zusammenhang von „Doppelendigkeit": Erziehung spielt sich zwischen objektiv geforderter und individuell vorgegebener Bildsamkeit ab, die Lehrerin verantwortet den Vermittlungsprozess.

Nach der Analyse von Erwin Schwartz (1992) wird das Leistungsprinzip in dem als „doppelendig" charakterisierten unterrichtlichen Bildungsraum in zwei Weisen gehandhabt: als Leistungsrückmeldung *über* das Kind und/oder *für* das Kind. Gleichzeitig gilt es zu beachten, ob der Handlungsraum als Konkurrenzarena oder als Sozialfeld gestaltet wird. Letzteres zeitigt für das Kind folgende Wirkung: „Wo ich vertraue, handle ich besser, wo mir vertraut wird, gewinne ich Kräfte über mein Maß" (Schwartz 1992, 17).

Erwin Schwartz wertet die Leistungsrückmeldepraxis der Zensuren und Zeugnisse lediglich als Ausdruck des Wissens, dass Kinder unterschiedlich lernen und begabt sind, die Schule daran aber nichts ändert, sondern nur feststellt. Außerdem verblasse hinter dem „Fetisch Zensur" schon in der Grundschule die Auseinandersetzung mit der Sache (Schwartz 1992, 21), die als lebenslange Einstellung eigentlich von der Schule mitzuentwickeln bzw. aufrechtzuerhalten ist.

Was Erwin Schwartz schon vor zehn Jahren analysierte, wurde auf traurige Weise von den Ergebnissen der Pisa-Studie (2001) zehn Jahre danach immer noch bestätigt: dass die „Kleinen" nach Herkunft die Opfer der tradierten Leistungsschule sind.

Erwin Schwartz macht folgende Reformvorschläge:

- eine Selbstkontrolle bzw. mehr Selbstkontrolle, die zur Eigenbewertung führt, um die Fremdbewertung einzuschränken;

- die weiterhin notwendigen Fremdrückmeldungen der Lehrerin sollen als „Rückmeldungen eines kompetenten Freundes auf die doch weiterführenden Fragen" (Schwartz 1992, 26) gestaltet sein; ich nenne das „zielkompetente Fremdsicht";

- weg von der an allgemeinen Maßstäben orientierten Zensur hin zur „individuellen Schülerbeobachtung und Schülerbeurteilung" (SCHWARTZ 1992, 27);
- als mögliche individuelle Präsentationsform: Selbstzeugnisse – Kinder sammeln, z.B. „das liebste Gedicht, den interessantesten Aufsatz" (SCHWARTZ 1992, 22) und zeigen von Jahr zu Jahr ihre Lernfortschritte. Das wäre eine Konkretisierung des LANGEVELDschen Ansatzes „Schule als ein Weg des Kindes" (SCHWARTZ 1992, 22).
- Die Andersartigkeiten der Kinder und ihrer Leistungen müssen prinzipiell als gleichwertig angesehen und als solche anerkannt werden (SCHWARTZ 1992, 23).

Anknüpfungspunkte für das Forschungsinteresse der Studie:

- Unsere Bemühungen um eine veränderte Leistungsrückmeldepraxis ordnen sich ein in eine Fortsetzung der Grundschulreform im Bereich der Unterrichtsreform.[15]
- Dass das Kind der erste Adressat einer für es verständlichen und leistungsfördernden Leistungsrückmeldung ist, muss weiter als Ziel verfolgt werden, wenn die Rückmeldung den Sinn einer verändernden Qualität im Sinne einer Leistungssteigerung haben soll (Leistungsrückmeldung FÜR das Kind). Unser Ansatz geht noch einen Schritt weiter: Wir haben die Leistungsrückmeldung MIT dem Kind versucht.
- Die Lern- und Leistungsatmosphäre, ob „Konkurrenzarena" oder „Sozialfeld" (nach SCHWARTZ 1992, 17), beinhaltet eine Botschaft an das Kind. Deshalb ist es eine qualifizierte pädagogische Aufgabe, diese Atmosphäre durch bestimmte Verhaltensweisen und Handlungsmöglichkeiten förderlich zu gestalten. Wir haben den Blick auf die Lehrprozesse gerichtet, denn die Lehrperson ist in dem angesprochenen Vermittlungsprozess elementar.
- Wir teilen die Bemühungen, die reine Fremdbewertung abzubauen zugunsten einer immer stärkeren Eigenbewertung – geleitet durch vorgegebene und gemeinsam entwickelte Leistungskriterien.
- Die Rolle der Lehrerin ändert bzw. erweitert sich im Bereich der Fach- und Persönlichkeitskompetenzen. SCHWARTZ (1992, 24) beschreibt es so: „Die Erziehung artikuliert den Prozeß als eine Ablösung, indem sie Abhängigkeit und Betreuung

---

[15] Nach FRANZ E. WEINERT (2002, 77) haben schulorganisatorische Änderungen hinsichtlich der Egalisierung der intellektuellen Fähigkeiten weniger bewirkt als erwartet.

als abnehmende, die Selbständigkeit des Schülers und die Zurückhaltung des Lehrers aber als eine zunehmende Größe einbringt."[16]

- Wie lässt sich die Leistungsrückmeldung MIT dem Kind in Selbstreflexionsprozessen anregen?
- Welche Kriterien haben/entwickeln Kinder im Bezug auf ihre Leistungen?

Kriterien eines pädagogischen Leistungsbegriffs nach HORST BARTNITZKY

Eine historische Vergewisserung legt offen, dass der gesellschaftliche Leistungsbegriff ehemals ein Fortschritt[17] war, weil er die individuell erbrachte Leistung als Zugangsberechtigung für berufliche Positionen nutzte. Der gesellschaftliche Leistungsbegriff war (und ist) produkt-, konkurrenz- und ausleseorientiert. Zum Problem wird dieser von Erwachsenen geprägte Begriff, wo er ungebrochen auf Schule übertragen wird[18], in der es kein Sozialsystem für Alte, Behinderte und Kranke gibt und Kinder doch erst LERNEN sollen, sich einem Konkurrenz- und Ausleseverfahren zu stellen.

Deshalb postuliert HORST BARTNITZKY (1996) - über die schon bisher erwähnten Forderungen der Könnenserfahrung und Beachtung der Diversität der Kinder hinaus - für einen pädagogischen Leistungsbegriff:

- Er muss alle Kinder in den Blick nehmen.
- Der Zusammenhang von Anstrengung und Erfolg muss gelernt werden.

---

[16] FRANZ E. WEINERT (2002, 81) beklagt das Rollenbild mancher LehrerInnen, „Moderator (/-innen, U.G.) autonomer Lerngruppen" zu sein, als modisches Missverständnis gegen die empirischen Befunde, dass „der Geist einer Schule, die Atmosphäre im Klassenzimmer, die Persönlichkeit und der soziale Interaktionsstil des Lehrers" einflussreiche Bedingungen für die Leistungsfortschritte der SchülerInnen darstellen. Ich gebe zu bedenken, dass jeweils zu prüfen wäre, was die Lehrerin/der Lehrer jeweils unter ModeratorInnen-Tätigkeit versteht. Ich betrachte es als differenzierte Leitungstätigkeit, durch entsprechende Professionalität in ModeratorInnen-Funktion die genannten Rahmenbedingungen auch für Selbststeuerungsprozesse zu schaffen.

[17] Vgl. z.B. TITZE (2000) und SACHER (2001).

[18] S.o. Zitat des Deutschen Bildungsrats von 1970 unter 2.1.1. „Wirtschaftswissenschaften", Schulpädagogische Impulse, Punkt 2.

(Anstrengung darf nicht als Wert an sich vermittelt werden (FLITNER 1992). Also ist – auch das Kind – im Sinne einer qualifizierenden mündigen Einstellung zu fragen: Wofür strenge ich mich an?)

- Die Kinder sollen ihre Kräfte an „gut dosierten Aufgaben" nutzen und entwickeln können.

Als vier Kennzeichen eines so verstandenen Leistungsbegriffs sieht er:

- Diagnose
- Ermutigung
- Förderung der Selbstständigkeit
- Lernen in sozialen Zusammenhängen –

jeweils mit dem Ziel, die Kinder leistungsfähiger und -bereiter zu machen.

Mit ANDREAS FLITNER ist aus der Defizitfeststellung, dass das von der Schule ermöglichte und anerkannte Leistungsspektrum für eine pädagogische Leistungsförderung viel zu schmal sei (1992, 13), zu fragen: Welche Leistungen können und sollen in der Schule erwünscht und anerkannt sein?

Als schulorganisatorische Konkretisierung seines Leistungsbegriffs schlägt HORST BARTNITZKY vor:

- Verbalbeurteilungen über Klasse 1/2 hinaus;
- einen pädagogischen Umgang mit Ziffernnoten, etwa durch Gespräche und Kommentare, um die „Inhaltsarmut" (BARTNITZKY 1996, 125) der Ziffernnote zu relativieren (wobei die „Abschaffung der Zensuren an allen Schulen ... nach wie vor auf der bildungspolitischen Tagesordnung" bleibt (a.a.O., 125)).

Von den sechs Leitfragen, die HORST BARTNITZKY zur weiteren schulpraktischen Umsetzung seines pädagogischen Leistungsbegriffs stellt, sind drei für unsere Untersuchung relevant:

1. Um welche Leistungen geht es?
2. Wie können Kinder ihre Leistungen zeigen?
3. Welche Bedingungen können die Leistungen der Kinder beeinflussen? (BARTNITZKY 1996, 125 – 128)[19].

- Wir haben die Selbstständigkeit ausgeweitet auf die Selbstreflexionsarbeit bezüglich der Leistungsrückmeldung.
- Der soziale Kontext wurde auch für die Leistungsbetrachtung und -rückmeldung fruchtbar gemacht.
- Die beklagte „Inhaltsarmut" der Ziffernnoten bzw. der häufig mit Formulierungsstandards durchsetzten verbalen Beurteilungen haben wir in einem „qualitativen Experiment" abzubauen versucht, in dem bei den Gesprächen nicht nur Erwachsene beteiligt waren, sondern die Kinder selbst bzw. die MitlernerInnen.
- Zu der Frage, um welche Leistungen es in der Schule gehen kann, haben wir genuine Antworten der Kinder gesucht – und gefunden (sie werden im empirischen Teil in ihrer Gegenstandsbreite besprochen).
- Als Präsentationsform (Frage 2) haben wir – auch im Sinne der „Selbstzeugnisse" nach ERWIN SCHWARTZ - die Portfolioform[20] gewählt.

- Die Selbstreflexion als ein Aspekt der Pädagogisierung des Leistungsbegriffs fehlt.
- Eine genuine Leistungskriteriologie der Kinder fehlt.

---

[19] Die anderen drei Frage lauten: Wie können Kinder zu Leistungen angeregt werden?, Wie können die Leistungen beurteilt werden?, Wie können die Beurteilungen für das Zeugnis zusammengefasst werden? (a.a.O.)
[20] Eine Kurzcharakteristik der Portfolioarbeit findet sich im Anhang C.

2.1.5 Ökosystemische Betrachtungsweisen[21]

Leistung als Gestaltung und Wahrnehmung von Lernchancen in thematisch orientierten „Gedeihräumen" (THEMENZENTRIERTE INTERAKTION / TZI nach COHN)

„Es ist fünf Uhr morgens. Es ist die dritte Nacht, die ich schreibend verbringe. Leistungsleidenschaft, nicht Leistungsdruck. (Ich habe Glück. Ich bin sozial und ökonomisch frei und von innerem Wollen angespornt" (COHN 1997, 157). Eine Idealsituation, in der alle Diskussion um einen pädagogischen Leistungsbegriff an ihr Ziel gelangt ist. Mit welchen Komponenten ihres Modells versucht RUTH C. COHN, Voraussetzungen in der Lerngruppe zu schaffen, damit die von ihr im Menschen a priori angenommene Leistungsbereitschaft erhalten bleibt und weiter gefördert werden kann? (COHN 1997, 156: „Ich glaube, daß Kinder und Erwachsene „etwas leisten" wollen.") Dass, wie im Fall der Zielgruppe meiner Arbeit – SchülerInnen weder sozial noch ökonomisch frei sind und Schule eine staatlich (aus gutem Grund) auferlegte Zwangsveranstaltung ist, macht die Diskussion notwendig.

RUTH C. COHN beschreibt in ihrem pädagogischen Konzept lebendiger Gruppenleitung, das sie in der zweiten Hälfte des zwanzigsten Jahrhunderts aus der Psychotherapie heraus entwickelt und an bestimmten Wertmaßstäben orientiert hat, explizit keinen eigenen Leistungsbegriff. Er lässt sich aber aus den der Themenzentrierten Interaktion zu Grunde liegenden Werten, formuliert in den Axiomen, den von ihr eingeführten Postulaten sowie dem Stellenwert des *Themas* im pädagogischen Prozess heraus profilieren.[22]

---

[21] Der Begriff orientiert sich an URIE BRONFENBRENNERS „ökologischer Sozialisationsforschung" und seinem auf LEONTIEW und DEARBORN gründenden Ansatz: „Das Ziel heißt: „Herausfinden, wie das Kind zu dem werden kann, was es noch nicht ist." Die Methode zum Verständnis dieses Entwicklungsprozesses heißt: „Versuche, es zu verändern" (1976, 209, s. auch 199). Vgl. auch E. RÖBE im Forschungsantrag LEHR- UND LERNPROZESSE BEI DER AUSBILDUNG UND ENTWICKLUNG DER LESE- UND SCHREIBFÄHIGKEIT IN DER PRIMARSTUFE (2000, 18).

(1) TZI als Gruppenleitungsmodell

TZI trifft die Leistungsdiskussion im Rahmen meines Themas und des interdisziplinären Kollegs, in dem es entstanden ist[23], an ihrem Dreh- und Angelpunkt der angestrebten pädagogisch verbesserten Unterrichtsqualität. Diese ist im Interaktionsfeld von Lehr- UND Lernprozessen zu suchen. Da TZI als Leitungsmodell originär die *Lehrperspektive der zu initiierenden Lernprozesse* in Planung, Durchführung und Reflexion in den Blick nimmt, wird sie für unser Thema interessant. Es kommt als Leistung in den Blick, inwiefern es einer Leiterin/einem Leiter gelingt, so zu leiten, dass die TZI-Kriterien (die sich mit vielen Anliegen anderer pädagogischer Thesen decken) zugunsten einer förderlichen Gesamtentwicklung des Menschen erfüllt werden.

(2) WICHTIGKEIT als Aufmerksamkeitspunkt

Um einer Vereinseitigung vorzubeugen, betont die TZI die Wichtigkeit aller am Lernprozess beteiligten Faktoren: die Wichtigkeit des THEMAs, des jeweils einzelnen Menschen (SchülerIn, LehrerIn) (ICH), der Gruppe (WIR) und der nahen und fernen (Um-)Weltbedingungen (GLOBE). Diese Faktoren finden sich in dem bekannten gleichschenkligen Dreieck im Kreis, das eigentlich eine Pyramide in der Kugel ist und die Gleichwichtigkeit betont.

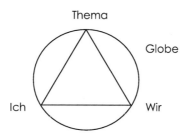

Es ist eine stets zu vollziehende Aufgabe der Leitung - und im Sinn der TZI partizipieren auch die TeilnehmerInnen an der Leitung – diese Faktoren auszubalancieren: also zu spüren, wann ein Ungleichgewicht entsteht, das eine weitere fruchtbare

---

[22] Ich werde die nötigen „Eckdaten" der TZI im Verlauf meiner Argumentation erwähnen, ohne sie in aller Ausführlichkeit einzuführen. Sie finden sich in der Literatur vielfach beschrieben (z.B. COHN 1999, 356ff; COHN 1997, 120ff, LANGMAACK 1996).

[23] S. Übersicht unter Teil I Kapitel 1.2.

Auseinandersetzung und Wachstum verhindert, und die vernachlässigten Faktoren ins Boot zu holen. Die Kunst der Leitung wird beschrieben als Strukturierung von „Gedeihräumen"[24]. Balance ist dabei im qualitativen, nicht im quantitativen Sinn zu verstehen.

Ein häufiges Ungleichgewicht im Unterrichtsalltag unserer Schulen besteht in der überanstrengten Themenbezogenheit bei oft vernachlässigtem Bezug zum Individuum oder zur Gruppe. Im Bereich der Schulleistung besteht dieses Ungleichgewicht in der dominierenden Fremdbeurteilung und Losgelöstheit von einer leistungs- und entwicklungsförderlichen Rückmeldung an die Schülerin/den Schüler. Wir haben versucht, das ICH und das WIR in die Leistungsthematisierung hineinzuholen.

(a) der Subjektbezug (ICH)

Es ist eine Leistung der Leiterin/des Leiters, bei jedem Thema den Subjektbezug zu ermöglichen, so dass eine sinngebende Verbindung zum eigenen Leben möglich wird, die nachhaltiges und interessenbindendes Lernen ermöglicht. Zum Subjektbezug gehört auch die Berücksichtigung themenfremder Emotionen und Motivlagen. Alles, was den Lernprozess fördert und/oder hindert, soll in der Selbstreflexion und Selbststeuerung Platz haben – jeweils im Sinne des Dienstes einer gedeihlichen und leistungsermöglichenden Arbeit am gemeinsamen Thema.

(b) die Interdependenz (WIR)

Jedes Lernen findet in sozialen Bezügen statt. Sie statt einer rivalitätsorientierten Ausbeutung als Wachstumspotenzial zu nutzen ist eine Frage des Leitungsstils, der Strukturierung und der Thematisierung. Alle drei Komponenten sollen ermöglichen, die Variationsbreite der vorhandenen Kreativität und die Vielfalt der individuellen Sichtweisen als Lernpotenzial in der Gruppe für die Einzelnen zu aktivieren.

In diesem Punkt des Dreiecks wird das erste, das anthropologische Axiom RUTH C. COHNs konkret: „*Der Mensch ist eine psycho-biologische Einheit und ein Teil des Universums. Er ist darum gleicherweise autonom und interdependent. Die Autonomie des einzelnen ist um so größer, je mehr er sich seiner Interdependenz mit allen und allem bewußt wird*" (COHN 1999, 356). Dieses Zusammenspiel von

---

[24] Ein Begriff von HELGA HERRMANN, ohne weitere Quelle zitiert in KROEGER 1995, 116, s. auch daselbst 93 und 114.

personaler und sozialer Identität ist ein Geheimnis der menschlichen Existenz und verdient in der Gruppenleitung höchste Beachtung, ist doch der Einzelne für die Gruppe um so „gewinnbringender", je mehr er bei sich selbst ist. In negativer Abgrenzung bedeutet das: Die Leiterin muss darauf achten, dass kein/e Lerner/in sich zugunsten der Gruppe aufgibt – bzw. nach dem eben Gesagten zuungunsten der Gruppe; und darauf zu achten, dass die Gruppenmeinung nicht ungewollt dominiert.

(c) THEMENBEZOGENHEIT als wesensmäßiges Entwicklungspotenzial des Menschen (THEMA)

TZI ist ein Leistungsmodell für Gruppen, die zu einem *sachlichen Thema* zusammengekommen sind – im Unterschied zu therapeutischen Gruppen, in denen die Mitglieder sich selbst bzw. Aspekte ihrer Persönlichkeit zum Thema machen. RUTH C. COHN will aufgrund ihrer Erfahrung im Nationalsozialismus verhindern, dass Menschen zu Tätern oder Opfern werden. Dieses Motiv beschreibt sie selbst als Triebkraft ihrer lebenslangen Arbeit (COHN/FARAU 1999). Mit dem für pädagogische Kontexte entwickelten Modell hat sie Erfahrungen aus der therapeutischen Arbeit auch Menschen in anderen Zusammenhängen zugänglich machen wollen. Ihr Anliegen deckt sich mit dem der demokratischen Erziehung verpflichteten Erziehungs- und Bildungsauftrag unserer Schulen.

Der Beziehung des Menschen zu Themen wird in der TZI ein dem Menschen wesensmäßiges Entwicklungspotenzial zugeschrieben (KROEGER 1995, 96). „Im Verständnis der TZI wird der Mensch erst ganz Mensch mit Themen, mit Aufgaben, mit Sachen, die er zu seinen eigenen macht" (KROEGER 1995, 111). Hier findet sich ein Anknüpfungspunkt an ILSE LICHTENSTEIN-ROTHER und MARTINUS J. LANGEVELD, die der Aufgabe im Leistungskontext eine elementare Rolle zuschreiben: In ihr begegnet dem Kind dem an es gestellten Anspruch. Die TZI geht mit ihrer Einstellung zum *Thema* über MARTIN BUBER hinaus, für den die sachliche Ich-Es-Beziehung nicht „wesentlich" war.[25] Die Themenbezogenheit zu ermöglichen ist in dieser anthropologischen Sicht eine Leistung der Leiterin/des Leiters; sie zu vollziehen, eine Leistung der Lernerin/des Lerners. Darunter soll nicht nur verstanden werden, eine gestellte Aufgabe zu erfüllen. Es gilt, die Sachen, die uns umgeben, konstruktiv zu

---

[25] S. unten Teil I Kapitel 5.2 (2).

menschlichen Themen zu machen (KROEGER 1995, 112). Denn von vielem, was uns umgibt, können wir uns nicht unabhängig machen; gestalten wir die uns umgebenden Themen konstruktiv, können wir mit ihnen unser Entwicklungspotenzial freisetzen (KROEGER 1995, 112f). Das zu versuchen, ist unser Anliegen mit dem schulischen Thema Leistung. Dabei ist der Grundsatz zu beachten, dass in der TZI der Stoff nicht gleich dem Thema ist. Das Thema wird aus dem Stoff heraus gefunden: auswählend, konstruktiv-gestaltend, ressourcenorientiert formuliert, in verarbeitbarem Umfang, die eigene Auseinandersetzung fördernd. Das zu tun, ist eine Leistung der Leiterin/des Leiters – auch zum Thema Leistung: also die Frage: WIE mache ich das Thema Leistung zum Thema in der Klasse - für die einzelne Schülerin, den einzelnen Schüler? Ziel ist, Leistung so zu thematisieren, dass Bewertungen nicht nur auf einem Berechtigungskonto verbucht werden, so dass das SchülerInnen-Sein zu einem Job degeneriert, bei dem eine Interessensversunkenheit bestenfalls zufälliges Nebenprodukt bleibt; sondern so, dass die Beziehung zum Thema persönliches Wachstum der ganzen Person ermöglicht.

Exkurs: Humanistische Psychologie als Fundament der TZI

In den genannten Zielvorgaben wird die aus der humanistischen Psychologie gewonnene Sichtweise der TZI konkret. Die humanistische Psychologie (so benannt von ABRAHAM MASLOW (COHN 1999, 436)) „geht von der Person und ihrem Wachstumspotential aus und nicht von einzelnen Beobachtungen und Fähigkeiten. Sie ist mensch- und nicht fähigkeitszentriert und ganzheitlich, holistisch im psychosomatischen und sozialen Sinn. Sie definiert sich von subjektiven und wertdifferenzierenden Aspekten her" (COHN 1999, 436). Ein pädagogischer Leistungsbegriff setzt da an, wo er die in den fachlichen Zusammenhängen der Schulthemen zu leistenden einzelnen Fähigkeitsbeobachtungen einbettet in die Wahrnehmung und Beanspruchung der *ganzen* Person. Leistung wird ja von einer Person erbracht und stets in sozialen Zusammenhängen, die bei der Beobachtung, Thematisierung und eventuell Intervention mitbeachtet werden müssen (Kontextbezug), will man der Schülerin/dem Schüler gerecht werden.

Das in der humanistischen Psychologie betonte Subjektive ist in den Leistungsbegriff hineinzuholen. Dieser Beachtung dient die vorliegende Untersuchung und will damit einen Beitrag leisten zur Humanisierung der Schule in einem ihrer Kernbereiche: der Leistung. Sie nicht nur der Funktion der Allokation, Selektion und Berechtigung zu überlassen, sondern für persönliche Wachstumsprozesse fruchtbar zu machen, ist angestrebtes Ziel.

Die Wertdifferenzierung kommt ins Spiel, wo wir uns mit dem vielfachen (oft unreflektierten) pädagogischen Missbrauch des Leistungssystems in der Schule nicht abfinden, sondern Alternativ- und Erweiterungsvorschläge machen wollen. Die Sicht der Kinder zu ihren Leistungen ist dabei der gewählte Schwerpunkt dieser Arbeit.

(3) chairpersonship als Leistung

Im chairperson-Postulat findet sich eine weitere Konkretisierungsstufe des anthropologischen Axioms und der Forderung, die Balance zwischen Thema, Gruppe und ICH auszubalancieren. Es besagt:

Sei deine eigene chairperson. „Sei dir deiner inneren Gegebenheiten und deiner Umwelt bewußt. Nimm jede Situation als Angebot für deine Entscheidungen. Nimm und gib, wie du es verantwortlich für dich selbst und andere willst" (COHN 1999, 358). Chairperson zu leben bedeutet „Vorsitzende meiner inneren Gruppe" zu sein (COHN 1999, 358). In ausführlicherer Version: „Leite dich selbst bewußt: sieh nach innen, wie es in dir aussieht, was du möchtest und sollst, und nach außen, was es dort gibt, und entscheide zwischen allen Gegebenheiten, was und wie du etwas tun willst" (COHN 1997, 214).

In Bezug auf SchülerInnen bedeutet das, dass die Lehrerin sie zu dieser Bewusstheit ihrer Entscheidungen und Äußerungen führen soll und kann – vorausgesetzt, sie übt sich selbst in ihrer chairpersonship. Es ist eine Leistung, Kindern diesen Entscheidungsraum zu lassen und sie zu befähigen, ihn immer befriedigender für sich und im Dienst am gemeinsamen Thema in Anspruch zu nehmen.

(4) produktiver Umgang mit Störungen als Leistung

Das zweite Postulat besagt in heutiger Fassung:

Störungen angemessenen Raum geben.

Dass sie „Vorrang" haben (COHN 1999, 359; COHN 1997, 122) ist die Ursprungsversion, die in Beachtung der pädagogischen Situation, also der Auseinandersetzung mit Themen, für die das TZI-Modell entwickelt wurde, im obigen Sinn abgewandelt wurde.

Auch in diesem Postulat löst RUTH C. COHN ihre Forderung der Wichtigkeit ein: Störungen mit Missachtung oder Wertung zu begegnen, übersieht schlichtweg deren

Realität. Sie sind da – und haben damit Daseins-Recht. In der Leitung geht es darum, diesen Störungen so viel Raum zu geben, dass eine Zuwendung zur thematischen Gruppenaufgabe wieder möglich wird. Und natürlich eine Atmosphäre zu schaffen, in der die jeweils Betroffenen sich im Sinne der chairperson trauen, ihre Störungen anzumelden. Eine zweite Ebene ist die Störungsverhinderung. Schule kann ihren institutionellen Rahmen bzw. die Unterrichtsorganisation so gestalten lernen, dass hausgemachte Störungen von vornherein verhindert werden – als Beispiel sei das Klingelzeichen erwähnt: Als äußere, am Lernprozess der jeweiligen Gruppe desorientierte Zeiteinteilung stört es zum Beispiel eine mögliche Interessensversunkenheit und die bewusste Steuerung der Lernzeit durch Einzelne bzw. die Lerngruppe im Sinne des chairperson-Prinzips.

(5) Hilfsregel-Nutzung als Leistung

RUTH C. COHN hat eine Reihe von Hilfsregeln zur Gruppenleitung genannt (COHN 1999, 361 – 364). Sie sollen der Umsetzung der TZI-Prinzipien DIENEN – das zu betonen ist ihr wichtig. Denn wenn sie zum Selbstzweck entarten, werden sie dysfunktional. Die Liste der Hilfsregeln ist ständig erweiter- und veränderbar – solange sie im Dienst der Gestaltung von „Gedeihräumen" zur themenorientierten Auseinandersetzung mit Menschen hilfreich sind.

Drei Hilfsregeln will ich erwähnen, weil sie – auch zur Aktivierung der chairperson – grundlegende Bedeutung haben:

- **„Sprich per „Ich"** und nicht per „Wir" oder per „Man"" (COHN 1999, 361). Diese Leistung hat die Lehrerin selbst zu vollbringen – bis hin zu alltäglichsten Aufforderungen wie „Wir holen jetzt das Buch heraus" bzw. „Wir wollen in der Klasse doch nicht streiten" (Übergehen einer Störung und Negation der Bedürfnislage der Betroffenen). Dem einzelnen Ich auch in den geringsten Formulierungen Beachtung zu schenken bleibt Aufgabe einer TZI-verantworteten Leitung. Also könnte es angemessener heißen: „Hol(t) bitte das Buch heraus!" und „Ihr könnt Euch über etwas nicht einigen ..." – Denn wenn die Kinder im Klassenzimmer nicht streiten lernen dürfen, wo denn dann?
- **„Halte dich mit Interpretationen von anderen so lange wie möglich zurück. Sprich statt dessen deine persönlichen Reaktionen aus"** (COHN 1999, 363). Das vor allem haben wir in unseren Arrangements zur Leistungsrückmeldung umzusetzen versucht. Natürlich muss es hier auch sachorientierte Kriterien geben. Dennoch ist

es wichtig, zunächst zu beschreiben, was ich als Leistung bei mir bzw. einer/einem Anderen wahrnehme und als gelungen empfinde; und nicht gleich zu interpretieren „das ist aber schlampig".

- Die **selektive Authentizität** - „Alles, was ich sage, soll echt sein, nicht alles, was echt ist, soll ich sagen" (COHN 1999, 370) - wird zwar nicht als Hilfsregel bezeichnet, ich ordne sie hier dennoch hier ein, weil sich daraus Hilfen für die Rückmeldung über Gelungenes und über Fehler ergeben: Lob und Anerkennung müssen echt sein, sonst entstehen Unglaubwürdigkeiten; Fehler sollen zurückgemeldet werden als Lernchancen – und in Anwendung auf sachliche Zusammenhänge gilt auch hier eine angemessene Selektion: Wenn ein Kind der zweiten Klasse zehn Rechtschreibfehler in einem Diktat hat, lernt es wenig bis nichts, wenn es alle zehn unklassifiziert verbessern muss. Im Bereich des „heimlichen Lehrplans" lernt es, dass *diese* Anstrengung der Verbesserung nicht zum Erfolg führt.

Bisher habe ich die Leistungen auf der Leitungsebene zur Sprache gebracht. Da jeder Lehrprozess sein Pendant in einem Lernprozess findet, sollen jetzt die Leistungsaspekte auf Seiten der LernerInnen zusammenfassend aufgezählt werden.

In einem an TZI-Werten und -kriterien orientierten lebendigen Lernen ist folgendes als Leistung zu betrachten:
1. Die Lernerin lässt sich auf Themen ein, macht sich Themen zu eigen.
2. Sie ist bereit, sich in einen Lernprozess in der Gruppe einzubringen.
3. Sie ist sich ihrer Bedürfnisse (*ich möchte*) bewusst und entscheidet in dem Bedingungsfeld von Vorgaben (*ich muss*) sowie den Anforderungen (*ich soll*), was sie *will* (COHN 1997. 146; 149) – und vertritt ihr Wollen.
4. Sie erkennt, was sie am produktiven Lernprozess hindert, kann es (für sich oder vor Anderen) formulieren und findet (allein oder mit Anderen) einen Weg, die Störung zu beseitigen.
5. Sie übernimmt Verantwortung für sich, ihren Lernprozess und die Umgebung, in der sie lebt und lernt.

Bei aller systematischen Darstellung der TZI bleibt ihr eigen, dass sie ein Modell des Vollzuges ist. Die Axiome und Postulate werden lebendig im gelebten Prozess. Letztlich verlangt die TZI den Mut, Wertentscheidungen zu treffen und zu leben –

auch in der Unterrichtsgestaltung. Ziel dabei ist: wachsende Autonomie, Selbststeuerung strukturell und atmosphärisch zu ermöglichen.[26]

Leistung im Dimensionenfeld von Individuum, Sache, Situation und Gesellschaft

HANS-CHRISTIAN FLOREK (1999) integriert in seinem Konzept des pädagogischen Leistungsbegriffs zentrale Einsichten bisheriger pädagogischer Leistungsgedanken und differenziert sie in einem Dimensionenfeld von **Individuum, Sache, Situation** und **Gesellschaft** aus. Ihm gelingt damit eine Sensibilisierung für die Vielschichtigkeit und multiple Bedingtheit von Leistung – sowohl in ihren Prozessen als auch in ihren Ergebnissen.

Individuum	1. Anstrengung, Leichtigkeit, Selbstgewinn	
	2. Eigenständigkeit, Problemsensibilität, Kreativität	
Sache	3. Weg und Vollzug einer Tätigkeit	a) Zielgerichtetheit b) Sachlichkeit c) Effektivität d) Zweckmäßigkeit e) Logik
	4. Sinn, Qualität und Quantität der Ergebnisse	Qualität: • Richtigkeit • Exaktheit • Eindeutigkeit • Gliederung • Eigenständigkeit • Umfang
Situation	5. Zeit 6. Umstände 7. Im Wettbewerb	
Gesellschaft	8. Beitrag zur gemeinsamen Aufgabenlösung 9. Hilfe für andere 10. Wertsumme der Produktion	

Abbildung 2:   FLOREK (1999, 35) – ergänzt nach seinen Ausführungen auf den Seiten 34 – 89.

---

[26] Als Ergänzung zur TZI s. auch Fußnote 60.

Die schulpädagogische Relevanz seines Dimensionenfeldes sehe ich der Widerspiegelung des schulischen und unterrichtlichen Bedingungs- und Handlungsfeldes: In der Schule lernen und unterrichten *Individuen*, zusammengeführt und verbunden durch *Sachthemen*, die in teils vorgegebenen, teils gestaltbaren *Situationen* be- und verhandelt werden. Schule und Unterricht sind – vor jeder Konkretisierung durch die beteiligten Menschen - bedingt durch die von gesellschaftlichen Erfordernissen und Ansprüchen geprägten sekundären Sozialisationsvorgaben.

Die Themenzentrierte Interaktion spannt die schulpädagogische Situation in einem ähnlichen Dimensionengefüge auf: Es geht um Individuen, um die Gemeinschaft der Individuen, die eine eigene Dynamik entwickelt, um die Sachthemen, die die schulische Situation gegen die therapeutische abgrenzt, und all das findet sich in einen Globe eingebettet, der Bedingungen dieser Situation prägt und gleichzeitig Handlungs- und Gestaltungsspielräume eröffnet.

Anknüpfungspunkte für das Forschungsinteresse der Studie:

- Für die Leistungsbewertungs- bzw. -rückmeldepraxis bietet das differenzierte Dimensionenfeld HANS-CHRISTIAN FLOREKs vielfältige Anknüpfungspunkte für eine leistungskriteriologische Reflexion des LehrerInnen-Blicks.

- Auch die von uns intendierte und praktizierte Leistungsselbstreflexion der SchülerInnen kann hier den einen oder anderen Ausgangs- bzw. Schwerpunkt der Betrachtung finden.

- Insofern ist sein Schema schon eine Teilantwort auf die von ANDREAS FLITNER (1992)[27] erhobene Frage, was in der Schule alles als Leistung gelte bzw. gelten könne. HANS-CHRISTIAN FLOREKs Aspektvielfalt ermöglicht nicht nur die Palette der Leistungen zu erweitern, sondern zu entfalten, was an einer bestimmten Aufgabenstellung (vom Zu-Eigen-Machen über den Lösungsprozess bis hin zum Ergebnis) alles eine Leistung darstellt.

- In dem Kriterium „Selbstgewinn" bietet HANS-CHRISTIAN FLOREK einen konkreten Reflexionspunkt bezüglich des Themas „Selbstbeanspruchung – Lebensaufgabe", mit dem ILSE LICHTENSTEIN-ROTHER die über die konkrete Aufgabe und Leistung hinausweisende Lebensdimension der Leistungssituation hingewiesen hat. Der

---

[27] Vgl. Teil I Kapitel 2.1.4 „Kriterien eines pädagogischen Leistungsbegriffs nach HORST BARTNITZKY".

Begriff bietet dem Einzelnen auch einen Anhaltspunkt, um die Anstrengung in ihrer Wertgebundenheit zu thematisieren („Wofür strenge ich mich an?") und so den Selbststeuerungsprozess hin zu einem dem Alter und der Entwicklung gemäßen Selbstbestimmungsgrad zu führen.

Offene Fragen:

- Die Selbstreflexion kommt als Kriterium eines pädagogischen Leistungsbegriffs nicht vor. Allerdings lässt sich das Dimensionenfeld wie angedeutet gut als Kriterienkatalog dafür nutzen.

- Entsprechend fehlt bei der „Situation" die LernerInnen-Gemeinschaft in ihrer Bedeutung für die „mitgeteilte Selbstreflexion".

- Das Leistenlernen als Leistungsgegenstand wird nicht expliziert. Allerdings lässt sich auch das an dem zusammengestellten Dimensionenfeld abarbeiten.

2.2   Das schulische Leistungsfeld und seine Konfliktstruktur

2.2.1   Gesellschaftliche Chancenverteilung – die Qualifikations- und Allokationsfunktion der Leistung

Nachdem im 18./19. Jahrhundert das Leistungsprinzip in seiner Qualifikations- und Selektionsfunktion (TITZE 2000, 54)[28] das Chancenverteilungsrecht durch Geburt und Geld abgelöst hat, wusste die herrschende Schicht sich weiterhin dadurch ihre Stellung zu wahren, dass sich das Bürgertum durch seine Leistungsansprüche die besseren Chancen sicherte: hauptsächliche Ausrichtung der erforderlichen Leistungen auf Sprache und weniger auf praktische Elemente in der höheren Bildung (SACHER 2001, 219f). Damit konnte die Chancengleichheit nicht hergestellt werden, wo sie vorher nicht in gewissem Maß gegeben war. Dass PISA im Jahre 2001 eine enge Verknüpfung von sozialer Herkunft und Schulerfolg konstatiert[29], muss angesichts des im Artikel 3 Absatz 3 des Grundgesetzes verankerten

---

[28] TITZE spricht vom „Doppelcharakter von Bildungsprozessen": Sie sollen fachlich qualifizieren (Qualifikation) und gesellschaftlich berechtigen (Allokation) (2000, 54).
[29] „Die Analysen zeigten für Deutschland einen besonders straffen Zusammenhang zwischen der Sozialschicht und der in den untersuchten Domänen erreichten Kompetenz" (PISA 2001, 458; vgl. ebd. das gesamte Kapitel 8).

Gleichheitsprinzips[30] mehr als erschrecken. Nach WERNER SACHER taugt das Leistungsprinzip nur da als Instrument der Chancengleichheit, wo diese bereits gegeben ist; wo nicht, wird es leicht zum „strategischen Instrument von Gruppen und Schichten, die über die Definitionsmacht verfügen, zu bestimmen, was als hohe Leistung gilt" (SACHER 2001, 220). Soweit eine Einschätzung zur praktizierten Allokations- bzw. Selektionsfunktion von Leistung, die in einer Reihe weiterer virulenter, z.T. dem Leistungsprinzip widersprechender Allokationsprinzipien zu sehen ist: (nach SACHER 2001, 220/221)

1. Es wirken weiterhin **Vorrechte der Geburt**: Nach JENCKS (1973, in SACHER 2001, 221) geht etwa die Hälfte aller schichtspezifischen Vorteile und Handikaps von den Eltern auf deren Kinder über. FRANZ E. WEINERT (2002) gibt in der „Anlage-Umwelt-Diskussion" zu bedenken, dass in den allermeisten Fällen die genetischen Eltern auch die sind, die die Umwelt des aufwachsenden Kindes bestimmen.

2. Chancen, Gratifikationen und Positionen werden nach Dienstalter und der Zugehörigkeitsdauer zu einer Organisation vergeben. In Schulen ist dieses **Anciennitätsprinzip** in den Jahrgangsklassen repräsentiert.

3. Wer loyal ist, das System stützt, kommt weiter (**Loyalitätsprinzip**). Es gibt einen nachgewiesenen signifikanten Zusammenhang zwischen Leistung und Konformität (Kind hört auf die Lehrerin) und Status (PETILLON 1991, 195).

4. Das **Ideologieprinzip**, nach dem Chancen durch Partei- oder Religionszugehörigkeit bzw. Nationalität vergeben werden, widerspricht eindeutig dem GG Art. 3 Absatz 3, ist aber dennoch immer wieder in der Praxis anzutreffen. In der Schule „gelten" die Kinder öffentlicher FunktionsträgerInnen oder sog. „hoch stehender Persönlichkeiten" oft mehr, d.h. sie werden bei Ämter-, Theaterrollen- oder sogar Notenvergabe bevorzugt bzw. „äußerst" gerecht behandelt, weil bei Einspruch der Eltern öffentlich wirksame Beschwerde droht.

5. Nach dem **Bekanntheits- und Beliebtheitsprinzip** kann es günstig sein, sich bei „Entscheidungsträgern ... sozial angenehm" (SACHER 2001, 220) zu machen. Jüngere Geschwisterkinder zehren in der Schule oft von den „Vor-Bildern" ihrer

---

[30] „Niemand darf wegen seines Geschlechtes, seiner Abstammung, seiner Rasse, seiner Sprache, seiner Heimat und Herkunft, seines Glaubens, seiner religiösen oder politischen Anschauungen benachteiligt oder bevorzugt werden." Die Landesverfassung von Baden-Württemberg hat dieses „Gleichheitsprinzip" in Artikel 11 auf Schule hin konkretisiert: „(1)Jeder junge Mensch hat ohne Rücksicht auf Herkunft oder wirtschaftliche Lage das Recht auf eine seiner Begabung entsprechende Erziehung und Ausbildung. (2) Das öffentliche Schulwesen ist

älteren Geschwister, d.h. dass LehrerInnen manchmal diese Kinder mehr in ihre bisherige Wahrnehmung der Familie einordnen als das vor ihnen sitzende Kind in seiner Eigenart zu beachten.

6. Das **Sozialprinzip** ermöglicht in Form der Sicherung eines Existenzminimums Chancen, wo (un-)verschuldet keine Leistung erbracht werden kann. In unserem Schulsystem heißt das auch, dass jedes Kind ein Recht auf schulische Bildung hat – ob es aufgrund besonderer genetischer oder biografischer Voraussetzungen zu einer volkswirtschaftlich „einträglichen" Leistung fähig ist oder nicht.

Mit WERNER SACHERS Analyse verschärft sich das schon bei HANS RAUSCHENBERGER angedeutete Problem, dass es keinen Leistungskonsens gibt: (a) gesellschaftlich nicht: „Eigeninitiative, kritisches Mitdenken, fehlerfreies und gewissenhaftes Arbeiten, umgehendes und präzises Befolgen von Anweisungen, Wohlverhalten und Anerkennung des Betriebszwecks, Wahrung des Arbeitsfriedens und Anerkennung der Leitungsstruktur im Betrieb werden sehr unterschiedlich bewertet und honoriert" (SACHER 2001, 221); (b) schulisch nicht: Dort divergieren manche Leistungskriterien von Lehrperson zu Lehrperson.[31] Hier tut sich ein heimlicher Lehrplan auf: Die SchülerInnen lernen eher, aus Rücksicht auf ihre Allokations- und Selektionschancen den verschiedenen Leistungsansprüchen zu gehorchen als den eigenen Leistungswillen inhaltlich zu aktivieren - in Vermittlung mit den vom Lehrplan vorgegebenen Zielen.

Hier scheint die spannungsreiche polare Ausrichtung der Schule „Schlagseite" bekommen zu haben: Einerseits soll sie auf die Gesellschaft mit dem in ihr gültigen Leistungsprinzip vorbereiten (hauptsächlich charakterisiert durch seine Konkurrenz-, Produkt- und Kollektivorientierung, wobei in vielen wirtschaftlichen Bereichen die „dynamische" Leistung in Zeiten der schnellen Veränderung immer gefragter ist); andererseits soll sie auch Menschen bilden, die bereit sind, sich im Kontext der gesellschaftlichen Regeln „dienlich" zu verhalten: Das kann einerseits heißen, den momentanen Regeln zu dienen, andererseits auch, kritisch auf die Humanität erhöhende Regelveränderungen hinzuwirken. (SACHER 2001, 221). Gemäß dieses Spannungsfeldes könnte die Schule laut WERNER SACHER ihre Aufgabe so definieren: „Junge Menschen zu ichstarken Persönlichkeiten mit Selbstvertrauen und Lebensmut

---

nach diesem Grundsatz zu gestalten. (3) Staat, Gemeinden und Gemeindeverbände haben die erforderlichen Mittel, insbesondere auch Erziehungshilfen, bereitzustellen."
[31] Vgl. KARLHEINZ INGENKAMP schon 1976.

heranzubilden, die dem späteren Leistungsdruck standhalten" (SACHER 2001, 221).
Fast karikierend stellt EIGLER (1975, 60, in: SACHER 2001, 221) fest, dass die Schule
stattdessen vom „Ort der Ermöglichung von Lernen" zum „Ort der Bewertung von
Leistungen" mutiert sei.

Den SchülerInnen begegnet der gesellschaftlich virulente Leistungsbegriff da, wo sie
die Wichtigkeit der in Ziffern festgestellten Leistungen von Elternseite und selbst
realisierten Bildungszugangsmöglichkeiten her wahrnehmen. Sie lernen
Anforderungen zu bedienen, um zugelassen zu werden, anstatt ihre Leistungen zu
kennen und ihre Kompetenzen auf dem Markt werbend ins Spiel zu bringen. Haben
sie dann die geforderten „guten Leistungen" verbrieft in Händen, stellen sie bei
Bewerbungsverfahren fest, dass ein sehr hoher Prozentsatz der Eignungskriterien im
Persönlichkeitskompetenzbereich gefordert wird – und in Zeiten wirtschaftlicher
Rezession haben es die sog. „kritischen Potenziale" besonders schwer.

Anknüpfungspunkte für das Forschungsinteresse der Studie:

- Schule muss, wenn sie Unterrichtsreformen anstrebt, die auf die Kinder
  einwirkenden und sie im Arbeitsleben erwartenden gesellschaftlichen Faktoren
  berücksichtigen und darauf vorbereiten.
- Sie muss sicherstellen, dass eine Pädagogisierung des Leistungshandelns der
  SchülerInnen nicht mit geringeren Leistungen im Ergebnisbereich einhergeht.
- Sie muss zeigen, dass ichstarke, zur Selbstleitung fähige Persönlichkeiten einer
  gesunden und (auch wirtschaftlich) zukunftsfähigen Gesellschaft dienen.

2.2.2 Dysfunktionale Nutzung der sozialen Lerngruppe für die Leistungserziehung: konkurrenzorientierte Leistungspraxis – oder: von der Notwendigkeit, Versager zu produzieren, um den Erfolgreichen ihren Erfolg zu sichern

Die durch den sozialen Vergleichsmaßstab (bis hin zur Nutzung der Gauß'schen
Normalverteilungskurve beim Notenschlüssel) vorherrschende konkurrenzorientierte
Leistungspraxis könnte als Titel einer Reportage die Überschrift tragen: *Von der
Notwendigkeit, Versager zu produzieren, um den Erfolgreichen ihren Erfolg zu sichern.*
Denn das Noten-STUFEN-System macht nur in seiner Vergleichsrelation „besser –

schlechter", „oben – unten" Sinn. Gleichzeitig haftet den Noten der Nimbus der (längst widerlegten)[32] Objektivität und Wissenschaftlichkeit an, so dass Misserfolge nur schwer anders als durch eigene Unfähigkeit erklärt werden können. „D.h. man kann immer so viele Versager produzieren, die sich ihr Versagen auch noch selbst zuschreiben, wie es die wirtschaftliche und gesellschaftliche Situation erfordert" (SACHER 2001, 222). In unserer momentanen Arbeitsmarktsituation heißt das: Wir produzieren viele Versager.

Dabei bietet die soziale Lerngruppe Chancen über das individuelle Lernen hinaus: In „Gruppentheorien" wie z.B. der Themenzentrierten Interaktion ist der „Mehrwert" einer Gruppe über die Addition der Fähigkeiten ihrer Mitglieder hinaus längst erfahrbar und dargestellt: Eine Idee in einer Gruppe zu entwickeln oder Aufgaben zu lösen, hängt zwar einerseits von den Ideen ab, die die Einzelnen einbringen, *und* gleichzeitig geschieht eine gegenseitige Aktivierung von kreativem Potenzial, das eben unverwechselbar an den Austausch vor Ort gebunden ist. Im Bereich metakognitiver Lernprozesse ist die Gruppe ein unschätzbarer Pool von Rückmeldungen in einem durch gesetzte Strukturen geschützten und gehaltenen Raum, in dem der/die Einzelne ihre Einstellung ins Gespräch mit den Einstellungen Anderer bringen kann – und so Bestätigung oder Änderungsimpulse erfährt. Außerdem ermöglicht die Kommunikation auf der symmetrischen Ebene eine höhere Lernbereitschaft, als wenn der Prozess alleine in der Kommunikation zwischen der hierarchisch vorgeordneten und nachgeordneten Person stattfindet.

In dieser Richtung haben wir in unserem „qualitativen Experiment" versucht, das Potenzial der sozialen Lerngruppe für das selbstreflexive Leistungskonzept zu nutzen und damit den Kindern Wege der Selbststeuerung im Leistungsprozess zu bieten.

Das mit Persönlichkeitswertung verbundene konkurrenzbestimmte Denken abzubauen, ist ein uraltes Menschheitsthema: Bei Kain und Abel ging der Vergleich schon einmal tödlich aus. Auf übertragener Ebene kann ein Vergleich immer noch „töten" – und sei es in der elterlichen Frage: „Und welche Note hat dein Freund?" – Welche Relevanz soll das für die Leistung des betreffenden Kindes und deren Förderung haben? - Hier geht die Bewertung der Leistung über in die Bewertung von Personen – und der Freundschaft der beiden ist damit erst recht kein Dienst erwiesen.

---

[32] Wie schon mehrfach erwähnt z.B. bei SACHER 2002 und VIERLINGER 1999, 40 - 66 nachzulesen.

2.2.3 Orientierung der Selbsteinschätzung an „erlittenen" Leistungsrankings

Wie in der bisherigen Darstellung schon in mehreren Beziehungen deutlich geworden ist, wird Lernen und Leisten in der Schule zu häufig vorrangig im Sinne der Allokation und Selektion instrumentalisiert. Für die Persönlichkeitsentwicklung (meist „schwächerer" SchülerInnen) fatal erweist sich der Zusammenhang, dass eine Angleichung der kindlichen Selbsteinschätzung an die entsprechende Zuweisung erfolgt (SACHER 2001, 222). Umgangssprachlich zeugen z.b. Äußerungen von Schulkindern wie „Ich bin schlecht in Mathe" anstatt „Ich habe in Mathe diese und jene Fähigkeiten" von dem verhängnisvollen Mechanismus. Er stellt ein Vergehen an der Entwicklung des einzelnen Menschen dar, dessen Würde unantastbar ist und der ein verbrieftes Recht auf freie Entfaltung seiner Persönlichkeit[33] hat – dazu zählt auch, dass er nicht aufgrund von Systemungerechtigkeiten (dazu rechne ich das Ziffernnotensystem) hinter seinen Möglichkeiten zurückbleibt – die soziologisch bzw. volkswirtschaftlich gesehen ja auch einen Staatserhaltungsnutzen haben.

Eine Reform der schulischen Leistungspraxis kann sich hier den theologischen Leistungsbegriff zu Eigen machen, der die Würde eines Menschen vor und unabhängig von jeder Leistung gesehen haben will (ZULEHNER 1994). Dieser Grundsatz taugt als pädagogische Maxime für die Interaktionsprozesse in Schule und Unterricht.

2.2.4 Das (Schul-)Kind im Erwartungshorizont verschiedener Leistungsansprüche

HANS RAUSCHENBERGER (1999) analysiert von vier wichtigen Bezugspersonen aus - dem Schüler/der Schülerin, dem Lehrer/der Lehrerin, den Eltern, der Schulverwaltung – ein differenziertes und sich z.T. widersprechendes Interessensgefüge an der Schulleistung.[34] In TZI-Begrifflichkeit ausgedrückt entfaltet er eine differenzierte Analyse des Erwartungs-Globes im Schulkontext.

---

[33] Ich verweise erneut auf das Grundgesetz: Artikel 2 Absatz 1 (Recht auf freie Entfaltung der Persönlichkeit); Absatz 2 mit dem „Recht auf Leben und körperliche Unversehrtheit" zählt auch dazu; es ist interessant, dass nur die körperliche Unversehrtheit Platz gefunden hat, nicht aber die psychische und/oder seelische.
[34] Die folgenden Ausführungen nach RAUSCHENBERGER (1999, 14 – 31).

(1) die Schülerin/der Schüler

- Das Bild der Leistungsanforderungen der einzelnen Fächer korrespondiert nach HANS RAUSCHENBERGER wohl mit dem Fachverständnis des einzelnen Faches. Es erhebt sich also die Frage, wie Schulkindern die Leistungsanforderung des jeweiligen Faches bzw. Themas transparent gemacht werden kann – als Komponente der Lern- und Leistungsselbststeuerung.

- Durch die der Leistungshandlung nachfolgende (soziale) Bewertung wird die Leistung zunehmend in ihrer Funktionalität gesehen und genutzt. Schule geht außerdem davon aus, dass die SchülerInnen sich den Wert ihrer Leistung zu Eigen machen – ich ergänze: und oft den Wert der Leistung auf die Wahrnehmung von sich als Gesamtpersönlichkeit übernehmen. „Wenn die kleinen Mißerfolge zu alten Bekannten werden" (a.a.O., 15), verleugnen die Kinder ihre Leistung – nicht aus mangelndem Willen, sondern weil die bisherigen Leistungssituationen als Fallen erlebt wurden.

- Leistungsverleugnung beschreibt HANS RAUSCHENBERGER als Beziehungsdilemma mit dem Ziel, keine Schuldgefühle aufkommen zu lassen. Denn weil die SchülerInnen die gesteckten Ziele, die die Erwachsenen setzen und die stillschweigend als gemeinsame Ziele vorausgesetzt werden, nicht erreichen konnten, sie aber die Erwachsenen nicht enttäuschen wollen und keine Strategien kennen, um ihre Misserfolgserlebnisse in Erfolgserlebnisse umzuwandeln, gehen sie der Leistungssituation (z.B. Vorbereitung auf eine Klassenarbeit) aus dem Wege.

- HANS RAUSCHENBERGER beschreibt vier Phasen der Leistungsentwicklung, von denen hauptsächlich die zweite und dritte, hoffentlich auch die vierte in der Schule relevant sind (und die erste integriert bleiben darf):

1. In der **spontanen oder unbewussten Phase** der Leistung treten Kinder in einen spontanen Dialog mit den Dingen, bei dem immer etwas herauskommt, „das vorher nicht da war und das den Schöpfer und seine Mitmenschen in Erstaunen setzt" (a.a.O., 18-19). In dieser Phase lebt etwas von der Aufgabenhaltung, die ILSE LICHTENSTEIN-ROTHER beschrieben hat (s.o.): sich ansprechen lassen und mit dem Vorgegebenen durch Nutzung der individuellen Ressourcen das Eigene schaffen – jedes Mal ein Schöpfungsakt.

   In der Schule weicht diese Phase jedenfalls zum großen Teil der „Realität der Anderen": dem Vergleich von besser und schlechter, richtig oder falsch.

2. In der **Ermüdungsphase** stellt sich Schulverdrossenheit ein: ermüdet vom Vergleichs- und Realitätsprinzip tun die Kinder, was ihnen aufgetragen ist, sie haben „damit aufgehört, die Schule und die Schularbeiten zu lieben" (a.a.O., 19), sie haben zu einer „Job-Einstellung" gefunden: Sie funktionieren.

3. In der **kritischen Phase** zwischen zehn und vierzehn Jahren suchen die SchülerInnen sich ihre Leistungsgebiete aus – und die liegen auch außerhalb der Schule. „Kritisch" ist diese Phase, weil es sich hier entscheidet, ob die SchülerInnen zu einem Leistungsverhalten kommen, bei dem ihnen die Schule noch weiterhelfen kann.

4. Die **realistische Phase** bildet sich aus, wenn die kritische Phase überwunden ist, die SchülerInnen ihre Stärken und Grenzen kennen und wissen, auf welchen Gebieten sie sich engagieren möchten.

Anknüpfungspunkte für das Forschungsinteresse der Studie:

- Die Beschreibung der durch die Schule verloren gehenden spontanen und unbewussten Phase der Leistung legt die alte Frage neu nahe: Wie können die didaktisch Verantwortlichen die vorgegebenen Sachthemen in solche Aufgaben für die Kinder verwandeln, die sie gegenwärtig (!) als sinnvoll ansehen und deshalb bereit sind, sie zu ihrer Aufgabe zu machen. Damit ist nicht intendiert, sich der notwendigen Entwicklung über das spontane Leisten hinaus zu verweigern, sondern sie im Sinne der heute vielfach beschriebenen Strukturschemata in die nächst höhere Phase zu integrieren; d.h. in diesem Zusammenhang: sie für systematisches Lernen nutzbar zu machen.

- Welche Art von Leistungshandeln die Kinder gerade bewegt, liegt nahe im Dialog zu ergründen – damit eine entwicklungsfördernde Begleitung durch die Lehrperson möglich wird.

(2) die Eltern

- Eltern identifizieren sich gerne mit dem Erfolg ihrer Kinder: deren Erfolg wird als eigener verbucht. Die Entwicklungsgeschwindigkeit des Babys und Kleinkindes wird von Eltern gerne als Zukunftsomen gedeutet (der erste Zahn, der erste Schritt). Was das Leistungshandeln des Kindes prägt, ist das Erlebnis zweier Erfahrungen an derselben Sache: Das Kind handelt in seinen Aktivitäten spontan, unbewusst, zufällig und aus Freude an der Sache; der Erfolg wird bei den Eltern zum Kalkül: Es gibt Belohnungen, Erwartungen, Planungen: „was ... zufällig war, ist zum Kalkül geworden" (a.a.O., 21).

- Da die Lernleistung als Zukunftspotenzial der Kinder gesehen wird, gilt eine wesentliche Sorge der Eltern der Erziehung zur Lernleistung. Da zukünftige Möglichkeiten keine Motive der Kinder sind, lernen sie spekulativ (a.a.O., 22). Hinzu kommt, dass In der momentanen Arbeitsmarktsituation die Erreichung der angestrebten Ziele allein durch Leistungserfolg kein einzulösendes Versprechen mehr ist.

- Die Eltern-Kind-Beziehung ist geprägt von einem sich ändernden Umgang der Eltern mit der Lernleistung ihrer Kinder: Die Freude an der frühen Entwicklung beinhaltet Stolz auf die eigene Pflege. Mit der Fähigkeit der Kinder, „nein" zu sagen, gewinnt sie eine neue Qualität. Denn dann ist klar, dass die Wünsche der Eltern nicht alle erfüllt werden (können). Der Schuleintritt steht in einem Spannungsfeld zwischen den Polen: die Kinder durch Druck abhärten – die Leistungskonfrontation aufschieben. STIERLIN (1980, in: a.a.O., 23) beschreibt die Leistungserwartung vor allem als „eine Art Delegation": Die Kinder sollen leisten, wobei die Eltern ihnen nicht helfen können. Für die Kinder bedeutet das: lieber betrügen als die Eltern enttäuschen (s.o. Leistungsverleugnung).

- Die häusliche Lernsituation – Hausaufgaben machen, etwas nachholen, „üben" – ist immer auch verbunden mit der Aneignung bestimmter Lerngewohnheiten (a.a.O., 25). Diese können schulisches Lernen erfolgreich unterstützen oder konterkarieren.

Anknüpfungspunkte für das Forschungsinteresse der Studie:

- Wenn die Kinder eingeschult werden, haben sie bereits sechs Jahre Lern- und Leistungsprägung erfahren. Für die Schule ist es mit ihren Ansprüchen wichtig, die Leistungsentwicklung und Leistungseinstellungen der Kinder zu kennen, um sinnvoll zwischen den vorgegebenen Forderungen und dem einzelnen Kind zu vermitteln.

- Geeignet scheinen uns dafür dialogische Formen, die den Respekt vor den biografisch erworbenen Einstellungen und deren Relevanz für das möglichst selbstgesteuerte schulische Lernen zum Ausdruck bringen können: der Dialog mit den Eltern, der Dialog mit den Kindern, der Dialog der Kinder mit den Eltern *in der Schule*, um schulisches Lernen in der aktiven Präsentation der Kinder am Lernort („Heimvorteil") zu belassen.

- Ziel muss sein, den Kindern einen gegenwärtigen Sinnhorizont ihrer schulischen Lern- und Leistungsaktivitäten zu eröffnen – auch hier kann im Dialog viel Wichtiges über Sinnkriterien der Kinder erfragt werden.

- Kriterium der Unterstützung oder intendierten Veränderung von Leistungseinstellungen ist, ob die entsprechenden Selbstkonzepte persönlichkeits- und leistungsförderlich sind.

(3) die LehrerInnen

- LehrerInnen haben ein legitimatorisches Interesse an der Schulleistung ihrer SchülerInnen, weil sie diese auch als eigene Leistung verbuchen – mit dem Mindestanspruch, diesen Erfolg wenigstens nicht verhindert zu haben.

- Hinsichtlich zweier Aufgabenfelder der LehrerInnen befinden sie sich in einem beruflichen Dilemma: Erstens müssen sie zwischen den Interessen der Kinder und den gesellschaftlichen Anforderungen vermitteln, wobei diese noch nicht im Interessenshorizont der Kinder liegen. Zweitens sollen sie eine eigenständige Entwicklung unterstützen. Dabei machen sie sich in der Leistungsbewertung doch wieder zu RichterInnen über die Leistungen.

  HANS RAUSCHENBERGER beschreibt folgende Wege, mit diesem Dilemma umzugehen:
  - Orientierung an der besten Schülerin/dem besten Schüler
  - Unterricht als Sozialarbeit
  - Orientierung am mittleren Anspruchsniveau (also dem „Mehrheitsprinzip")
  - viele Mischformen – darunter die heute gängigen: Individualisierung und Orientierung an den Abschlüssen.

  EIKO JÜRGENS gibt als Zielperspektive an: „Fremdanforderungen unterliegen aber immer der Legitimations- und Verständigungspflicht und sie sollten letztlich das Selbst-Leisten-Wollen der Kinder provozieren" (1997, 33, in: SACHER 2001, 223).

Anknüpfungspunkte für das Forschungsinteresse der Studie:

- Die Arbeits- und Wirtschaftswelt erwartet heute in vielen Bereichen Selbstleitungskompetenz. Dazu gehört das Wissen um die eigenen Stärken, um Grenzen, um Gütekriterien des eigenen Arbeitens. Das legitimatorische Interesse der Leistungen kann für die LehrerInnen auch im Bereich der erzielten, geleisteten Eigenständigkeit liegen.

- Das Kind ist in dem Vermittlungsprozess zwischen gesellschaftlichen Ansprüchen und seinen eigenen Interessen aktiver zu beteiligen.

Der Dialog mit den Kindern als wichtiges Instrument der Vermittlungsaufgabe der LehrerIn (zwischen gesellschaftlichen Ansprüchen und individuellen Interessen des Kindes) ist nicht im Blick. Wir haben ihn in die Aufmerksamkeit gerückt, denn wenn die Kinder zu einem hohen Maß an Selbststeuerung geführt werden sollen, dürfen sie in diesem Prozess auch bei der (Mit-)Bestimmung, zumindest aber der Reflexion der eigenen und vorgegebenen Interessen und Ansprüche nicht fehlen.

(4) der Staat

- Den Staat kennzeichnet ein zweifaches Interesse an der Schulleistung:
  1. Loyalität und Ordnung
  2. Prosperität der Wirtschaft.
- Nach HANS RAUSCHENBERGER sind erst in jüngerer Zeit Meinungen über einen Zusammenhang zwischen Schulleistung und Wirtschaft geäußert worden – wobei er weder die Auffassung unterstützt, dass SchülerInnen mit besonders guten Schulleistungen automatisch die beruflich Erfolgreichsten sind, noch dass die mit mittelmäßigen Leistungen die besten Karriereaussichten hätten. (Beispielhaft mag eine Äußerung des beliebten und äußerst erfolgreichen Schauspielers Albin Braig stehen, der zu der Frage nach seinem Schulabgang nach dem 8. Schuljahr sagte: „Wer so eine Begabung, wie ich sie habe, in die Wiege gelegt bekommt, braucht keine Schule.")

Anknüpfungspunkte für das Forschungsinteresse der Studie:

- Selbst wenn man nach diesen Aussagen mangelnde Leistungsmotivation durch mögliche Zukunftsaussichten ausgleichen wollte (was weiter oben ja als kein Weg des Kindes verworfen wurde), ist selbst das nach der dargestellten Argumentation kein redlicher Weg.
- Zudem häufen sich die Klagen der ArbeitgeberInnen, dass die SchülerInnen zunehmend weniger Voraussetzungen für ihre Ausbildungsstelle von der Schule mitbringen.

Fazit:

HANS RAUSCHENBERGER konstatiert, „daß die vier dargestellten Leistungsbegriffe einander verfehlen, auch wenn sie auf einander verweisen" (a.a.O., 31). Zweitens dürfte Bildung nicht in Leistung aufgehen, sie ist mehr, oftmals erst später fassbar und schon gar nicht immer erfassbar.

Offene Fragen:

Ich wiederhole und resümiere als offene Frage:

Der selbstreflexive Dialog als Form, die Rezeption der verschiedenen Interessen im Kind bewusst und „handhabbar" – also nutzbar bzw. veränderbar – zu machen, scheint mir ein wichtiger Weg auf der Zielstrecke „Erziehung zur Selbststeuerung" – vom ersten Schuljahr an.

2.2.5 „Ich soll leisten wollen, was ich leisten soll." – Verlagerung der Leistungsansprüche in die Person des Kindes

- MARIA FÖLLING-ALBERS (1999) charakterisiert die heutige Familie in ihrer Erziehungstätigkeit als Verhandlungsgemeinschaften: Es gehe nicht mehr primär um die Werte Gehorsam, Ordnung, Disziplin, sondern um Selbstständigkeit, Kreativität und Kooperationsfähigkeit.

- Gleichzeitig sind die Leistungsansprüche der Eltern an ihr Kind gewachsen und werden in den beschriebenen Erziehungsstil integriert. Die Folge: Es findet eine Internalisierung der elterlichen Ansprüche statt; weil die Leistungen nach dem elterlichen Selbstanspruch der Kooperation nicht mehr einfach per Gehorsam verlangt werden können, werden sie in eine fragwürdige Freiheit gestellt: „Kinder sollen leisten wollen, was sie leisten sollen" (a.a.O., 12). Die Leistungsansprüche der Eltern sollen sozusagen zur „Selbst-Aufgabe" der Kinder werden. Die Antwort der Kinder auf diesen Anspruch wird damit eine Gewissensfrage: Sie dürfen sich ihm in ihrer Selbstständigkeit und Kreativität stellen, nur eins dürfen sie nicht: nicht leisten (wollen).

- Viele Kinder haben heute ein professionalisiertes und funktionales Verhältnis zu Schule und Leistung: Sie leisten, um Belohnungen zu bekommen. (a.a.O., 13)

Damit haben sie den legitimatorischen Leistungsbegriff (Leistung als Zugangsberechtigung) voll übernommen.

Anknüpfungspunkte für das Forschungsinteresse der Studie:

- Die bei vielen Kindern anzutreffende Gewohnheit des Verhandlungsstils im familialen Erziehungsgeschehen lässt sich auch für das Leistenlernen nutzen: Kinder nach ihren Leistungskriterien, - wünschen, -fähigkeiten fragen. Denn nur wenn in einer Verhandlung beide Seiten die Voraussetzungen der jeweils Anderen kennen, können sinnvolle Vermittlungsversuche mit der jeweiligen eigenen Sicht bzw. Erwartung gestartet werden. In dieser Vermittlung liegt eine wichtige Aufgabe der LehrerInnen.
- Selbstreflexionsprozesse könnten im oben angesprochenen Dilemma der Internalisierung helfen, dass Kindern bewusst wird, was in ihnen an von außen an sie herangetragene Erwartungen lebt und was in diesem Gefüge ihre eigenen Vorstellungen sind. Kinder spüren meist sehr zuverlässig, wo sie und ihr Wohl gemeint sind oder wo Eltern eigene Wünsche in sie hineinprojizieren.

Offene Fragen:

- Die Selbstreflexion als Fähigkeit eines fruchtbringenden Verhandlungsstils im Bereich der Leistung wird nicht thematisiert.

2.2.6 Dominanz der Fremdbeurteilung von Leistungen

Ob Noten, Verbalbeurteilungen, mündliche Kommentierungen wie „gut gemacht!" oder „toll!" – die Fremdbewertung herrscht in der Schule vor: Es ist die Lehrerin, die beurteilt, Maßstäbe vorgibt, misst, Urteile fällt und zuteilt. SchülerInnen sind die EmpfängerInnen – häufig „Opfer" – dieser Bewertungen. Dabei sind sie es doch, die ihre Bereitschaft, ihre Zeit, ihren Intellekt, ihre Kreativität, ihre motorischen Fähigkeiten in die vorliegende Leistung investiert haben. Es ist in jedem Fall das Lernprodukt und – wo er mitbewertet wird - der Lernprozess *der Schülerin/des Schülers*, die vorliegen. Ab dem Zeitpunkt der Abgabe zwecks Beurteilung scheint es ihr/ihm aus der Hand genommen. Alles, was sie/er selbst dazu dachte oder zu sagen hätte, ist für das (schul)biografisch bedeutsame Urteil nicht mehr gefragt. Schulgenerationenweise interessierte in der offiziellen Bewertungspraxis die Sicht derer, um deren Leistung es geht und die von ihr Dinge wissen, die vielleicht nicht evident sind und deshalb gar nicht berücksichtigt werden können, nicht. Wir halten es für eine zeitgemäße Leistungs- und Unterrichtsreform, die SchöpferInnen der Leistung auch in den Leistungsrückmeldeprozess einzubinden – ausdrücklich und zielorientiert: Es geht um die Erziehung zu mündigen BürgerInnen, die zwar weiterhin im beruflichen Kontext Fremdbewertungen ausgesetzt sein werden, sich aber davon nicht in ihrer Selbsteinschätzung abhängig machen sollten – um ihrer selbst willen. Ein Beispiel wie Albert Einstein ist hinreichend strapaziert, um es nicht noch einmal im Detail wiederholen zu müssen. Aber die Welt wäre um eine bahnbrechende und zeitprägende Entdeckung ärmer, hätte er seine Selbsteinschätzung der schulischen Fremdbewertung angeglichen.

2.3   Zusammenschau: Aspekte des pädagogischen Leistungsbegriffs in der gegenwärtigen Diskussion

Die befragte theoretisch-anthropologische Literatur liefert folgende Beiträge zu einer notwendigen Pädagogisierung des Leistungsbegriffs:

1. Sensibilisierung für die **Vielschichtigkeit der Leistungssituationen** (vor allem FLOREK)
2. Würdigung der **Dimensionenvielfalt von Leistung** (Prozessorientierung, individueller Maßstab, soziale Leistungen, dynamischer Leistungsbegriff – FLOREK)
3. **Kind(er)[35]-Orientierung**, die sowohl die Aufgabenstellung als auch die Leistungsrückmeldung in den Dienst der Förderung und Persönlichkeitsentwicklung gestellt sieht (LICHTENSTEIN-ROTHER, FLÜGGE, FLITNER, SCHWARTZ);
4. die Hinwendung zur **Selbststeuerung** als Erziehungsprozess lebenslanger Lernfähigkeit (LICHTENSTEIN-ROTHER).

In schulpädagogischer Realisierung ergibt sich daraus die Forderung der **Kinderperspektive** in der Debatte um die Leistungserziehung, die ich - mit ROSEMARIE

---

[35] Sowohl das einzelne Kind als auch die jeweilige Gesamtgruppe in ihrer Diversität und Gruppenkompetenz sei im Blick.

PORTMANN (1992) zusammenfassend - aus folgenden Kritikpunkten bzw. Einsichten heraus erhebe:

- Bisher herrscht die LehrerInnenperspektive in der Leistungsbewertung vor.
- Die Diskussion wurde bisher ÜBER die Leistungen der Kinder und nicht MIT ihnen über ihre Leistung geführt.
- Für das Lernen ist es relevant, was das Kind „selbst von sich glaubt" (PORTMANN 1992, 48).
- Die Leistungsrückmeldungen für das Kind werden „erst im Kontext seiner subjektiven Verarbeitung" (a.a.O., 49) für seine Lernaktivität und Leistung wirksam.
- Selbstreflexion und Selbstbewertung gelten als „entwicklungsfördernd und leistungssteigernd" (a.a.O., 49).

Zusammenfassung der Argumentationsdesiderate und offenen Fragen

1. Die Leistungsselbstreflexion der LernerInnen als Instrument der Selbststeuerung durch Metakognitionen wird vereinzelt erhoben (s. PORTMANN; SACHER 2001)[36]. Insgesamt ist sie bisher zu wenig im Blick.

2. Eine inhaltlich-qualifizierende Selbstreflexion, in der die Kinder ihre eigenen Kriterien für Leistung generieren, steht noch aus. Auch hier weist WERNER SACHER (2001, S. 225) darauf hin, dass es besonders für die schwächeren SchülerInnen relevant sei, die „Qualität des Lernaufwandes" in Beziehung zum Ergebnis zu setzen, um nicht dem ständigen Selbstvorwurf mangelnder Anstrengung und Begabung zu verfallen.

3. Der Selbstreflexion ermöglichende Dialog als Element der LehrerInnen-SchülerInnen-Beziehung im Unterricht muss als fachliche und persönliche Kompetenz erprobt, reflektiert und ausgewertet werden.

4. Die SchulanfängerInnen sind in den besprochenen theoretischen Arbeiten vor allem bei WERNER SACHER explizit Thema. Er schlägt im Rahmen des metakognitiven Kompetenzerwerbs vor, dass dieser besonders bei den jungen und schwächeren SchülerInnen nicht nur im „indirekten", sondern im „direkten Unterricht" (a.a.O., 2001, 225) anzubahnen sei. Da die Zeit des Schulanfangs für

---

[36] Letzterer spricht sogar von der Entwicklung zu einer „Metaperson" (SACHER 2001, 225).

die Schulbiografie als einschlägige Prägezeit anzusehen ist, stehen hier Arbeiten im Kontext einer „Grundlegung des Leistenlernens" aus.

5. Didaktisch-methodische Umsetzungen einer Erziehung zur Selbststeuerung im Leistungshandeln sind zu entwickeln und zu erproben.

KAPITEL III: Schulleistung(en) im Spiegel empirischer Erhebungen

Die nächsten Abschnitte werden den Einblick in die Leistungsthematik aus empirischem (quantitativem wie qualitativem) Forschungsblickwinkel ergänzen.

3.1   Relevanz der Schule für die kognitive Entwicklung und Egalisierung der kognitiven Kompetenzunterschiede ihrer SchülerInnen

Um die Bedeutung der Schule für die kognitive Entwicklung ihrer SchülerInnen zu beantworten, muss zunächst geklärt werden, welche Faktoren Schule in ihrem Kernbereich, nämlich Unterricht, bestimmen.

a)   Unterricht als multifaktorielles Bedingungsgefüge: Fähigkeit, Motivation, Quantität und Qualität als Bestimmungsfaktoren

G. D. HAERTEL et al. (1983, in: WEINERT 2002, 78) benennt vier Faktoren, die unterrichtliches Lernen bestimmen:

Fähigkeit und **Motivation** auf SchülerInnenseite,
Quantität und **Qualität von Unterricht** auf der Schul- und LehrerInnenseite.

Jeder dieser vier Faktoren muss auf einem Mindestniveau vorhanden sein, damit Lernen im Klassenzimmer möglich wird. Es wird davon ausgegangen, dass sich die vier Faktoren gegenseitig „substituieren, kompensieren oder ausbalancieren" (HARTEL et al. 1983, 75, in: WEINERT 2002, 78). D.h. wenn LehrerInnen z.B. die *Qualität* von Unterricht verbessern, müsste das entwickelnde Auswirkungen auf die *Fähigkeiten* ihrer SchülerInnen haben. FRANZ E. WEINERT (2002, 79ff) widmet sich dann auch der Frage:

>   Welche Bedeutung hat die Schule für die kognitive Entwicklung ihrer SchülerInnen?

Uns interessiert das im Hinblick auf die Ausbildung metakognitiver Fähigkeiten, die in Leistungsselbstreflexionsprozessen gebraucht werden. Ob man nun TIMSS (BAUMERT et al., 1997 in: WEINERT 2002, 79) oder PISA 2001 heranzieht: Unter der Annahme, dass in den Ländern die Verteilung der Begabungen und intellektuellen Fähigkeiten gleich ist (aufgrund der Datenlage kann man das annehmen), dann muss die Schule Einfluss auf den Kompetenzerwerb haben (WEINERT 2002, 79). Auch wenn intellektuelle Fähigkeiten (Gedächtnis, Denken, Problemlösen) nicht unmittelbar erworben werden können, sind doch „Transferprozesse" festzustellen: vom Erwerb spezieller Kenntnisse und Lösungsstrategien z.b. auf allgemeine kognitive Kompetenzen – und das vor allem, wenn beim inhaltlichen Wissenserwerb gleichzeitig die metakognitiven Kompetenzen mitgefördert werden (KLAUER 2000, in: WEINERT 2002, 80). Nach W. SCHNEIDER sind metakognitive Kompetenzen definiert als „das wachsende Bewusstsein der Lernenden, dass und wie man lernt, verbunden mit der automatisierten Fertigkeit, eigenes Lernen zu planen, zu überwachen und zu steuern" (1989, in: WEINERT 2002, 80). In dieser Hinsicht interessierten uns bereits die ErstklässlerInnen. Denn die kognitiven Kompetenzen haben Einfluss auf die Entwicklung „höher-wertiger" (WEINERT 2002, 80) Bildungsziele wie „persönliche Autonomie und Selbstverantwortlichkeit, soziale Partizipation und Kooperation, moralische Urteils- und Handlungskompetenz, ästhetische Erlebnisfähigkeit und kulturelles Engagement" (WEINERT 2002, 80), die alle den Bildungshorizont eines mündigen, demokratiefähigen, für die Arbeitswelt gerüsteten und zur Selbstbeanspruchung (im Sinne ILSE LICHTENSTEIN-ROTHERS) fähigen Menschen gehören. Dass FRANZ E. WEINERT den Satz anfügt, es verstehe sich von selbst, gegenüber diesen „höheren Bildungszielen" den Leistungsaspekt nicht vernachlässigt zu sehen, zeugt einmal mehr von der Befürchtung, entwicklungs- und persönlichkeitsförderndes Lernen gehe automatisch mit weniger Leistung einher. Nachdem die Schule ausdrücklich nicht nur einen Lehr-, sondern einen Bildungsauftrag (s. obiges Zitat WEINERT) hat, kann sie es sich nicht leisten, die von ihr geschaffenen Leistungssituationen ohne Analyse des pädagogischen Settings, in dem sie die Leistungssituationen anbietet, zu belassen.

Die der Schule in der Frage der Egalisierung der kognitiven Kompetenzen beigemessene Relevanz wurde in den letzten Jahrzehnten unterschiedlich bewertet:

b)   Schulwirksamkeitspessimismus

Von großem Schulwirksamkeitspessimismus waren T. L. GOOD, B. J. BIDDLE, J. E. BROPHY (1975, in: WEINERT 2002, 74) und CHRISTOPHER JENCKS ET AL. (1973, in: WEINERT 2002, 74) geprägt. Fragten erstere noch „Machen Schulen oder Lehrer eigentlich einen Unterschied aus? Es gibt keine sichere Antwort" (1975, in: WEINERT 2002, 74), zog CHRISTOPHER JENCKS aus empirischen Studien brisante Thesen (1973, 161f): Eine mögliche Egalisierung der Gene aller Menschen würde die Testergebnisungleichheiten um 33 – 50 Prozent senken, eine Qualitätsverbeserung der Grundschulen die kognitive Ungleichheit um 3 Prozent oder noch weniger. Dazwischen lässt er Umwelt und ökonomischen Status rangieren. Eine Schockwiederholung gelang R. J. HERRNSTEIN und C. MURRAY (1994, „The Bell Curve" in: WEINERT 2002, 74-75), indem sie behaupteten: (a) dass das Zusammenspiel von Variationen in der genetischen Ausstattung und der sozialökonomischen Situation schon früh die individuellen Unterschiede der kognitiven Fähigkeiten, Motivationstendenzen und sozialen Verhaltensmustern festlegten; (b) dass intervenierende sozialpädagogische, schulorganisatorische, kompensatorische und didaktische Maßnahmen die intellektuellen Fähigkeiten nicht nennenswert steigern würden. WEINERT (a.a.O., S. 76) bewertet diese Thesen aufgrund einer Methodenkritik (nur eine einzige Fragestellung, obwohl es mehrere geben müsste) als unhaltbar.

Nach einigen (von FRANZ E. WEINERT nicht näher benannten) Untersuchungen halten die Mehrzahl der LehrerInnen ihren eigenen Unterricht nicht für die Quelle von Lernfortschritt und Leistungsunterschieden. Eher machen sie dafür Begabung, Motivationsunterschiede und außerschulische Einflüsse verantwortlich (WEINERT 2002, 75).

Es ist zu beachten, dass es immer um die Thematik der Egalisierung intellektueller Unterschiede geht. Dass die Schule im Hinblick auf Wissen und Können natürlich verändert, bleibt unbestritten (WEINERT 2002, 76).

Da wissenschaftliche Ergebnisse auch von wechselnden Erkenntnisinteressen mitgesteuert sind, gibt es natürlich ebenso einen Bildungsoptimismus, was die Wirksamkeit schulischer Arbeit angeht. Zu seinen Vertretern zählt BENJAMIN S. BLOOM: „Was irgendeine Person in der Welt lernen kann, kann fast jedes Individuum lernen, vorausgesetzt, dass das frühere und gegenwärtige Lernen unter angemessenen Bedingungen erfolgt ... Die Theorie bietet eine optimistische Perspektive auf das, was Bildung für den Menschen leisten kann" (1976, in: WEINERT 2002, 76). Die Bedeutung des frühen Lernens – im positiven wie negativen Sinn – rückte hier in den Blick. Auf ihrer Grundlage hatte die kompensatorische Erziehung in den 70er Jahren Hochkonjunktur. Eine andere Folge auf schulorganisatorischer Ebene war die Forderung von Gesamtschulen, weil dem dreigliedrigen Schulsystem eine Stärkung der sozio-ökonomischen Unterschiede vorgeworfen wurde (es sei auch an dieser Stelle an PISA 2000 erinnert!). Die Gesamtschulen leisteten viel – nur was die Egalisierung der intellektuellen Unterschiede angeht, konnten sie die Erwartungen nicht erfüllen. Es blieb und bleibt die Idee der Einheitsschulbewegung, die Anfang des 20. Jahrhunderts zum gemeinsamen Bildungsgang der Grundschule geführt hat, virulent: Wie können unterschiedliche Kinder gemeinsam gebildet werden? Die Kunst des pädagogisch fruchtbaren Umgangs mit Heterogenität ist gefragt.

Insgesamt haben Vergleichsuntersuchungen zwischen verschiedenen Schulformen die Erwartung bestärkt, dass schulorganisatorische Maßnahmen wenig bewirken. Die Hoffnung lag jetzt bei der Verbesserung der Unterrichtsqualität.

d)   **Kompetenzausgleich als Zeitfaktor**

In den 70er und 80er Jahren orientierten sich die Förderprogramme an der Idee des „zielerreichenden Lehrens und Lernens" (WEINERT 2002, 77): Lernerfolg wurde vom Zeitfaktor abhängig gesehen, d.h. wer wenig kann, braucht mehr Zeit – und zwar nicht immer mehr Zeit, sondern aufgrund des Aufholens mit der Zeit weniger Zeit,

---

[37] Nach WEINERT 2002, 76 – 78.

BENJAMIN S. BLOOM setzte sich für die „differentielle Optimierung der Lehrmethoden" (WEINERT 2002, 77) ein – nach dem „aptitude-treatment-interaction-Modell" (ATI) von CRONBACH und SNOW (1977, in: WEINERT 2002, 77/78). Die Idee ist uns heute als differenzierender Unterricht vertraut: Die einzelnen SchülerInnen brauchen je nach ihren persönlichen sowie kognitiven Voraussetzungen unterschiedliche Lehr- und Lernmethoden. Was sich dabei nicht bestätigte, war die Idee, die Unterschiede dadurch zu egalisieren, dass die intelligenteren Kinder deduktiv und die weniger intelligenten induktiv unterrichtet werden sollten. Eine für offene Lernformen relevante Tendenz allerdings stellte sich heraus: „dass die Leistungsdefizite ängstlicher Kinder durch ein lehrergesteuertes Verfahren verringert würden". (WEINERT 2002, 78). Ein sicher nicht in allen LehrerInnenohren beliebtes Ergebnis.

e) gegenwärtige Annahmen zur Schul- und Unterrichtswirksamkeit (WEINERT und HELMKE): Bildungs"realismus"

Der Einfluss der Schule bei der Egalisierung kognitiver Kompetenzunterschiede scheint begrenzt (WEINERT 2002, 82), da SchülerInnen und Schulen gleichermaßen an der Determination der Schulleistungen beteiligt sind – und damit auch an der Entwicklung ihrer Unterschiede (WEINERT 2002, 78). Denn von den genannten vier Unterrichtsfaktoren (Fähigkeit, Motivation, Quantität und Qualität von Unterricht) stehen nur die letzten beiden im Verfügungsbereich der Bildungspolitik. (WEINERT 2002, 82). Die beiden Faktoren auf SchülerInnenseite sind zu Schulbeginn schon in einem so hohen Maß ausgebildet, dass sich die Unterschiede als relativ stabil erweisen (WEINERT 2002, 83).[38]

Heute gelten die wissenschaftlichen Zweifel an der Bedeutung der genetischen Ausstattung für die intellektuelle Entwicklung als ausgeräumt; statistisch wird ein Wert von 50 % angegeben; dann bleiben – so R. PLOMIN (1988, 9, in: WEINERT 2002, 83) immer noch weitere 50 %. Die Kovariation von Erbanlage und Umwelteinfluss ist zu beachten. Denn in den meisten Fällen verhält es sich so, dass die leiblichen Eltern

---

[38] Das bestätigt die Erfahrung vieler ErstklasslehrerInnen, dass sie - oft für sie selbst erschreckend - schnell ein Bild der geeigneten weiterführenden Schulart ab Klasse 5 für die Kinder entwickeln, das größtenteils zutrifft.

auch die Aufwachsbedingungen bestimmen (WEINERT 2002, 83). Haben sich die intellektuellen Fähigkeiten aufgrund des Umwelteinflusses erst einmal ausgeprägt, erfahren die Differenzen eine Stabilisierung, weil die weiteren Lernmöglichkeiten aufgrund der unterschiedlichen Voraussetzungen unterschiedlich genutzt werden (WEINERT 2002, 83/84). Für das für die Grundschule relevante Lebensalter stellt FRANZ E. WEINERT fest: Ab dem siebten Lebensjahr ist mit einer „beachtlichen und vom 10. Lebensjahr an mit einer hohen Stabilität der individuellen Unterschiede in den intellektuellen Fähigkeiten und in den Lernleistungen" (2002, 84) zu rechnen. Und: „Unter vergleichbaren schulischen Lernbedingungen ist es nicht möglich, die individuellen Lern- und Leistungsunterschiede generell aufzuheben" (a.a.O., 85). Während die individuellen Fähigkeiten und die Lern- und Leistungsunterschiede relativ zeitstabil sind, müssen die individuell unterschiedlichen Lern- und Leistungsfortschritte als eine „Funktion der Quantität und Qualität des Lernens" (WEINERT 2002, 85) gesehen werden. Und diese werden von der Unterrichtswirksamkeit mit beeinflusst (WEINERT 2002, 85). „Schulleistungen sind also stets Leistungen der Schüler, die durch die Schule begünstigt oder erschwert werden" (WEINERT 2002, 85).

Fazit:

1. Schule und Unterricht haben Einfluss auf die individuelle Entwicklung kognitiver Fähigkeiten.
2. Die Leistungsunterschiede weisen von Schulbeginn an eine hohe Positionsstabilität auf (s. ergänzend auch HELMKE 1997, 128).

Unser Forschungsprojekt hat in seinem „qualitativen Experiment" bei der Qualität der Unterrichtswirksamkeit anzusetzen versucht, also den oben zitierten veränderbaren 50 % Beeinflussungspotenzial. Wir haben nicht erhoben, inwiefern das die Kompetenzunterschiede egalisiert. Uns interessierte die qualitative Auswertung der von den Kindern generierten Kategorien für verschiedene Aspekte von Schulleistung(en) anhand direkter Leistungsvorlagen. Eventuell lässt sich zeigen, ob über den einjährigen Untersuchungszeitraum hinweg eine Steigerung der metakognitven Antworten in Ausführlichkeit und/oder inhaltlicher Präzision feststellbar ist.

Die Diskussion um die Egalisierung der Unterschiede kann deutlich machen, wie sehr die Fragestellung jeweils interessegeleitet ist: Hat schon die Ablösung des Begriffs „Chancengleichheit" durch „Chancengerechtigkeit" mehr (subjektive) Realität in den Blickpunkt gerückt, so scheint mir der Egalisierungsgedanke zu sehr von einer Ergebnisorientierung und wieder einmal mehr vom sozialen Vergleich her getragen als von der Aufmerksamkeit für die Möglichkeiten und Sinnhaftigkeiten des einzelnen Kindes. Kann es ein angestrebtes Ziel sein, die Unterschiede zu egalisieren? Muss nicht eine auf Entwicklung und Förderung ausgerichtete Unterrichtsqualität die Potenziale des einzelnen Kindes im Blick haben; das, was es kann und können kann? Dann ist der Entwicklungsvergleich des Individuums mit seiner eigenen Leistungsgeschichte wichtig und förderlich. Im Sinne der Selbstbeanspruchung auch in Sinnfragen des Lebens blockiert die Feststellung, nun doch auf irgendeinem Platz hinter anderen zu rangieren. Wichtiger in diesem Zielhorizont scheint mir, den Blick dafür zu schärfen, was jemand kann, die Freude daran zu wecken und zur Ausbildung zu motivieren, um dann die Frage immer neu zu beantworten, wo er diese Fähigkeiten einsetzen möchte. Natürlich steht Schule im Kontext von Pflichtinhalten und nicht nur von subjektiv entschiedenen Entwicklungsfeldern. Gerade deshalb scheint es mir förderlich, das Bewusstsein dafür zu sensibilisieren, was „ich kann", „was ich schon kann", „was ich noch lernen möchte"[39]. Kinder sind realistisch genug, die in der Erwachsenenwelt benötigten Kompetenzen in ihr Lernen- und Leistenwollen miteinzubeziehen. So unsere These. Im empirischen Teil werden die diesbezüglichen Antworten der Kinder kategorisiert.

3.2 Geschlechtsspezifik: ausgeprägteres Lageverhalten der Mädchen bei Misserfolg – statt Leistungshandeln

Im Bereich der kognitiven Leistungen sind Geschlechtsunterschiede so gering, dass sie vernachlässigt werden können (im Gegensatz zu den leistungsbezogenen Einstellungen, Selbstkonzepten und Motiven) (SCHOLASTIK 1997, 212).
Auffällig und bedenkenswert ist, dass Mädchen sich bei Misserfolg lageorientiert verhalten – anstatt zu handeln (SCHOLASTIK 1997, Kap. 6, 214). Gemäß den Autoren ist

---

[39] Entsprechend dem DEHN'schen Dreischritt, Fußnote 13.

diese Tendenz der massivste Geschlechtsunterschied, den die Datenlage offenlegt (SCHOLASTIK 1997, 214).

Es stellt sich die Frage, wie die „Lage" dem einzelnen Kind vermittelt wird (in der Kategorie eines sozialen Rankings oder individuell bezogen; oder als Möglichkeit der Selbsteinschätzung, die man im Dialog LehrerIn-Kind an die konkrete Leistung rückbinden und so möglicherweise Handlungsmöglichkeiten eröffnen kann).

In der Datenaufbereitung wird die Kategorienverteilung nach Mädchen und Jungen ausgewiesen.

3.3   Einzelne Unterrichtsversuche

Wurde bei den bisher besprochenen empirischen Forschungen deutlich, dass die Selbstreflexion der Leistung ein Forschungsdesiderat darstellt, sollen im folgenden einige dokumentierte Unterrichtsversuche zur Leistungsselbstreflexion aus den 90er Jahren angefügt werden. Sie wurden alle im Grundschulbereich durchgeführt, wobei ich nur bei DAGMAR WEHR (1992) die Einbeziehung schon der ErstklässlerInnen gefunden habe, so dass dieser Altersbereich noch ein großes Forschungsfeld ausmacht. Ihm haben wir uns deshalb mit dem Thema der Leistungsselbstzuwendung gewidmet.

a)   Fähigkeit der Grundschulkinder zur Selbstbeurteilung (WEHR)

DAGMAR WEHR (1992) hat von Klasse 1 bis Klasse 4 Fragebögen zur Selbsteinschätzung eingesetzt (Klasse 1 und 2: je ein Fragebogen; Klasse 3 und 4: je ein Fragebogen pro Halbjahr), dabei bewusst eine Wiederholung von Fragebogenitems (im 4. Schuljahr) vermieden (WEHR 1992, 68).

Folgenden „pädagogischen Gewinn" konnte DAGMAR WEHR verbuchen:

- Für Klasse 1 stellt sie – nach einem vorbereitenden Klassengespräch – aufgrund der Fragebogenantworten fest: „Die Kinder zeigen dabei sehr bewußt und eifrig ihre eigene Entwicklung auf"; sie können „selbst Fortschritte aufdecken und beurteilen" (WEHR 1992, 61). D.h. erstens: Sie sind interessiert daran, dass ihre eigenen Einschätzungen gefragt sind; zweitens: Sie sind fähig zu der dazu notwendigen metakognitiven Leistung.

- Auch auf den gesamten Erprobungszeitraum ausgeweitet bestätigt sich für DAGMAR WEHR diese Erfahrung: „denn die Antworten der Kinder im Bogen beweisen sehr wohl, daß sie nach entsprechender Bewußtmachung durch den gesamten Unterricht hindurch in der Lage sind, sich selbst zu beurteilen" (WEHR 1992, 62). Es wird deutlich, dass der Einsatz solcher Selbsteinschätzungsinstrumentarien nicht unvermittelt geschehen kann, sondern in einen die metakognitive Ebene integrierenden Unterricht eingebettet sein muss.

  Deshalb haben wir in unserem Projekt von Anfang die Lehrperspektive mit einbezogen und durch gezielte Maßnahmen den Lehrerinnen Angebote zu Schulung ihrer dialogischen Kompetenz im Bereich der Sensibilisierung metakognitiver Fähigkeiten gemacht.

- Ein Anliegen DAGMAR WEHRs war es, den Kindern ihre Lern-Sprünge bewusst zu machen (deshalb ein zweiter Fragebogen am Ende von Klasse 3; wobei mit demselben Argument auch in den beiden ersten Klassen eine häufigere Selbsteinschätzungsmöglichkeit gut zu vertreten wäre). Dass ihr das gelungen ist, zeigt exemplarisch die Äußerung einer Schülerin: „Ich glaube, Lehrer sind Zauberer; man merkt gar nicht, was man alles dazugelernt hat, weil man da so hineingewachsen ist!" (WEHR 1992, 67).

- DAGMAR WEHR hat die Selbsteinschätzung als wichtige „Untermauerung von offenen Unterrichtssituationen und eigenverantwortlichem Lernen" (a.a.O., 62) erlebt, denn wenn die Kinder ihre Schwachpunkte kennen, können sie gezielt sinnvolles Arbeitsmaterial für sich wählen. Ich ergänze: Auch die eigenen Stärken zu kennen ist wichtig für die Auswahl geeigneten Lernmaterials, denn eine Arbeit kann auch dadurch Sinn machen, dass sie die Freude am Können wiederholt vermittelt.

- Für die Kinder im schwächeren Leistungsbereich konnte DAGMAR WEHR feststellen, dass auch sie die differenzierten Fragen so ankreuzen konnten, dass sie die tatsächlichen Leistungen widerspiegelten (3. Schuljahr) (WEHR 1992, 68). Ich frage mich da, was „tatsächlich" meint. Immerhin: Es zeigte sich eine Kongruenz zwischen der Selbsteinschätzung der Kinder und der Fremdeinschätzung durch die Lehrerin *im vertrauten Bewertungssystem.*[40]

- Auch von den Eltern ist „mit großem Interesse – und auch Erleichterung" die Selbsteinschätzung ihrer Kinder aufgenommen worden: besonders bei denen, die der Zeugnisform kritisch gegenüberstehen; und weil viele ihren Kindern eine solch differenzierte Sicht ihres eigenen Könnens nicht zugetraut hätten (WEHR 1992, 62).

- Es wird deutlich, dass DAGMAR WEHR die Selbsteinschätzungen als Dialoganlässe genutzt hat, und zwar zum

- Dialog zwischen LehrerIn und Kind
- Dialog zwischen Kind und Eltern
- Dialog zwischen Eltern und LehrerIn (WEHR 1992, 61f).

An alle drei Dialogfelder haben wir mit unserer Untersuchung angeknüpft – und im Bereich der Kinderantworten eine systematische Kategorienbildung versucht. Uns war es auch wichtig, die Selbsteinschätzungen bzw. Leistungsrückschauen nicht für ein Gespräch zwischen Eltern und LehrerIn ohne Kind zu nutzen, sondern „den Kindern" vor und mit ihren Eltern – alleine und/oder mit LehrerIn – „das Wort zu geben"[41] – in Anlehnung an die Portfolio-Arbeit, die VIERLINGER (1999) in seinem Buch „Leistung spricht für sich selbst" bespricht.[42]

Außerdem banden wir die Selbsteinschätzungen bzw. Leistungszuwendungen zurück an ein jeweils auf dem Tisch liegendes konkretes Schülerinnen-Werk, so dass die Kinder die Möglichkeit hatten, eigene Leistungskategorien zu bilden und nicht nur das durch die Lehrerin vertraute Rückmeldesystem zu reproduzieren. Natürlich intendierte die Art der Äußerungsprovokation auch ein bestimmtes System: nämlich die an der Sache orientierte inhaltliche Konkretisierung des Geleisteten. Das war und ist uns deshalb wichtig, damit die Kinder eine größere Chance der Veränderung eigener Leistungsbilder durch Bewusstmachen haben. Denn ist erst einmal eine Verallgemeinerungsbrücke zwischen der sachlichen Leistung „beim Schreiben habe ich bisher kein Wort richtig geschrieben" und der Selbsteinschätzung „im Schreiben bin ich schlecht" geschlagen, ist sie schwer umzubauen. Unsere These ist, dass eine immer am konkreten Werk orientierte Einschätzung es leichter ermöglicht, auch

---

[40] Weitere Ausführungen zu der sog. „realistischen Selbsteinschätzung" s. unter Teil II Kapitel 3.1.2, Exkurs.
[41] Nach einem Filmtitel über CÉLESTINE FREINET.
[42] Ausführungen zur Portfolio-Arbeit finden sich im Anhang unter C.

kleine, vereinzelte Leistungssteigerungen festzustellen und für das eigene Zutrauen zu bewahren. Dabei ist natürlich mitzubedenken, dass die Kinder oft schon mit Leistungsselbstkonzepten in die Schule kommen, die aus ihrer vorschulischen Biografie heraus tief in ihnen verankert sind (s. unten das Beispiel Miriam „Ich weiß nicht ..."[43]).

b) Leistung ist, was als solche angesehen wird - und An-Sehen braucht Zeit (BUSCHBECK)

HELENE BUSCHBECK (1992) macht in ihrem Lehrerfortbildungsbericht anhand eines Extrembeispiels aus der Jugendkriminalität darauf aufmerksam, dass es eine Frage des An-Sehens, der Bewertung der Bewertenden ist, was diese als Leistung betrachten und beachten. Auf der Fortbildung analysiert eine LehrerIn die Leistung einer Jugendbande, die gemeinsam einen Diebstahl organisiert hatte, und stellt als einzelne Leistungen fest: gezielte und einschlägige Erkundungen, Arbeits- und Zeitmanagement usw. Die Frage stellt sich, warum die Jugendlichen diese Leistungen in der Schule verweigert haben (BUSCHBECK 1992, 128). Aus der Lehrperspektive ist also darauf zu achten: Welche Leistungen sind unter welchen Unterrichts- und Lehr(erInnen)-Bedingungen erwünscht? Haben die SchülerInnen Raum und Zeit für das, was sie können und zeigen wollen?

Daraus ergeben sich Forderungen an die Unterrichtsgestaltung:
- Unterricht muss so organisiert sein, dass die Kinder in ihrer Heterogenität „Platz zum Lernen und Leben" (BUSCHBECK 1992, 129) finden. Eine Forderung, die zuletzt mit PISA allgemeine Anerkennung und Notwendigkeit gewonnen hat.[44]
- Es gibt einen Zusammenhang zwischen Unterrichtsform und Leistungsbeurteilung. Das bedeutet, dass LehrerInnen sich klar darüber werden müssen, welche Leistungsvorstellungen sie haben und wo diese in ihrem Unterricht wirksam werden, (a.a.O., 129).

---

[43] S.u. Teil II Kapitel 2.3 „Kategorien gelungener Leistung", Fallbeschreibungen *Miriam*.
[44] Der „Schulanfang auf neuen Wegen" in Baden-Württemberg bietet dafür schul- und unterrichtsorganisatorische Voraussetzungen.

- Selbsteinschätzung der Kinder kostet Raum und Zeit – LehrerInnen sollten sich fragen, wie viel Zeit und Raum sie dafür investieren (möchten) (a.a.O., 129).

Wir teilen mit HELENE BUSCHBECK das Ziel einer „ermutigenden Leistungserziehung" (BUSCHBECK 1992, 129). Den Reformbedarf können Äußerungen bzw. Botschaften von Kindern einer dritten Klasse verdeutlichen, die zur Leistungsrückschau aufgefordert waren:

- „Das mußt du doch wissen - du bist doch die Lehrerin."
- „Die Lehrerin ist verantwortlich für unseren Lernprozeß."
- „Unwichtig, so dachten offensichtlich die Kinder, wie ich meine Arbeit einschätze. Mein Erfahrungs- und Lebensbereich ist in der Beurteilung der Schul-Arbeit nicht gefragt" (BUSCHBECK 1992, 130).

Die übliche Dominanz der reinen Fremdbeurteilung im schulischen Kontext – ich gehe davon aus, dass sie auch für die „zitierten" Kinder alltägliche Praxis war – scheint zu einer Abgabe der Verantwortung für den eigenen Lernprozess zu führen. Die Botschaft auf der Persönlichkeitsebene dieses Fremdbewertungssystems heißt: „Was du selbst zu deiner Arbeit zu sagen hättest, ist nicht gefragt. Nimm die Beurteilung an." Mögliche Folge: Die Kinder und späteren Erwachsenen suchen Erfolgs- und Leistungsbestätigung mehr oder weniger *ausschließlich* in der Fremdbeurteilung (des Vorgesetzten usw.). Letztlich kommt es aber darauf an, selbst zu entscheiden, was man als Leistung ansieht. Denn wenn sich der Mensch nur an das hält, was die jeweils Machthabenden (und die LehrerIn ist in einer Machtposition) für gut befinden, gäbe es wohl nicht die für den Fortbestand und die Demokratisierung bzw. Humanisierung einer Gesellschaft nötigen Reformen.

Wenn Iris MANN zu der üblichen Leistungsrückmeldepraxis feststellt: „Das Prinzip von Lob und Tadel verhindert den Weg, Selbstbewußtsein zu erlangen!" (in: BUSCHBECK 1992, 131), ist die Frage: Wie kann die Leistungsrückmeldung gestaltet werden, dass durch sie auch die Ausbildung von Selbstbewusstsein ermöglicht wird?
HELENE BUSCHBECKs Beobachtungen dazu:
- Erfahrungen mit kriteriengeleiteten gegenseitigen Beurteilungen und Kommentierungen durch die SchülerInnen in einer dritten Klasse waren durchweg

so, dass die Kinder sehr gewissenhaft rückmeldeten – immer an der Sache orientiert und mit konkreten Veränderungswünschen. Dadurch stieg das Anerkennungsklima und der Mut, sich neuen Aufgaben zuzuwenden (BUSCHBECK 1992, 131f).

- „Die Erfahrung, daß die eigene Arbeit wichtig ist, daß sie in der Gruppe und mit dem Lehrer diskutiert wird, stärkte das Vertrauen dieser Kinder in ihre Leistungsfähigkeit" (BUSCHBECK 1992, 132). D.h. doch, dass nicht nur das sachliche Leistungsniveau für die Ausbildung von Leistungsvertrauen wichtig ist, sondern ebenso die Achtung und Wichtigkeit, die der Leistung überhaupt und ihrer Besprechung (!) (nicht einfach einseitige Fremdbeurteilung, bei der das Kind zu einem zum Schweigen verurteilten Urteilsempfänger gemacht wird) Leistungsvertrauen fördert. Hier bestätigt sich ein mehrfach gezeitigtes Untersuchungsergebnis, dass die (Lern-)Atmosphäre konkrete Auswirkungen auf Lernprozesse hat.

Es ist für das angestrebte Ziel des aufzubauenden Leistungszutrauens und zunehmender Selbststeuerung wichtig, dass den Kindern Verantwortung auch in ihrer Leistungswahrnehmung und (gegenseitigen) Leistungsrückmeldung übertragen wird, damit sie diese Verantwortung nicht alleine bei der Lehrerin sehen, sondern Mündigkeit im Selbstleiten ausbilden.

Um einen entsprechenden Unterricht zu gestalten, sind die LehrerInnen in ihren verschiedenen berufsrelevanten Kompetenzen gefragt:

- Die Einstellung der Lehrerin hat Auswirkungen auf die (Re-)Aktionen der Kinder. BROPHY/GOOD führen dazu aus: „Die Erwartungen und Vermutungen, die der Lehrer im Hinblick auf das Leistungsvermögen verschiedener Kinder hat, beeinflussen seine Interaktionen mit diesen Schülern, die entsprechend der durch die Interaktion vermittelten Erwartungen des Lehrers bestätigt werden!" (in: BUSCHBECK 1992, 132). Die Autoren differenzieren drei Typen von LehrerInnen-Verhaltensweisen:

1. PROAKTIVE LehrerInnen verfolgen ihr Ziel der Leistungsermutigung und des Leistungszutrauens auch bei schlechten Leistungen der SchülerInnen.
2. REAKTIVE LehrerInnen verhalten sich den SchülerInnen gegenüber so, wie diese es ihnen entgegenbringen.

3. ÜBERAKTIVE LehrerInnen bestärken das jeweilige Leistungsverhalten der SchülerInnen: An leistungsstarke SchülerInnen tragen sie erhöhte Erwartungen heran, leistungsschwachen gegenüber senken sie die Erwartungen. (BROPHY und GOOD 1976, in: KNÖRZER/GRASS 2000, 179)

Um eine veränderte Leistungsrückmeldepraxis im Unterricht erfolgreich zu implementieren, ist eine Schulung (auch Selbstschulung) der LehrerInnen immer wieder notwendig, damit sie wichtige Indikatoren ihres eigenen, das Leistungsverhalten der SchülerInnen mitprägenden Verhaltens ausmachen und eventuell verändern können. Der Lehrperspektive galt deshalb von Anfang an in unserem Projekt eine erhöhte (Fortbildungs-)Aufmerksamkeit. Leistungsrückmeldung kann nur reformiert werden, wenn auch der Unterricht reformiert wird.

- Die Lehrerin muss sich „Aktionspausen" gönnen, d.h. dafür sorgen, dass sie sich immer wieder aus dem Unterrichtshandeln herausnimmt und beobachtet, feststellt usw. Sie muss also räumliche und zeitliche Bedingungen für eine regelmäßige „teilnehmende Beobachtung" schaffen (BUSCHBECK 1992, 133).
- Auch den Kindern muss unterrichtsorganisatorisch „viel Zeit für sich und füreinander" (DÖPP in: BUSCHBECK 1992, 134) eingeräumt werden, damit eine Leistungszuwendung geschehen kann.

Aus der Liste der unterrichtlichen bzw. unterrichtsbegleitenden Elemente bei HELENE BUSCHBECK haben wir folgende Elemente in unser „qualitatives Experiment" integriert bzw. ausgebaut:
- „informelle Gespräche mit den Kindern"
- das Kind betreffende „offene Fragen": „Was meinst DU?"
- „Zuhören und Mithören", um zu erfahren, was den Kindern wichtig ist
- „Zuschauen", was Kinder tun – auch ohne Anleitung (z.B. im freien Unterrichtsbeginn)
- „gemeinsame Auswertung von Ergebnissen"
- „Auswertungsgespräch in der Gruppe" (entsprechende Liste bei BUSCHBECK 1992, 134f).

Als Vorschlag der Leistungsrückmeldung unter den Zielperspektiven

- die Kinder für IHREN Lernprozess und IHRE Lernmöglichkeiten zu sensibilisieren
- und sie für ihre Produkte und deren Beurteilungen mitverantwortlich zu machen

bleibt bei HELENE BUSCHBECK ein pädagogischer Entwicklungsbericht mit vier Merkmalen:

1. Er beschreibt
2. den Lernprozess, nicht nur das Produkt
3. in seiner „Abhängigkeit vom Unterrichtskontext
4. und dem sozialen Bedingungsgefüge" (BUSCHBECK 1992, 137).

Die subjektive Sicht der Kinder kann dabei scheinbar leider keinen Platz mehr finden. Wir haben versucht, die eigene Sicht der Kinder auch in Leistungsrückmelderitualen (mit der Lehrerin und den Eltern) „offizieller" wirksam werden zu lassen.

Was mit HELENE BUSCHBECKS Anregungen noch ausbaubar ist: die Kompetenzen der LehrerInnen, um Selbstreflexion anzuleiten; und Selbstreflexionselemente in Unterricht und Schulleben.

Vielleicht wäre es dann manchen Kindern und Jugendlichen eher möglich, ihre Kompetenzen, die sie – auf das Eingangsbeispiel Bezug nehmend – in einer organisierten Diebstahlaktion angewandt haben, im Unterricht ins Spiel zu bringen, weil sie sich damit in schulischen Zusammenhängen als gefragt erlebten.

c) **„Im Unterricht aufpassen" als Anstrengung, die zum Erfolg führt (Zweit- und Viert-KlässlerInnen) (FAUST-SIEHL/SCHWEITZER)**

GABRIELE FAUST-SIEHL UND FRIEDRICH SCHWEITZER (1992, 50) beklagen schon 1992, was in der vorliegenden Arbeit schon mehrfach als Defizit der Leistungsdebatte festgestellt wurde: „In der grundschulpädagogischen Literatur zur Leistungsmessung und -beurteilung dominiert die Perspektive der Lehrenden"; „Auffallend ausgeblendet bleibt die Perspektive der Kinder". Kinder kommen nicht zu Wort – mit Ausnahme bei SCHÜLLER (in: FAUST-SIEHL/SCHWEITZER 1992, 50) - „aber es wird bisher nicht systematisch berücksichtigt, wie Kinder selbst die Schulleistungen, deren Zustandekommen und

deren Bewertung interpretieren und beurteilen" (FAUST-SIEHL/SCHWEITZER 1992, 50).
GABRIELE FAUST-SIEHL UND FRIEDRICH SCHWEITZER können folgende Ergebnisse von Zweit-
und ViertklässlerInnen zu der Frage „Wie sehen Kinder das Verhältnis von
Anstrengung und Leistung?" (1992, 51) vorlegen:[45]

1. Als Ursache für gute oder schlechte Ergebnisse dominierte bei den
   ZweitklässlerInnen eindeutig „Aufpassen/Zuhören im Unterricht" – gedeutet als
   „Anstrengung im Unterricht" (FAUST-SIEHL/SCHWEITZER 1992, 51 und 53).
   Auch als ihnen weitere Kategorien wie *Vorbereitung* und *Übung zu Hause* oder
   verschiedene *Fähigkeiten als Voraussetzung* angeboten wurde, blieb die
   erwähnte Dominanz.
   Zum „Aufpassen" gehörte ebenfalls „Disziplin-Halten im Unterricht" (FAUST-
   SIEHL/SCHWEITZER 1992, 53), d.h. der Verhaltensbereich wird mit dem
   Leistungsbereich verbunden gesehen. Das bestätigt auch HANNS PETILLON (1991,
   195), wenn er signifikante Zusammenhänge zwischen Leistung, Konformität (Kind
   hört auf die Lehrerin) und Status, die als Wechselwirkung zu verstehen sind,
   feststellt.

2. Bei den ViertklässlerInnen wiederholt sich diese Einschätzung: „Aufpassen im
   Unterricht, verstanden als konzentrierte Mitarbeit in Verbindung mit diszipliniertem
   Verhalten, wird auch in Klasse 4 als wichtige Erklärung von Leistungsergebnissen
   genannt" (FAUST-SIEHL/SCHWEITZER 1992, 54).
   Zusätzlich werden hier eine Bandbreite „anstrengungsverwandter Tätigkeiten"
   zugelassen, etwa:
   - „Daß man vielleicht auch Glück hat, aber's Glück hat halt auch nur, wenn
     man aufpaßt" (FAUST-SIEHL/SCHWEITZER 1992, 54).
   - Häusliches Lernen und Üben werden auch genannt – allerdings in Verbindung
     damit, dass der Lernstoff verstanden wurde (a.a.O., 54).
   - Intellektuelle Vorgänge, die nicht beobachtbar sind, können nicht
     nachvollzogen werden: „üben lernen" hat jemand für unmöglich gehalten,
     weil man üben doch nicht lernen könne (FAUST-SIEHL/SCHWEITZER 1992, 54).

---

[45] Es handelt sich um Berichte über Unterrichtsgespräche im Rahmen einer Einheit „Zeugnisse"
in beiden Klassenstufen (Zeitpunkt: Februar/März 1992). Gesprächsinhalte waren:
- bei sich selbst wahrgenommene Fähigkeiten der Kinder
- Gründe für gute / schlechte Schulleistungen
- Einflussmöglichkeiten auf schulische Leistungen und Noten
(FAUST-SIEHL/SCHWEITZER 1992, 51).

Das ist ein interessantes Ergebnis, denn erstens könnte man „üben" zu einer Lernstrategie zählen, die natürlich genauer zu fassen wäre. Dann bedeutete diese Äußerung, dass Strategielernen noch nicht im Blick ist. Andererseits hat das Kind vielleicht intuitiv etwas richtig verstanden. Denn die häufigen Aufforderungen bei Lernproblemen „übe fleißig" müssen für ein Kind so lange zu vermehrter Konfusion führen, als ihm nicht konkrete Handlungsperspektiven eröffnet werden. Wenn es eine schwache Leistung erbracht hat, fehlen ihm ja offensichtlich Einsichten in bestimmte Bereiche, so dass es die erst gewinnen müsste, um erfolgreich „üben" zu können. Deshalb hat uns interessiert, was die Kinder inhaltlich – sozusagen als „FachwissenschaftlerInnen und -didaktikerInnen" auf ihrem Leistungsniveau – artikulieren können. Je nachdem wäre dann zu entscheiden, welche „Übungshilfe" ihnen angeboten würde bzw. an welches vorhandene Wissen des Kindes angeknüpft werden könnte.

3. Beide Altersstufen haben weiterhin gemeinsam, dass Schulerfolg „nicht mit (zeitstabilen) Fähigkeiten in Verbindung gebracht" (FAUST-SIEHL/SCHWEITZER 1992, 54) wird. Maßgebend sind für die Kinder die Rückmeldesituationen, in denen der (Miss-)Erfolg expliziert wird. (vgl. ebd.). D.h. auf die Gestaltung dieser Situationen ist besonderes Augenmerk zu legen, weil sie für Kinder offensichtlich zu Schlüsselsituationen[46] werden können.

4. Es wurden keine fachspezifischen Anforderungen (Mathematik, Sachunterricht) genannt (FAUST-SIEHL/SCHWEITZER 1992, 56). Wir haben in unseren Leistungsdialogen explizit nach fachspezifischen Kriterien gefragt (z.B. bei den ersten Wortkonstruktionen: „Was ist dir an diesem Wort gut gelungen?"[47]), um den fachlichen Kenntnisstand in Form von Leistungskriterien zu erfragen.

Der Einfluss des Elternhauses wurde bei der Untersuchung von den Kindern nicht angesprochen (FAUST-SIEHL/SCHWEITZER 1992, 56). In unserem Projekt haben wir in Form einer projektiven Äußerungsmöglichkeit[48] den Raum eröffnet, die „elterliche Stimme im Kind" zum Ausdruck zu bringen.

---

[46] Vgl. unter Teil II Kapitel 2.1.
[47] S. unter Teil II Kapitel 1.6 Erhebungen Nr. 2.1, 3.1 und 4.1 (Tabelle 1: detaillierter Untersuchungsplan mit einzelnen Erhebungsitems).
[48] S. unter Teil II Kapitel 1.6. Erhebung Nr. 6.12 (Tabelle 1: detaillierter Untersuchungsplan mit einzelnen Erhebungsitems).

Insgesamt findet sich das Ergebnis, dass Anstrengung und Fähigkeit im Grundschulalter noch nicht unterschieden werden (können), in der SCHOLASTIK-Studie bestätigt (SCHOLASTIK 1997, 50; s. auch NICHOLLS 1978 und NICHOLLS U. MILLER 1984, in: HELMKE 1991, 87). Auch die psychologische Forschung hat mit HEINZ HECKHAUSEN einschlägig festgestellt: Es „bildet sich im Grundschulalter ein Tüchtigkeitskonzept heraus, in dem lange Zeit nicht zwischen (zeitvariabler) Anstrengung und (zeitstabiler) Fähigkeit unterschieden wird. Dabei geht die Bildung des Anstrengungsbegriffs der des Fähigkeitsbegriffs voraus" (in FAUST-SIEHL/SCHWEITZER 1992, 57). Der Zeitpunkt der Differenzierungsfähigkeit von Anstrengung und Fähigkeit wird in den einschlägigen Ergebnissen bei 10 – 13 Jahren gesehen (FAUST-SIEHL/SCHWEITZER 1992, 57). In einem Übergangsstadium nehmen Kinder nach HEINZ HECKHAUSEN an, „daß mehr Anstrengung mit mehr Fähigkeit verbunden ist" (HECKHAUSEN, in: FAUST-SIEHL/SCHWEITZER 1992, 58). Entsprechend konnte es nicht gelingen, zehn- bis elfjährige Kinder, die sich noch vor der Auflösung des „Kopplungsschemas" befinden, durch massierte Misserfolge zu entmutigen. GABRIELE FAUST-SIEHL UND FRIEDRICH SCHWEITZER argumentieren dagegen: Wie können Fähigkeit und Anstrengung, wenn sie nicht differenziert werden, in einem Kopplungsschema kombiniert werden? Außerdem teilen sie die Erfahrung, dass leistungsschwächere Kinder Entmutigunganzeichen tragen (FAUST-SIEHL/SCHWEITZER 1992, 58).

Wenn „tüchtig" eine Kategorie für Kinder ist, ist zu fragen, wie sie inhaltlich gefüllt ist: Ist sie mit zeitlicher Investition gleichzusetzen oder sind die Kinder offen für Strategiewissen als Anstrengung?

Es ist auch zu beachten, dass das monokausale Erklärungsprinzip „Anstrengung" für Kinder zu einer moralischen Selbstverurteilungsfalle werden kann, wenn selbst Leistungen mit geringer Anstrengung auf diese zurückgeführt werden. Denn dann müssen Kinder, die sich sehr anstrengen und schwache Leistungen hervorbringen, irgendetwas falsch machen (FAUST-SIEHL/SCHWEITZER 1992, 58). „Übe mehr!" kann also keine sinnvolle Anregung sein, um zu einer differenzierten Leistungswahrnehmung zu führen.

GABRIELE FAUST-SIEHL UND FRIEDRICH SCHWEITZER fordern daher, dass die eigenen Sichtweisen der Kinder bei den Themen Leistung und Leistungsbewertung zum

Tragen kommen müssten (1992, 58). „Rückmeldungen über den Erfolg und Mißerfolg müßten daher unbedingt so geschehen, daß sie vom Kind produktiv auf ein sich entwickelndes Selbstbild bezogen werden können" (FAUST-SIEHL/SCHWEITZER 1992, 59). Nach ERIKSON ist es wichtig, das Kind, das im Grundschulalter mit seiner gesamten Persönlichkeit nach anerkannter Leistung strebt, dabei im Blick zu haben (ERIKSON, in: FAUST-SIEHL/SCHWEITZER 1992, 59).

Wir haben versucht, Leistungsrückmeldungen so zu organisieren und strukturieren, dass die Kinder mit ihrer Wahrnehmung und Deutung – über den Anstrengungsbereich hinaus - gefragt waren.

d) Gerne etwas tun, eine Sache selbst in Angriff nehmen, Sinnerfahrung und psychischer Aufwand als Leistungskriterien von ViertklässlerInnen (LENTZEN/WINTER)

Diese empirisch-qualitative Arbeit widmet sich dem Leistungsselbstverständnis von Kindern und Jugendlichen. Sie deckt sich in Defizitfeststellung und Forderung mit unserem Projekt.

Das Defizit: „Die Schule fördert beständig Leistungen, lässt aber deren Reflexion kaum zu" (LENTZEN/WINTER 1999, 40).

Die Forderung: Eine neue Lernkultur braucht neue Formen der Leistungsbewertung im Sinne der Wertschätzung, die auch den Lernprozess beachtet und unterstützt (vgl. WINTER 1997, in: LENTZEN/WINTER 1999, 40).

Auch KLAUS-DIETER LENTZEN UND FELIX WINTER üben Kritik an einem verengten und abstrakten schulischen Leistungsbegriff, bei dem die Pflichterfüllung zulasten eines erlebten „Sinns von Leistungen" geht (LENTZEN/WINTER 1999, 36).

Als Erhebungsmethoden haben sie gewählt (LENTZEN/WINTER, 1999, 36):
1. Geschichten schreiben lassen (bei Jugendlichen): wo jemand schon einmal Leistungen erbracht hat
2. Gespräche mit den SchülerInnen (bei Grundschulkindern)
3. Befragungen (ebenfalls bei Grundschulkindern) anhand folgender Items:
   a) sich an Situationen erinnern, in denen sie etwas geleistet haben

b) was sie unter Leistung verstehen (war schwierig, weil zu abstrakt; Kinder erzählen eher in szenisch gebundenen Geschichten)

c) verschiedene Lebensbereiche, in denen sie Leistung wahrnehmen

d) Differenzierungen im Leistungsbegriff: „Für wen hast du diese Leistung erbracht?" (LENTZEN/WINTER, 1999, 36).

Vier Ergebnisbereiche kristallisierten sich im Grundschulbereich heraus:

1. Als Bereiche von Leistungen wurden genannt:
   - Freizeit
   - Familienleben
   - Schule

   jeweils mit den Leistungsdimensionen:
   - körperliches Geschick
   - intellektuelle Kapazität
   - soziale Kompetenzen;

   es galten Einzel- und Gruppenleistungen (z.B. Fußballspiel) (LENTZEN/WINTER 1999, 37)

2. Beim Verhältnis von schulischen zu außerschulischen Leistungen gab es keine Hierarchisierungen: Vom Drei-Meter-Brett springen war gleich viel wert wie eine gute Arbeit in Mathematik (LENTZEN/WINTER 1999, 37). Gut, wenn das auch nach mehreren Schuljahren so ist – obwohl Sport natürlich auch ein wichtiges Schulfach ist. Auffällig war, dass als Bemessungsgrundlage für schulische Leistung Formen der vergleichenden Quantifizierung dominierten – sprachlich ablesbar an Komparativen wie „mehr, schneller, weiter, besser", und zwar nicht nur als sozialer Maßstab benutzt, sondern auch als individueller: „in einer halben Stunde habe ich sechs Seiten geschafft" (LENTZEN/WINTER 1999, 37). Damit verknüpft war das für dieses Alter noch vorherrschende anstrengungsorientierte Verständnis von Leistung (LENTZEN/WINTER 1999, 37).

   Für unsere Erhebung in zwei ersten Klassen interessiert, ob auch hier eine vergleichende Quantifizierung vorliegt. Denn das ließe u.U. Rückschlüsse auf die Wahrnehmungssozialisation des schulischen Vergleichssystems zu – immer in Rechnung gestellt, dass dieses natürlich auch gesellschaftlich relevant ist („Kain-und-Abel-Phänomen").

3. Bei der Frage, von wem die Leistung erwartet wird und was sie auszeichnet, war den Kindern Folgendes wichtig:

- Die Leistung ist von ihnen SELBST ausgegangen – d.h.
  - sie tun selbst etwas gerne
  - sie nehmen eine Sache selbst in Angriff
  - sie erachten es für sinnvoll, sich in einem bestimmten Bereich zu bewähren (LENTZEN/WINTER 1999, 38).

Hier ist deutlich das Leistungscharakteristikum der Selbstbeanspruchung von ILSE LICHTENSTEIN-ROTHER wiederzuerkennen.

- In den Kindergeschichten tauchten immer Personen auf, die die erbrachte Leistung wahrnahmen (Belohnung) (LENTZEN/WINTER 1999, 37).

  Hier findet sich das zur Leistung und Leistungsbeachtung gehörende interaktionelle Moment. Deshalb ist die Aufmerksamkeit auf das leistungsbeachtende Verhalten der signifikant anderen Person so bedeutsam und rückt in der Beachtung der Lehrperspektive in unserem Projekt mit ins Blickfeld.

4. Folgende Lernemotionen begleiteten das Zustandebringen einer Leistung:

- Mut
- sich anstrengen
- Angst (vor Versagen oder Misserfolg) überwinden (LENTZEN/WINTER 1999, 38).

KLAUS-DIETER LENTZEN UND FELIX WINTER stellen fest, dass entsprechend zu dem inhaltlichen Reichtum möglicher Leistungen in den Augen der Kinder auch ein Reichtum an damit verbundenen Gefühlen vorhanden ist (LENTZEN/WINTER 1999, 38). Umso wichtiger scheint es mitzubeachten, wie die Leistungssituationen gestaltet sind. Denn die damit verbundenen Emotionen haften den Leistungserfahrungen an und können die Leistungsselbstkonzepte in ihrer auch zukünftiges Leistungshandeln prägenden Qualität beeinflussen.

Bei den Jugendlichen überwogen vier Aspekte:

- Sie benennen vorwiegend individuelle Leistungen, z.B. „Einer meiner größten Leistungen ist wohl die, dass ich trotz vielen Jahren auf einem extrem strengen, konservativen .... musischen Gymnasium meine Liebe zu Musik nicht verloren habe!" (LENTZEN/WINTER 1999, 39) – wahrlich eine lebenswichtige individuelle Leistung, sich von der Schule etwas nicht kaputt machen zu lassen. Gleichzeitig natürlich eine massive Anfrage an von der Schule selbst produzierte „heimliche Lehrpläne". Und auch für Klasse 1 relevant: sich von der Schule die Freude am Schreiben, am freien Ausdruck, am Lesen nicht kaputt machen lassen. Dafür hat auch Schule zu sorgen.

- Sie orientieren sich am Urteil Anderer (LENTZEN/WINTER 1999, 39).

Hier frage ich mich, ob das altersspezifisch zu verbuchen ist oder mit einer erfolgreichen Sozialisation im System der Fremdbewertungsdominanz. Dazu wäre eine Langzeitstudie nötig, um Kinder mit alternativen Leistungsrückmeldepraktiken eine ganze Schulzeit hindurch zu begleiten.

- Wichtig war den Jugendlichen ferner die öffentliche Wahrnehmung ihrer Leistung. Das ist interessant angesichts unseres vorherrschenden Leistungssystems von Noten und Klassenarbeiten, die nicht öffentlich gedacht sind (LENTZEN/WINTER 1999, 39). Hier wird vielfach der Schutz der Individualsphäre und die Würde manchen Kindes durch LehrerInnen verletzt, die mit Noten der jeweils anderen SchülerInnen so öffentlich umgehen, als würden sie sie beim Namen rufen.[49]

Wir haben in der ersten Klasse Veröffentlichungsformen gewählt, bei denen die Kinder Regisseure ihrer Präsentationen waren – von der Auswahl des zu Präsentierenden bis hin zur Präsentation, einschließlich der Entscheidung, überhaupt etwas zeigen zu wollen; und mit der strukturellen Vorgabe des Bezugs zum konkret vorliegenden Werk (um den sozialen Vergleich auszusetzen).

- Häufig fand sich in den Geschichten eine Verknüpfung von „Leistung – Sinn – Spaß" (LENTZEN/WINTER 1999, 40). Sicher nicht nur eine Reminiszenz an die viel gescholtene Spaßgesellschaft, sondern elementar für erfolgreiches Lernen: Aufgaben müssen eine (gegenwärtige) Sinndimension haben; mit Freude lernt es sich leichter und nachhaltiger.

Die Sinndimension lebt auf in dem Wunsch vieler Jugendlicher, eigenverantwortlich Leistungen zu erbringen, die ihren Sinn daraus beziehen, dass sie für Andere nützlich und sichtbar sind, wie das für gesellschaftlich anerkannte Leistungen der Fall ist.

---

[49] Vgl. dazu Kurt Singer: „Die Würde des Schülers ist antastbar" (1998).

In Inhalt und Reformorientierung knüpfen wir an die Überlegungen von KLAUS-DIETER LENTZEN UND FELIX WINTER an. Uns war es wichtig – und das in Fortführung und Ergänzung – unsere Erhebungen im ersten Schuljahr zu platzieren.

3.4 Fazit der empirischen Befunde und offene Fragen

Die Grundschulreform der letzten Jahre mündet heute ein in notwendige Unterrichtsreformen, denn dort liegt ein großes Gestaltungspotenzial für die Lehrkräfte mit ihren SchülerInnen – in gleichzeitiger Verantwortung für die gesellschaftlichen Bildungsvorgaben UND die Würde und das Recht auf gesunde Persönlichkeitsentfaltung der Schülerin/des Schülers im Bildungsprozess.

Wir stimmen überein mit der Forderung, die Dominanz der Fremdbewertung in der Leistungsbeurteilung aufzubrechen bzw. zu erweitern durch Formen der Selbstreflexion, um das Leistungshandeln kommunikabel und zum Gegenstand (bewussterer) Selbststeuerung zu machen.

Die vereinzelten Unterrichtsversuche und positiven Erfahrungen mit Selbstreflexionselementen in der Leistungsrückmeldung verlangen nach einer umfassenderen Studie, die dem Anliegen gemäß qualitativ arbeitet: Denn weil es um Selbstreflexion geht, interessieren die Antworten der Kinder in ihren inhaltlichen Aussagen. Diese schienen uns am besten in einer qualitativen Auswertung gesichert, in der die in den Kinderaussagen generierten Kategorien benannt werden können.

Als offene Frage des erhobenen Forschungsstandes bleiben drei Spuren, die wir verfolgt haben: Es geht um

1. inhaltlich qualifizierte
2. (systematisch ausgewertete) Leistungsselbstreflexion
3. der SchulanfängerInnen.

Soweit zum Bereich (Schul-)Leistung.

Meine Themenstellung weist als weiteren wichtigen Untersuchungsbereich das „Selbstkonzept" auf. Es kommt ins Spiel, weil Selbstreflexion direkt auf die Selbstwahrnehmung und deren Artikulation abhebt.

KAPITEL IV: „Moderne" Aufmerksamkeit für das Kind als Subjekt seines Leistungsprozesses

4.1 **Das aktiv lernende und selbstständig handelnde Kind als pädagogische Leitfigur**

Verschiedene reformpädagogische Ansätze kannten und kennen das aktiv lernende und selbstständig handelnde Kind als ihre pädagogische Leitfigur. Heute, circa ein Jahrhundert nach der „Blüte" der Reformpädagogik, gelten *„Selbständigkeit und freier Wille"* als Erziehungsnorm junger Eltern als empirisch nachgewiesen (bereits seit der generationenvergleichenden Shell-Studie von 1985, zitiert in: WINTERHAGER-SCHMID 2002, 17). An die Stelle von „Disziplin", „Gehorsam" und „Ordnung" sind „Selbstständigkeit", „Kooperationsfähigkeit" und „Kreativität" getreten (FÖLLING-ALBERS 1999, 11). PETILLON sieht die heutige „Einschätzung der Kindheit" von drei Leitideen bestimmt: (1) Kinder werden im Sinn konstruktivistischen Denkens als „aktive Subjekte ihrer Lerntätigkeit" verstanden; ihren „Handlungen und Äußerungen" wird „Sinn" zugeschrieben;[50] (2) die „Glaubwürdigkeit von Kindern" ist gestiegen, sie gelten als „Autoritäten in eigener Sache"; (3) auch jüngere Kinder erhalten in „Erweiterung des demokratischen Partizipationsprinzips [...] größere Mitbeteiligungs- und Mitbestimmungsrechte" (PETILLON 2002, 17). Die „neue Kindheitsforschung" sieht „Kinder als soziale Akteure", als „Subjekte, die in die Konstruktion ihres alltäglichen Lebens und damit in die Konstruktion von Kindheit involviert sind und deren Kreativität und Gestaltungsfähigkeit sich nur wenig von der Erwachsener unterscheidet" (HURRELMANN/BRÜNDEL 2003, 41). Sie werden als „ökonomisch und gesellschaftlich produktive Mitglieder der Gesellschaft" geschätzt, deren „"Lernarbeit" in Erziehungs- und Bildungseinrichtungen als ihr selbstständiger Beitrag zur generationalen Arbeitsteilung in modernen Industrie- und Dienstleistungsgesellschaften verstanden wird" (HURRELMANN/BRÜNDEL 2003, 41).

Viele LehrerInnen bemühen sich in ihrem täglichen Unterricht, das Kind als Akteur seiner Lernwelt anzusprechen. Gleichzeitig gilt die Forderung, die „Schulkindheit muß

---

[50] Vgl. auch WINTERHAGER-SCHMID: „Das Konstrukt vom *„Kind als Akteur seiner Lebenswelt"* trat ins Zentrum der Kinderforschung" (2002, 18).

nun als „selbstverantworteter Lebensstil" verstanden werden" (WINTERHAGER-SCHMID 2002, 22[51]), sie ist weiterhin einzulösen.

Zur Lernwelt gehört die Leistungswelt, in der ebenfalls die Leitfigur des selbstständig handelnden und aktiv lernenden Kindes zu „pädagogischer Anwendung" kommen muss. Dem Schulanfang als „Statuspassage" (NITTEL 2001, 445) eignet in diesem Prozess die besondere Prägekraft der Aneignung schulischer Sozialitätsformen. Die erste Lehrerin hat in ihrer „Türhüter-Funktion" eine Schlüsselposition für die Vermittlung von „Evidenzerlebnissen", in denen die SchülerInnen erfahren, dass sich ihr Leistungsverhalten von der Pflichterfüllung in anderen Bereichen unterscheidet (NITTEL 2001, 453, 455f). Hier liegt die Chance, Möglichkeiten für Leistungshandeln pädagogisch so zu arrangieren, dass sich die Kinder als Akteure auch in diesem Bereich erfahren. „Durch seine innere Deutung von bewältigten Aufgaben baut sich das Schulkind als erfolgszuversichtlich handelnde Person selbst auf" (TITZE 2000, 58). Die kognitive Entwicklung des Schuleingangsalters bietet dafür günstige Voraussetzungen: Das autobiografische Gedächtnis beginnt etwa ab dem vierten Lebensjahr mit der Ablösung der „infantilen Amnesie" (KÖHLER 2001, 79ff), d.h. Kinder gewinnen die Fähigkeit zu reflektieren und können Ereignisse als „selbst erlebt" repräsentieren (NITTEL 2001, 69). Das autobiografische Gedächtnis hat folgende Fähigkeiten zur Voraussetzung: (1) Dezentrierung als die Fähigkeit, die Perspektive eines anderen einzunehmen; (2) zunehmende Mentalisierung als Zunahme kognitiver Prozesse in der Bewertung und Beantwortung von Informationen (NITTEL 2001, 80f); Erinnerung steht in „sprachlich-narrativer Form" zur Verfügung (NITTEL 2001, 69); (3) kognitives Selbstkonzept als das Vermögen, „sich beobachten und diese Selbstbeobachtung reflektieren und repräsentieren" zu können (NITTEL 2001, 81; dazu in diesem Kapitel unten mehr). Die Gedächtnisentwicklung ermöglicht in diesem Alter eine „zunehmende Mentalisierung und Personalisierung" (NITTEL 2001, 69).

Reflexionsprozesse bewusst in Lern- und Leistungshandeln einzubauen setzt die Bereitschaft voraus, ZEIT zu investieren. Denn sowohl die betrachtende und deutende Zuwendung als auch die Kommunikation darüber benötigen die Muße der Lern-

---

Produktions-Pause. Leistungsselbstreflexion könnte damit ebenfalls einen Beitrag zu „Entschleunigung" der Kindheit leisten (WINTERHAGER-SCHMID 2002, 30).[52]

4.2   Begriffklärung „Selbstkonzept(e)"

Um Verständigungsklarheit über den Begriff „Selbstkonzept(e)" zu schaffen, ist es notwendig, ihn in die Reihe der verwandten, benachbarten Begriffe rund um das Reden über uns selbst zu stellen.

Abgrenzung zu Nachbarbegriffen

Zu den Begriffen **Selbstkonzept, Selbstwertgefühl, Identität** und **Selbstvertrauen** gibt es nach WOLFGANG EINSIEDLER (o.J., 1) in Pädagogik und Psychologie zwar keine Einigkeit, wohl aber einen gewissen terminologischen Konsens (EPSTEIN 1979, FILIPP 1979, PEKRUN 1985, OERTER 1987, in EINSIEDLER o.J., 1). Er wird in seinen zentralen Merkmalen im Folgenden gekennzeichnet.

* Der Begriff INDIVIDUUM – umgangssprachlich PERSON – bedeutet etymologisch „die/der Un-Teilbare". Die Betonung liegt auf der Abgegrenztheit zu anderen In-Dividuen in Körper, Verhalten, Erleben usw. (MUMMENDEY 1990, 78). Nach MARTIN BUBER bezeichnet PERSON beides: die Individualität als Seite des menschlichen Wesens und die Hinwendung zum Du; „Einzelner u n d Verbundener" (FABER 1967, 124).

* PERSÖNLICHKEIT bezeichnet die Merkmals- und Eigenschaftsausprägung eines Individuums: Haarfarbe, soziales Verhalten - hauptsächlich auf die „objektive Feststellung" dieser Merkmale und Eigenschaften bezogen (MUMMENDEY 1990, 78).

* Unter IDENTITÄT wird die „Summe der selbstbezogenen Wahrnehmungen und Gefühle, der individuellen Interessen und Wertorientierungen" (EINSIEDLER o.J., 3) gefasst.

---

[52] Eingedenk der Tatsache, dass die „identitätsbegründende Reflexionskompetenz", die früher erst von Jugendlichen verlangt wurde, im Kindesalter „nur" in gedeihlichem Maß angeboten werden darf (vgl. WINTERHAGER-SCHMID 2002, 28f).

- Als Alltagsbegriff verwendet scheint dem SELBST eine Entität, etwas Ontisches innezuwohnen (MUMMENDEY 1990, 77). Nach empirischen Untersuchungen unterscheiden sich die SELBSTE in Konsistenz und Persistenz stark voneinander – je nach „sozialen Aufforderungscharakteren" (MUMMENDEY 1990, 78). Wenn das so ist, kann man im Unterricht als pädagogischem Arbeitsfeld das Setting z.b. von Leistungspräsentationen so zu gestalten versuchen, dass das Kind ein positives Selbst aufbauen kann. Denn unter SELBST(e) werden subjektiv erlebte Merkmals- und Eigenschaftsausprägungen verstanden, die Selbstauffassung einer Person als Persönlichkeit (MUMMENDEY 1990, 78). Das bedeutet, dass das SELBST nur als Begriff von sich selbst, als Selbstkonzept existiert (MUMMENDEY 1990, 78).

- SELBSTWERTGEFÜHL beschreibt die emotionalen und bewertenden Aspekte der Selbstkonzepte. Es hat Steuerungsfunktion für die Wahrnehmung und Handlung (EINSIEDLER O.J., 3).

- Das SELBSTVERTRAUEN ist die „positive Ausprägung des Selbstwertgefühls" (EINSIEDLER O.J., 3), inhaltlich bestimmt durch „Zuversicht in die eigenen Fähigkeiten" sowie das Akzeptieren der eigenen Person (EINSIEDLER O.J., 3). Im Selbstvertrauen spielen kognitive und emotionale Elemente zusammen: Jemand weiß, dass er auf Anforderungen kompetent reagieren kann und er hat die diesbezügliche emotionale Sicherheit (vgl. ebd.).

Übereinstimmende Definitionsmerkmale der „Selbstkonzept(e)":

a) Anmerkungen zur Korrespondenz zwischen Methode und Begriff

HANS DIETER MUMMENDEY 1990 (79) schlägt vor, wissenschaftlich von „Selbstkonzept(en)" zu sprechen, nicht von „Selbst" – denn mit psychologischen Mitteln lasse sich nicht ontologisch beschreiben, wie jemand ist. Beschreiben lässt sich (nur), wie jemand sich selbst beschreibt, welche Merkmale er sich zuschreibt, für wen/was er sich hält.

Diese Aussage rechtfertigt unser methodisches Vorgehen bei der Frage nach den Leistungsselbstkonzepten: *teilnehmende Beobachtung*, um eventuelle Selbstkonzeptäußerungen zu dokumentieren, und *Leitfadeninterviews*, die Selbstkonzeptäußerungen provozieren können.

Sie beschreibt gleichzeitig einen „Interpretationsspielraum" – nämlich den zwischen den vom Selbst geäußerten Selbstkonzept und den von mir als Außenstehender wahrgenommenen Persönlichkeitsmerkmalen.

Sie legt den *Dialog* als weitere Methode und als auszubauendes Unterrichtselement nahe – denn Selbstkonzepte kommen über Äußerungen verschiedenster Art in die Kommunikation, in die Interaktion mit der Persönlichkeitswahrnehmung des Gesprächspartners (bei Dialogen mit der Lehrerin) bzw. mit den Selbstkonzepten des Gesprächspartners (bei Dialogen mit MitschülerInnen).

b) Definitionsmerkmale „Selbstkonzept(e)"

Ein Selbstkonzept zu äußern ist eine metakognitive Fähigkeit. Der anthropologische Hintergrund ist die menschliche Fähigkeit zum Selbstbezug, der eine Selbststeuerung ermöglicht.

SABINE MARTSCHINKE bezeichnet das Selbstkonzept als „kognitive Identitätskomponente" (2001, 230). HANS DIETER MUMMENDEY definiert: „Unter dem *Selbstkonzept* einer Person wird die *Gesamtheit (die Summe, das Ganze, der Inbegriff usw.) der Einstellungen zur eigenen Person* verstanden" (1995, 34). Damit ist das Selbstkonzept der Sonderfall einer (sozialen) Einstellung – nämlich zu sich selbst – d.h. Subjekt und Objekt der Wahrnehmung sind identisch.

Als gemeinsame Merkmale verschiedener Definitionen werden immer wieder genannt:

- Es handelt sich um *kognitive Repräsentationen (Wissensbestände und Überzeugungen)*.
- Diese sind *zeitlich überdauernd*.
- Die Inhalte der Selbstkonzepte haben eine *subjektive Relevanz*.

(z.B. PEKRUN 1987, 43)

Das Selbstkonzept wird in Selbstkonzept-Bereiche oder Teilselbstkonzepte gegliedert. Denn nach HANS DIETER MUMMENDEY (1995, S. 38) ist empirisch aufgezeigt worden, dass das „generelle Selbstkonzept einer Person" sich als aus einer Reihe „bereichsspezifischer, partieller Selbstbilder abgeleitet oder zusammengesetzt auffassen" lässt; deshalb sei es sinnvoll, von einer „Mehrzahl von Selbstkonzepten einer Person" zu sprechen. Um die Verbindung zwischen den Teil-Selbstkonzepten und dem Gesamt-Selbstkonzept zu beschreiben, spricht man von „Differenzierung und gleichzeitiger Integration" (EINSIEDLER o.J., 3). „Ich kann gut kopfrechnen" steht für ein Teilselbstkonzept niedrigerer Ordnung; „ich bin gut in Mathe" für ein Teilselbstkonzept höherer Ordnung. Es wird also ein hierarchischer Aufbau vermutet. Im Bild einer Pyramide stehen an der Spitze die zeitstabilen allgemeinen Aussagen, an der Basis die situationsgebundenen spezifischen Aussagen (JERUSALEM/SCHWARZER 1991, 115 – mit EPSTEIN 1979).

Da eins aufs Andere wirkt, sehen wir eine Chance darin, im Besprechen konkreter Werkvorlagen mit den Kindern positive Teilselbstkonzepte aufbauen oder bestehende positiv ergänzen bzw. – wo nötig – negative umprägen zu können. In diesem Sinn haben wir in unseren Dialogen vor allem an der „Basis" der Pyramide anzusetzen versucht.[53]

4.3 Annahmen über Aufbau und Bildung der Selbstkonzepte

Selbstkonzepte entstehen in einem Generalisierungsprozess situativer Selbstdarstellungen (MARTSCHINKE 2001, 230)[54]. Der Umkehrprozess – also die Spezifizierung !!! – ist möglich, um Selbstbilder zu verändern (MARTSCHINKE 2001, 230). Wie unter 4.2 beschrieben, liegt hier einer unserer Ansatzpunkte. Denn „Aufbau und Wandel des Selbstkonzepts sind konstruktive Akte", gewonnen aus der „realen und/oder symbolischen Auseinandersetzung mit der Umwelt und sich selbst"; ein

---

[53] Vgl. Miriam „Ich weiß nicht" unter Teil II Kapitel 2.3: „Kategorien gelungener Leistung" – Fallbeschreibungen – Miriam.
[54] Durch Generalisierung affektiver Komponenten einer situativen Selbstdarstellung entsteht das Selbstwertgefühl; die handlungsbezogene personale Kontrolle führt zu Kontrollüberzeugungen.

Selbstkonzept ist also immer der gegenwärtige Stand der zur Erfahrung gemachten Erlebnisse (BUFF 1991, 100).

Hier entsteht die Frage nach einem möglichen Äquivalent zu den für den Schriftspracherwerb angenommenen Konstruktionsprozess[55]: Kann die Schule, indem sie einen positive Selbstkonzepte fördernden Umgang mit Leistung pflegt, das Leistungshandeln positiv fördern? Kann ein (für die Person und die Leistung) förderliches Leistungshandeln über die Arbeit an den Leistungsselbstkonzepten Grund-legend gelernt werden? Dazu ist ein Selbststeuerungsansatz auch in der Leistungsthematisierung der Schule zu wählen. Die Rolle der Lehrerin als Begleiterin solcher Prozesse rückt in die Aufmerksamkeit. Das Ziel: Hilfen zur Ausprägung positiver Leistungsselbstkonzepte anbieten, weil sie Ausgangspunkt und Steuerungsinstanz der zukünftigen Leistungsbiografie sind.

Selbstkonzeptualisierungen sind nach HANS DIETER MUMMENDEY (1995) eine Aktion des Individuums in der sozialen Situation. Da Schule und Unterricht soziale Situationen bieten, haben wir in unserem „qualitativen Experiment" das Arrangement der Leistungs(rückmelde)situation so zu gestalten versucht, dass Selbstkonzeptualisierungen möglich wurden.
Entsprechend sind für den Selbstkonzept-Aufbau neben den Handlungsergebnissen auch die Rückmeldungen aus der sozialen Mitwelt (EINSIEDLER o.J., 7) relevant. FILIPP (1979 in: EINSIEDLER o.J. 8) erstellt folgende Systematik: Der Selbstkonzeptaufbau erfolgt über:

- direkte Merkmalszuweisung
- indirekte Merkmalszuweisung (Bei schwierigen Aufgaben werden nur bestimmte SchülerInnen gefragt.)
- vergleichende Merkmalsbeurteilung
- reflexive Merkmalszuschreibung: Ausdifferenzierung des Selbstbildes durch Selbstbeobachtung: „Man nimmt jedoch an, daß Kinder im Verlauf der Grundschulzeit zunehmend fähig werden, sich selbst unabhängig von Lehrer- und

---

[55] Vgl. Forschungsantrag „Lehr- und Lernprozesse ..." (2000, 18).

Mitschülerurteilen realistisch einzuschätzen (Weinstein u.a. 1987)" (EINSIEDLER o.J., 8).[56]

Die „Spiegelbild-Selbst"-Theorie akzentuiert, dass die Selbstkonzepte hauptsächlich durch Rückmeldungen der „signifikanten Anderen" (MEAD) geformt werden. D.h. die Fremdbeurteilungen werden zu Selbstbeurteilungen, sofern sie im Akzeptanzbereich des Individuums liegen (MUMMENDEY 1995, 36). Das bedeutet, dass – in Rückbindung an die obige Überlegung des Selbstkonzeptaufbaus als „konstruktivem Akt"[57] – das Individuum nicht nur passiv oder rezeptiv sein Selbstkonzept ausbildet, sondern es präsentiert sich so, wie es sich selbst rückgemeldet wissen möchte. Diese von ihm selbst mitbestimmte Rückmeldung wird dann wieder als zutreffend in das Selbstkonzept integriert.

Hier werden sog. „Muster" wirksam: Ein Schüler/Eine Schülerin verhält sich immer wieder so, dass er/sie eine bestimmte Rückmeldung über sich bekommt, sich in den ihm/ihr vertrauten Rollen bestätigt sieht. Das ist förderlich, wo diese Persönlichkeitsanteile emotional positiv besetzt sind und ein realitätsangemessenes Verhalten ermöglichen. Das Gefährliche daran: Das Individuum benutzt die Anderen als (vermeintlich) „objektive" InformantInnen! Deshalb ist es (uns) wichtig, die Kinder nicht aus der Bewusstmachung ihrer eigenen Sichtweise zu entlassen.

Die impresssion-management-Theorie (J.T. TEDESCHI in: MUMMENDEY 1995, 196/197) beschreibt für diesen interaktionellen Aufbauprozess des Selbstkonzeptes zusätzlich, dass Selbstkonzepte situations- und personenabhängig bzw. -variabel aufgebaut werden und sind. Das kennt jede Lehrerin aus der Schule: Es gibt die in Lehrerzimmern viel besprochenen Kinder, die sich bei der einen Lehrerin so, bei der anderen anders verhalten. Hier spiegelt sich, dass das, was die impression-management-Theorie beschreibt, ständig abläuft. Es ist ein Vorgang der Anpassung des Individuums an seine soziale Umgebung und in der Vielfältigkeit und Relativität von sozialen Rollen wichtig für die Persönlichkeit des Individuums. Die impression-management-Theorie hat nichts mit bewusster Täuschung des Adressaten/der Adressatin zu tun, denn das Individuum täuscht sich ja selbst (MUMMENDEY 1995, 197). Diese Feststellung ist

---

[56] Vgl. Teil II Kapitel 3.1.2, Exkurs: „werkorientierte" statt „realistischer" Selbsteinschätzung.
[57] Vgl. Forschungsantrag „Lehr- und Lernprozesse ..." (2000, 18).

interessant hinsichtlich der günstigen Auswirkung eines geringen Maßcs an Selbstüberschätzung.[58]

Was die Konsistenz der Selbstkonzepte betrifft, wird der Stabilität als sozialer Norm in unserer Kultur ein höherer Stellenwert als der Variabilität beigemessen (MUMMENDEY 1995, 37). Dabei ist selbst intraindividuell eine Variabilität von Persönlichkeitsmerkmalen bekannt. In der pädagogischen Aufgabe der Entwicklungsbegleitung eines Kindes ist unabhängig von der sozial-kulturellen Norm die Frage zu stellen: Welche(s) Selbstkonzept(e) dienen der psychischen und sozialen Gesundheit des Kindes? Welches Veränderungspotenzial kann für eine gesunde bzw. genesende Leistungsbiografie aktiviert werden?

Bertolt Brecht hat die Fragwürdigkeit der Konsistenz-Norm in einer seiner Keuner-Geschichten verfasst: Als ein Bekannter Herrn Keuner nach zwanzig Jahren wiedertraf, sagte er zu ihm: „Du hast dich überhaupt nicht verändert." – „Oh!", sagte Herr Keuner und erbleichte.

Aus dem Gesagten ergeben sich Konsequenzen für unsere Erhebung:

- Es ist zu fragen, welche Bilder das jeweilige Kind von sich als SchülerIn provoziert, produziert, anbietet (über teilnehmende Beobachtung und Aussagen der Lehrerinnen); und zwar in den verschiedenen relevanten Situationen: im Unterricht, in der Dialogsituation mit mir als Versuchsleiterin (z.B. „die kompetente Schreiberin"; „der, der eh nicht lesen kann").
- Gab es auffallend durchgehende Selbstpräsentationsaspekte, die der Fremdwahrnehmung widersprachen?
- Inwiefern greifen Kontrollfragen da noch? (Die Aufrechterhaltung des Bildes von sich selbst ist oft sehr hartnäckig und raffiniert.)
- Im Bezug auf die Lehrperspektive scheint mir auch hier - im Zuge des Selbstkonzept(e)-Aufbaus durch Fremdrückmeldungen – die Frage wichtig: Wie sehe ich als Lehrerin ein Kind an? Was sehe ich in ihm? Falle ich sozusagen darauf herein, das in ihm zu sehen, was es rückgemeldet haben will?[59]

---

[58] „Am günstigsten ist es, wenn sich Kinder mäßig überschätzen, sich also mehr (hier: eine günstigere Leistungsposition) zutrauen als es den momentanen Verhältnissen entspricht" (HELMKE 1998, 130, s. auch 132).

[59] „Reaktives" bzw. „überreaktives" Lehrerverhalten (s.o. BROHPY und GOOD 1976 bei KNÖRZER/GRASS 2000, 179; bei schwachen Kindern besonders gefährlich).

- Das Thema der „sozialen Erwünschtheit" ist besonders bei den Interviewfragen zu berücksichtigen. Denn ein Selbstkonzept ist immer ein präsentiertes Selbstkonzept. Es ist übereinstimmende Forschungsmeinung, dass Öffentlichkeit die Selbstdarstellung fördert (MUMMENDEY 1995, 203 – 205). Auch bei einem für sich allein ausgefüllten Fragebogen wird das „public self" (im Unterschied zum „private self", das Selbst, das nur dem Individuum zugänglich ist, MUMMENDEY 1995, 203 und 205) aktiviert, denn mindestens die/der Antwortende selbst ist sich dabei Publikum bzw. sieht sich durch die erhöhte Selbstaufmerksamkeit der Fragebogensituation vor ein „inneres Publikum" gestellt.[60]

---

[60] Zur historisch-politischen Einordnung des Themas „Selbstkonzept(e):
„Selbstkonzept" ist ein seit Beginn und besonders in den letzten zwanzig Jahren des 20. Jahrhunderts viel diskutierter Begriff in der Psychologie und den Sozialwissenschaften (MUMMENDEY 1995, 33). Mir scheint interessant, die historisch-politische Folie der Selbstkonzept-Forschung in großzügigen Stichworten zu skizzieren: Das 20. Jahrhundert war im europäischen Raum stark geprägt von totalitären Herrschaften, die das Individuum im Kollektiv auflösen wollten. Gleichzeitig schreibt dieses Jahrhundert auch die friedliche Überwindungsgeschichte dieser Regime hin zu friedlichen demokratischen Gesellschaften. Die Psychotherapie entdeckte neben der Einzeltherapie die Gruppe als therapeutischen Raum, in dem die Menschen einander helfen. Aus der Begegnung mit den wesentlichen Richtungen der Psychotherapie in den U.S.A. (SULLIVANS interpersonelle Beziehungstherapie; GINDLERS Körperbewusstheit; die Erlebnistherapien; die Encounterbewegung; PERLS Gestalttherapie – s. COHN/FARAU 1999, 235 - 323) entwickelte Ruth C. Cohn – wie unter Teil I Kapitel 2.1.5 ausführlich beschrieben - in der zweiten Hälfte des 20. Jahrhunderts die Themenzentrierte Interaktion (TZI), ein Modell für Gruppenleitung, in der jede/r an die eigene Verantwortung herangeführt und die Gruppe als wichtiger Raum für das Individuum wahrgenommen und genutzt wird. Die TZI ist für Gruppen entwickelt, deren Zusammenkommen und Zusammenarbeiten durch thematische Kontexte bestimmt ist – also auch die Schule. Wir haben in unserem Projekt versucht, Leistung - ein wichtiges institutionelles Element von Schule und gesellschaftsbestimmender Faktor - zum Thema schulischen Unterrichts zu erheben und zwar gemäß den Prinzipien der TZI:
- Leite dich selbst bewusst (chairperson-Prinzip) – auch im Leistungshandeln. Da in diesem Bereich vieles von (unbewussten) Leistungsselbstkonzepten gelenkt wird, war es uns wichtig, das Leistungshandeln ins Bewusstsein zu heben und damit auch – wo nötig – persönlichkeitsfördernd zu verändern. Der schulpädagogische Begriff der Selbststeuerung rückte auch für diesen metakognitiven Bereich in den Blick. Unser Anliegen war es, die Selbstleitungskompetenz im Bereich des Leistens zu fördern.
- Besonders das zweite Axiom der TZI „Ehrfurcht gebührt allem Lebendigen und seinem Wachstum. Respekt vor dem Wachstum bedingt bewertende Entscheidungen. Das Humane ist wertvoll, Inhumanes ist wertbedrohend" (COHN/FARAU 1999, 357) stellt angesichts der Leistungspraxis in unseren Schulen eine Herausforderung dar. Denn auch der Umgang mit Leistung sollte so geschehen, dass er das Wachstum des Kindes – in seiner Persönlichkeit und in seinem Leistungszutrauen und -vermögen – fördert. Entsprechend gilt es Alternativen zur weithin üblichen Praxis der alleinigen Fremdbewertung durch die Lehrkraft zu entwickeln, in dem die Kinder im wahrsten Sinn des Wortes gefragt waren.

4.4   Forschungsergebnisse über Selbstkonzepte von Grundschulkindern

4.4.1   Empirische Forschungslage

Laut SABINE MARTSCHINKE (2001, 230) ist die Beschreibung der Selbstkonzeptentwicklung im Grundschulalter schon recht weit gediehen. Allerdings sind längsschnittliche Untersuchungen zur Selbstkonzeptentwicklung in der pädagogisch-psychologischen Forschung dieses Alters rar (HELMKE 1991, 83; s. auch BUFF 1991, 102). Im deutschsprachigen Raum ist nur die eine Untersuchung von SCHULZ und SILBEREISEN (1989) bekannt, die vor dem Übertritt in die weiterführenden Schulen stattfand, amerikanische Untersuchungen gibt es mehr (BUFF 1991). Bisher sind auch kaum geeignete Erhebungsverfahren bekannt (HELMKE 1991, 83).

4.4.2   Selbstkonzeptbereiche

In der Grundschulzeit bilden sich verschiedene Teil-Selbstkonzepte heraus. Die wichtigsten sind:
- das Konzept des eigenen Körpers
- das Konzept des eigenen Erlebens und Verhaltens
- das Konzept der Sozialbezüge
- das Konzept der eigenen Fähigkeiten – aufgegliedert in Teil-Selbstkonzepte verschiedener Leistungsbereiche (wobei zu beachten ist, dass Kinder in diesem Alter zwischen Fähigkeit und Anstrengung noch nicht unterscheiden – Scholastik 1997, 335) – z. B.
- sportliche Fähigkeiten
- mathematische Fähigkeiten

(EINSIEDLER o.J., 2).

Uns hat die inhaltliche Qualifizierung der verschiedenen Teilselbstkonzepte hauptsächlich im Schriftspracherwerb interessiert. Unter „inhaltlicher Qualifizierung" verstehen wir nicht nur eine sozial vergleichende, am Ranking orientierte Einschätzung eigener Fähigkeiten; auch nicht nur individuell bezogene relative Aussagen wie „gut" oder „weniger gut" usw.; sondern konkrete Angaben, WAS z.B.

als gelungen angesehen wird; WAS z.B. als anstrengend empfunden wurde (s.u. empirischer Teil).

Für die Grundschule wird angenommen, dass die Einzelselbstwahrnehmungen die übergeordneten Selbstkonzepte konstituieren (EINSIEDLER o.J., 2; s. auch oben bei den Definitionsmerkmalen: Das Selbstkonzept wird als Zusammensetzung aus Selbstkonzepten höherer und niedrigerer Ordnung verstanden.) In diesen Annahmen sahen wir eine Chance, auch über die Arbeit an Selbstkonzepten eines unterrichtlichen Teilbereichs – nämlich dem Schriftspracherwerb – auf das übergeordnete Leistungsselbstkonzept einwirken zu können.

4.4.3 Entwicklungsverläufe der Selbstkonzepte

(1) Einzelaussagen:

Die Selbsteinschätzung eigener Kompetenzen und Fähigkeiten liegt im Kindergartenalter und den ersten beiden Grundschuljahren extrem hoch und sinkt anschließend deutlich ab (HELMKE 1991, 87, beschreibt diesen Sachverhalt als einen in der Entwicklungspsychologie wiederholt gefundenen.) Nach FREY & RUBLE (1987) und PEKRUN (1987) sind vor allem Kinder mit Misserfolgserlebnissen Träger dieser Entwicklung (beide in EINSIEDLER o.J., 10). Diese Kinder entwickeln eine „Akzeptanz schlechter Nachrichten" (RÖBE).

Die LOGIK-Studie beschreibt und erklärt die Entwicklungen individueller Kompetenzen von Kindern zwischen dem dritten und zwölften Lebensjahr (HELMKE 1991, 84). Es wurde bald deutlich, dass diese Studie einer Ergänzung bedurfte: nämlich der Berücksichtigung der „Schulklasse als komparativem und normativem Kontext" (HELMKE 1991, 84/85) und zwar ab der ersten Schulklasse. Die SCHOLASTIK-Studie hat sich dieser Aufgabe gestellt und beschreibt die kognitive und motivationale Entwicklung während der Grundschulzeit (HELMKE 1991, 84f). Wir haben in unserer Erhebung den Akzent auf die Selbstreflexion gelegt, um der Normativität des sozialen Vergleichs entgegenzuwirken.

Zentrale Ergebnisse der SCHOLASTIK-Studie für unseren Forschungskontext sind:

- Selbstkonzept und Lernfreude nehmen im Verlauf der ersten vier Grundschuljahre deutlich ab (SCHOLASTIK 1997, 81). Die Redeweise lässt Fragen aufkommen: Ein Selbstkonzept an sich kann nicht abnehmen, ein positiv geprägtes Selbstkonzept wohl. Wir haben deshalb die inhaltlichen Qualifizierungen zu erheben versucht.

- Es gibt eine Abhängigkeit von Selbstkonzept und Leistung (SCHOLASTIK 1997, 334, s. insgesamt Kapitel X). Für den Anfang der Grundschulzeit konnten „reziproke Beziehungsmuster" zwischen durch Tests[61] erhobenen Leistungen und Selbstkonzept festgestellt werden. Im Verlauf der Grundschulzeit tendiert die Entwicklung in Richtung "skill-development"-Modell: Vorangegangene Leistung beeinflusst das Selbstkonzept (SCHOLASTIK 1997, 349; 350). Für die Frage, ob der Zusammenhang zwischen Schulleistung und Fähigkeitsselbstkonzept universell oder kontextspezifisch ist (SCHOLASTIK 1997, Kapitel XI), konnten folgende Ergebnisse festgestellt werden: Im Bezug auf alle untersuchten Klassen ergaben sich „keine statistisch signifikanten Klassenunterschiede für den Zusammenhang zwischen Selbstkonzept und Schulleistung" (381). In den daraufhin gebildeten Extremgruppen (niedriger bzw. hoher Zusammenhang, 379) ergab sich folgendes Bild: Die Beziehungen zwischen beiden Größen hängen „weder vom Niveau der Leistung noch von demjenigen des Selbstkonzeptes oder von der Variationsbreite der Leistung innerhalb der Schulklassen ab. Erwartungskonform zeigte sich in Klassen mit engem Zusammenhang zwischen Selbstkonzept und Schulleistung eine stärkere Betonung der fachlichen Instruktion" (381f).

- Das intellektuelle Fähigkeitsselbstbild besteht im Vorschulalter und den ersten beiden Grundschulklassen aus einem relativ undifferenzierten Fähigkeitskonzept, d.h. Leistungsindikatoren fungieren gleichberechtigt neben Arbeitsgewohnheiten, sozialem Verhalten und allgemeinem Benehmen (SCHOLASTIK 1997, 334/335). „Fähigkeit wird als etwas aufgefasst, was durch Übung und Anstrengung jederzeit erworben und verändert werden kann" (SCHOLASTIK 1997. 335).

---

[61] Für den Einfluss von Noten und Testergebnissen wurden unterschiedliche Wirkungen festgestellt: Von LehrerInnen gegebene Noten zeigten wenig Einfluss auf das Fähigkeitsselbstbild im Rechtschreiben. Ergebnisse von Rechtschreibtests hatten sehr wohl Einfluss auf später erhobene Fähigkeitsselbstkonzepte. In Mathematik konnte dagegen sehr wohl ein Einfluss der Noten auf das Selbstkonzept gezeigt werden, sogar ein stärkerer als der von Testergebnissen. Vermutungen legen nahe, dass Ergebnisse von Rechtschreibleistungen eher vorhersagbar sind und Noten deshalb wenig neue Selbstkonzeptinformation bieten; dass außerdem die Deutschnote auch aus anderen Leistungskomponenten besteht. Möglicherweise werden Rechtschreibnoten vom signifikanten Umfeld nicht so hoch bewertet

Nach RHEINBERG (1998, in: MARTSCHINKE 2001, 232) verhilft die individuelle Bezugsnorm zu einem positiveren Selbstkonzept. Wir haben die individuelle Bezugsnorm angereichert mit dem selbstreflexiven Moment.

Leistungsrückmeldungen haben besonders dann Einfluss auf das Fähigkeitsselbstkonzept, wenn sie sich auf die Aspekte der schulischen Kompetenz beziehen (HARTER 1983, 334, in: SCHOLASTIK 1997, 335). Zudem scheint die Auswirkung der Leistungsrückmeldungen auf das Selbstkonzept eine Frage von Attributionen und anderen kognitiven Verarbeitungsprozessen zu sein, denn bei derselben Information können ganz unterschiedliche subjektive Repräsentationen und Bewertungen entstehen (FEND, in: SCHOLASTIK 1997, 335). Das Kind strebt dabei eine Erhaltung seines positiven Selbstwertgefühls an und vermeidet Attributionen, die das Selbstwertgefühl schädigen könnten (SCHOLASTIK 1997, 335). Deshalb war uns der Dialog mit den Kindern so wichtig: um mögliche ungünstige Verarbeitungsprozesse bewusst zu machen und dadurch eventuell positiv verändern zu können.

Das Selbstkonzept hat Auswirkungen auf kognitive, volitionale und emotionale Faktoren (SCHOLASTIK 1997, 336). Denn von der Einschätzung der eigenen Fähigkeit ist es abhängig, welche Gefühle eine Handlung begleiten. Menschen mit geringerem Fähigkeitsselbstkonzept zeigen generell eine höhere Leistungsangst und entsprechend treten bei ihnen häufiger aufgabenirrelevante und leistungsstörende Gedanken auf (HECKHAUSEN 1989 in: SCHOLASTIK 1997, 336). Unterrichtspraktisch wird die Relevanz der Fähigkeitsselbstkonzepte für die Leistungsbiografie z.B. dann greifbar, wo Kinder mit einem günstigeren Fähigkeitsselbstbild bei freien Aufgabenstellungen den vermuteten höheren Schwierigkeitsgrad wählen (BUCKERT, MEYER & SCHMALT 1979, in: SCHOLASTIK 1997, 335/336). Die emotionalen und motivationalen Faktoren haben bei der Erklärung der Auswirkungen der Selbstkonzepte auf die Leistung eine große Bedeutung (SCHOLASTIK 1997, 336). „Emotionale und motivationale Faktoren werden innerhalb der Kausalkette zwischen Selbstkonzept und Leistung als konzeptuell eigenständige Wirkfaktoren interpretiert" (SCHOLASTIK 1997, 336).

---

wie Mathematiknoten – obwohl der Rechtschreibung nach wie vor eine „hohe Bildungsqualität" zugeschrieben wird (SCHOLASTIK 349f).

(2) Korrelationen mit anderen Entwicklungsbereichen:

Als mutmaßliche Erklärungen für den „ausgeprägten naiven Optimismus und robuste Selbstüberschätzungen ihrer Fähigkeiten und Leistungen" (HELMKE 1991, 87) werden angenommen:

a) Kinder sind erst ab ca. acht Jahren zu einer adäquaten Verarbeitung von bewertendem, normativem und evaluativem Feedback in der Lage (nach RUBLE 1984 in: HELMKE 1991, 87).

b) Die kognitive Kompetenz zur Integration verschiedener Informationsquellen ist noch unzureichend entwickelt (NICHOLLS 1978, PARSONS U. RUBLE 1977, SHALEE U. TUCKER 1979, SURBER 1984 – in: HELMKE 1991, 87). Besonders die soziale Vergleichsinformation könne erst ab sieben bis acht Jahren systematisch genutzt werden (RUBLE, BOGGIANO, FELDMAN U. LOEBL 1980 in: HELMKE 1991, 87).

Wenn das stimmt, kommt das unserer Selbstreflexionsarbeit zugute: Denn wenn die Kinder die Zuwendung zur eigenen Leistung und zu ihrem eigenen Leistungsverhalten VOR BEGINN DIESER SOZIALEN VERGLEICHSFÄHIGKEITSPHASE üben, besteht vielleicht die Aussicht, dass sie nach Eintritt in diese Phase stärker die Selbstzuwendung praktizieren können und sich nicht völlig abhängig von der sozialen Vergleichsnorm machen.

Es stellt sich mir auch die Frage, was die Aussage bedeutet, die soziale Vergleichsnorm „nutzen" zu können. Heißt es, sie zur Allokation nutzen zu können? Worin läge der Gewinn? Heißt es, sie zur Entwicklung eines sog. „realistischen Fähigkeitsselbstbildes" zu nutzen? Woran macht sich die Realität fest: am Leistungspool der sozialen Lerngruppe? Das wäre eine sehr relative Größe und ging mit keiner Einsicht in Sachkriterien einher. Der Umgang mit der sozialen Vergleichsnorm kommt mir häufig wie die Fortschreibung der Kain-und-Abel-Geschichte vor: die je eigene Ausprägung bestimmter Fähigkeiten wird mit „besser" oder „schlechter" bewertet – was natürlich ergänzt werden muss durch „besser als ..." bzw. „schlechter als ..." – und schon sind die verheerenden Auswirkungen auf das soziale Miteinander – eigentlich ein Potenzial für Leistungshandeln – geboren. Der Vergleich geht einher mit einem Mehr oder Weniger an Anerkennung durch die „signifikanten Anderen" und schon beginnt das Gefühl der Auf- bzw. Abwertung. Wir wollten den Kain-und-Abel-Konflikt nicht in seiner Tötungsdynamik[62] fortschreiben und haben deshalb – ich bleibe im Bild – die beiden am Feuer miteinander reden lassen. Dialoge wurden initiiert, in denen die Kinder ihre selbstreflexiven Äußerungen in einem geschützten Raum präsentieren, die Anderer rezipieren und sich mit ihnen auseinander setzen konnten.

c) Die Fähigkeitseinschätzungen der Kinder bis neun Jahre basieren auf der intendierten oder investierten Anstrengung, das „kompensatorische Kausalschema" für das Zusammenwirken von Fähigkeit und Anstrengung ist ihnen noch nicht erschlossen (NICHOLLS 1978, NICHOLLS UND MILLER 1984, in: HELMKE 1991, 87; SCHOLASTIK 1997, 50).[63] Die Fähigkeit als „stabiles Merkmal" ist noch nicht entwickelt (DWECK U. BEMPECHAT 1983, HECKHAUSEN 1982, in: HELMKE 1991, 88).

Für unsere Erhebungen wird sich die Frage stellen, ob Kinder für konkret an ihrer vorliegenden Leistung festgestellte Fähigkeiten auch die Anstrengung als Ursachenkategorie bemühen oder ob die Zuwendung zur konkreten Leistung möglicherweise andere Zuschreibungen zu Tage fördert.

d) Wunsch und Realität werden noch häufig verwechselt (STIPEK U. HOFFMANN 1980, in HELMKE 1991, 88).

Kognitive Erklärungen alleine reichen allerdings nicht aus, denn bei der Beurteilung Anderer sind die Kinder im Grundschulalter erheblich realistischer als bei eigenen Fähigkeiten und Leistungen (FREY U. RUBLE 1987 und STIPEK UND TANNATT 1984, in HELMKE 1991, 88). Das mag mit der günstigen leichten Selbstüberschätzung zusammenhängen (HELMKE 1998, 130 und 132).

(3) „Kritische Stellen" der Selbstkonzeptentwicklung:

Verschiedene Untersuchungen machen in der Grundschule „Knickstellen" der Selbstkonzept-Entwicklung aus:

Die LOGIK-Studie verzeichnet „"Wiederanstiege" des Fähigkeitsselbstkonzeptes, und zwar in der ersten und der dritten Klassenstufe" (HELMKE 1998, 120). ANDREAS HELMKE begründet das mit der Sicht, das erste Schuljahr werde als „Schonzeit" geführt, in der die Kinder noch wenig negative leistungsbezogene Rückmeldungen erhielten, so

---

[62] übertragen auf die psychische Ebene, denn eine ständiger Vergleich, in dem sich die betroffenen Personen in ihrer Persönlichkeit bewertet sehen, „tötet" Aspekte einer gesunden Psyche.

[63] Vgl. Teil I Kapitel 3.3 c) – Ausführungen zu FAUST-SIEHL/SCHWEITZER 1992, 58.

dass die Erfolgs- die Misserfolgserlebnisse dominierten, und es eher um die Einübung schulischer Lern- und Sozialformen als um Wissens- und Fähigkeitserwerb ginge (HELMKE 1998, 120/121). Auf das dritte Schuljahr bezogen folgert er – auch aufgrund der Positionsstabilität (Stabilität interindividueller Unterschiede) –, dass der in Bayern und Baden-Württemberg übliche LehrerInnenwechsel nach der zweiten Klassen „kein „kritisches Lebensereignis" darstellt (HELMKE 1998, 127/128).

Die SCHOLASTIK-Studie stellt fest: „Wiederum erweisen sich die 2. und zum Teil auch die 3. Klasse für die motivationale Entwicklung der Kinder als kritische Schuljahre: Das subjektiv erlebte Selbstkonzept eigener Tüchtigkeit nimmt im Durchschnitt deutlich ab, die Versagensängste verstärken sich und die Stabilität der individuellen Merkmalsunterschiede verringert sich in einem signifikanten Ausmaß. Natürlich kann man diese Veränderungen als funktionale Anpassung motivationaler Selbstbewertungen an das soziale oder kriteriale Bezugssystem der Leistungsbeurteilung verstehen. Trotzdem bleibt die Frage bestehen, ob es in der Entwicklung der Lern- und Leistungsmotivation den beobachteten „Knick" als ein notwendiges Stadium geben muß, oder ob er vermieden werden kann" (SCHOLASTIK 1997, 431).

Für SABINE MARTSCHINKE markieren das zweite Schulhalbjahr der ersten Klasse und die Zeit nach der vierten Klasse „Knickstellen". Beides scheinen für die Selbstkonzeptentwicklung kritische Lebensphasen zu sein, ausgelöst durch die Übergangssituationen (MARTSCHINKE 2001, 231). Hier deutet sich der Kontextbezug der Selbstkonzeptbildung an, denn „Übergang" heißt sich zurecht finden in neuen Kontexten und Bezugsgruppen.

Nach ANDREAS HELMKE ist „eine Tendenz in Richtung nicht nur zunehmender Stabilität, sondern auch Genauigkeit der Selbsteinschätzungen" nach Beginn der dritten Klassenstufe unverkennbar (HELMKE 1991, 96). Hieran können wir anknüpfen: Welche Art von „Genauigkeit" ihrer Selbsteinschätzungen entwickeln Kinder im ersten Schuljahr? Zudem haben wir mit unserem „qualitativen Experiment" die Erkenntnis umzusetzen versucht, dass die Selbstkonzeptentwicklung sich nur verstehen lässt, „wenn man die Untersuchung individueller internaler Veränderungen mit der Analyse relevanter Aspekte des pädagogischen Kontextes – und auch dessen Veränderung über die Zeit – verbindet" (HELMKE 1991, 96). Veränderungen haben wir nicht untersucht, aber Selbstkonzeptualisierungen unter gezielt gestalteten Unterrichtsbedingungen.

(4) Kontextbezogenheit der Selbstkonzept(e)-Entwicklung /
   Bezugsgruppenforschung:

Wie oben in den Ausführungen zum Aufbau der Selbstkonzepte beschrieben, entstehen sie im interaktionellen Kontext. Entsprechend hat sich in der Forschung der Blick geweitet: von der isolierten Personenspezifität hin zur Kontextspezifität. Die Bezugsgruppenforschung berücksichtigt zunehmend den schulischen Kontext bei der Untersuchung der Selbstkonzepteentwicklung bei Schulkindern. Der ability-formation-Ansatz hat die Tatsache im Blick, dass das Verhalten der Lehrerin Einfluss auf die Vergleichsprozesse in der Klasse und damit auf die Formation der Selbstkonzepte hat (HELMKE 1991, 94).

Dieser Ansatz denkt konsequent den vorschulischen Selbstkonzepteaufbau weiter: Auch er geschieht in sozialen Kontexten (Elternbeziehung, Geschwisterkonstellation, Freundesgruppen), die durch die Rückmeldung der „signifikanten Anderen" qualifiziert ist und den Selbstkonzepteaufbau prägt.

Wir haben durch die Beachtung der LehrerInnen-Perspektive das ability-formation-Anliegen von vorneherein in der Untersuchung mitberücksichtigt – und durch das „qualitative Experiment" günstig zu beeinflussen versucht, indem wir die Vergleichsprozesse minimierten und andere Leistungsrückmeldekulturen unterstützten. Durch das Wissen bzw. die Vermutung um günstigere Lernbedingungen haben wir uns den Kindern gegenüber zu diesem Weg verpflichtet gefühlt.

(5) Einfluss des elterlichen Erziehungsverhaltens auf die Selbstkonzept(e)-
   Entwicklung:

Viele Autoren stellen übereinstimmend negative Zusammenhänge der Ausrichtung des elterlichen Erziehungsverhaltens auf die Leistung in der Schule fest (JOPT und ENGELBERT UND HOLTZE 1984, in: JOPT 1987, 64) – und zwar auch außerhalb des Notengebungssystems (DEDERIN 1985, in: JOPT 1987, 65). Auslöser ist die Beharrlichkeit einer „interpretativen und wertenden Verarbeitung in der Familie" als Konstitutivum für schulische Erfahrung (FEND/HELMKE 1983, 76, in: JOPT 1987, 65). Für die Grundschulkinder ist der Übergang vom Kindergarten zur Schule oft geprägt durch eine Koppelung der durch die Eltern vermittelten emotionalen Sicherheit mit dem gewünschten Leistungsniveau (RÖBE O.J., 7, li. Spalte) – gerade in einer Krisenzeit der

Neuorientierung, in der eine emotionale Permanenzerfahrung umso wichtiger wäre - besonders bei Versagenserfahrungen.[64]

Wir haben die Kinder als Akteure der Interpretation ins Spiel gebracht: Wenn schon Interpretation – und sie findet unweigerlich statt – dann darf und muss auch ihre eigene gefragt sein. Denn ein rein fremdinterpretierter Umgang mit der Leistung trägt sonst zur Unmündigkeit bei: Das Kind wird abhängig von der Anerkennung der Anderen, ohne eigene Leistungsanerkennungskriterien eingebracht zu haben.

Zudem entsteht in der Eltern-Kind-Beziehung eine Koppelung von Kompetenz und Geliebtsein (ROGERS 1959, in: JOPT 1987, 64). UWE-JÖRG JOPT beschreibt sehr eindrücklich, wie viele Menschen sich, kaum befinden sie sich in sozialen Kontexten, in den Mittelpunkt rücken, um ihr Wissen und ihre Kompetenz (ungefragt) zu beweisen. „Offensichtlich ist allein die soziale Gegenwart anderer bereits hinreichend, um die Selbstpräsentation in Gang zu setzen. Aus den Agenten sozialer Begegnung sind soziale Vehikel geworden" (JOPT 1987, 60; vgl. auch 59). Besonders solche Menschen nutzen soziale Situationen auf diese Weise, die aufgrund ihrer Erziehung Kompetenzerfahrung und Geliebtsein zusammenbinden (JOPT 1987, 67). Die Gefahren liegen auf der Hand: Sobald das „soziale Referenzsystem seinen Status als Informationsquelle durch den einer Evaluationsquelle einmal ausgetauscht hat, ist es zum potentiell (Selbstwert-)Bedrohung signalisierenden und damit zum Streßfaktor geworden, der zwangsläufig angstreduzierende Bewältigungsstrategien herausfordert (vgl. LAZARUS/LAUNIER 1980)" (JOPT 1987, 66f). Solche Menschen leisten, um der Angst vor Nichtanerkennung zu entgehen. Ein anstrengendes Selbstkonzept. Außerdem kann sich so etwas wie Leistungszufriedenheit kaum einstellen, weil es ja immer bessere Andere gibt – eine Anleitung zum Unglücklichsein (JOPT 1987, 67).

Um eine gewissen Selbstständigkeit auch in der Leistungswahrnehmung zu erreichen, haben wir deshalb von Anfang an den Dialog MIT den Kindern über deren Leistungen gesucht, so dass auch bei wechselnden Referenzsystemen eine „Informationsquelle" konstant[65] bleibt: die eigene Einschätzung.

---

[64] Hier kann bereits der Mechanismus beginnen, den HANS RAUSCHENBERGER beschreibt: Um die emotionale Verpflichtung den Eltern gegenüber aufrechtzuerhalten, leugnen manche Kinder schlichtweg die Leistungsanforderungen und -situationen, um ihre Eltern nicht zu enttäuschen – was zu weiterem Leistungsversagen führt (RAUSCHENBERGER 1999 - s.o. Teil I Kapitel 2.2.4).
[65] Gemeint ist eine personale Konstanz, keine inhaltliche.

4.4.4   Zusammenhang Selbstkonzept(e) und Schulleistung(en)

1. Charakterisierung der leistungsbezogenen Identität:

Nach der Terminologie von HANS-PETER FREY UND KARL HAUßER wird eine subjektive Identität („Innenperspektive") und eine objektive Identität („Außenperspektive", was also von außen beobachtbar ist) unterschieden (in: PEKRUN 1987, 44). Beides gibt es in individueller und kollektiver Identität. Bei der leistungsbezogenen Identität handelt es sich um eine *subjektive individuelle Identität* (PEKRUN 1987, 44). Deshalb muss das Individuum in den Leistungsrückmeldeprozess einbezogen werden, wenn das Ziel der Aufbau eines für die Persönlichkeits- und Leistungsentwicklung günstigen Selbstkonzepts ist. Nach REINHARD PEKRUN müssen bei der leistungsbezogenen Identität folgende Komponenten mitbedacht werden (PEKRUN 1987, 44):

1. der gesellschaftlich virulente Leistungsbegriff (dieser war uns Anlass, einen pädagogischen Leistungsbegriff in der Unterrichtspraxis zu etablieren, da der wettbewerbsorientierte gesellschaftliche die Schule „Infiziert" hat, was laut DEUTSCHEM BILDUNGSRAT (1972, 35) nicht sein dürfte;

2. die fachspezifischen und allgemeinen Fähigkeitsselbstkonzepte (diese haben wir inhaltlich in verschiedenen Dialogsituationen mit den Kindern zu erarbeiten versucht);

3. die leistungsbezogenen Erwartungsüberzeugungen („Kontrollüberzeugungen"), die auch zeitlich überdauernd und generalisiert sind. Hier werden zwei Facetten unterschieden:

   a) die Erwartungsüberzeugung, „leistungsbezogene Anstrengung erbringen zu können" (PEKRUN 1987, 44). In Abgrenzung zu dem Begriff „Selbstwirksamkeits-Erwartungen" (BANDURA 1977, KIRSCH 1986 und BANDURA 1986 – in: PEKRUN 1987) schlägt REINHARD PFKRUN im Sinne einer handlungs- und motivationstheoretischen Begrifflichkeit vor, von „Handlungskontroll-Erwartungen" zu sprechen; dementsprechend prägt er für den Glauben, eigenes Anstrengungshandeln kontrollieren zu können, den Begriff „Anstrengungskontroll-Erwartungen" (PEKRUN 1987, 44);

   b) die Erwartungsüberzeugung, „mit entsprechenden Anstrengungen Erfolge erzielen zu können" (PEKRUN 1987, 44); in handlungs- und motivationstheoretischer Begrifflichkeit: „Handlungs-Ergebnis-Erwartungen" (HECKHAUSEN 1980, in: PEKRUN 1987, 44) bzw. „Handlungs-Folgen-Erwartungen"

(PEKRUN 1984 a, in: PEKRUN 1987, 45). BANDURA hatte sie „outcome expectancies" (Ergebniserwartungen) genannt (1977, in: PEKRUN 1987, 45; ebenso in: SCHWARZER/JERUSALEM 2002, 35). Für den Leistungsbereich schlägt REINHARD PEKRUN „Anstrengungs-Erfolgs-Erwartungen" vor (PEKRUN 1987, 45).

Bei der Auswertung der Erhebungen wird es ein Aufmerksamkeitspunkt sein, inwiefern die Kinder wirklich nur die Anstrengungskategorie benutzen oder bereits Fähigkeitsvorstellungen aktivieren.

2. bisher diskutierte Zusammenhänge zwischen Selbstkonzept(en) und Schulleistung(en):

Was war zuerst: Schulleistung(svermögen) oder Selbstkonzept?

Der Zusammenhang wird als eng eingeschätzt. Die Kausalrichtung ist nicht eindeutig geklärt. Es werden diskutiert:

- der **skill-development-Ansatz:** Die als erfolgreich erlebten Fähigkeiten wirken auf das Selbstkonzept, d.h. das Selbstkonzept spiegelt den tatsächlichen[66] Leistungsstand wider (MARTSCHINKE 2001, 230; SCHOLASTIK 1997, 373).

- der **self-enhancement-Ansatz:** Ein positives Selbstkonzept beeinflusst die Leistungsfähigkeit und Leistung positiv (MARTSCHINKE 2001, 230; SCHOLASTIK 1997, 373); dadurch würde auch die Anstrengungs-Erfolgs-Erwartung gesteigert.[67]

Manche Forschungsarbeiten sehen gar keine Zusammenhänge; Andere halten reziproke Wechselwirkungen für am plausibelsten (MARTSCHINKE 2001, 230; auch EINSIEDLER o.J., 9). Die SCHOLASTIK-Studie stellt die Reziprozität für den Beginn der Schulzeit fest und sieht für die spätere Grundschulzeit eine Tendenz zum skill-development-Modell (1997, 349). Grundsätzlich ist zu beachten, dass der Zusammenhang zwischen Schulleistung und Fähigkeitsselbstkonzept kontextabhängig gedacht werden muss: Aspekte der Unterrichtsgestaltung im Bereich des Leistungshandelns werden für die Beziehung zwischen beiden Größen relevant (Scholastik 1997, Kapitel XI, s. 385). Aufgrund dieser Dynamik ist es für die

---

[66] Das Referenzsystem des „Tatsächlichen" ist zu diskutieren. Denn je nachdem, ob es in der kriterialen oder individuellen Bezugsnorm besteht, entstehen Einschätzungsunterschiede (s. unter Teil II Kapitel 3.1.2 Exkurs).

Lehrerin wichtig zu wissen, was das Kind bezüglich seiner Leistung(sfähigkeit) denkt und sich bewusst zu machen, was sie selbst als Leistung ansieht und wie sie Leistung thematisiert.

Die skill-development-Wirkrichtung ist für leistungsstarke Kinder wohl weniger ein Problem. Was aber tun, wenn mangelnde oder die subjektive Erwartung nicht zufrieden stellende Leistungsergebnisse den Aufbau eines günstigen Fähigkeitsselbstkonzeptes verhindern? Mit Blick auf den Wirkanteil der self-enhancement-Dynamik kann eine „Selbstkonzeptförderung als Voraussetzung der Schulleistungsverbesserung" und einfach zur „seelischen Gesundheit" (EINSIEDLER o.J. 12) dienen; wobei mit Selbstkonzeptförderung sicher die Förderung eines positiven Selbstkonzeptes gemeint ist.

Besonderes Augenmerk ist auf die schulischen Leistungsbewertungen zu richten, denn sie sind nach REINHARD PEKRUN für die leistungsbezogene Identität zentral (PEKRUN 1987, 49).

Genau an diesem Punkt haben wir angesetzt, wenn wir durch eine veränderte Leistungsrückmeldepraxis die leistungsbezogene Identität positiv zu beeinflussen suchten.

Schulleistung und sozialer Status

Ein zunächst leistungsfremd scheinendes Gebiet korreliert – zuletzt durch PISA 2000 erschreckend bestätigt – massiv mit den schulischen Leistungen: der soziale Status. In der Regel sind es die „sozial erfolglosen Kinder, die gleichzeitig auch mit schulischen Leistungsanforderungen schlechter zurechtkommen" (PETILLON 1991, 192). Zu Schulbeginn sind signifikante Zusammenhänge zwischen Leistung, Konformität (Kind hört auf die Lehrerin) und Status festgestellt worden, die als Wechselwirkungen zu deuten sind (PETILLON 1991, 195); bis zum Ende des zweiten Schuljahres wird dieser Zusammenhang noch prägnanter (PETILLON 1991, 199).

Hier muss ein Bewusstmachungsprozess ansetzen, der die Leistungserwartungen und -erwünschtheiten (was von der Lehrerin als Leistung akzeptiert wird) benennt und bekennt. Denn an ihnen setzt die Bedienung dieser Erwartungen qua sozialer Erwünschtheit an. Auch in diesem Zusammenhang war uns der Dialog ein probates

---

[67] Es ist zu beachten, dass das Selbstkonzept nicht „direkt" auf die Lernleistung einwirkt, sondern durch eine Vielzahl von „Zwischenprozessen" (Erwartungsbildungen und damit verbundenen Motivations-, Volitions- und Handlungsabläufen) (SCHOLASTIK 1997, 354).

Mittel, um die verschiedenen Leistungserwartungen transparent zu machen.[68] Eine Atmosphäre der Anerkennung muss natürlich damit verbunden sein, denn es gibt wohl auch den Zusammenhang zwischen sozialem Wohlempfinden und Leistungsfähigkeit.

Für uns war in diesem Kontext die Präsentation der Portfolioinhalte ein kritischer Punkt: Es gab einen Jungen mit sehr brüchigem Leistungszutrauen und schwieriger sozialer Stellung, der sich der Präsentation innerhalb verschiedener Kleingruppen (bei denen die Lehrerin nicht jeweils präsent war) verweigerte, die von der Lehrerin direkter begleitete Präsentation vor der Gesamtklasse jedoch gern nutzte. Möglicherweise sind solche Präsentationsformen für Kinder, die sich sozial nicht anerkannt fühlen, problematisch, eben weil es den Zusammenhang zu einem geringen Leistungsselbstkonzept gibt.

Deutlich wird in der Feststellung HANNS PETILLONs aber auch, wie wichtig es ist, mit einer Leistungsselbstkonzeptarbeit sozusagen am ersten Schultag zu beginnen. Denn den Wirkanteil des self-enhancement-Ansatzes berücksichtigend, wird vom ersten Schultag an die schulische Leistungsbiografie (fort)geschrieben.

Dass die Leistung wesentlich die soziale Stellung mitbestimmt (PETILLON 1991, 196) ist ein direkter Spiegel des gesellschaftlichen Leistungsbegriffs, der – wie oben dargestellt – in seiner Entstehungszeit ein Fortschritt gegenüber der durch Geburt und Stand bestimmten Allokation war. Gesellschaftliche Statusanerkennung darf jedoch nicht in den Bereich individueller Persönlichkeitsanerkennung übergreifen. Hier ist sie fehl am Platz und richtet Schaden in der Persönlichkeitsentwicklung an. Dass in Deutschland die Koppelung zwischen sozialer Herkunft und Bildungschancen so eng ist, wie PISA es festgestellt hat, muss eine Aufforderung an Schul- und Unterrichtsreformen, auch an die LehrerInnenaus- und -weiterbildung sein.

Strategielernen und Selbstkonzept

PISA 2000 untersucht zwar eine viel ältere SchülerInnengruppe. Einige einschlägige Ergebnisse zu unserem Thema seien dennoch zitiert, weil sie möglicherweise Hinweise auf Parallelen im Schulanfängerbereich geben können.

---

[68] Es geht um Transparenz und in gewissen Hinsicht auch um ein Aushandeln: „Die Schule wird [...] sich in Richtung einer Institution anpassen, in der sich Kinder durch selbstgesteuertes Lernen als Person aufbauen und mit den Lehrern kooperativ aushandeln, welche Werte in ihrer zukünftigen Gesellschaft gelten sollen" (TITZE 2000, 61).

- Die Forschungsliteratur liefert Nachweise darüber, „dass selbstbezogene Kognitionen, die sich auf die eigenen Fähigkeiten beziehen, erheblichen Einfluss auf Zielsetzungen, Strategieanwendungen und Lernerfolge haben (vgl. Köller 2001, in: PISA 2001, 275). Deshalb war es uns in den Erhebungen wichtig herauszufiltern, welche selbstbezogenen Kognitionen Kinder schon im ersten Schuljahr ausgebildet haben.

- Im Bezug auf die auch uns im Blick befindliche Selbststeuerung kann PISA belegen: „Erfolgreiche Selbstregulation des Lernens besteht unter anderem darin, auf der Basis der Aufgabenanforderungen und des eigenen Kenntnisstandes einzuschätzen, welche Mittel (Strategien) für die Zielerreichung angemessen sind. Die Anleitung zur bewussten und reflexiven Steuerung des eigenen Lernens kann auch zur Ausbildung eines positiven Selbstkonzepts und damit zu einer produktiven Beziehung zu sich selbst als Lernendem beitragen" (PISA 2001, 297).[69] Dass Strategiewissen zur Ausbildung eines positiven Selbstkonzeptes beitragen kann, deckt sich mit der Aussage des self-enhancement-Ansatzes: Wenn jemand das Gefühl hat, neue Situationen und Aufgabenanforderungen meistern zu können, drückt sich darin ein positives Selbstkonzept aus. Wo, wenn nicht zu Schulbeginn, sollte das schon grund-gelegt werden? Dieses Ziel gehört in den Kanon einer grundlegenden Grundschulbildung. Es verdient ausdrückliche Aufnahme in ein zu bildendes bzw. nicht aufzugebendes Kerncurriculum.

- „In den meisten Ländern bestehen enge Zusammenhänge zwischen den bereichsspezifischen Selbstkonzepten und den Leistungen im entsprechenden PISA-Test" (PISA 2001, 286). Noch während der Erhebungen stellte sich bei mir aufgrund der Beobachtungen im Dialogprozess folgende Vermutung ein: Kann es sein, dass diejenige/derjenige, die/der einen fortgeschrittenen Lernstand aufweist, über differenziertere Reflexionskriterien verfügt und entsprechend mehr Metakognitionen im entsprechenden Bereich produzieren kann? Und deshalb auch das Teil-Selbstkonzept differenzierter und „höher" ausgebildet ist? Beides spräche für den skill-development-Ansatz.

---

[69] Vgl. unsere Frage zum Strategiewissen – Erhebung Nr. 4.3. (s. Tabelle 1: detaillierter Untersuchungsplan mit einzelnen Erhebungsitems).

4.4.5 Bedeutung der Gruppe für das Leistungshandeln und die Ausbildung von (Leistungs-)Selbstkonzepten

Leistungshandeln ist von sozialer Natur (vg. JOPT 1987, 60)[70]:

- Aufgabenstellungen werden in sozialen Kontexten gegeben oder werden zum sozialen Kontext, wo jemand sich selbst von einer Sache ansprechen lässt und sie sich zur Aufgabe macht.
- Leistungshandeln im engeren Sinn, also der Produktionsprozess, kann von sozialer Natur sein, wo es um gemeinschaftliches Arbeiten geht.
- Die Produktwahrnehmung ist eingebunden in einen sozialen Feedbackkontext (Anerkennung für „ordentliches" Essen beim Kleinkind; Lob für das Bild durch die Erzieherin; Noten oder Verbalbeurteilungen in der Schule; Gehalt im Berufsleben; Verkaufserfolg in der Wirtschaft usw.).
- Es gibt die Leistung für jemanden (für den Freund ein Geschenk basteln; einen sozialen Dienst tun).
- Die soziale Wahrnehmung der Leistung ist in unserer Gesellschaft und in der Schule (in zu großem Ausmaß) vom Wettbewerb um die bessere Leistung bestimmt. Die möglicherweise besseren Anderen können auch zu inneren Zensoren und Unruhestiftern im Leistungsprozess werden, weil ein Teil der Aufmerksamkeitsenergie von der Sache weg auf das Streben nach der vom Vergleich unangreifbaren Superlative gelenkt wird. Leider ist dieser Platz im Wettbewerbssystem immer nur einer/einem vorbehalten. Mit einem solchen System binden wir kreative Produktionslust – was sich eine am Fortschrittsdenken orientierte Wirtschaft nicht leisten kann; die individuelle „Psycho-Wirtschaft" des einzelnen Menschen schon gar nicht.

Aufgrund dieser sozialen Natur des Leistungshandelns war es uns eine Frage, wie die Leistung und das Leistungshandeln in der sozialen Gruppe thematisiert werden könnte, damit dieser soziale Charakter sich auf Leistungsmotivation und Leistungsvermögen positiv auswirkt.

---

[70] Vgl. auch Lichtenstein-Rother und Florek Teil I Kapitel 2.1.2 und 2.1.5. Und vgl. KRAPPMANN (2002), der auf den Begriff der „Ko-Konstruktion" von YOUNISS hinweist, vgl. Fußnote 72.

HANNS PETILLON (1991, 183) beschreibt in dreizehn Punkten das Entwicklungspotenzial der Gruppe. Fünf für unser „qualitatives Experiment" relevante Punkte greife ich heraus:

1. Die Gruppe ermöglicht den Gedankenaustausch und die Selbstpräsentation (Aspekt der Kommunikation). Sich selbst mit seinem Können darstellen zu dürfen unterliegt landläufig Verurteilungen wie „Eigenlob stinkt" oder „Angeber". Hier gilt es, die Präsentation eigener Leistungen in den Rang der sozialen Erwünschtheit zu heben.

2. Menschen können sich in Publikumssituationen bewähren (Aspekt des sozialen Selbstvertrauens). Hier kommt das private bzw. public self zum Tragen: Ein Selbstkonzept ist immer ein präsentiertes Selbstkonzept. Es gehört zur Präsentationskompetenz, auszuwählen, was jemand wie vorstellten möchte. Die Gruppe ermöglicht es dabei, die eigene Sichtweise zu vertreten und sie der Sichtweise der Anderen auszusetzen, ohne sich von letzterer abhängig zu machen; sondern in Autonomie anzunehmen, was der Einzelne annehmen möchte, und bei den Anderen zu belassen, was er nicht annehmen möchte; soweit zur Anforderungsstruktur einer Präsentationssituation.

3. Die Gruppe ermöglicht Selbsterfahrungen (Aspekt der Identität).

4. Gemeinsames Arbeiten und Spielen ist möglich (Aspekt der Kooperation). Wo das Gemeinsame auch in der Leistungspräsentationssituation liegt, kann sich folgender Effekt ergeben: Wenn ich weiß, dass ich meine eigene Arbeit nachher vorstelle und zum Feedback preisgebe, gehe ich mit denen, die auch präsentieren, eher so um, wie ich es für mich nachher auch wünsche. Das Kind könnte lernen, nicht mehr (so sehr) die Autorität der Lehrerin zu brauchen und zu benützen, um den Anderen klein zu machen (wie in Bemerkungen „Frau Sowieso, der hat das falsch gemacht").

5. Es werden Erfahrungen von Andersartigkeit möglich (Aspekt der Toleranz). Hier könnte ein Stück Heilung - Salutogenese[71] - von unserer vom Wettbewerb verseuchten Erlebnisweise geschehen: Wer lernt, das Eigene neben das von Anderen zu stellen und zu akzeptieren, kann die Buntheit und Vielfalt der Welt

---

[71] nach ANNEMARIE VON DER GROEBEN , in: Röbe 1999, 17.

kennen- und achten lernen und sie statt als Bedrohung als Chance der „eigenen Welt" sehen.[72]

4.5 Selbstkonzept(e)-Forschung: methodische Anmerkungen und eigene Position

Dass es so viele Forschungen zum kognitiven Aspekt des Selbstkonzeptes gibt, liegt nach HANS DIETER MUMMENDEY an der theoretischen Orientierung der ForscherInnen (MUMMENDEY 1990, 85). Was Forschung allgemein betrifft, gehen auch ECKARD KÖNIG UND ANNETTE BENTLER darin konform, dass Forschungsergebnisse immer abhängig sind vom theoretischen Begriffsrahmen der Beobachterin/des Beobachters und den aus ihm resultierenden Forschungsmethoden (KÖNIG/BENTLER 1997, 89). Also ist bei den Aussagen über Selbstkonzepte mehr über die theoretische Orientierung der Forscherin/des Forschers zu erfahren als über die Selbstkonzepte (MUMMENDEY 1990, 85).

Wir gehen von folgenden Thesen aus:
- Kinder haben von Anfang an Leistungsselbstkonzepte,
- Diese sind diese kommunikabel.
- Gezielte dialogische Ansätze im Unterricht können eine Kommunikationsplattform für Selbstkonzeptartikulationen bieten.
- Dadurch könnte eine positive(re) Selbstkonzeptentwicklung ermöglicht werden.

---

[72] Kinder tun das in ihrem Wissens- und Kompetenzerwerb offensichtlich von selbst. YOUNISS hat das - in Erweiterung konstruktivistischer Vorstellungen – mit dem Begriff der „Ko-Konstruktion" beschrieben. Er will damit auf die „soziale Prozesshaftigkeit" des Wissens- und Kompetenzerwerbs hinweisen (YOUNISS 1994, in: KRAPPMANN 2002, 91). „Gerade das Kind braucht den realen Gegenüber, der oder die eine andere Perspektive, eine andere Meinung, einen Gegenbeweis, eine widersprechende Überzeugung präsentiert und auch mit einiger Hartnäckigkeit präsentiert, denn nur so kommen Konflikt und Spannung zustande, die zur Bearbeitung herausfordern" (KRAPPMANN 2002, 91). Über einander im Alter nahe stehende Kinder und Geschwisterkinder ist bekannt, wie viel sie sich gegenseitig abverlangen und dazu „verlocken, die Unterschiedlichkeit der Perspektiven und die Verschiedenheit von Gefühlen wahrzunehmen sowie Vorstellungen über die Gedanken der anderen Beteiligten zu entwickeln" (nach JUDY DUNN, in: KRAPPMANN 2002, 92). Diese Beobachtungen dürften auch für die Entwicklung und Ausprägung des Leistungshandelns gelten.

- Der Dialog auf der nicht-hierarchischen Ebene der Kinder kann die Vorteile eines Gruppenlernens produktiver nutzen als der alleinige Dialog mit der hierarchisch vorgeordneten Lehrperson.
- Kinder sind zur Selbststeuerung im inhaltlichen wie strategischen Lernen fähig.

HANS DIETER MUMMENDEY nimmt in seiner Arbeit den Bereich der Leistungsmessung und -diagnostik ausdrücklich aus (MUMMENDEY 1990, 96). Wir wollen gerade in diesem Bereich die – wie er es nennt – „subjektiven Urteilsprozeduren" (MUMMENDEY 1990, 96) anregen, fokussiert auf die Leistungsrückmeldepraxis.

Als Methoden der Selbstkonzept(e)-Forschung haben sich bewährt:
- die Selbstratingmethode (MUMMENDEY 1990, 98).
  Auf sie haben wir nur in einer Frage zurückgegriffen[73], weil wir die Selbstzuwendung unabhängig von einer Einordnung in die soziale Lerngruppe in den Mittelpunkt gerückt haben (s.o. das „Kain-und-Abel-Phänomen").
- das „adjektivische Selbstbeschreibungsverfahren" (MUMMENDEY 1990, 97/98).
  Darauf haben wir verzichtet[74], weil wir uns durchgängig für offene Fragen entschieden haben, um der generativen Kraft der Selbstkonzeptualisierung größeren Raum zu eröffnen.

Für HANS DIETER MUMMENDEY erweist sich die Forschungsstrategie wichtiger als die bisher dargestellte Technik (MUMMENDEY 1990, 99). Ich zitiere hier nur, was wir für unsere Forschungen übernommen haben:
- distinkte Einstellungen zur eigenen Person
- Selbstkognition
- Selbstbewertung
- Selbsteinschätzung einer Person
- Position im Kontext von Beurteilungen bestimmter Anderer.

Dabei sind die sprachlichen Fähigkeiten der Probandinnen immer wichtig – in jedem Alter (MUMMENDEY 1990, 100). Gerade im Bereich der sprachlichen Fähigkeiten stellte

---

[73] Erhebung Nr. 4.6. (s. Tabelle 1: detaillierter Untersuchungsplan mit einzelnen Erhebungsitems). Diese Frage wird in der vorliegenden Untersuchung nicht ausgewertet).
[74] bis auf eine Ausnahme, bei der mögliche „Adjektive" durch eine Reihe von fünf Gesichterkärtchen, die Gefühle verbildlichen, angeboten wurden (Nr. 2.4. s. Tabelle 1:

sich für uns angesichts des jungen (Schul)Alters der ProbandInnen die Herausforderung, geeignete Untersuchungsinstrumentarien zu entwickeln, da diese erstens für ErstklässlerInnen noch nicht vorliegen und sich zweitens die Kinder dieses Schulalters noch im Schriftspracherwerbsprozess befinden. Es wird – hier nehme ich ein vorläufiges Ergebnis unseres „qualitativen Experiments" vorweg – weiterhin wichtig sein, Ausdrucksmöglichkeiten für Selbstkonzepte zu finden, die nicht rein von der Sprache abhängig sind. Denn sonst fallen Kinder mit sprachlichen Ausdrucksschwächen bzw. anderen Ausdrucksstärken durch das Erhebungsnetz.

In unserem Bemühen, geeignete Erhebungsinstrumentarien zu entwickeln, konnten wir eines Teils an die Feststellung VAN DER MEULENS und VAN DUKS (1987, in: MUMMENDEY 1990, 100) anknüpfen, dass Selbstkonzeptforschung bei kleineren Kindern auf das Registrieren und Kategorisieren von spontanen selbstbezogenen Äußerungen angewiesen ist (gesichert durch teilnehmende Beobachtung); andererseits haben wir das Erhebungsrepertoire um gezielte Dialogsituationen erweitert.

Von den von HANS DIETER MUMMENDEY aufgelisteten Messtechniken haben wir folgende angewandt (MUMMENDEY 1990, 94 – 96):

- strukturierte (Vorgabe von Form und Inhalt)
- unstrukturierte (Form und Art der Äußerung sowie Bereiche, über die Probandin/der Proband sich äußern möchte, sind freigestellt)
- reaktive
- nicht-reaktive
- offene

(auf getarnte haben wir verzichtet).

Realistisch und ehrlich betrachtet bleiben auch im Forschungsbereich der Selbstkonzepte mit den angesprochenen Strategien, Methoden und Techniken die Probleme der Validität (Messzuverlässigkeit) und Reliabilität (Messgenauigkeit) bestehen, besonders was die soziale Erwünschtheit als „Reaktionstendenz" angeht (MUMMENDEY 1990, 100). Nach der oben dargestellten Theorie des Selbstkonzepts muss man Selbstkonzeptualisierungen so einschätzen, dass ihre Präsentation immer ein Produkt der Selbststeuerung der Probandin/des Probanden ist, in der ihr/ihm voll

---

detaillierter Untersuchungsplan mit einzelnen Erhebungsitems), die ebenfalls in der vorliegenden Untersuchung nicht ausgewertet wird.

zuzugestehenden Autonomie. Interessant wird es natürlich da, wo die „Autonomie" eher einer unbewussten Präsentationssteuerung entspringt. Andererseits sind wir mit unserer Forschung in der Schule und nicht im Therapiebereich beheimatet. Im Respekt davor haben wir im „ständigen" Dialog eine Möglichkeit gesehen, ein der Lehrerin präsentiertes Selbstkonzept bzw. das von ihr wahrgenommene Selbstkonzept immer wieder kommunikativ validierend an die Selbstinterpretation der Probandin/des Probanden zurückzubinden.

Fazit: Fragebögen – schriftliche sowie „mündliche" in Form von Interviews – bleiben ein probates Mittel zur Selbstkonzept(e)-Erhebung, weil sie selbstbezogene Aussagen provozieren (MUMMENDEY 1995, 198). Der Entwicklung geeigneter Fragen galt unser Bemühen; eingedenk alles Menschlichen: „No measurement instrument is perfect" (BURNS 1979, in: MUMMENDEY 1990, 100).

4.6 Forschungsdesiderate und offene Fragen

Die bisherigen Andeutungen zusammenfassend stelle ich für unser Forschungsanliegen fest:

- Im Bereich „Sozialleben beim/im Schulanfang" besteht ein „empirisches Vakuum" (PETILLON 1991, 184).[75] Es wird also Zeit, die jüngsten Schulkinder im Sinne einer grundlegenden Bildungsarbeit bezüglich der Leistungsselbstkonzepte in den Blick zu nehmen, denn der Schulanfang ist eine hochsensible und chancenreiche schulbiografische Prägephase.
- Die Entwicklung geeigneter Erhebungsinstrumentarien für Kinder dieses Alters, die sich im Aufgabenfeld der Schriftsprachentwicklung bewegen, steht aus. Wir haben uns dieser Aufgabe unter dem Anspruch qualitativer Forschung gestellt.
- Eine konsequent individuumsbezogene Rückmeldung wird als entwicklungspositiv gesehen. Eine selbstreflexive Rückmeldepraxis scheint es nur vereinzelt zu geben.
- Es fehlen systematische Auswertungen unterrichtlicher Implementationen von Selbstreflexionsarbeit im ersten Schuljahr. Deshalb haben wir uns – auch aus

---

[75] Nur eine Untersuchung – von SCHULZ und SILBEREISEN (1989), die vor dem Übertritt stattfand – (nach BUFF 1991).

ethischer Verpflichtung – in Form eines „qualitativen Experiments" für ein Stück „Handlungsforschung" entschieden.

- Es gibt keine systematischen Auswertungen der Lehrperspektive im Bereich selbstreflexiver Leistungsthematisierung. Wir können die Reflexionen zweier Lehrerinnen anbieten, die in den beiden Versuchsklassen die qualitativen Experimente durchgeführt und eine wissenschaftliche Begleitung im Rahmen von Fortbildungsmaßnahmen genutzt haben.[76]

- Das Aufgabenfeld der Lehrerin muss im Rahmen dialogorientierter Leistungsbegleitung eine weitere Auffächerung erfahren: Lehrerinnen als Begleiterinnen müssen fähig werden, ihre Rückmeldungen in ihrer Subjektivität zu erkennen zu geben – wenn auch mit aller Kraft ihrer „zielkompetenten Fremdsicht".

- Der Begriff der „realistischen Selbsteinschätzung" scheint mir ein neues Diskussionsfeld zu eröffnen, wenn er sich nicht allein auf die Angleichung der kindlichen Selbsteinschätzung an das vorgegebene Normsystem reduzieren will. „Realistisch" ist – die subjektiven Wahrnehmungstheorien zu Ende denkend – ja auch eine Frage der individuellen Kapazitäten.

- Die Kontextbezogenheit der Fähigkeitsselbstkonzept(e) scheint in den vorliegenden Forschungen vornehmlich allokationsorientiert zu sein – mit dem Ziel, den angemessenen Ranking-Platz zu finden. Wir streben die Förderung einer Selbstkonzeptarbeit an, die den sozialen Kontext für einen produktiven, Selbstkonzept-förderlichen Dialog mit sich selbst und miteinander (SchülerInnen untereinander; SchülerIn mit LehrerIn) nutzen kann. Die Feststellung, dass sieben- bis achtjährige Kinder noch nicht zur Integration sozialer Vergleichsinformationen fähig seien, ist uns zusätzlich Einladung, den Blick weg vom sozialen Vergleich hin zur Selbstzuwendung zu lenken („Neuauflage der Kain-und-Abel-Geschichte": Sie reden miteinander anstatt im bewertenden Vergleich Höher- und Minderwertigkeiten zu schaffen).

- Untersuchungen von Fähigkeits- und Anstrengungskategorien bei ErstklässlerInnen sind mir nicht bekannt. Wir haben aufgrund der Tatsache, dass Kinder dieses Alters noch nicht zwischen Anstrengung und Fähigkeit unterscheiden, versucht, ihnen Selbstreflexionsangebote zu machen, die inhaltlich qualifizierende

Aussagen anhand konkreter Leistungsvorlagen (hauptsächlich im Schriftsprachbereich) erlaubten. Es wird zu untersuchen sein, ob die Äußerung anhand einer konkreten Vorlage unterscheidbare Fähigkeits- bzw. Anstrengungskategorien hervorbringen konnten.[77]

---

[76] Die Reflexionen liegen hauptsächlich als Gedächtnisprotokolle von verschiedenen Gesprächen während der teilnehmenden Beobachtung vor. Sie fließen in der Auswertung an geeigneten Stellen ein.

[77] Drei weiterführende Forschungsfragen bieten sich an:

- Zur Kontext- bzw. Lerngruppenbezogenheit der Fähigkeitsselbstkonzepte: Ist eine Angleichung der Selbstkonzepte an die Allokation auch bei Kindern zu beobachten, die konsequent von Anfang an in eine individuumsbezogene und selbstreflexive Leistungsrückmeldepraxis eingeführt und darin gefördert wurden?
- Zur Korrelation des sozialen Status mit der Leistung:
  Ist diese enge Kopplung durch eine konsequente individuumsbezogene und selbstreflexive Leistungserziehung zu lockern bzw. aufzuheben? Ist der soziale Status von Kindern mit schwachen Leistungen durch die genannte Form des Leistungsfeedbacks zu verbessern (nicht zuletzt dadurch, dass der damit verbundene Dialog die Kinder anders miteinander ins Gespräch bringt als nur über soziale Vergleiche; nämlich indem er ihnen die Chance gibt, ihre eigenen Beziehungen immer wieder zu überdenken, zu revidieren, neu(e) zu gestalten ... und das aufgrund von mehr und anderer „Information" als den vergleichenden Noten)?
- Zur Frage der Präsentationsform:
  Wie eng hängt die Äußerung von Selbstkonzepten mit sprachlicher „Intelligenz" zusammen? Welche anderen geeigneten Präsentationsformen für Selbstkonzepte lassen sich finden? (vgl. dazu auch die Dissertation von MARGRIT WITZKE „Selbstbilder in eigenproduzierten Videos. Ein Vergleich präsentativer und diskursiver Selbstdarstellungen Jugendlicher", Pädagogische Hochschule Ludwigsburg 2002).

KAPITEL V: **Die Bedeutung des Dialogischen im Rahmen einer Erziehung zur Selbst- und Sachzuwendung**

Der Dialog-Begriff umfasst sowohl sprachgebundene als auch sprachungebundene Kommunikations- und Interaktionsformen. MARTIN BUBER weitet ihn zu einem Grundprinzip des In-Beziehung-Seins mit allem Lebendigen aus. Insofern ist eine dialogische Beziehung mit anderen Menschen, mit sich selbst und mit anderen Lebewesen möglich.

In diesem Kapitel stelle ich Facetten der anthropologischen Dimension des Dialogischen unter besonderer Berücksichtigung pädagogisch-didaktischer Kontexte dar. Denn die Hinführung der LehrerInnen zu Leistungsselbstreflexionen der Kinder hat eine Sicht des Kindes als dialogfähiges Wesen zur Grundlage, bevor bestimmte Kommunikationstechniken sinnvoll zur Anwendung kommen können.

5.1 **Der Dialog als anthropologische Grundkonstante menschlicher Sozialität**

Der „Mensch ist ein dialogisches Wesen" (Kalman YARON in HARTKEMEYER/DHORITY 2001, 37), der Dialog also eine conditio humana menschlicher Existenz – sprachgebunden, nonverbal, paraverbal und metasprachlich. Spätestens seit dem traurigen und nach ethischen Maßstäben nicht vertretbaren Experiment Friedrichs II. auf Sizilien, der – um die menschliche Ursprache zu erforschen - 27 Säuglinge zwar pflegen und mit Nahrung versorgen ließ, aber verbot, mit ihnen zu sprechen, dürfte das unbestritten sein. Sie starben.

Der Sprache kommt im Dialog eine zentrale Rolle zu. Sie gilt nach HUMBOLDT als Vermittlerin zwischen „Denkkraft und Denkkraft" (HUMBOLDT, in: HORSTER 1996, 104 li. Sp.) und etabliert ein Verhältnis zwischen wenigstens zwei Menschen (HORSTER 1996, 104 li. Sp.).

Allerdings muss der Dialog-Begriff auch ausgeweitet werden auf den Dialog mit sich selbst (HARTKEMEYER/DHORITY 2001, 25). Er ist überhaupt die Voraussetzung dafür, dass jemand in ein Gespräch mit einem Gegenüber treten kann. Denn letztlich ist jede Äußerung eine Entscheidung, was jemand sagt bzw. verschweigt.

Dialog im BUBER'schen Sinne bleibt nicht auf sprachlich aktualisierte Beziehungen reduziert. In seinem Hauptwerk „Ich und Du" (Leipzig 1923) hat er den Dialog über das Sprachliche hinausgeführt: Auch durch „Beobachtung, Betrachtung und Innewerdung" (HORSTER 1996, 104 re. Sp.) lassen sich Zwiegespräche führen. Denn die Voraussetzung zur dialogischen Beziehungspflege ist nicht die Reaktion auf das vom Gegenüber Geäußerte, sondern die Annahme des Gegenübers als Mensch und das gegenseitige Vertrauen (HORSTER 1996, 104 re. Sp.). Dialog ist für MARTIN BUBER eine Art, in Beziehung zu sein – auch über den aktuell geführten Dialog hinaus. Von sich selbst sagte er: „Ich habe keine Lehre, aber ich führe ein Gespräch" (MASER 1989, 130).

Diese Art von In-Beziehung-Sein ist für den Menschen zur Ausbildung seiner Individualität elementar, denn er ist auf diesem Weg auf Bezugspersonen angewiesen. MARTIN BUBER hat die „Beziehung als Weltgesetz" (HORSTER 1996 104 re. Sp.) gesehen. Aus dieser Einsicht resultiert sein berühmt gewordenes Zitat „Alles wirkliche Leben ist Begegnung" (BUBER 1984, 15). In ihr wird der „Mensch [...] am Du zum Ich" (BUBER 1984, 32); und umgekehrt: „Ich werdend spreche ich Du" (BUBER 1984, 15). Im und durch den Dialog geschieht die Persona-Genese; das Du ist dabei die Voraussetzung, dass das Ich sich als solches, als Ich aussprechen kann (DIALOG 1991, 135).

Auch in der Schule gilt der Grundsatz: Kinder brauchen das In-Beziehung-Sein. Sie brauchen Kinder und sie brauchen Erwachsene, die im Dialog mit ihnen stehen. LehrerInnen haben die Aufgabe, neben ihrem didaktisch-methodischen und fachwissenschaftlichen Können auch ihre Bezugskompetenzen zu professionalisieren. Wir haben in das Projekt begleitenden Fortbildungen versucht, die Dialogfähigkeiten und -fertigkeiten immer wieder zu vertiefen und zu erweitern, denn einen Dialog über Leistungen führen heißt nicht nur, die richtigen Fragen zu stellen, sondern heißt auch: WAS möchte ich im Themenfeld Leistung im LehrerInnen-SchülerInnen-Bezug thematisieren? Was soll zwischen den Kindern – auch deren Beziehungen achtend - bezüglich der Leistung thematisiert werden? Und als zweiter Schritt: Wie hebe ich es ins Wort? Denn der Dialog kann produktive Kräfte entfalten, die an das Gruppengeschehen gebunden sind.

5.2 Der Dialog in pädagogisch-didaktischen Zusammenhängen

(1) Dialog als Erkenntnismethode

Seit SOKRATES und PLATON gilt der Dialog als Weg, eine Meinung zur Wahrheit zu entwickeln. Denn die subjektive Wahrnehmung der Realität durch den einzelnen bedurfte - nach deren Auffassung - der Vergewisserung in der Verständigung über diese Wahrnehmung, um als Wahrheit zu gelten (HORSTER 1996, 103); der Dialog als „Weltverständigung" – als Verständigung zwischen „deiner" und „meiner Welt".
Ob es eine „Wahrheit der Leistung" gibt, soll hier nicht diskutiert werden. Aber der Verständigungsgedanke über das, was als Leistung gilt (zu gelten habe)[78], scheint angesichts der von HANS RAUSCHENBERGER dargestellten Interessensvielfalt an der Leistung und angesichts der dominierenden Fremddefinition von Leistung in unseren Schulen notwendig.

(2) Dialogische Phänomene des erzieherischen Verhältnisses (BUBER):

Da der Dialog im Konzept unseres Projekts nicht nur eine Frage der Gesprächstechniken war, sondern elementar ein „anthropologisches" Anliegen der pädagogischen Beziehung der jeweiligen Lehrkraft, werde ich die dialogischen Phänomene des erzieherischen Verhältnisses ausführlicher darstellen. Ihre Verwirklichung ist im Sinne einer Haltung der Lehrkraft Voraussetzung für eine erfolgreiche Initiierung einer Leistungsselbstreflexion.[79]

Zunächst zur Klärung des Begriffs „erzieherisches Verhältnis":
Die Beziehung um des Kindes willen steht – bei aller Zielperspektive von Erziehung - im Zentrum des erzieherischen Verhältnisses. WERNER FABER grenzt den BUBERSCHEN Begriff des „erzieherischen Verhältnisses" ab gegen den vom „pädagogischen Bezug", um den sich NOHL, FLITNER, LANGEVELD und LICHTENSTEIN näher bemüht haben (112/113). Im

---

[78] Vgl. dazu TITZE in Fußnote 68.
[79] Alle Angaben im Folgenden beziehen sich auf FABER 1967.

BUBERschen Begriff ist mehr „das lebendige Mit- und Zueinander der Personen, das Prozeßhafte und Doppelseitige des Erziehungsgeschehens" (113) ausgedrückt.

Aus „anthropologischer" Sicht einer Lehrerin ist es wichtig zu realisieren, dass sich im erzieherischen Verhältnis „ebenbürtige Wesen" gegenüberstehen – auch wenn der „Realisierungsgrad ihrer Reife unterschiedlich ist" (115). Das hebt die Notwendigkeit nicht auf, dass das Kind Erwachsene braucht, um Kind sein und zum Erwachsenen heranwachsen zu können; andererseits definiert es das Kindsein nicht als defizitäre Entwicklungsstufe.[80]

Das erzieherische Verhältnis verwirklicht sich im Doppelprinzip von Urdistanz und Beziehung: Urdistanz beschreibt die „seinsmäßige Selbständigkeit beider Partner" (117); in der Beziehung ist ausgedrückt, dass wenigstens einer sich dem Anderen ohne Vorbehalt zuwendet (117).

Es stellt sich die Frage, inwieweit die dialogische Zuwendung, die dem Kind zum „Selbstsein" (120) verhelfen soll, auch im sachbezogenen Kontext Unterricht ihren Platz finden kann. Die Antwort liegt im Auftrag der Lehrerin: Sie erfüllt einen „Erziehungs- und Bildungsauftrag", innerhalb dessen die inhaltliche Bildung an eine demokratisch verantwortete Bildung der Persönlichkeit geknüpft ist; und innerhalb dessen die Schülerin als Mensch der Sache vorgeordnet bleibt (120)[81]. MARTIN BUBER unterscheidet auch zwischen dem erzieherischen Verhältnis und dem an Zweck und Sache orientierten „unterrichtlichen Umgangsverhältnis" (121), die auf unterschiedlichen Ebenen gleichzeitig existieren (s. unter den folgenden Ausführungen Punkt 7: Aktualität und Latenz im erzieherischen Verhältnis).

Die vorbehaltlose Zuwendung erfährt im schulischen Leistungskontext durch die „macht"volle Aufgabe der Notengebung eine strukturelle Störung. Denn es ist ein wahrer Balanceakt, in einer Beziehung die vorbehaltlose Akzeptanz bei anhaltenden „Fünfern" und „Sechsern" deutlich zu machen, da die betreffende Schülerin/der betreffende Schüler den „Marktwert" der persönlichen Fähigkeiten mit einer solchen Leistungssparte deutlich sinken sieht und dies leicht in Verbindung mit ihrer Persönlichkeit als (Ab)Wertung empfinden kann.

---

[80] NOHL versteht unter pädagogischem Bezug das Verhältnis „eines reifen Menschen zu einem werdenden Menschen" (NOHL in: FABER 1967, 114), BUBER hingegen sagt: „Auch werdendes Sein ist ebenbürtiges Sein" (FABER 1967, 116).

[81] Vgl. auch HARTMUT VON HENTIGS Forderung: „den Menschen stärken, die Sache klären" (1993, 231).

MARTIN BUBER nennt acht dialogische Phänomene des erzieherischen Verhältnisses:

(1)   Anerkennung und Bestätigung der Anderheit

(2)   Unmittelbarkeit zwischen Erzieherin und Kind

(3)   Phänomen der Ausschließlichkeit

(4)   die Umfassung

(5)   Vertrauen als Basis der Erschließung

(6)   dialogische Verantwortung

(7)   Aktualität und Latenz

(8)   das Unwillkürliche.

zu (1) Anerkennung und Bestätigung der Anderheit

Entwicklungsraum eröffnet dem Anderen nur, wer ihn in seiner Eigenart anerkennt. Die „Achtung vor der Persönlichkeit" ist die Voraussetzung alles Besserwerdens (MAKARENKO in: FABER 129). Anerkennung und Bestätigung der Anderheit schließt Wertung aus (128) und fordert die Freisetzung von Entwicklungsressourcen, indem die Erzieherin dem Kind das gewährt, was es braucht, um (jetzt und generell) als Mensch zu leben (129).

zu (2) Unmittelbarkeit zwischen Erzieherin und Kind

Das Reifungsgefälle zwischen Erzieherin und Kind bildet kein Hindernis im Vollzug der Unmittelbarkeit, sondern ist Strukturmerkmal dieser besonderen Beziehung. Die Unmittelbarkeit beschreibt die „Wirklichkeit des Soseins und unbefangene Selbstmitteilung" (130), was nicht auf die Vollkommenheit der Erzieherin abhebt, sondern auf ihr „wirkliches" Dasein. Ihr Verhalten darf also nicht „methodisch", sondern muss authentisch sein: echt im Sinne aufrichtiger „Wesenszuwendung" (131).

zu (3) Phänomen der Ausschließlichkeit

Im Augenblick der aktuellen Zuwendung der Erzieherin zum Kind erleben sich die beiden ausschließlich einander zugewandt – als sei der Rest der Gruppe ausgeblendet. In gewissem Sinne lösen sich in diesem Augenblick beide aus der sie umgebenden Gruppe, um sich nach der Lösung der ausschließlichen Zuwendung wieder in sie einzugliedern. Dabei hat diese aktuelle Zweierbeziehung nichts mit einer Leugnung der Realität außerhalb der beiden zu tun, im Gegenteil: gerade diese Loslösung Einzelner bereichert die Gemeinschaft (allegorisch ausgedrückt: „[...] was ich allen zuteile, entziehe ich jedem von ihnen" – nach einer chassidischen Geschichte, in: FABER Anm. 82, 135). Die Ausschließlichkeit liegt in der Erfahrung begründet: „Du heißt: einzig sein" (133).

Für LehrerInnen besteht im Rahmen der an sie gestellten Forderung, alle gerecht zu behandeln[82], die Aufgabe, die Zuwendung zu Einzelnen zu professionalisieren.

zu (4) die Umfassung

Sie ist ein Konstitutivum des erzieherischen Verhältnisses: Im Akt der Umfassung bleibt die Erzieherin bei sich, ganz sie selbst, auch in ihrer Verantwortung; sie ist also weiterhin reale Bezugsperson; gleichzeitig erlebt sie das, was sie tut, aus der Perspektive des Kindes. In diesem Sinn kann sie dabei auch eine Selbstkorrektur ihrer erzieherischen Aktivitäten erfahren, wenn sie nämlich die Wirkung dieser Aktivitäten auf das Kind erfährt. Das ist für weiteres Handeln elementar, denn die Erzieherin soll dem Kind das geben, was es momentan zu seiner weiteren Entwicklung braucht.

Dieser Gedanke ist für die Leistungsrückmeldung richtungweisend: Was braucht das Kind an Rückmeldung, um in seinem Leistungsvermögen und -zutrauen den nächsten Schritt tun zu können? Im Grunde spiegelt sich hier eine „Pädagogik vom Kinde aus".

Die Umfassung muss einseitig bleiben, weil die bipolaren Kräfte nicht vom Kind aus entwickelt werden und auch nicht entwickelt werden müssen. Denn das Kind ist nicht für den Erwachsenen verantwortlich, wohl aber umgekehrt – und zwar in dem grundlegenden Verständnis von Erziehung als „Auslese der wirkenden Welt durch den Menschen" (Anm. 97, 139).

Diese Auslese ist auch bei der Leistungsrückmeldung zu verantworten: Was von all dem, was eine Lehrerin beim Betrachten einer Leistung zu sagen hätte, soll im Sinne der Entwicklung des Kindes für es zur Wirkung gebracht werden?

MARTIN BUBER unterscheidet: Wer als Erzieherin ohne Umfassung agiert, „beeinflußt wohl, aber [...] erzieht nicht" (141).

zu (5) Vertrauen als Basis der Erschließung

Vertrauen gilt als „anthropologische „Mitgift"" (143), denn wenn das Kind der Erzieherin vertraut, schenkt es dieses Vertrauen gleichzeitig der ganzen Welt. Insofern

---

[82] Die „Gleichbehandlung" hat sich glücklicherweise zumindest in der pädagogischen Theorie verabschiedet.

macht Vertrauen gemeinschaftsfähig. Vertrauen ist überhaupt der einzige Zugang zum Kind, es kann nicht erzwungen werden, es wird der Erzieherin geschenkt. Allerdings kann die Erzieherin sich als vertrauenswürdig erweisen, indem sie dem Kind „unmittelbar und unbefangen" begegnet (Anm. 127, 145). Was bedeutet Vertrauen in diesem erzieherischen Kontext inhaltlich? „Sich einer zuverlässigen Wirklichkeit anheimgeben können" (144); Zuverlässigkeit wird dadurch vermittelt, dass die Erzieherin das Kind in seinem ganzen Dasein und Sosein akzeptiert – einschließlich seiner Eigenheiten.

Mit Erschließung beschreibt MARTIN BUBER die Weise des erzieherischen Wirkens, den eigentlichen Erziehungsakt. Sie ist gekennzeichnet durch den fundamentalen „Respekt vor der Eigensphäre des jungen Menschen und die erzieherisch entscheidende Beachtung der Selbstmächtigkeit des Heranwachsenden, dem man nur helfen darf" (146).

Dieses Verständnis von Erziehung ist auch für die unterrichtliche Arbeit immer wieder neu zu entdecken: Unterricht und Leistungsbeurteilung sind stark vom „Machen" aus Erwachsenensicht bestimmt. Die „Eigensphäre" im Lernprozess und in der Leistungsrückmeldung zu beachten, ist als Qualitätsmerkmal eines Handelns unter dem Anspruch eines professionalisierten pädagogischen Bezugs neu zu erschließen.

zu (6) dialogische Verantwortung

Die dialogische Verantwortung beschreibt die radikale Konzentration des erzieherischen Handelns auf die unverwechselbare jeweilige JETZT-Situation des DU, dem allein die Erzieherin verantwortlich ist: und zwar seiner Gegenwart UND seiner Zukunft, also dem, was es werden kann. „Situative Verantwortung trifft in voller Wirklichkeit den Augenblick und transzendiert ihn zugleich" (152). Vom Anspruch der dialogischen Verantwortung her verbietet sich daher ein erzieherisches Handeln nach vorgefertigten Konzepten und Antworten. Vielmehr ist die erzieherische Fähigkeit gefragt, zu erspüren, was das Kind gerade jetzt für seinen nächsten Schritt braucht – und ihm das unter Anwendung methodischer Kenntnisse zu gewähren.

Diese Idee spricht eine zur Zeit geforderte Kultur im erzieherischen Verhalten des Unterrichts[83] an: Individualisierung heißt das Stichwort – nicht auf fachinhaltliche

---

[83] Es ist stets zu bedenken, dass jedes didaktisch-methodische Unterrichtsarrangement eine erzieherische Botschaft hat.

Schwierigkeitsgrade beschränkt, sondern erweitert in den pädagogischen Bezug hinein.

zu (7) Aktualität und Latenz

Diese beiden Begriffe kennzeichnen die pädagogische Beziehung in zwei verschiedenen Ausprägungen: Aktualität meint das in der Ausschließlichkeit aktivierte erzieherische Verhältnis; Latenz die „unterirdische Dialogik" (155) der Unterrichtssituation, zu fassen als „pädagogische Relation" (154). Sie ist in der Sachzuwendung aktuell, während die Aktualität des erzieherischen Verhältnisses ausschließliche Du-Zuwendung bedeutet.

zu (8) das Unwillkürliche

MARTIN BUBER unterscheidet in der Erziehung zwei Momente unterschiedlicher Qualität: die von bewusster Verantwortung eines Erwachsenen gegenüber einem Heranwachsenden getragene Absicht und das Moment des Unwillkürlichen, das als spontane und wahrhafte Mitteilung charakterisiert ist; unwillkürlich handelt, wer „tut, „als täte er nicht"" (Anm. 181, 156). Das Unwillkürliche ist frei von der Absicht, wirken zu wollen, sondern eher eine verantwortliche Anteilnahme am Leben des Kindes. Man kann das Unwillkürliche auch nicht wollen, in ihm verwirklicht sich eher eine gelebte innere Einheit. Auch die unwillkürliche Handelnde stellt – wie bei der dialogischen Verantwortung – die Frage: „Was braucht der andere zu seinem Werden"? (164).

Was MARTIN BUBER als Ziel der erzieherischen Bemühungen nennt, hat eindeutig transzendentalen Charakter und könnte – in christlicher Terminologie – als (auf den Menschen hin erweiterte) franziskanische Schöpfungsspiritualität beschrieben werden. Es geht MARTIN BUBER nämlich um die „Hinführung zur Dialogfähigkeit", damit das Kind die „Beziehung zu allem Sein" ergreift (171). Der Mensch soll zu einem „dialogfähigen Mitmenschen" erzogen werden (171); dialogfähig bedeutet hinwendungsfähig sein.

Es ist im Sinne MARTIN BUBERs selbstverständlich und soll doch noch einmal explizit erwähnt werden: Es geht um die wohlwollende und akzeptierende Hinwendung zu allem (das Leben fördernde) Seienden. Auf das Thema der Leistungsrückmeldung übertragen bedeutet das: sich der vorliegenden Leistung zunächst anerkennend, sachorientiert, entwicklungsfördernd zuzuwenden, und das alles mit einer die Person des Kindes akzeptierenden Grundhaltung.

(3) Die Funktion des Gesprächs im dialogischen Weltverständnis

(a) „Sprachmündigkeit" des Kindes als Ziel

Das Gespräch ist eine Verwirklichungsform menschlichen Beziehungslebens (FABER 1967, 165), die menschliche Sprache ein Vehikel des Gesprächs. Ziel des erzieherischen Gesprächs, das ganz von Vertrauen bestimmt sein muss, ist nach MARTIN BUBER die „Sprachmündigkeit" des Kindes (FABER 1967, 168), was nichts mit sprachlicher Gewandtheit zu tun hat, sondern meint: „den Hörenden zum Sprechenden zu machen, so daß aus dem Schüler selbst und nicht aus der Seele des Meisters das Wort geboren werde" (FABER 1967, Anm. 244, 169). Das war uns im Leistungsdialog ein wichtiges Anliegen: die Selbsterkenntnis, aus der eine „Salutogenese" (nach ANNEMARIE VON DER GROEBEN , in: Röbe 1999, 17) des eigenen Leistungsverhaltens erwachsen kann.

Wenn das gelingen soll, muss die Lehrerin im Unterricht bestimmte Kernfähigkeiten eines gelingenden Dialogs beherrschen.

(b) Kleines Kerncurriculum Dialog

MARTINA UND JOHANNES F. HARTKEMEYER/L. FREEMAN DHORITY (2001) führen zehn Kernfähigkeiten eines Dialogs an, die sich zum Teil mit einigen dialogischen Phänomenen des erzieherischen Verhältnisses von MARTIN BUBER decken, zum Teil Techniken beschreiben, die die Gesprächsführenden sich auf der Basis einer entsprechenden Grundeinstellung antrainieren können. Diese Regeln gelten sowohl für GesprächspartnerInnen, die in symmetrischen, als auch für solche, die in hierarchischen Interaktionszusammenhängen zueinander stehen. Im Unterricht und also auch im Bereich der Leistungsthematisierung finden wir beides: Ein Gespräch eines oder mehrerer Kinder mit der Lehrerin (hierarchische Beziehungsebene) und Gespräche der Kinder untereinander – sowohl „zufällige" als auch von der Lehrerin initiierte (symmetrische Beziehungsebene).

Die zehn Kernfähigkeiten sind (HARTKEMEYER/DHORITY 2001, 78 – 95):

(1) die Haltung eines Lerners/einer Lernerin verkörpern

(2) radikaler Respekt

(3) Offenheit

(4) „Sprich von Herzen"

(5) zuhören

(6) Verlangsamung

(7) Suspendierung von Annahmen und Bewertungen

(8) produktives Plädieren

(9) Einüben einer erkundenden Haltung

(10) Beobachtung des Beobachters

Ich erläutere sie in Bezug auf meine Themenstellung resümierend:

Die **Haltung eines Lerners/einer Lernerin** zu verkörpern (1) (HARTKEMEYER/DHORITY 2001, 78) korrespondiert stark mit der unter (3) genannten **Offenheit** (HARTKEMEYER/DHORITY 2001, 79) bzw. der Fähigkeit, eine **erkundende Haltung** üben (9)(HARTKEMEYER/DHORITY 2001, 92). LernerIn sein verlangt Offenheit. Sie einzuüben ist für die Lehrerin eine wichtige Qualifikation, will sie mit den Kindern in produktive Gespräche über deren Leistung eintreten. Denn sie ist durch Ausbildung und Praxiserfahrung natürlich geübt, kundig, weiß viel über Leistung und Leistungsbewertung. Wer erfahren will, was Kinder denken, muss bereit sein, das eigene vorhandene (wertvolle) Wissen anfragen, erweitern, verändern zu lassen. Dazu muss eine Lehrerin sich ihrer und ihrer Stellung sicher sein und die Auffassung vertreten, dass Unterricht von LehrerInnen UND SchülerInnen bestimmt wird.

Der **radikale Respekt** (2) (HARTKEMEYER/DHORITY 2001, 79) ist ein anderer Terminus für MARTIN BUBERS Anerkennung und Bestätigung der Anderheit sowie seine Definition von Umfassung.

„Sprich von Herzen" (4) (HARTKEMEYER/DHORITY 2001, 80), also das zu sagen, was mich wirklich angeht und mir wichtig ist, ist eine Regel, die in unseren Breitengraden wohl eher vielen Erwachsenen gesagt werden muss als Kindern. Es ist natürlich eine Frage der geschaffenen Vertrauensatmosphäre, dass die Kinder sich zu anstehenden

Themen „echt" äußern. MARTINA UND JOHANNES F. HARTKEMEYER/L. FREEMAN DHORITY nennen diesen Vertrauensraum „Container", was den „sicheren Raum" (45) beschreibt, den jemand zur authentischen Äußerung braucht. Hier gilt erneut, dass die institutionelle Struktur eine Blockade darstellen kann: LehrerInnen, die Noten geben, entscheiden dadurch über Lebensläufe mit. Das kann Offenheit begrenzen.

Zuhören (5) (HARTKEMEYER/DHORITY 2001, 81) kann ein Weg sein, die radikale Anerkennung des Anderen als Person spürbar werden zu lassen.

Dialog **verlangsamt** (6) die Handlung (HARTKEMEYER/DHORITY 2001, 83/84) – auch den Fortgang des unterrichtlichen inhaltlichen Lernens. Darauf muss sich einlassen, wer qua (metakognitivem) Dialog das „Verständnis und die Wirksamkeit" der Handlung erhöhen will (HARTKEMEYER/DHORITY 2001, 84). Der erhoffte Gewinn für die Leistungsthematisierung sind: aktivierte Selbstkonzepte, die sich einer „salutogenetischen" Veränderung öffnen und die Selbststeuerung im Lern- und Leistungsprozess möglicherweise erhöhen; und das Gefühl der Kinder, mit ihrer Sichtweise gefragt zu sein.

Es klingt banal und hat es für die meisten von uns nach jahrelanger Schulsozialisation in sich: Annahmen und Bewertungen zu suspendieren (HARTKEMEYER/DHORITY 2001, 84) bedeutet wirklich offen zu sein, zunächst zu hören, nachzuvollziehen, wie jemand zu seiner Meinung kommt, sie als die dessen Realität gelten zu lassen. Sätze wie „Du brauchst doch wegen einer zwei minus nicht zu heulen!" bedeuten das genaue Gegenteil und verhindern ein Vertrauen des Kindes in seine eigene Wahrnehmung! Das ist der „heimliche Lehrplan" solcher Äußerungen und kann zu einer starken Fremdsteuerung führen, weil das Kind das Vertrauen in seine eigenen (Gefühls-) Wahrnehmungen verliert. Im Rahmen des demokratischen Erziehungsauftrags ist aber die mündige Selbststeuerung angestrebt. Wenn also ein Kind wegen einer „zwei minus" weint, ist die Lehrerin gefordert: erstens diese Reaktion als die des Kindes anzuerkennen; zweitens im geeigneten Augenblick nachzufragen, worin die Trauer oder Enttäuschung besteht, um so mögliche Leistungsselbstkonzepte bewusst zu machen und dann – auf dieser Ebene der Akzeptanz – eine andere Sichtweise anzubieten (! nicht vorzugeben). Und es wird wieder der ureigene Prozess des Kindes sein, ob und wann es eine andere Sichtweise ausprobieren und integrieren möchte bzw. kann – oft resultieren die Leistungsselbstkonzepte ja aus verinnerlichten Ansprüchen signifikanter Anderer des familiären Sozialisationsumfeldes. Selbstkonzepte „auszutauschen" könnte als Verrat an den betreffenden bedeutsamen Anderen empfunden werden. Ein solcher Veränderungsprozess braucht Zeit.

Produktives Plädieren (8) (HARTKEMEYER/DHORITY 2001, 91/92) beinhaltet, die eigenen Ansichten transparent zu machen und die Anderen nicht nur an meinen Denkprodukten, sondern auch an meinen Denkprozessen teilnehmen zu lassen. Für den Leistungsdialog bietet sich hier an, die Begründungen für diese oder jene Sicht anzuführen, das Zustandekommen z.B. einer Bewertung zu erläutern.

Die **Beobachtung des Beobachters** (10) (HARTKEMEYER/DHORITY 2001, 94) beschreibt mit anderen Worten metakognitive Denkprozesse. Dazu muss in beschriebener Weise Raum und Zeit zur Verfügung gestellt werden. Die schon mehrfach vermutete und von vielen Menschen erfahrene Wirkung metakognitver Prozesse soll hier um die Bestätigung eines Wissenschaftlers aus einer ganz anderen Disziplin ergänzt werden. Der Quantenphysiker BOHM vertritt die Ansicht: „Beobachtete Gedanken verändern sich" (HARTKEMEYER/DHORITY 2001, 94, s. auch 52 – 56).

5.3 Der Dialog als Entwicklungspotenzial des Einzelnen in der Gruppe

Die Griechen verstanden unter dia-logos (durch das Wort) das „ungehinderte Fluten von Sinn, von Bedeutung in einer Gruppe, wodurch diese zu Einsichten gelangen kann, die dem einzelnen verschlossen sind" (SENGE 1996, 19). Viele sog. „Naturvölker" haben in ihrer Dialogkultur diese Eigenschaften bewahrt (z.B. die natives), während die modernen Gesellschaften mehr die Diskussion pflegen: eine Gesprächsform des Wettstreites, in der es um ein Hin- und Herwerfen von Argumenten und oft ums Gewinnen („Wer hat Recht?") geht. Wörtlich geht „Diskussion" auf dis-currere zurück: „auseinanderlaufen, sich zerstreuen, hin- und herlaufen" (MENGE 1976, 173). Der Dialog hingegen eröffnet dem Einzelnen durch folgende Wirkweise ein großes Entwicklungspotenzial. „In der Erkenntnis der eigenen Wahrnehmungsmuster liegt die größte verändernde Kraft des Dialogs" (HARTKEMEYER/DHORITY 2001, 13). Diese

Erkenntnis geschieht oft dann, wenn jemand die eigenen An- und Einsichten artikuliert. Indem in einem Gespräch auch der oder die anderen TeilnehmerInnen ihre Ansichten artikulieren, bietet der Dialog eine „Einladung zum Experimentieren mit verschiedenen Sichtweisen der Welt" (HARTKEMEYER/DHORITY 2001, 17).

Auf diese Weise kann Folgendes geschehen: „Im Dialogprozess besteht die Chance, an den Grenzen des bisherigen Denkens zu arbeiten" (HARTKEMEYER/DHORITY 2001, 15) und eventuell persönlichkeitsförderndere eigene Wahrnehmungsmuster auszuprägen.

Der Vorteil des Lernens auf der nicht-hierarchischen Ebene wird hier deutlich: Indem jemand Ein- und Ansichten anderer Menschen, die sich auf der gleichen „Ebene" wie er befinden, kennen lernt, kann er frei entscheiden, ob er bei der eigenen bleibt oder sie variiert. Es ist bekannt, dass das als ein unbelasteteres Lernen empfunden wird, als wenn eine Einsichtsänderung von der hierarchisch vorgeordneten Person zu initiieren versucht wird.

MARTINA UND JOHANNES F. HARTKEMEYER/L. FREEMAN DHORITY beschreiben einige Beispiele, wie Menschen in unterschiedlichen Kulturen und Berufsfeldern die generative Kraft des Dialogs[84] nutzen, „um zu qualitativ neuen Einsichten und Lösungen zu kommen" (HARTKEMEYER/DHORITY 2001, 15/16)[85]. Es ist die „Energie des gemeinsamen Feldes" (HARTKEMEYER/DHORITY 3/2001, 57), die als Quelle der Kreativität und der Veränderung gilt.

Besonders in wirtschaftlichen Zusammenhängen wird der Dialog geradezu als „Management-Disziplin" trainiert (SENGE 1996). In therapeutischen Zusammenhängen ist das Gespräch in der Gruppe in den letzten fünfzig Jahren des vergangenen Jahrhunderts geradezu entdeckt worden. RUTH C. COHN hat mit der Themenzentrierten Interaktion[86] das Gespräch in der Gruppe aus der therapeutischen Erfahrung heraus auch für pädagogische Situationen nutzbar gemacht.

---

[84] Nicht zu verwechseln mit dem „generativen Dialog" bei HARTKEMEYER/DHORITY 2001, 43.
[85] Die Beispiele stammen u.a. aus einem zweijährigen Projekt, das von der Deutschen Bundesstiftung Umwelt mit dem Ziel gefördert wird, „den Dialog als Mittel und Methode für die Bewußtseinsentwicklung zu erforschen, um der Frage nachzugehen, wie durch die Veränderung unserer Kommunikation und unseres Denkens eine zukunftsfähige Orientierung der Wirtschaft und Gesellschaft möglich ist" (HARTKEMEYER/DHORITY 2001, 16).
[86] S.o. Teil I Kapitel 2.1.5.

5.4 Fazit: (Leistungs-)Dialog als Beitrag zur Unterrichtsreform und zur Professionalisierung der LehrerInnen-SchülerInnen-Beziehung

Aus den Ausführungen zum Dialog ergibt sich für die Leistungsreflexion in der Schule: Die Schulklasse respektive Kleingruppen einer Schulklasse können unterrichtsmethodisch zu einem Raum des generativen Leistungsdialogs gemacht werden.

Der Unterricht in Jahrgangsklassen bietet dazu einen geeigneten Lernraum. Denn der Gleichaltrigengruppe kommt eine eigene Sozialisationsfunktion zu. In ihr werden besondere Strategien und Konstruktionsleistungen verlangt, was andere Lernleistungen ermöglicht (OSWALD-KRAPPMANN 1991, 201 und 202). Nach PIAGET bilden sich bestimmte kognitive Strukturen nur in der Auseinandersetzung mit Gleichaltrigen aus (OSWALD-KRAPPMANN 1991, 202). In ihren Kinderwelten erproben Kinder in „symmetrischer Reziprozität"[87] das ihnen Anempfohlene (OSWALD-KRAPPMANN 1991, 214). Da lag eine Chance unseres „qualitativen Experiments": Wir haben Kindern Selbstreflexions- und Rückmeldestrukturen angeboten – in der Hoffnung, dass sie diese auch untereinander pflegen. Tatsächlich gab es eine „Mustersituation", in der beobachtbar war, wie ein Kind im Verlauf einer etwa fünfzehn- bis zwanzigminütigen Leistungsrückschau die von der Lehrerin noch stark vorgegebene und gelenkte Dialogstruktur als eigene übernahm.[88]

In unserem „qualitativen Experiment" haben wir den generativen Leistungsdialog über folgende Prozesse zu initiieren versucht:

(1) Kinder werden zunächst zur Selbstreflexion angeregt.

(2) Die gewonnen Metakognitionen bringen sie in der Klasse oder in Kleingruppen zur Sprache und begegnen dort anderen Leistungssichtweisen, so dass hier möglicherweise eine „Erkenntnis des eigenen Wahrnehmungsmusters" stattfindet.

(3) Unter Umständen entsteht im Dialog eine neue, bisher noch nicht geäußerte Sichtweise („generative Kraft des gemeinsamen Energiefeldes").

(4) Und schließlich steht es jeder und jedem frei, mit den für sie/ihn neuen Sichtweisen der Welt im eigenen Kontext zu experimentieren.

---

[87] Im Unterschied zur „hierarchischen Reziprozität" zwischen Kindern und Erwachsenen (nach YOUNISS, in: OSWALD-KRAPPMANN 1991, 202).

Die Selbstreflexion soll in diesem Rahmen nicht einfach als Technik trainiert werden. Mit ihr kann eine dialogische Grundhaltung eingeübt werden: dass wir Menschen uns in Selbstreflexionen unserer eigenen Anschauungen vergewissern, diese in ihrer Subjektivität anerkennen, in der Interaktion mit Anderen ins Spiel bringen und sie den Subjektivitäten dieser Anderen aussetzen, um sie beizubehalten oder sie zu verändern. Die Achtung vor den Selbstreflexionen aller Beteiligten bildet dabei ein Grundaxiom menschlicher Begegnung – eben auch in hierarchischen Kontexten wie Unterricht.

Uns hat interessiert, welche Sichtweisen auf Leistung Kinder des *ersten Schuljahres* in solchen Dialogprozessen generieren.

Um eine solche Dialogkultur zu verwirklichen, sind folgende Voraussetzungen in der SchülerInnen-Anthropologie der Lehrerin nötig:

- Sie anerkennt die Gleich-Wertigkeit aller GesprächsteilnehmerInnen.
- Sie ist im Selbstdialog geübt, um andere dazu anleiten zu können.
- Sie hält das Existieren verschiedener Sichtweisen nebeneinander aus.
- Sie versteht sich als Begleiterin des letztlich selbstgesteuerten Lernprozesses des Kindes.
- Sie will die Entwicklung des Kindes zu einem eigenständigen und selbstverantwortlichen Wesen und kann mit entsprechenden Kinderpersönlichkeiten umgehen – denn Kinder werden entsprechende Eigenschaften auch ihr gegenüber leben.
- Sie ist bereit, selbst ihren Lernweg weiterzugehen.

Ein solcher Lernweg mit sich und den Kindern verwirklicht folgenden, nicht einfach am Wissenserwerb orientierten Lernbegriff: „Echtes Lernen berührt den Kern unserer menschlichen Existenz. Lernen heißt, daß wir uns selbst neu erschaffen. Lernen heißt, daß wir neue Fähigkeiten erwerben, die uns vorher fremd waren. Lernen heißt, daß wir die Welt und unsere Beziehung zu ihr mit anderen Augen wahrnehmen. Lernen heißt, daß wir unsere kreative Kraft entfalten, unsere Fähigkeit, am lebendigen Schöpfungsprozeß teilzunehmen. In jedem von uns steckt eine tiefe Sehnsucht nach dieser Art von Lernen" (SENGE 1996, 24). Es geht um die Pflege von „Lernen als Lebensweise" (SENGE 1996, 27) – vom ersten Schuljahr an.

---

[88] S. unter Teil I Kapitel 2.9.3 „Richi – ein Leistungstyp der „gefundenen Erfolgsspuren"".

TEIL II: **Die Studie**

KAPITEL I: **Design und Durchführung der qualitativ-explorativen Studie**

1.1   **Die Fragestellung der Untersuchung**

Aus den im Teil I immer wieder eröffneten Frageaspekten lässt sich die Fragestellung der Untersuchung wie folgt fassen:

Welche Leistungsteilselbstkonzepte präsentieren SchulanfängerInnen aufgrund verschiedener Angebote zur Leistungsselbstreflexion? Welche Perspektiven eröffnen sie in ihrer Wahrnehmungs- und Deutungsarbeit?

Die Frage ist motiviert von der regen pädagogischen Diskussion um **Schulleistung(en)**, die bis auf wenige dokumentierte Unterrichtsversuche Erwachsenensicht spiegelt. Unser Anliegen ist, diese Diskussion um die **Wahrnehmungs- und Deutungssicht** derer zu erweitern, um deren Leistungen es geht: die **der SchülerInnen.**[89]

Die Frage orientiert sich weiterhin an den Forschungsergebnissen zum Aufbau der **Selbstkonzepte.** Sie werden als hierarchisch und aus Teilselbstkonzepten zusammengesetzt beschrieben. In unseren (ausgewerteten) Untersuchungsbereichen haben wir Selbstkonzepte zu verschiedenen Leistungsaspekten erhoben:

- Fähigkeitsattribuierungen
- Gelingenskriterien
- Anstrengungskriterien
- Attribuierung von Leistungsemotionen:
- Schreibfreude
- Unlust

---

[89] Wir knüpfen damit an den mainstream der gegenwärtigen Grundschulforschung und -pädagogik an. Danach „[...] ist die *Perspektive des* Kindes notwendiger Ausgangs- und Zielpunkt pädagogischer und didaktischer Förderbemühungen" (Petillon 2002, 13; s. Petillons Hinweis auf den gesamten Band „Jahrbuch Grundschulforschung 5", dessen Beiträge alle

- Dimensionen des Strategiewissens:
- Strategiewissen Schriftspracherwerb
- Strategiewissen Leistenlernen
- Lern- und Leistungsrelevanzen
- Aspekte einer besonderen Leistungssituation: Hausaufgaben (s. Ergebnisdarstellung unter Teil II Kapitel 2.2 bis 2.8).

Die Frage knüpft außerdem an die sowohl in der pädagogischen Leistungsliteratur als auch der psychologischen Selbstkonzeptforschung konstatierte Forschungslücke **„Schulanfang"** an. Für diese Altersgruppe liegen im deutschsprachigen Raum keine Ergebnisse bezüglich möglicher Leistungsselbstkonzepte vor. Aus pädagogischer Sicht ist der Schulanfang als Übergangssituation und als Raum grundlegender Bildung hoch relevant.

Es stellt sich für diese Altersgruppe eine Herausforderung hinsichtlich der Erhebung. Da sich SchulanfängerInnen am Anfang des Schriftspracherwerbs (und nur in Einzelfällen in fortgeschritteneren Stadien) befinden, können sie nicht mit Erhebungsinstrumentarien konfrontiert werden, die die fortgeschrittene Leserin und Schreiberin/den fortgeschrittenen Leser und Schreiber voraussetzt. Unser Forschungsinteresse stellte also den Anspruch, **geeignete Erhebungsinstrumentarien** zu entwickeln (s. Teil II Kapitel 1.5).

Ein Kriterium für die Entwicklung war die Beachtung des **Dialogischen**, denn wir wollten die Forderung nach Leistungsdialogen in der Rückmeldekultur auch in den Erhebungsmethoden aufgreifen. Alle Erhebungen stellten deshalb Varianten dialogischer Selbstreflexionsangebote dar: (schriftliche) Dialogformen mit sich selbst, die in ein Gespräch mit signifikanten Anderen auf hierarchischer wie symmetrischer Ebene mündeten bzw. münden konnten; Dialoge in Form von Interviews; Fragebögen (s. dazu Teil II Kapitel 1.3 und 1.5).

Unsere Erhebungsitems waren bis auf vereinzelte Ausnahmen **offene Fragen** oder Impulse. Damit wollten wir dem Anspruch des Explorativen genügen: Offene Fragen

---

„explizit oder implizit auf die Kinderperspektive" rekurrieren und „das breite Spektrum an Definitions- und Deutungsmöglichkeiten" widerspiegeln, 14).

sichern, dass die Kinder das präsentieren, was ihnen im Moment der Erhebung bezüglich der Frage präsent ist bzw. was sie aktivieren können. Dass dabei auch der Aspekt der sozialen Erwünschtheit Antworten motivieren kann, liegt im Erhebungsgegenstand begründet: ein Selbstkonzept ist immer ein **präsentiertes Selbstkonzept**. Und jede/r – auch ErstklässlerInnen – haben das Recht, sich so zu präsentieren, wie sie es – aus welchen Gründen auch immer – für sinnvoll erachten.

Zum anderen ermöglichen offene Fragen eine inhaltlich qualifizierende Beschreibung der von den Kindern generierten Selbstkonzeptaspekte. Da ein Sample von ca. vierzig Kindern keine quantitativ repräsentative Auswertung erlaubte, diese „kleine Größe" wegen der dialogisch angelegten Untersuchung aber notwendig war, lag die Entscheidung für qualitative Auswertungsmethoden von Beginn an fest.

In diesem und dem folgenden Kapitel stelle ich die Untersuchung in ihren methodischen Vorüberlegungen, den untersuchungsbegleitenden Maßnahmen sowie die Ergebnisse in Form der generierten Kategorien dar.

1.2 Möglichkeiten empirisch-qualitativer Kindheits- und Unterrichtsforschung

Unser Projekt und diese Arbeit reihen sich ein in die Tradition der „realistischen Wende" in der pädagogischen Forschung, die um 1900 entstand und die Perspektive von Kindern auf die Dinge zu ihrem Anliegen erhob (HEINZEL 1997, 398). Eine daran ausgerichtete Anthropologie sieht das Kind als „aktiv realitätsverarbeitendes Subjekt" (HURRELMANN 1986, in: HEINZEL 1997, 400).

Die entsprechende sozial- und erziehungswissenschaftliche Kindheitsforschung verzeichnet seit Anfang der 90er Jahre einen Aufschwung, der im „gewachsene[n] Vertrauen in die Glaubwürdigkeit von Kindern" (ZINNECKER 1996, in: HEINZEL 1997, 396) gründet. LehrerInnen möchten zunehmend „mit den Augen der Kinder" (VALTIN 1991, in: HEINZEL 1997, 396) sehen.

Forschungsmethodisch gilt seit der Untersuchung der „Foundation for Child Development" (1976) erstmals als empirisch bestätigt, „daß es möglich ist, Kinder im

Grundschulalter ohne gravierende Validitätsprobleme zu befragen" (LANG 1985, 26, in: HEINZEL 1997, 399).[90]

Von den bei FRIEDERIKE HEINZEL (1997, 397) genannten vier Perspektiven der Kindheitsforschung nimmt meine Arbeit zwei ein:[91]

1. *die sozialisationstheoretische und entwicklungspsychologische Perspektive:* Sie versteht „Kinder als aktive Subjekte ihrer Lerntätigkeit und Realitätsverarbeitung" (HEINZEL 1997, 397);

2. *die ethnographischen Ansätze,* die an die lebensweltlichen Bedeutungen der Kinder anknüpfen und „Kinder als Akteure, die ihre Wirklichkeit in Interaktionen konstruieren" (HEINZEL 1997, 397) sehen. Anliegen dieser Richtung ist es, "Kinder im Kontext ihrer sozialhistorischen Umwelt zu betrachten" und "Wissensbeständen, Interaktionen [...] von Kindern mehr Gewicht zu verleihen" (HEINZEL 1997, 397).

Als geeignete Methoden bei der Erforschung von Kindern und Kindheit gelten:
1. Beobachtungsverfahren
2. inhaltsanalytische Verfahren[92]
3. Tests
4. Befragungen (HEINZEL 1997, 398).

Alle vier Verfahren kamen in meinen Erhebungen ausführlich zum Tragen und werden weiter unten detailliert erläutert.

Im deutschsprachigen Raum muss nach FRIEDERIKE HEINZEL (1997, 398) eine Zurückhaltung im Einsatz von Befragungsmethoden in der Forschung mit Kindern konstatiert werden. Als mögliche Begründungen gelten
*   begrenzte sprachliche Ausdrucksmöglichkeiten der Kinder
*   Probleme der richtigen Interpretation der kindlichen Aussagen
*   kindgerecht gestaltetes Untersuchungsmaterial
(nach PETERMANN & WINDMANN 1993, in: HEINZEL 1997, 398f).

---

[90] Verschiedene Einstellungen zu Forschungen in diesem Bereich referiert HEINZEL 1997 auf Seite 401.
[91] Vgl. auch die *lebenslauftheoretische und soziokulturelle Perspektive* bei FRIEDERIKE HEINZEL.
[92] Dieses Verfahren verweist auf die Auswertungsebene, während die Punkte 1, 3 und 4 Erhebungsverfahren sind.

Wegen der Punkte eins und drei – es gibt für SchulanfängerInnen kein Erhebungsinstrumentarium für unseren Fragenbereich – standen wir vor der Aufgabe, ein geeignetes Instrumentarium zu entwickeln. Aus diesem Umstand ergab sich die Wahl der Erhebungsmethode **teilnehmende Beobachtung** und der primären Auswertungsmethode **grounded theory**, weil sie erlaubt bzw. ausdrücklich vorsieht, dass Erhebung und Analyse auch zeitlich ineinander greifen (MAYRING 1999, 82). Denn um das Instrumentarium zu entwickeln, war ein Kennenlernen und Vertrautwerden mit dem Feld unabdingbar.

Zu Punkt zwei merke ich an: Was „*richtige* Interpretation" ist, wäre zu erläutern. Es ist und bleibt so, dass Interpretationen ein subjektiver Akt im interaktionellen Geschehen der Begegnung[93] sind und im Prinzip einer ständigen „kommunikativen Validierung" bedürften. Dass in der Kindheitsforschung zusätzlich die möglicherweise grundsätzlich verschiedene Sichtweise von Kindern und Erwachsenen „erschwerend" hinzukommt, wird so bleiben. Allerdings hat sich diesem Umstand jegliche lebensweltliche Interaktion von Erwachsenen mit Kindern zu stellen – auch als ein Faktum der Bereicherung. Gerade *wegen* der unterschiedlichen oder womöglich einander sogar fremden Sicht- und Denkweisen von Kindern und Erwachsenen werden in der Kindheitsforschung qualitative Methoden bevorzugt, denn sie sichern eine methodische Offenheit (HEINZEL 1997, 399). Besonders Gespräche scheinen die Kindorientierung methodisch gut einzulösen. Deshalb favorisiert die Grundschulforschung qualitative Interviews, „um Denkweisen, Lerngewohnheiten, Arbeitsstile, Erwartungen, Interessensentwicklung und Verarbeitungsmuster von Schülerinnen und Schülern aus ihrer subjektiven Perspektive erfassen und bei der pädagogischen Arbeit in der Schule berücksichtigen zu können" (HEINZEL 1997, 399). Auch für den Anfangsunterricht scheinen sie geeignet (vgl. ebd.).

Eine gewisse Validitätsabsicherung bietet in diesem interaktiv-interpretierenden Vorgehen zwischen Kindern und Erwachsenen das Gütekriterium der *Triangulation,* also die Heranziehung und Nutzung verschiedener Methoden, Datenquellen, InterpretInnen (vgl. LAMNEK 1993a, 248 – 255; MAYRING 1999, 121f). An diesem Anspruch haben wir uns mit der Mehrperspektivität verschiedener Erhebungssituationen und in Ansätzen mit der Einbeziehung der Perspektive bedeutsamer Anderer (Eltern und LehrerInnen) orientiert (vgl. auch SCHRÜNDER-LENZEN

---

[93] Auch die Interpretation von schriftlichen Dokumenten verstehe ich hier als Interaktion im weiteren Sinne.

1997, 108 – ihr Verweis auf Barney G. Glaser und Anselm L. Strauss)[94]; auch die Kombination von qualitativen und „quantitativen" Methoden haben wir ansatzweise mitberücksichtigt. Diesem Vorgehen liegt folgender prinzipieller Begründungsstrang der Triangulation zu Grunde: die gegenseitige Reaktivität von Methode und Gegenstand (Schründer-Lenzen 1997, 108). Sie besagt, dass der Forschungsgegenstand verändernd auf das Eingreifen durch eine Forschungsmethode reagiert (eine Referenz an die Heisenbergsche Unschärferelation auch im sozialwissenschaftlichen Kontext). Da jede Methode möglicherweise eigene, andere Veränderungen bewirkt, kann eine Triangulation zu einer größeren Breite und Tiefe der Analyse verhelfen[95]. Sie ist ein Weg, eine Realität in ihrem ureigenen Kontext zu erforschen und bewusst auf Laborsituationen zu verzichten. Denn die Ergebnisse sollen im Dienst einer Qualitätssicherung und -verbeserung des Feldes in genau dieses Realitätsfeld anwendend „zurückübertragen" werden können.

Einen weiteren grundsätzlichen Begründungsstrang der Triangulation haben wir in den Erhebungen zu beachten versucht: Der Respekt einer Kindorientierung trifft sich mit der programmatischen Absicht der qualitativen Sozialforschung, die *„Methode an den Gegenstand anzupassen und nicht umgekehrt"* (Lamnek 1993a, 102). Das bedeutete für uns, dass die Interessen und Bedürfnisse der InformantInnen – das waren die SchülerInnen, ihre Lehrerinnen, die Eltern und im Interesse aller die Aufrechterhaltung eines produktiven Unterrichtsbetriebs – Priorität hatten.

1.3 Design und Erhebungsmethoden: qualitatives Experiment, teilnehmende Beobachtung und Interviewformen

Begründung des qualitativ-explorativen Designs der Untersuchung

In den Kapiteln eins bis neun habe ich dargestellt, dass die intensive erziehungswissenschaftliche Leistungsdebatte der letzten Jahrzehnte getragen ist von **Erwachsensicht**. Welche **Vorstellungen die Kinder selbst von ihren Leistungen** haben, blieb – was systematische Untersuchungen angeht – unberücksichtigt. Unser

---

[94] Regine Morys (Teilprojekt 3/2) und Gertrud Binder (Teilprojekt 3/1) führen eine systematische Auswertung der drei Perspektiven *Kinder – LehrerInnen- Eltern* auf Leistung durch.

Anliegen, die Leistung in der Schule in einen dialogischen Austauschprozess zwischen Lehrerin und Kind einzubinden, um die Selbststeuerungskomponente der SchülerInnen auch in diesem Bereich grundlegenden Lernens zu erhöhen, verwies uns aufgrund der Forschungslage also auf ein **exploratives** Vorgehen. Da uns die Leistungsselbstkonzepte der Kinder in ihrer inhaltlichen Qualifizierung interessierten, haben wir uns für ein **qualitatives Design** entschieden, da sich hier die Möglichkeit bietet, aus dem erhobenen Material Kategorien zu bilden. In der zu Grunde gelegten Literatur wird für dieses Anliegen einschlägig die **grounded theory** als geeignetes Auswertungsverfahren einer explorativen Fragestellung empfohlen (GLASER/STRAUSS 1998; MAYRING 1999, 84).

Die Notwendigkeit der damit verbundenen unterrichtsnahen „**Feldforschung**"[96] machte die Beschränkung auf eine kleine Stichprobe notwendig, denn die Erhebungen qua **teilnehmender Beobachtung** verlangen das Vertrautwerden der Forscherin mit den Schülerinnen und Schülern, den Lehrerinnen und den Eltern der gewählten Stichprobe (MAYRING 1999, 84). Das Abwägen der personellen Ressourcen und die Möglichkeit der interdisziplinären Kooperation innerhalb unseres Kollegs[97] führte uns zu der Wahl zweier Grundschulklassen einer Regelschule (s. Teil II Kapitel 1.4).

Während der Untersuchung wurde bald klar, dass sich zu dem methodischen Hauptstrang **Feldforschung** als Design, **teilnehmende Beobachtung**[98] als Erhebungsmethode und **grounded theory** als Auswertungsmethode Elemente[99]

---

[95] Nicht zu verwechseln mit der Auffindung einer „objektiven Wahrheit" (FILDING und FILDING in Abgrenzung zu DENZIN, in: SCHRÜNDER-LENZEN 1997, 108).
[96] Ich setze viele der methodischen Begriffe in Anführungszeichen, weil sie in der qualitativen Sozialforschung auf die Arbeit mit Erwachsenen zugeschnitten sind und ich hier die strukturelle Analogie der Erhebung mit so jungen Kindern deutlich machen möchte. Von Umfang und Inhalt her erfahren die qualitativen Ansätze in unserer Untersuchung oft eine Variation, da das Untersuchungsfeld *Unterricht* in seiner Komplexität und *Anfangsunterricht* in seinen besonderen Erhebungsvoraussetzungen bei den ProbandInnen berücksichtigt werden wollte.
[97] Vgl. Teil I Kapitel 1.2 (

Abbildung 1: Das Forschungs- und Nachwuchskolleg (FuN-Kolleg) im Überblick).
[98] Es handelt sich um systematisch unstandardisierte Teilnahme und Beobachtung – die Systematik lag im Finden „leistungsrelevanter" Situationen, Äußerungen usw.
[99] Ich betone, dass es sich bei den im Folgenden genannten Methodenaspekten um kleine ausgewählte Teilbereiche aus eben diesen Methoden handelt. Im Dienste der Transparenz erwähne ich sie in ihrer Vielzahl, auch wenn es sich hier und da „nur" um einen angewandten Teilaspekt handelt. Denn der Anfangsunterricht als besonderes, sich von Erwachsenenkontexten unterscheidendes Untersuchungsfeld erforderte eine „feldgemäße" Variation und Anwendung. Deshalb habe ich die Begriffe in Anführungszeichen gesetzt. Ein

weiterer Designs und Methoden zur Verfolgung unseres Forschungszieles hinzugesellen würden. Erstens wollten wir **kontextbezogen** arbeiten, d.h. die Komplexität der Schulwirklichkeit in ihren verschiedenen Unterrichtssituationen im Querschnitt der Erhebungen vertreten wissen; daraus ergab sich die Überlegung, einige dieser Situationen im Sinne eines „**qualitativen Experiments"** zu gestalten und entweder selbst durchzuführen bzw. die Durchführung durch die LehrerInnen zu dokumentieren. Wir bedienten uns bei den qualitativen Experimenten der Technik der **Ausdehnung/Einschränkung** in der Ausprägung **Adjektion/Intensivierung** (LAMNEK 1993b, 324), indem wir im Bereich unseres Gegenstandes *Leistungsrückmeldung* bestimmte Formen einer alternativen Rückmeldepraxis einführten, bestehende variierten – beide Fälle charakterisiert durch eine Intensivierung der dialogischen Prägung: Wir gaben den Kindern das Wort.

Alleine durch teilnehmende Beobachtung ließen sich die Selbstkonzepte in unserem Fall nicht adäquat erheben, da ihre Äußerung dann dem Zufall der Situation überlassen geblieben und die Datenmenge zu dürftig geraten wäre. Selbstkonzepte haben ihren genuinen Ort der „Veräußerung" in **Dialogsituationen** – mündlichen wie schriftlichen. Deshalb haben wir eine Reihe unterschiedlicher Dialogsituationen initiiert:

- Als reflexive Unterrichtssituationen haben wir die Interviewform des „**narrativen Interviews"** in Form einer Initiativfrage fünf Mal angeboten. Dabei wurde jeweils *eine* Frage als Äußerungsanlass gestellt, deren Beantwortung sich die Kinder dann ausführlich widmen konnten. Die Situation des Interviews variierte und beschränkte sich nicht auf die mündliche Form zwischen Probandin und VersuchsleiterIn. Folgende Varianten haben wir gewählt:
  - **mündliche Frage und schriftliche Beantwortung** (auch Zeichnungen erlaubt bzw. LehrerInnendiktat waren erlaubt) bei „Was ich schon gut kann!" (Nr. 7)[100] und „Was möchte ich als Nächstes können?/Was möchte ich bald können?" (Nr. 8). Beide Fragen wurden von der Lehrerin gestellt und waren in Unterrichtssituationen eingebettet, so dass die „Adresse" der Antwort zunächst einmal das Kind selbst war; also eine Situation der Selbstreflexion. Ich war in der Funktion der teilnehmenden Beobachterin zugegen.

---

zweiter Grund für die Vielzahl der Methodenaspekte liegt in der Komplexität von Unterricht und Leistungssituationen im Unterricht, die unterschiedliche Zugriffe nötig macht.
[100] Die Nummernangaben beziehen sich auf den Erhebungsplan unter Teil II Kapitel 1.6 – s. Tabelle 1: detaillierter Untersuchungsplan mit einzelnen Erhebungsitems.

- **mündliche Frage und mündliche Beantwortung** im Rahmen eines Stationenlaufs, in dem ich als Versuchsleiterin die Station betreute und ein „echtes" Interview führte: Kind und ich saßen uns gegenüber, Frage- und Antwortform waren mündlich (Nr. 9).

- **mündliche Frage und mündliche Beantwortung** im Rahmen einer **außerunterrichtlichen** Schulveranstaltung: Bei den beiden Leistungsfeiern (Portfoliofeiern, Nr. 10 und 11) wurde die Präsentation der von den Kindern selbst gewählten gelungenen Leistungen vor ihren Gästen (Eltern, Geschwister, ...; im zweiten Fall auch der Lehrerin) durch einen Eingangsimpuls initiiert. Danach waren die Kinder methodisch wie inhaltlich Regisseurinnen und Regisseure ihrer Darbietungen. Bei Bedarf stellte die Lehrerin ergänzende, weiterführende oder vertiefende Fragen. Ich widmete mich der teilnehmenden Beobachtung.

- In den von Teilprojekt 1 initiierten diagnostischen Situationen (Lernbeobachtung *Schreiben* nach MECHTHILD DEHN) habe ich eine Interviewsituation angeschlossen, so dass die Kinder nach der ausgeführten Schreibarbeit mit mir in ein **„problemzentriertes bzw. Leitfadeninterview"**[101] eintraten, das sich inhaltlich zum Teil auf die vorliegende Arbeit bezog, zum Teil darüber hinausging. Des Weiteren zielten die Fragen auf Selbstkonzeptäußerungen, zeigten dabei eine gewisse Bandbreite von Fragen zu Aspekten schriftsprachlicher Teilselbstkonzepte wie auch anderer Bereiche des SchülerInnen-Seins.

- Schließlich zähle ich auch unsere **Fragebögen** zu der Form des Interviews, denn in ihnen traten die Kinder zunächst in selbstreflexiver Weise mit sich in Kontakt und wussten, dass durch das „Abgeben" des Fragebogens ihre Antworten sozusagen zu einem veröffentlichen Dialog wurden. Die Frageform in ihnen war durchweg offen, so dass sie – was den Kanal SenderIn–EmpfängerIn betraf – ein „verzögertes Gespräch" ermöglichten. Die Kinder wussten zudem, dass ich und ihre Lehrerinnen ihre Fragebögen lesen würden. Außerdem dienten die

---

[101] „Problemzentriertes Interview" und „Leitfadeninterview" werden in der Literatur analog verwendet. Ich wähle im Folgenden nur noch den Begriff „Leitfaden", weil mit dem Begriff „Problem" gleichzeitig sein Inhalt transportiert wird. Selbstkonzepte sind aber nicht in jedem Fall ein Problem.

„schriftlichen Interviews"[102] in manchen Fällen auch als Vorbereitung und Grundlage für ein Gespräch in der Klasse.

Durch diese Variationsbreite der dialogisch angelegten Erhebungen schien es uns möglich, dem Anspruch qualitativer Sozialforschung auf „Nachvollzug des subjektiv gemeinten Sinns", also der „Rekonstruktion subjektiver Sichtweisen und (Leidens-) Erfahrungen"[103] auf eine genügend breite Datenbasis zu stellen (LAMNEK 1993a, 33) – und das unter Einlösung der methodologischen Forderung, „dem untersuchten Subjekt in allen Phasen des Forschungsprozesses gerecht zu werden, es in „dialogischer Form" soweit als möglich an der Untersuchung zu beteiligen" (LAMNEK 1993a, 33).

Mit diesen „Eingriffen" ins Feld bewegten wir uns mit einem Fuß im Bereich der **„Handlungsforschung"**, denn wir haben mit der Erhebung auch eine Verbesserung der Situation der Kinder im Sinn einer persönlichkeitsförderlicheren Leistungsrückmeldekultur intendiert – und versuchten damit dem Bild, das SIEGFRIED LAMNEK von qualitativen SozialforscherInnen zeichnet, gerecht zu werden: Sie verstehen sich häufig als „Advokat(Innen) klienteler Interessen" (1993a, 33).

Mit diesem Selbstverständnis nahmen einzelne Interviewteile den Charakter eines **„fokussierten"** oder **„Tiefen- bzw. Intensivinterviews"** an: Ersteres spiegelte sich in vereinzelten Fragen, die erlebte Situationen der Kinder zum Inhalt der Frage machten. Die zweite Form ergab sich in der ein oder anderen Diagnosesituation, in der durch Interventionsversuche von mir als Versuchsleiterin dem Kind mögliche dysfunktionale Strategien bewusst gemacht werden konnten.

In der Auswertung meines Datenpools verbinden sich Aspekte der grounded theory und der **qualitativen Inhaltsanalyse.** Denn eine Theorieleitung, wie sie zur Inhaltsanalyse gehört, liegt in dem Punkt vor, in dem ich von der Tatsache ausgehe, *dass* SchülerInnen Leistungsselbstkonzepte haben und diese sich in verbalen Äußerungen erheben und analysieren lassen. Dieses Verständnis liegt den mündlichen wie schriftlichen Interviewerhebungen zugrunde. In den Auswertungen der Fragebögen und Interviews bin ich also systematischer vorgegangen und habe

---

[102] Insgesamt rechtfertigen sich die Anführungszeichen bei den Begriffen aus der Forschungsmethodik auch durch den Umfang der Kinderantworten. Sie fallen im Verhältnis zu Erwachseneninterviews oft kurz aus. Das mag am Alter der Kinder liegen und wohl auch am Inhalt der Fragen, die als Selbstreflexions"initiativen" – für viele Kinder wohl erstmalige Fragen dieser Art - eher kurze Antworten nahelegten.

eine Mischform der Kategorienbildung zwischen grounded theory und qualitativer Inhaltsanalyse gewählt.

Neben der auf die beiden untersuchten Klassen als „gemeinsame Größe" bezogenen Darstellungen richtet sich mein Blick in der Auswertung auf **Fallbeschreibungen** dreier Kinder: Peter, Miriam und Richi. Ihnen widme ich in jedem Auswertungsteil (Teil I Kapitel 2.2 – 2.8) einen besonderen Abschnitt. Die Auswahl der Kinder erfolgte während und nach der Erhebung. Sie stammen, nach kriterialer und sozialer Bezugsnorm, aus drei verschiedenen Leistungsniveaus. Zusätzliches Auswahlkriterium war ihre von mir beobachtete und aus dem Datenmaterial erhobene „Leistungscharakteristik". Jedes der drei Kinder zeigte beschreibbare „typische" Aspekte in seinem Leistungsverhalten. Die Typisierung erfolgte nicht auf Grund einer Typenbildung aus dem gesamten Sample, sondern individuumsbezogen.

Die Auswertung und Diskussion der erhobenen Kategorien wird von einem **quantifizierenden Aspekt** begleitet. Ich habe die Kategorien jeweils bezüglich der beiden Klassen als Gesamtkohorte ausgezählt. Dabei ist die Verteilung auf die Geschlechter ausgewiesen. Die quantitativen Aspekte können aufgrund der kleinen Stichprobe nicht im Sinne einer Häufigkeitsanalyse interpretiert werden. Sie dienen lediglich der Einsicht in die Antwortverteilung. In den Kategorienleitfäden berücksichtige ich *jede* der von den Kindern generierten Kategorie.

1.4 Die untersuchten Klassen

Größe der „Stichprobe"

Die Zahl der untersuchten Kinder umfasste aus folgenden Gründen die überschaubare Größe von vierzig:

- Da wir bei unserer explorativen Fragestellung auf keine standardisierten Verfahren zurückgreifen konnten, mussten die Erhebungsinstrumentarien in Kenntnis des Feldes und mit dem Gang der Erhebungen (grounded theory) entwickelt werden. Von vornherein stand lediglich fest: Es sollten vermehrt Dialoge stattfinden und für einen Leistungsdialog günstige Unterrichtssituationen geschaffen werden. Mit dem Feld „Klasse, Unterricht, Lehrerin" vertraut zu werden, bedurfte intensiver

---

[103] *und der Gelingenserfahrungen!*

Phasen teilnehmender Beobachtung. Der Zeitplan des Projektes gebot daher eine kleine Anzahl SchülerInnen.

- Der intensive Feldkontakt war zweitens nötig, um mit den Personen ein solches Maß an Vertrautheit zu erreichen, das die geplanten Dialogsituationen ermöglichen würde.

- Dieser Kontakt musste von mir zu allen Klassen bzw. Kindern aufgebaut werden, weil ich alle Erhebungen selbst durchführen wollte, um „beiläufige" Beobachtungen während der Diagnosesituationen aufnehmen, protokollieren und einordnen zu können. Manche Beiläufigkeiten erschließen sich erst auf dem Hintergrund einer näheren Kenntnis der Person.

Beschreibung der untersuchten Klassen

Die Klassen wurden im Rahmen des interdisziplinären Gesamtprojekts ausgesucht. Das bedeutete: Sie mussten eine Teilmenge der Stichprobe von Teilprojekt 1[104] sein, damit eine Zusammenarbeit in der Feldbetreuung in Diagnostik und Fördermaßnahmen gewährleistet war. Die Teilmenge konnte sich im Sinne unseres Forschungsinteresses nur auf Klassen einer Regelschule beziehen.

Die Wahl fiel auf zwei erste Klassen, deren Lehrerinnen als Parallelkolleginnen in Vorbereitung und Klassenführung kooperier(t)en. Dieser Umstand war für unser Anliegen der Implementierung von Unterrichtselementen zu Erhebungs- und Förderzwecken eine günstige Voraussetzung. Da die „Stichprobe" sich aufgrund des qualitativen Designs, besonders der dialogintensiven Erhebungsinstrumentarien, die von derselben Person durchgeführt werden sollten, auf wenige Kinder beschränken musste, schien die Parallelklassensituation für die Auswertung günstig, weil Schulprofil und Einzugsbereich für beide Klassen gleich waren.

Die Schule liegt in keiner „profilierten" Lage: Sie ist weder sog. „Brennpunktschule" noch im Sinne hoher Bildungsorientierung der Eltern „bevorzugtes" Wohngebiet. Die beiden Lehrerinnen sind erfahrene Grundschulkolleginnen mit mehrjähriger Praxis im Anfangsunterricht. Sie unterrichteten die beiden untersuchten Klassen in einem Filialgebäude der zentraler im Ort gelegenen Grund- und Hauptschule. In dieser

---

[104] Das Teilprojekt ein „Prävention von Analphabetismus in den ersten beiden Schuljahren" hat folgende Stichprobe gezogen: insgesamt 12 untersuchte erste Klassen, davon 6 Grundschulklassen, jeweils zwei Klassen einer Förderschule, einer Schule für Sprachbehinderte und zwei Grundschulförderklassen.

Dependance befanden sich jeweils zwei Parallelklassen jedes Grundschuljahrgangs einschließlich einer Vorbereitungsklasse und einem LehrerInnen-Zimmer für die dort unterrichtenden KollegInnen.

Die beiden Klassen werden in der Auswertung als Gesamtgröße gesehen. Bei deutlich unterschiedlichen Tendenzen gehe ich auf die entsprechende Klasse gesondert ein.
In ihrer jeweiligen Zusammensetzung sollen hier beide Klassen vorgestellt werden. Ich nenne sie in der üblichen Schulsprache: Klasse 1a und 1b[105].

Klasse 1a besuchten zum Zeitpunkt des Erhebungsbeginns 20 Kinder, acht Mädchen und zwölf Jungen. Im letzten Drittel des Schuljahres kam ein Junge durch Zuzug hinzu.
Die Nationalitäten- und Sprachenvielfalt verteilte sich wie folgt:

- Ein Mädchen und ein Junge sind türkischer Herkunft und nahmen am türkischen Unterricht teil.
- Zwei Jungen und ein Mädchen sind griechischer Abstammung und besuchten zusätzlich zum Grundschulunterricht die griechische Schule. Ein Junge ist griechisch-deutscher Herkunft und spricht beide Sprachen.
- Ein Mädchen hat lange in den USA gelebt und wächst zweisprachig – englisch/deutsch – auf.

Alle Kinder anderer Nationalität konnten sich im Deutschen gut verständigen.

Klasse 1b bestand zu Erhebungsbeginn aus 19 SchülerInnen, sieben Mädchen und zwölf Jungen. Ein Junge wiederholte die erste Klasse. Zum zweiten Schulhalbjahr wurde ein Junge in die erste Klasse rückversetzt. Im letzten Schuljahresdrittel kam ein Mädchen durch Zuzug hinzu.
Die Nationalitäten- und Sprachenvielfalt verteilte sich wie folgt:

- Ein Junge ist russischer Herkunft, spricht deutsch und russisch, versteht auch rumänisch.
- Ein Junge ist rumänischer Herkunft, verständigt sich mit seiner Mutter ungarisch, versteht teilweise rumänisch (Familie stammt aus dem Grenzgebiet) und spricht fließend deutsch.

---

[105] Kennzeichnung anonymisiert.

- Ein Junge ist türkisch-deutscher Herkunft, spricht deutsch und versteht nur wenige Worte türkisch.

1.5 Erhebungsinstrumentarium

Wie bereits erwähnt, konnten wir bei unserer Fragestellung auf keine vorliegenden Erhebungsinstrumentarien zurückgreifen. Daher bestand eine spannende Aufgabe darin, der Fragestellung und dem Alter der Kinder gemäße Formen zu finden. Da es sich um SchulanfängerInnen handelte, waren der schriftsprachlichen Äußerungsfähigkeit, wie sie Fragebögen voraussetzen, zu Beginn des Schuljahres naturgemäß Grenzen gesetzt.

Genese der „Erhebungsinstrumente"
Die durch die teilnehmende Beobachtung in den ersten drei Schulwochen grundgelegte und im Laufe des Schuljahres vertiefte Feldkenntnis führte uns - verbunden mit unseren Forschungsanliegen - zu folgenden, zunächst projektspezifischen, Erhebungs-„Instrumenten"[106]: Es entstanden Interviewfragen, -leitfäden und Fragebögen, denn die dialogische Form war uns aus Gründen der „Leistungspartnerschaft" (s.o. Theorieteil) und wegen der Perspektive einer späteren Implementation in Unterrichtsaus- und -fortbildung elementar wichtig.

Unter Leitfadeninterviews zählten neben der auch für ältere ProbandInnen vertrauten Form mehrerer Leitfragen Interviews mit *einer* Frage. Mehrere Faktoren bedingten das:
- Manche Kinder sind bald nach den ersten Versuchen im Schriftspracherwerb zu schriftlichen Äußerungen fähig, während die meisten noch nicht in der Lage sind, Fragen zu lesen. Deshalb war es erhebungspraktisch gut möglich, *eine* Frage zu stellen, deren schriftlicher und/oder zeichnerischer Beantwortung sich die Kinder in Ruhe und mit viel Zeit widmen konnten. Manche wählten auch die Form des Lehrerinnen-Diktats.

---

[106] Sie tragen das Anführungszeichen, weil sie sehr am konkreten Feld orientiert waren und es jeweils sozusagen eine „Probeerhebung" war, inwiefern die Kinder die entsprechenden Formen überhaupt annehmen würden.

- Unsere Fragen waren durchweg offene Fragestellungen mit selbstreflexivem Charakter. Da wir nicht davon ausgehen konnten, dass alle Kinder mit selbstreflexiven Fragen vertraut sind, wollten wir mit der Reduzierung eine Gewöhnung ermöglichen.
- Auch bei vorausgesetzter bzw. fortgeschrittener Vertrautheit mit selbstreflexiven Elementen erschien uns von der Sache her eine *konzentrierte und vertiefte* Zuwendung zu einem einzelnen Aspekt sinnvoll – gegen den „Talk-Show-Trend": schnelle Fragen in Fülle. Selbstreflexion braucht Muße.
- Die Interviews bei den beiden Portfoliofeiern (Erhebung Nr. 10 und 11)[107] waren eine Mischform aus Leitfadeninterview und „narrativem Interview", da die Kinder einen Impuls erhielten, auf den hin sie ihre Arbeiten vorstellen sollten. Weiterführende Fragen wurden dann nur bei Bedarf gestellt.

Interviews und Fragebögen wurden in verschiedenen Situationen erhoben:

- als **reflexive Unterrichtselemente**, die die Lehrerinnen bzw. ich als Versuchsleiterin während des Unterrichts durchführten;
- parallel zum Unterricht in **diagnostischen Einzelsituationen**;
- als gemeinsam geplante, von den Lehrerinnen durchgeführte und von mir dokumentierte **außerunterrichtliche Veranstaltungen**;
- als **häusliche Aufgabe**.

Die Interviews und Fragebögen finden Sie in Tabelle 1 detailliert aufgelistet. Sie werden in der Auswertung jeweils konkret vorgestellt.

	Sept.	Okt.	Nov.	Dez.	Jan.	Febr.	März	April	Mai	Juni	Juli
Erhebungen Teilprojekt 1	Eingangsdiagnostik („Reutlinger Modell")			Lernbeobachtung. Schreiben u. Lesen „November" (DEHN)[108]		Lernbeobachtung Schreiben und Lesen „Januar" (DEHN)				Lernbeobachtung Schreiben „Mai" (DEHN); Lesediagnose-aufgabe Tiergäsei (Crämer)	
Erhebungen Teilprojekt 3	teilnehmende Beobachtung (erste drei Schulwochen) reflexive Unterrichtselemente: • „Was ich schon gut kann" • „Woher weißt du, dass du das gut kannst?"			Lernbeobachtung Schreiben anschließendes Leitfaden-Interview		an Lernbeobachtung Schreiben anschließendes Leitfadeninterview			Portfoliofeier I + Fragebogen an Kinder und Eltern	an Lernbeobachtung Schreiben anschließendes Leitfaden-interview	Portfoliofeier II Fragebogen an Kinder Fragebogen an Eltern Fragebogen an Lehrer-Innen
plus punktuelle teilnehmende Beobachtung bei der Implementierung erhebungsrelevanter Unterrichtselemente											

Abbildung 3:   gemeinsamer Untersuchungsplan Teilprojekt 1 und 3/1

Durchgeführt wurden die Untersuchungen des Teilprojektes 3 von mir.

Die reflexiven Unterrichtssituationen und die Portfoliofeiern haben wir z.T. den Lehrerinnen vorgegeben, z.T. gemeinsam mit ihnen entwickelt. Sie fanden während des Unterrichts bzw. als außerunterrichtliche Veranstaltung der Klassen statt. Die diagnostischen Situationen (Lernbeobachtung *Schreiben* + Interviews) liefen parallel zum Klassenunterricht jeweils mit einem einzelnen Kind. Die Fragebögen haben die Kinder entweder während des Unterrichts oder in häuslicher Arbeit[109] ausgefüllt. Meine Vertrautheit mit den Kindern und den Lehrerinnen ermöglichte eine organische Flexibilität zwischen Präsenzphasen im Unterricht und vorübergehender Einzelarbeit außerhalb des Klassenverbandes in einem dafür bereit gestellten Raum.

---

[107] S. Erhebungsplan Tabelle 1: detaillierter Untersuchungsplan mit einzelnen Erhebungsitems.

[108] Aufgrund des in Baden-Württemberg im Zeitraum der Untersuchung spät liegenden Schuljahresbeginns (Mitte September) wurden die von DEHN vorgesehenen Zeitpunkte der Lernbeobachtungen entsprechend umterminiert.

[109] Ein Fragebogen war an Kinder und Eltern gemeinsam gerichtet (Nr. 5 – s. *Tabelle 1: detaillierter Untersuchungsplan mit einzelnen Erhebungsitems* auf den nächsten Seiten).

<u>Zur Lesart des detaillierten Untersuchungsplans</u> (s.

Tabelle 1 und eingelegte Übersicht)

Der Erhebungsplan liegt in dreifacher Systematisierungsart vor: (1) als *chronologischer Plan*, (2) nach der **Qualität der Erhebungssituation systematisiert** und (3) nach dem *Prinzip des Dialogischen systematisiert.*

Als *explorative* Studie erforderte die Untersuchung die mit den jeweiligen Erhebungen *mitlaufende* Erstellung des genauen Erhebungsplanes einschließlich der Entwicklung der Erhebungsinstrumente (MAYRING 1999, 82 und 84). Da die Chronologie im gemeinsamen Untersuchungsplan überblickshaft (s.o. Abbildung 3) vorliegt, präsentiere ich in der folgenden detaillierten Übersicht einschließlich aller Interview- und Fragebogenitems eine *Systematisierung* nach der *Qualität der Erhebungssituation (2) (s.* Tabelle 1*).* (Die beiden anderen Übersichten - (1) und (3) - habe ich im Anhang A beigefügt.)

Systematisierung nach der Qualität der Erhebungssituationen

Folgende Erhebungssituationen haben wir für die jeweilige Befragungsgruppe gewählt:

Befragte	Qualität der Erhebungssituation
Kinderperspektive:	teilnehmende Unterrichtsbeobachtung
	diagnostische Situationen
	Schul- und Unterrichtsversuche zur Leistungsrückmeldekultur
Elternperspektive:	diagnostische Situationen
LehrerInnenperspektive:	diagnostische Situationen

Abbildung 4:   Befragungsgruppen mit Erhebungssituationen

Um die Übersicht lesbar zu halten, habe ich mich für die Benutzung folgender Abkürzungen entschieden:

Erhebungsverfahren	Abkürz.	Dokumentationsart	Abkürz.	Auswertungsverfahren	Abk.
teilnehmende Beobachtung	teilB	Videoaufnahmen	VA	grounded theory	grth
Leitfadeninterview	LFI	Fotos	F	qualitative Inhaltsanalyse	quIA
narratives Interview	narrInt	Audioaufnahmen	AA	quantifizierende Kategorien-ausweisung	quan.
		Gedächtnis-protokolle	GedP		
		unstrukturierte Protokolle	ustrP		
		strukturierte Protokolle	strP		
		Schreibdokumente	SchD		
		Aufbereitungsverfahren	Abkürz.		
		Transkriptions-protokolle	TP		

Abbildung 5: Übersicht Erhebungs-, Dokumentations- und Auswertungsverfahren

Das „**qualitative Experiment" (quEx)** habe ich in Klammern gesetzt in die Typisierung der Erhebungen aufgenommen, da es ein Begriff auf der Ebene des Designs ist, in unserer Untersuchung aber einige Einzelerhebungen charakterisierte.

Nr.	Erhebungs*situationen*	Erhebungs-zeitraum	Erhebungs-verfahren	Dokumen-tationsart	Auswertungs methode(n)
	Kinderperspektive				
	teilnehmende Unterrichtsbeobachtung				
1.	**Schlüsselsituationen zum Leistungsselbstkonzept**	Schulwoche 1- 3 kontinuierlich; ausgewählte Tage während des Schuljahres	teilB	GedP VA	grth
	diagnostische Situationen				
2.	Lernbeobachtung *Schreiben* 1 (nach M. DEHN) + Leitfadeninterview:	Schulwoche 11 – 13 (6 Schulvormittage)	(quEx) teilB LFI	SchD VA strP TP	quIA quan.
	1. Welches Wort, findest du, ist dir heute am besten gelungen? Was ist dir daran gelungen?				
	2. Wo hast du dich anstrengen müssen? Was war anstrengend?				
	3. Warst du schon einmal froh, dass du schreiben konntest?				
	4. Wenn du selbst Wörter schreibst, welches Bild passt dann zu dir?				
3.	Lernbeobachtung *Schreiben* 2 (nach M. DEHN) + Leitfadeninterview:	Schulwoche 20 und 22 (6 Schulvormittage)	(quEx) teilB LFI	SchD VA strP TP	quIA quan.
	1. Welches Wort, findest du, ist dir heute am besten gelungen? Was ist dir daran gelungen?				
	2. Wo hast du dich anstrengen müssen? Was war anstrengend?				
	3. Wann hast du das letzte Mal Freude am Schreiben gehabt?				
	4. Wenn du Hausaufgaben machst, was machst du zuerst?				
	5. Was möchtest du als Nächstes lernen?				
4.	Lernbeobachtung *Schreiben* 3 (nach M. DEHN) + Leitfadeninterview:	Schulwoche 32 – 33 (6 Schulvormittage)	(quEx) teilB LFI	SchD VA strP TP	quIA quan.
	1. Welches Wort, findest du, ist dir heute am besten gelungen? Warum?				
	2. Wo hast du dich anstrengen müssen? Warum?				

	3. Welchen Tipp würdest du dem Kind geben? (beim Schreiben eines Wortes, das das befragte Kind schon schreiben kann, das „beholfene" Kind noch nicht)				
	4. Wenn die Lernschatzmappe erzählen könnte, was würde sie zu dir sagen?				
	5. Stell dir vor, das hier wäre ein Quiz, was würdest du denken?				
	6. Einschätzung der Vorlese- und Lesefähigkeit eines fremden Kindes im Vergleich mit den entsprechenden eigenen Fähigkeiten				
5.	**Fragebogen zur Portfolio-Präsentation an Kinder und Eltern:**	Schul-woche 28	LFI	SchD	(quIA quan.) [110]
	1. Woran erinnerst du dich besonders gern?				
	2. Was hat dir nicht gefallen?				
	3. Was haben Sie von der Lernschatzfeier in guter Erinnerung?				
	4. Was hat Ihnen weniger gut gefallen?				
	5. Über welche Leistungen Ihres/des Kindes haben Sie besonders staunen können?				
6.	**Fragebogenheftchen: „Das kann ich schon!"**	Schul-wochen 37 und 38	(quEx) LFI	SchD	quIA quan.
	1. Was kannst du besonders gut?				
	2. Warum kannst du das so gut?				
	3. Hast du schon einmal etwas gekonnt, von dem du gesagt hast: „Toll, dass ich das kann!" ?				
	4. Wer hat dir dabei geholfen?				
	5. Manchmal macht das Lernen keinen Spaß. Warum?				
	6. Manchmal kann man etwas plötzlich. Hast du das auch schon einmal erlebt? Schreibe auf!				
	7. Sicher hast du schon einmal gedacht: Das hätte ich besser gekonnt, wenn ...				

---

[110] Die Klammern bedeuten: Mit der Auswertung dieser Erhebungen wurde begonnen, sie werden in *dieser* Arbeit noch nicht vorgestellt.

	8.	Du kannst schon viel. Was möchtest du noch besser können: in der Schule? zu Hause?				
	9.	Was könnte dir helfen, noch besser zu werden?				
	10.	Was möchtest du als Nächstes lernen?				
	11.	Warum ist dir das wichtig?				
	12.	Dieses Kind macht Hausaufgaben. Wer sagt was? Mama, Papa, die Lehrerin, die Freundin, der Freund, und du?				
	13.	Wo lernst du besser: in der Schule? zu Hause? Warum?				
	14.	Welcher Satz ist dir lieber: „Streng dich an!", „Du schaffst es!" ?				
	15.	Stell dir vor, du schreibst dir selbst ein Zeugnis. Was schreibst du?				
	Schul- und Unterrichtsversuche zu einer alternativen Leistungsrückmeldekultur					
	reflexive Unterrichtssituationen:					
7.	- „Was ich schon gut kann!"		Schulwoche 3–4 (2 Schulvormittage)	(quEx) LFI/narrInt teilB	SchD F	quan.
8.	- „Was möchte ich als Nächstes können? / Was möchte ich bald können?"		Schulwoche 5–6 (2 Schulvormittage)	(quEx) LFI/narrInt teilB	SchD F	quan.
9.	- „Woher weißt du, dass du das gut kannst?"		Schulwoche 7 (2 Schulvormittage)	(quEx) LFI	VA AA TP	qulA quan.
10.	Portfolio: Präsentation der Schulleistung in der direkten Vorlage (I)		Schulwoche 28 (Freitag Nachmittag)	(quEx) narrInt teilB	GedP F	
11.	Portfolio: Präsentation der Schulleistung in der direkten Vorlage (II)		Schulwoche 35–37 (8 Nachmittage)	(quEx) narrInt/LFI teilB	VA TP (selektiv)	qulA selektiv
	Elternperspektive					
	diagnostische Situationen					
12.	Fragebogen zur Portfolio-Präsentation an Kinder und Eltern:		Schulwoche 28	LFI	SchD	(qulA quan.)
	1.	Woran erinnerst du dich besonders gern?				
	2.	Was hat dir nicht gefallen?				
	3.	Was haben Sie von der Lernschatzfeier in guter Erinnerung?				
	4.	Was hat Ihnen weniger gut gefallen?				

	5. Über welche Leistungen Ihres/des Kindes haben Sie besonders staunen können?				
13.	**Fragebogen an Eltern**	Schul-woche 35 - 37	**LFI**	**SchD**	**(quant.)**
	Lehrerlnnenperspektive diagnostische Situationen				
14.	**Feedback-Fragebogen an LehrerInnen**	Schul-woche 33	**LFI**	**SchD**	**quIA** selektiv
	Frageitems s. Feed-back-Bogen im Anhang B 4				

Tabelle 1:   detaillierter Untersuchungsplan mit einzelnen Erhebungsitems
(auch als entnehmbares Exemplar im Umschlag)
(Grau unterlegt sind die Frageitems, die für die Kategorienbildungen in Teil II
Kapitel 2.2 bis 2.8 ausgewertet wurden. Auswertungen weiterer Frageitems, die
zum besseren Verständnis der Kategorienbildungen beitragen, werden im Text
der genannten Kapitel besprochen. Die für die Fallbeschreibungen zusätzlich
herangezogenen Auswertungen finden sich im Anhang D.)

1.7   Feldbetreuung

Fortbildungsgruppe[111]

Zu Projektbeginn im Februar 2000 formierte sich auf Einladung des zuständigen
Staatlichen Schulamtes eine Fortbildungsgruppe. Die zwanzig bis fünfundzwanzig
LehrerInnen arbeiteten zum Zeitpunkt der Erhebungen bzw. Fortbildungen in Grund-
oder Förderschulen bzw. an Schulen für Sprachbehinderte oder in
Grundschulförderklassen. Diese Gruppe blieb über zweieinhalb Jahre weitgehend
konstant und traf sich einmal monatlich mit den zuständigen ProjektmitarbeiterInnen
zu einer eineinhalbstündigen Fortbildung.

Die Themen dieser Fortbildung wurden bedarfsorientiert[112] vereinbart. Sie
konzentrierten sich auf Fragen des Schriftspracherwerbs, der Diagnose und
Förderung in diesem Bereich sowie auf Aspekte der Leistung, der
Leistungsthematisierung und Leistungsrückmeldung.

---

[111] Der Abschnitt „Fortbildungsgruppe" bezieht sich auf die kooperierenden Teilprojekte 1 und
3 (vgl. unter Teil I Kapitel 1.2,

Abbildung 1: Das Forschungs- und Nachwuchskolleg (FuN-Kolleg) im Überblick), der
Abschnitt „Feldkontakt" auf Teilprojekt 3 und meine vorliegende Arbeit.
[112] Vom Bedarf des Projektes vorgegeben und/oder vom Diagnose- und Förderbedarf der
LehrerInnen erbeten.

Nach dem ersten Fortbildungshalbjahr (zweite Schuljahreshälfte 1999/2000) wurden in gemeinsamer Entscheidung die zwölf LehrerInnen ausgewählt, die mit ihren Klassen an den Erhebungen der Teilprojekte 1 und 3 teilnehmen wollten. Alle oben genannten Schularten waren dabei vertreten. Für die Erhebungen des Teilprojektes 3 standen die beiden beschriebenen ersten Parallelklassen einer Grundschule mit ihren Lehrerinnen zur Verfügung.

Ab dem Schuljahr 2000/2001 wurden die Fortbildungen inhaltlich mit Diagnoseergebnissen der jeweils bereits ausgewerteten Erhebungen sowie daraus abgeleiteten Fördermaßnahmen ergänzt. Die große Ergiebigkeit dieser Auswertungen für die jeweils betroffenen LehrerInnen führte zu einer Ergänzung der Fortbildungsmaßnahme: Die LehrerInnen der Erhebungsklassen kamen vor den monatlichen Sitzungen mit einer Mitarbeiterin des Projektes zusammen, um für ausgewählte Kinder ihrer Klassen die Diagnoseergebnisse und mögliche Fördermaßnahmen detailliert abzusprechen.

Zusätzlich fanden in den Schulen bei den Besuchen durch die Versuchsleiterinnen vor Ort Beratungen auf konkrete Fragen der Lehrerinnen hin statt.

Die Fortbildung wirkte in einem bekannten Fall auch auf Schulaufsichtsebene qualitätssichernd auf Unterricht und Förderanliegen: Mitten im Schuljahr wurden zwei Lehrerinnen auf Anfrage beim zuständigen Schulrat zwei Förderstunden für ihre Klassen gewährt, damit die gewonnenen Erkenntnisse für die betreffenden Kinder umgesetzt werden konnten.

Feldkontakt

Interviewsituationen und Begegnung in Unterrichtssituationen gelingen besser bei erworbener Vertrautheit mit den beteiligten Personen und Unterrichtsgewohnheiten. Unsere Absicht, in Form von qualitativen Experimenten den Unterricht im Einvernehmen mit den Lehrerinnen punktuell und habituell mitzugestalten, gebot eine eingehende Beobachtung und Beachtung des unterrichtlichen Kontextes. Dieser Aufgabe widmete ich mich durch teilnehmende Beobachtung in den ersten drei Schulwochen im Schuljahr 2000/2001 in den untersuchten Klassen. Die Kinder und die Lehrerinnen kannten mich und die Kamera in meiner Hand vom ersten Schultag an, waren gewohnt, dass neben der Lehrerin eine zweite Person hier und da mit ihnen in Gesprächs- und Leitungskontakt trat und ab und zu die Kamera auf das Unterrichtsgeschehen bzw. einzelne Kinder richtete. Es galt selbstverständlich die Regel des akzeptierten „Stopp": Wenn ein Kind die Videoaufnahme bemerkte und verweigerte (explizit oder gestisch-mimisch vermittelt), akzeptierte ich das. Vereinzelte Nachfragen nach dem Grund waren für mein Thema sehr aufschlussreich. Zum Beispiel begründete ein Junge seine Weigerung damit, dass er im Entstehungsprozess seines Werkes nicht gefilmt werden wolle, sondern erst, wenn es fertig gestellt wäre.

Es gab viele Kinder, die die Kamera gerne nutzten, um sich zu von ihnen selbst gewählten Zeitpunkten vor dem Objektiv zu präsentieren.

Die Lehrerinnen öffneten vorbehaltlos jeden Teil ihrer Unterrichtsarbeit für die Öffentlichkeit einer Aufnahme.

In diesen drei Wochen fanden auch die ersten diagnostischen Erhebungen statt, so dass für die Kinder von Anfang an Folgendes zum Unterrichtsalltag gehörte: Einzelne verlassen in ritualisierter Form (das jeweils zurückkehrende Kind forderte leise das nächste auf) den gemeinsamen Unterricht und suchen einen anderen Raum auf, um dort mit einer anderen Person etwas zu arbeiten. Darauf konnten sich die Kinder auch gut bei weiteren Versuchsleiterinnen, die für das Teilprojekt 1 Daten erhoben, einlassen.

Im Verlaufe des weiteren Schuljahres besuchte ich die Schule und/oder den Unterricht zu ausgewählten Erhebungen.

Die Vertrautheit der Anfangswochen trug das ganze Schuljahr hindurch die Interviewsituationen. Sie erlaubte außerdem eine z.T. mit den Lehrerinnen gemeinsam erarbeitete Implementierung von erhebungsrelevanten Unterrichtselementen zu einer alternativen Leistungsrückmeldekultur.

Da in den beiden untersuchten Klassen die beiden Teilprojekte 1 und 3 Daten erhoben, achteten wir aufgrund der Erhebungsvielfalt und der verschiedenen Versuchsleiterpersonen darauf, dass Umfang und zeitliche Streuung in einem für die Kinder verträglichen Maß gehalten wurden.

KAPITEL II: Untersuchungsbereiche und Ergebnisse

2.1   Vorgehen bei der Datenanalyse: grounded theory, qualitative Inhaltsanalyse und Fallbeschreibungen

Im Folgenden stelle ich die **Aufbereitung und Analyse der Daten** dar. Zunächst widme ich mich den Erhebungen der **Kinderperspektive**.

Schlüsselsituationen aus der teilnehmenden Beobachtung

Aus der teilnehmenden Beobachtung in den verschiedenen Situationsqualitäten (Unterricht, Diagnose) habe ich Schlüsselsituationen ausgewertet. Ich lehne mich mit diesem Begriff an die „Schlüsselszene" von MECHTHILD DEHN in dem Definitionspunkt einer „unerhörten Begebenheit" (DEHN 1994A, 17) an. Auch in den von mir beschriebenen Schlüsselsituationen handelt sich um „unerhörte Begebenheiten", im wörtlichen Sinn: unerhört so lange, bis die Lehrerin wahrnimmt, was das Kind sagt, und versucht es für die Lernbegleitung und den Unterricht zu deuten und fruchtbar zu machen. Während MECHTHILD DEHN unter Schlüsselszenen solche „Einheiten" und „Fragmente" versteht, in denen Kinder in der „Ambivalenz" (1994A, 17) zwischen Bekanntem und Unerwartetem einen Verständniszuwachs, eine Schlüsseleinsicht im Schriftspracherwerb erringen, präge ich diesen Begriff in Anwendung auf mein Thema um und spreche zur Unterscheidung von **Schlüsselsituation**. Sie unterscheidet sich von der Szene inhaltlich dadurch, dass die Kinder in den Schlüsselsituationen Selbstkonzeptaspekte äußern, die der Lehrerin respektive Versuchsleiterin neu sind, und formal dadurch, dass das Kind nicht in jedem Fall von sich aus im Moment der Situation eine neue Einsicht gewinnt. Vielmehr sehe ich ihre Schlüsselfunktion in der Interpretierbarkeit auf die geäußerten Selbstkonzeptaspekte hin. Das „Schlüsselerlebnis" hat also zunächst die für den Lehrprozess Verantwortliche. Eine Schlüsselsituation wird demnach dadurch zu einer solchen, sobald die Lehrerin respektive Versuchsleiterin im Interaktionsgeschehen aufmerksam wird, hört und im Idealfall im Sinne einer „kommunikativen Validierung" dem Kind ihre Interpretation rückmeldet. In dieser Hinsicht deckt sich mein Situationen-Begriff mit dem Szenen-Begriff von LORENZER, der darunter einen Verstehensprozess in der Interaktion zwischen zwei Personen versteht (LORENZER, in: SCHÄFER 2002, 129 A. 8). Auch sein „Übertragungsphänomen" spielt in meinem Verständnis eine Rolle: Ich gehe davon aus, dass Kinder in manchen Schlüsselsituationen Selbstkonzepte äußern, die sie in vergangenen Situationen gewonnen haben und in jede „passende" aktuelle Situation übertragen (vgl. LORENZER, in: SCHÄFER 2002, 129 A. 8). Durch rückmeldende Interpretation der Lehrerin kann es möglich werden, dem Kind seine geäußerten Selbstkonzeptaspekte bewusst und so möglicherweise einer gezielten Steuerung bzw. Umprägung zugänglich zu machen. Die Schlüsselsituation lebt also auch in meinem Verständnis von der Dialogik.

Die Schlüsselsituationen wurden als Gedächtnisprotokoll oder Transkriptionsprotokoll eines Audio- oder Videomitschnitts verschriftlicht. Im Sinne des „Stop and Memo" der grounded theory habe ich meine Interpretationen dazu notiert, diese Szenen immer wieder in Teamsitzungen vorgestellt, um so eine gewisse IntercoderInnen-Reliabilität sicherzustellen. Die Schlüsselsituationen werden im Auswertungsteil unter den entsprechenden thematischen Stichworten (Teil II Kapitel 2.2 – 2.8) jeweils am Ende vorgestellt.

Interviews und Fragebögen aus den diagnostischen Situationen

Die einzelnen Interview- und Fragebogenitems wurden mit ihren Antworten in Tabellen übertragen, in denen die Antwort jeweils dem entsprechenden Kind zugeordnet wurde. Für die Kategorienbildung nach der qualitativen Inhaltsanalyse habe ich die Antworten von den Namen getrennt, um nicht vom Blick auf die konkreten Personen (mit Geschlecht, Leistungsniveau, besondere Erinnerungen an Schulszenen usw.) beeinflusst zu sein. Ich bin die Antworten zu den einzelnen Fragen so oft durchgegangen, bis ich zu jeder die passende Kategorie gebildet hatte. Revisionen bereits gebildeter Kategorien aufgrund von neuen Überlegungen zu anderen Antworten führten mich jeweils an den Anfang der Antwortliste, um die neue Kategorie an ähnlichen Aussagen zu überprüfen. Diese Materialdurchgänge habe ich so oft wiederholt, bis ich alle Äußerungen unter die gebildeten Kategorien sammeln konnte. In manchem Fällen entstanden dabei Ober- und Unterkategorien.

Da wir zu manchem Frageintentionen zwei Fragen zu verschiedenen Zeitpunkten stellten, habe ich die Kategorien der betreffenden Fragen unter dem Stichwort der jeweiligen Frageintention zusammengefasst. So lassen sich Entwicklungen verfolgen.

Da diese aufgrund der Anlage unserer Studie nicht repräsentativ sein können, bleiben sie auf Einzelfälle bezogen.

Manche Auswertungen führten zu sehr vielen „Einzelkategorien", also solchen, die durch nur eine Aussage im Antwortpool gedeckt ist. Ich habe mich für die Bandbreite entschieden, um die Diversifikation, die die Kinder der untersuchten Klassen boten, auch auf der Ebene der Kategorien abzubilden. Eine zu sehr verallgemeinernde Oberkategorienbildung hätte diese Vielfältigkeit verschleiert und wäre damit der Realität der Kinder nicht gerecht geworden: nicht der Realität des jeweils einzelnen Kindes in seiner Äußerung; nicht der Realität des Kindes in der Klasse, das mit dieser Vielfalt lebt; und nicht der Realität der Lehrerin, die dieser Diversifikation professionell begegnen soll.

Da ich die Kategorien nicht nach der Häufigkeit ihres Vorkommens gewichtet habe, sondern nach ihrer Aussagekraft, kommen in der Darstellung zunächst *alle* Kategorien zum Zuge. Die Quantifizierung gebe ich in absoluten Zahlen an, da die Anzahl der untersuchten Kinder von 40 gut zu überblicken ist und Prozentzahlen eher den Anschein eines größeren Samples nahelegten. Auffällige Gewichtungen können bei einzelnen Kategorien also nachvollzogen werden. Die beiden Klassen behandle ich dabei als Gesamt„stichprobe", da sie sich in ihren Kontextbedingungen in dem für uns relevanten Maß ähnelten und wir diese nicht als Variablen erhoben haben.

reflexive Unterrichtssituationen

Bei dem Interview „Was ich schon gut kann" (Nr. 7)[113] zu Schuljahresbeginn habe ich die schriftlichen Äußerungen der Kinder zusammengestellt, nach Gebieten geordnet und gezählt, um eine Gewichtung der einzelnen Nennungen bzw. Bereiche der Nennungen zu ermöglichen. Das ermöglichte einen Vergleich mit der Bandbreite und Gewichtung der Nennungen zu derselben Frage im Fragebogenheftchen am Ende des Schuljahres (Nr. 6.1).

Die Identifizierung der schriftlichen Äußerungen war bei dem Interview zu Schuljahresbeginn bei den eigenen Schreibprodukten der Kinder und den Lehrerinnendiktaten gut möglich; Teile der Kinderzeichnungen blieben meiner

---

[113] Alle Nummernangaben in diesem Abschnitt beziehen sich auf Tabelle 1:   detaillierter Untersuchungsplan mit einzelnen Erhebungsitems.

Deutung überlassen. Bei den meisten Kindern konnte diese Deutung in dem Interview „Woher weißt du, dass du das kannst?" (Nr. 9) bestätigt bzw. korrigiert werden.

Das Interview „Woher weißt du, dass du das kannst?" wurde nach der Audioaufnahme transkribiert. Auch hier verfuhr ich so, dass ich neben den Text Kategorien schrieb, diese in immer neuen Durchgängen korrigierte und revidierte, bis ähnliche Äußerungen zu ähnlichen Kategorien zusammengefasst waren. Die Trennung der Kinderantworten von deren Namen war auch hier ein wichtiger Schritt, um die nötige Abstraktion zu gewährleisten. Andererseits half die exemplarische Rückbindung an das konkrete Kind, eine Situation in Verbindung mit dem Wissen um die Person zu interpretieren. Das geschah bei Schlüsselsituationen, die dieser Anbindung an eine umfangreichere Ganzheitlichkeit bedürfen.

Die beiden Portfoliofeiern (Nr. 10 und 11)[114] nehmen eine Sonderstellung ein. Die erste Feier war so organisiert, dass sie während ihres Ablaufs keiner systematischen Erhebung zugänglich war und auch nicht sein sollte. Denn es war ein erster Versuch, ein solches Leistungsgespräch, das Kindern in der Schule vor ihren Eltern (und anderen Gästen) das Wort erteilte, zu implementieren. Eine gleichzeitige Dokumentation an 40 Tischen mit je einem Kind und zwei Gästen (also 120 Menschen auf engem Raum) war audio- oder videotechnisch und schon gar nicht personell (pro Tisch eine Person, die protokolliert) möglich – vom Aufwand her nicht und weil die Atmosphäre aufgrund der ersten Erfahrung davon unbelastet bleiben sollte. Diese Feier gehörte den Kindern und ihren Gästen. Deshalb biete ich zu dieser Feier eine Kurzdarstellung einzelner ausgewerteter Gedächtnisprotokollelemente, die sich dem Zufall des Aufgeschnappten verdanken (s. Anhang C, Portfoliofeier I). Der diese Feier reflektierende Fragebogen an Kinder und Eltern (Nr. 5 bzw. 12) wurde wegen seines eher Feed-back- als Erhebungscharakters in der systematischen Auswertung nicht berücksichtigt.

Die zweite Leistungspräsentation (Nr. 11) banden wir in ein anderes Setting ein. Sie wurde per Video dokumentiert. Eine ausführliche Analyse aller Präsentationen würde den Umfang einer eigenen Untersuchung decken. Für meine Arbeit wurde die

---

[114] Eine Beschreibung unserer Portfolio-Arbeit einschließlich der beiden Portfolio-Feiern finden Sie im Anhang C.

Präsentation der Fallbeispiel-Kinder transkribiert, so dass für sie die Vollständigkeit der Erhebungen vorliegt und entsprechende Auswertungen in die Fallbeschreibungen einfließen konnten.

Einzelfallbeschreibungen

Bei den Einzelfallbeschreibungen der drei Kinder Peter, Miriam und Richi habe ich deren Antworten auf die einzelnen Erhebungen fortlaufend zusammengestellt, um im „Längsschnitt" des Erhebungsjahres zu schauen, ob und welche Profile der Selbstreflexion sich ergeben. Dazu habe ich die Kategorien der einzelnen Erhebungen nebeneinandergestellt.[115]

In der Darstellung der Gesamtauswertungen (Teil II Kapitel 2.2 bis 2.8) bin ich so vorgegangen, dass in den Kategorientabellen und -leitfäden vermerkt ist, im Bereich welcher Kategorie die Antworten der drei Kinder liegen. So können die Einzelfallbeschreibungen bei der Gesamtauswertung „mitgelesen" werden. In einer eigenen Zusammenschau (Teil II Kapitel 2.9) habe ich versucht, ein Selbstreflexionsprofil jedes der drei Kinder zu erstellen.

Erhebungen aus Elternperspektive

Die Elternperspektive wurde in zwei Fragebögen sowie qua teilnehmender Beobachtung auf Elternabenden, den Portfoliofeiern und bei sonstigen Gelegenheiten zu Elterngesprächen erhoben. Da sich meine Themenstellung ausdrücklich der Wahrnehmungs- und Deutungsarbeit der Kinder widmet, fließen einzelne Ergebnisse der elterlichen Sichtweise an geeigneter Stelle mit ein. Die Untersuchungsidee einer systematischen Korrelierung der drei Sichtweisen Kinder – Eltern – Lehrerinnen wird in den Arbeiten von Regine Morys und Gertrud Binder aufgegriffen.

---

[115] S. Anhang D 1.2, D 2.2, D 3.2.

Erhebungen aus Lehrerinnenperspektive

Alle Lehrerinnen, die an den Erhebungen sowie an den Fortbildungen (s. Feldbetreuung) teilnahmen, erhielten am Ende der ersten eineinhalb Jahre Fortbildung und Erhebungsarbeit einen Fragebogen zur Reflexion der gemeinsamen Arbeit. Ich habe die Fragebögen der Lehrerinnen meiner untersuchten Klassen sowie einzelne ihrer per Gedächtnisprotokoll dokumentierten Äußerungen während der Erhebungsarbeit da herangezogen, wo sie die Kinderperspektive ergänzten oder stützten. Widersprüchliche Ergebnisse waren nicht zu verzeichnen.

Kommunikative Validierung

Diesem Anspruch[116] konnte ich lediglich bei der Erhebung „Was ich schon gut kann!" zu Schuljahresbeginn nachkommen, indem ich bei der Folgeerhebung „Woher weißt du, dass du das gut kannst?" meine Deutungen der zeichnerischen Äußerungen den Kindern zur Bestätigung bzw. Korrektur anbot.

Eine Validierung auf der Sprachebene der Kategorien hielte ich aus momentaner Sicht für eine semantische Überforderung der Kinder. Es wäre eine eigene Untersuchung wert, wie und inwieweit das mit Kindern dieses Alters zu bewerkstelligen ist. Neben dieser Problematik hätte die Fülle der Erhebungen die Möglichkeiten der Validierung bei allen ProbandInnen überstiegen.

Eine andere Form der „Rückmeldung zwecks Bestätigung oder Korrektur" habe ich in manchen Interviewsituationen angewandt, wo ich den spontan erfassten Selbstkonzeptanteil in Form der „Verbalisierung des Ungesagten" bzw. der „Verbalisierung emotionaler Erlebnisinhalte" (letzteres nach C. ROGERS) spiegelte, um Bewusstmachung zu erreichen und dadurch den Raum für eine Stellungnahme zu gewähren (Beispiel Miriam „Ich weiß nicht", s. Teil II Kapitel 2.3).

Kategoriendiskussion durch mehrere InterpretInnen/IntercoderInnen-Reliabilität

Dieser Anspruch der grounded theory kam in abgewandelter Form, auch bei Auswertungen nach der qualitativen Inhaltsanalyse, zur Anwendung. Ich habe die gebildeten Kategorien mit ihren Ankerbeispielen in verschiedenen

Projektteamsitzungen besprochen, wo nötig umbenannt und neu gruppiert. Der Projektleiterin waren die Kinder von Anfang an aus punktuellen Begegnungen und vielfältigen Auswertungspräsentationen einschlägig bekannt. Eine der Mitarbeiterinnen kannte die Kinder durch ihre Nachfolgearbeit in den betreffenden Klassen sehr gut. Die dritte Kollegin war mit der Art der Arbeit in anderen Zusammenhängen vertraut.

Auswahl der ausgewerteten Erhebungen

Aus dem Erhebungsplan wird deutlich, welche Erhebungen ich für die Auswertung ausgewählt habe. Die Kriterien der Auswahl für die Kinderperspektive fand ich nach einem ersten Auswertungsdurchgang durch das Material, bei dem deutlich wurde, welche Daten diskussionsfähige Ergebnisse zeitigten.

In den folgenden Abschnitten 2.2 bis 2.8 führe ich die Untersuchungsergebnisse, nach Frageintentionen geordnet, aus.

Die Abschnitte sind folgendermaßen aufgebaut:

- Am Anfang findet sich eine **Übersicht über die Erhebung** bzw. das/die **Erhebungsitem(s)**, auf das/die sich die Ausführungen beziehen (vgl. Tabelle 2: Darstellungsraster der Untersuchungsergebnisse).

    Lesehinweise:

    - Die Anführungszeichen bei einer Frage bedeuten, dass sie im Interview gestellt wurde. Ohne Anführungszeichen vermerkte Fragen entstammen Fragebögen.
    - Die Nummer bei den Erhebungen bzw. Erhebungsitems entstammen dem Untersuchungsplan; Nr. 3.1 bedeutet: Erhebung Nr. 3, Frage 1)

Erhebungen / Erhebungsitems: (Erhebungs-Nr.)		
Erhebungszeitpunkt		
Erhebungssituation		

Tabelle 2:   **Darstellungsraster der Untersuchungsergebnisse**

---

[116] Petillon fordert für Forschungen, die die Kinderperspektive zu Grunde legen, eine „"Rückversicherung" durch die Kinder". Bisher seien sie dort selten zu finden. Die Frage des Erhebungsalters thematisiert er dabei nicht (2002, 19).

- Im zweiten Schritt präsentiere ich die gefundenen **Kategorien im tabellarischen Überblick mit quantitativen Angaben.**
- Es folgt der **Kategorieleitfaden**, in dem ich die einzelnen Kategorien erläutere und mit **Ankerbeispielen** belege. Diese sind drucktechnisch eingerückt, enthalten die wörtliche, meist dialektal gefärbte Transkription der Kinderantworten bzw. wörtliche Übernahme der Kinderverschriftungen und zusätzlich die hochsprachliche Übersetzung.
- Danach stelle ich in den **Fallbeschreibungen** jeweils die kapitelspezifischen Äußerungen der drei ausgewählten Kinder zusammen, so dass deren Einordnung in die Gesamtdarstellung des jeweiligen thematischen Rahmens möglich ist.
- Am Ende des Teilkapitels beschreibe ich, wo vorhanden, **Schlüsselsituationen**, die sich in kapitelbezogenen Erhebungszusammenhängen finden ließen.

2.2. Fähigkeitsattribuierungen als Ausdruck der kindlichen Wahrnehmungs- und Deutungsarbeit

Erhebungen / Erhebungsitems: (Erhebungs-Nr.)	„Woher weißt du, dass du das kannst?" (Nr. 9)	Warum kannst du das so gut? (Nr. 6.2)
Erhebungszeitpunkt	7. Schulwoche an 2 Schulvormittagen jeweils 10.25 – 11.50 Uhr	36. und 37. Schulwoche
Erhebungssituation	während des Unterrichts – im Rahmen einer Stationenarbeit; Station gehörte zum Wahlbereich; ich führte als Versuchsleiterin das Interview; die Stationen wurden von beiden Klassen gleichzeitig bearbeitet – bei offenen Klassenzimmertüren und eingerichteten Stationen in den beiden Klassenzimmern und auf den Schulfluren.	während des Unterrichts; gemeinsame Vorbesprechung; Ausfüllen in Einzelarbeit

Tabelle 3: Übersicht zum Erhebungsbereich *Fähigkeitsattribuierungen*

Um die Fähigkeitsattribuierungen auf die jeweiligen Fähigkeiten beziehen zu können, ist ein Blick auf die Nennungen der Kinder zu der jeweils vorangegangenen Frage

„Was ich schon gut kann" (Nr. 7) bzw. „Was kannst du besonders gut?" (Nr. 6.1) erforderlich. Beide Fragen initiierten eine leistungsthematische Selbstzuwendung: im ersten Fall als reflexive Unterrichtssituation, die die Kinder zunächst im Unterricht beispielhaft besprachen, um sie dann schriftlich für sich auf einer Figur[117] zu beantworten. Die Äußerungsform war ihnen frei gestellt: zeichnen, malen, schreiben. Lehrerinnendiktat. Die zweite Frage wiederholte die erste im zeitlichen Abstand fast eines ganzen Schuljahres. Hier war sie an exponierter Stelle, als Eingangsfrage, in einem Fragebogen platziert. Sie griff den Titel des ganzen Fragebogenheftchens - „Das kann ich schon!" - auf und sollte zur Ressourcenvergewisserung zu Beginn des Selbstreflexionsprozesses führen. Der Fragebogen wurde vor dem Ausfüllen durch die Kinder im Unterricht besprochen. Es lässt sich nicht mehr nachvollziehen, ob und wenn ja wie die Lehrerin die erste Frage eingeführt hat. Als offene Frage gab sie Raum für eine schriftliche Äußerung. Zeichnen war natürlich nicht verboten, aber von der äußeren Form her nicht naheliegend (vorgegebene Schreiblinien).

Hier die Liste der Nennungen von beiden Fragen. Ich habe sie nach Bereichen (grau unterlegt) geordnet.

2.2.1   Tabellen und Kategorienleitfaden

„Was ich schon gut kann!" (Nr. 7) Kategorien mit einzelnen Nennungen[118]	M Mäd- chen	J Jun- gen	ges. Gesamt- anzahl d. Kinder	Fall- beschrei- bungen
n: Klasse 1a	8 (8)	12 (12)	20 (20)	
Klasse 1b	7 (7)	11 (12)	18 (19)	

---

[117] Beispiele von beschrifteten Figuren s. Anhang D 1.1, D 2.1, D 3.1– bei Peter, Miriam und Richi.

[118] Von den beschrifteten Figuren habe ich ausgewertet:
- was die Kinder selbst geschrieben haben;
- was die Lehrerin auf das Diktat der Kinder hin geschrieben hat;
- die Zeichnungen, die eindeutig zu erkennen waren.

Weiterhin sind in diese Tabelle Äußerungen der Kinder im Interview „Woher weißt du, dass du das gut kannst?" (Erhebung 9.) eingeflossen, denn dort konnte manche schwer erkennbare Zeichnung der Kinder geklärt werden.

	22	37	59	
Schule	**22**	**37**	**59**	
• rechnen	1	1	2	
- Aufgabe	-	1	1	
• schreiben	-	-	-	
- der eigene Name	2	1	3	
- Wortbeispiele	6	8	14	Richi
- Buchstaben(verbindungen)	4	8	12	
- Würfeloberfläche	1	3	4	
- Zahlen(folgen)	-	3	3	
- „Mimi"	2	-	2	Richi
• lesen	5	8	13	Richi
• hochdeutsch sprechen		3	3	
• wissen, wie die Schwester aussieht	-	1	1	
	1	-	1	
spielen – kreative Gestaltung (z.T. Aktivitäten aus vorschulischen Institutionen wie Kindergarten)	**13**	**20**	**33**	
• spielen	-	4	4	Peter
- mit Mimi	1	-	1	
- mit Autos	-	3	3	Richi
- Schach	-	1	1	
- Dino	-	1	1	
- Flugzeug	-	1	1	
• malen	5	1	6	
(nur dann erwähnt, wenn das Kind es verbal genannt hat)				
- Muster	1	-	1	
- Sterne	1	-	1	
- Blumen, schön	1	-	1	
- Zahlen	-	1	1	
- „gerne" mit Wasserfarben malen	1	-	1	
- Fransen	1	-	1	
• basteln	1	2	3	
• puzzeln	1	2	3	
• Lager bauen	-	1	1	
• Dinosaurier(skelette) aufbauen	-	2	2	
• Wald aufbauen	-	1	1	
Körpererprobung	**0**	**1**	**1**	
• kämpfen	-	1	1	
Musik machen	**6**	**1**	**7**	
• singen	3	-	3	
• Flöte spielen	1	-	1	
- „Alle meine Entchen" auf der Flöte spielen	1	-	1	
• „Alle meine Entchen"	1	-	1	
• Keyboard	-	1	1	

Bewegung - Sport (mit und ohne Gerät)	14	34	47	
• spazieren gehen	1	-	1	
• Fangen spielen	1	-	1	
• Fahrrad fahren	4	7	11	
• mit dem Fahrrad hüpfen	1	-	1	Miriam
• mit der „Mimi" Fahrrad fahren	-	1	1	
• Inliner fahren	5	5	10	
• City-Roller fahren	-	1	1	
• Fußball	-	-	-	
- spielen	-	4	4	Peter
- zugucken	-	1	1	
• Baseball	-	1	1	Peter
• Football	-	1	1	Peter
• mit Ball spielen	-	1	1	
• rennen	-	1	1	
• joggen	-	1	1	
• schwimmen	2	2	4	
• tauchen	-	3	3	
• vom Sprungbrett springen	-	1	1	Peter
• Schlittschuhe fahren	-	1	1	
• boxen	-	1	1	
• Gewicht heben	-	1	1	Peter
• Brücken fahren (?) (in der Erklärung: über Brücken laufen)	-	1	1	
Natur erleben und gestalten	2	4	6	
• gerne draußen spielen	1	-	1	
• (auf den Baum) klettern	1	2	3	
• Baumhaus bauen	-	2	2	
Umgang mit Tieren	1	8	9	
• Heuschrecken fangen/sammeln	1	-	1	Miriam
• mit Tieren sprechen	-	2	2	
• mit meiner Katze sprechen	-	1	1	
• mit dem Bussard sprechen	-	1	1	
• mit Tieren umgehen	-	1	1	
• mit Fröschen umgehen	-	1	1	
• „wissen", wie Krokodile angreifen	-	1	1	
• Insekten sammeln	-	1	1	
Lebensmittelzubereitung	2	0	2	
• kochen	1	-	1	Miriam
• Kuchen backen	1	-	1	Miriam
Verkehrsverhalten	0	1	1	
• auf den Verkehr achten	-	1	1	

Mediennutzung und Umgang mit Technik	4	10	14	
• Fernsehen gucken/glotzen	-	2	2	
• Video glotzen	-	1	1	
• Videos einlegen	-	1	1	
• Stereo hören	-	1	1	
• Computer spielen	3	2	5	
• CD brennen	1	-	1	
• Kabel legen	-	1	1	
• mit elektrischer Eisenbahn umgehen	-	1	1	
• Schienen zusammenstecken	-	1	1	
Beziehungen	1	0	1	
• mich in ... verlieben	1	-	1	
Erholung / Für-Sich-Sein	0	1	1	
• schlafen	-	1	1	Peter

Tabelle 4: Ergebnisse *Fähigkeitsbereiche* „Was ich schon gut kann!", Erhebung 7 (3./4. Schulwoche)

Was kannst du besonders gut? (Nr. 6.1) Kategorien mit einzelnen Nennungen *kursiv = neue Nennung (im Vergleich zur Erhebung Nr. 7)*	M	J	ges.	Fall-beschreibungen
n: Klasse 1a	8 (8)	13 (13)	21 (21)	
Klasse 1b	8 (8)	13 (13)	21 (21)	
Schule	14	17	31	
• rechnen (plus), Mathematik	8	7	15	Peter („plus"), Miriam
• schreiben	3	5	8	Peter
- *Buchstaben*	0	2	2	
- *das ABC*	0	1	1	
• lesen	1	1	2	
• *Wochenplan*	1	1	2	Peter
• *leise sein*	1	0	1	
spielen – kreative Gestaltung (z.T. Aktivitäten aus vorschulischen Institutionen wie Kiga)	1	5	6	
• spielen	0	1	1	
• malen	0	3	3	
- *Pferde*	1	0	1	
• *Dino spielen*	0	1	1	

Bewegung - Sport (mit und ohne Gerät)	8	20	28	
• Sport	1	1	2	
• Fahrrad fahren	1	5	6	
• Inliner fahren	0	2	2	
• Fußball	0	3	3	Richi
- als Torwart kann ich als bester	0	1	1	
• Handball	0	1	1	
• rennen	0	2	2	
• schwimmen	3	4	7	
• Schlittschuhe fahren	1	0	1	
• Kerzen machen	1	0	1	
• Kopfsprung	0	1	1	
• Kopfstand	1	0	1	
Natur erleben und gestalten	0	1	1	
• klettern	0	1	1	
Mediennutzung und Umgang mit Technik	0	2	2	
• Fernsehen gucken/glotzen	0	1	1	
• Eisenbahnen auf die Schienen setzen	0	1	1	

Tabelle 5: Ergebnisse *Fähigkeitsbereiche:* **Was kannst du besonders gut?,**
Erhebung 6.1 (36. und 37. Schulwoche)

Die Häufigkeiten der Nennungen verteilen sich unterschiedlich:

Schulwoche 3 und 4:   h 92 von n 30

Schulwoche 36 und 37:   h 68 von n 41

Haben in der dritten und vierten Schulwoche 30 Kinder 92 Antworten gegeben, im Durchschnitt jedes Kind drei, so fanden sich am Ende des Schuljahres von 41 Kindern 68 Aussagen, pro Kind zwischen einer und zwei Aussagen, also eine deutliche Reduzierung. Das zu deuten fällt schwer, da die Kontextbedingungen der Frageeinführung im zweiten Fall nicht mehr nachvollziehbar sind: Hat die Lehrerin die erste Frage des Fragebogens ähnlich ausführlich „besprochen" wie zu Schuljahresbeginn, wo diese Frage die einzige war? Die Aufgabenstellung – hier *eine* Frage, dort *eine Frage von vielen* – könnte für die Kinder einen Unterschied in der Intensität, mit der sie sich der jeweiligen Frage widmeten, ausgemacht haben. Möglich wäre natürlich auch, dass die Wahrnehmung der eigenen Fähigkeiten geschmälert wäre. Mögliche Gründe könnten aber auch in der unterschiedlichen Formulierung der Frage liegen: „gut" und „besonders gut" kann für ein Kind nach einem Jahr Schule nach einer unterschiedlichen Leistungseinstufung klingen; das mag die Anzahl der Nennungen reduzieren.[119]

Für die letzte Annahme spricht, dass die Kinder kurz nach Schulbeginn Fähigkeiten in zwölf Bereichen nennen, während es am Ende des ersten Schuljahres nur noch fünf Bereiche sind. Zu beiden Befragungszeiträumen dominieren die Nennungen in den Bereichen *Schule* und *Bewegung/Sport (mit und ohne Gerät)*, letzteres übertrifft im Oktober sogar die Häufigkeit im Bereich *Schule*. *Spielen/kreative Gestaltung* bleibt ein weiterer häufiger genannter Bereich.

Insgesamt fällt auf, dass die Diversifikation der Nennungen zurückgegangen ist. Eine Ausnahme ist zu nennen: Im Bereich *Schule* findet sich am Ende des Schuljahres eine Aufgliederung des *Schreibens* in *Buchstaben* und *ABC*. Das scheint die im Schuljahr vertiefte Kenntnis des Fachbereichs Schreiben wiederzuspiegeln. Es stellt sich die Frage, ob Unterricht, der die Metakognitionen in der Leistungsthematisierung Sachkriterien-orientierter als wir es getan haben anlegt, eine noch größere Differenziertheit generieren könnte.

Kategorien Fähigkeitsattribuierungen	Nr. 9 (7. Schul- woche)			Nr. 6.2. (37. u. 38. Schul- woche)			Fallbeschreibungen
	M	J	ges.	M	J	ges.	
n: Klasse 1a	7 (8)	8 (12)	15 (20)	8 (8)	13 (13)	21 (21)	
Klasse 1b	3 (7)	9 (12)	12 (19)	8 (8)	13 (13)	21 (21)	
able by doing /Verweis auf Leistungsvollzüge „*Ich tue, also kann ich.*"	22	27	49	1	2	3	
• Verweis auf Realisationen	20	24	44	1	2	3	
- wiederholt	19	21	40	1	0	1	Miriam 9. Peter 9.
- beispielhaft	0	1	1	0	1	1	
- habitualisiert	0	2	2	0	1	1	Peter 6.2.
• Strategiewissen	1	0	1	-	-	-	

---

[119] Verwiesen sei auf eine Parallele zu ANDREAS HELMKE (1998, 119f), der im Rahmen der LOGIK-Studie im ersten Schuljahr ebenfalls einen „Abfall" des Fähigkeitsselbstkonzeptes feststellt. Auch wenn die LOGIK-Studie – anders als wir - das Fähigkeitsselbstkonzept als Selbsteinschätzung im sozialen Vergleich (a.a.O. 117f) erhoben hat, hat dieses „parallele" Ergebnis möglicherweise ähnliche Ursachen.

• Präsentation des Könnens:	2	3	5	=	=	=	
- verbal mit gestischer Simulation	1	3	4	-	-	-	Miriam 9.
- vollziehend	1	0	1	-	-	-	
Besitz des Leistungsmediums „Ich habe, also kann ich"	1	8	9	0	1	1	Peter (2x) 9.
Mitwirkung „Wir tun es gemeinsam, also kann ich"	5	8	13	1	2	3	
• signifikanter Anderer	4	7	11	1	3	4	
• eigene – „pars pro toto"	1	1	2	-	-	-	Miriam 9.
persönliche „Investition"	3	6	9	11	8	19	
• Üben	0	1	1	8	6	14	
• Ergebnis des Lernprozesses	3	5	8	3	2	5	Richi (2x)
Fähigkeitsselbstkonzept	0	1	1	2	4	6	
• global	0	1	1	1	2	3	
• Teil-Fähigkeitsselbstkonzept	-	-	-	1	2	3	Miriam 6.2.
Orientierung am Objekt	2	2	4	-	-	-	
sachorientierte Erfolgskriterien	3	1	4	2	0	2	
Gewahrsein günstiger sachlicher Gegebenheiten	0	1	1	-	-	-	
Gewahrsein relevanter Dispositionen	0	1	1	-	-	-	
Leistungsvermögen	1	8	9	0	3	3	
• Taxierung des Schwierigkeitsgrades	1	1	2	-	-	-	
• Einschätzung des subjektiven Leistungsvermögens	-	-	-	0	3	3	Richi 6.2.
• Positionierung	0	6	6	-	-	-	Peter 9.
• Antizipation	0	1	1	-	-	-	
„Ich möchte, also kann ich"							
Gewahrsein von Leistungsentwicklungen	0	3	3	=	=	=	
• individueller Fortschritt	0	1	1	-	-	-	
• abgeschlossener Entwicklungsprozess	0	2	2	-	-	-	
Verweis auf reflexive Werkzuwendung	3	0	3	-	-	-	Miriam 9.
Strategiewissen	0	1	1	0	2	2	Peter 9.
Rückmeldung durch signifikante Andere	1	0	1	-	-	-	
Tätigkeitsfreude	-	-	-	0	2	2	

Ort des Fähigkeitserwerbs	1	1	2	-	-	-	
verbale Bekräftigung	2	5	7	0	1	1	
unverständlich	-	-	-	0	4	4	

Tabelle 6: Kategorien *Fähigkeitsattribuierungen*

Kategorienleitfaden

Erhebung Nr. 9, „*Woher weißt du, dass du das gut kannst?*", fand in der siebten Schulwoche im Rahmen einer Stationenarbeit statt, an der beide Klassen gleichzeitig arbeiteten. Ich saß als Versuchsleiterin an einer Station, die Figuren aus Erhebung Nr. 7, die drei bzw. vier Wochen vorher stattgefunden hatte, waren in dem räumlich abgegrenzten Bereich an einer Schnur mit Klammern befestigt. Die Teilnahme an der Station war freiwillig. Wenn ein Kind auf mich zukam, durfte es zunächst seine „Was ich schon gut kann"-Figur suchen und mit zum Gesprächstisch bringen. Die darauf notierten oder gemalten Fähigkeiten dienten als Gesprächseinstieg und -leitfaden. Die Dialoge wurden mit Audio- und Videogeräten mitgeschnitten.

Frage 6.2, *Warum kannst du das so gut?*, in der 36. und 37. Schulwoche war Bestandteil des Fragebogenheftchens: „Das kann ich schon!". Sie folgte, im Unterschied zu Erhebung 7 und 9, die mehrere Wochen trennte, direkt auf die Eingangsfrage „Was kannst du besonders gut?" und war jetzt schriftlich zu beantworten, d.h. mögliche weitere Anregungen durch ein Gespräch entfielen, worauf sicherlich die geringere Ausführlichkeit der Antworten zurückzuführen ist.

Die Kategorien liegen in einer breiten Diversifikation vor. Ein erster Blick auf die Häufigkeitsverteilung offenbart erste Tendenzen:
Bei der ersten Erhebung (9.) in der siebten Schulwoche erweisen sich die Kategorien **able by doing oder Leistungsvollzug, Mitwirkung, Besitz des Leistungsmediums** und mit ein wenig Abstand **persönliche „Investition", Leistungsvermögen** und **verbale Bekräftigung** als führend.
Neun Monate später, in der Fragebogenerhebung 6.2, ergibt sich folgendes Ranking: **persönliche „Investition", Fähigkeitsselbstkonzept** und mit gleicher Nennung **able by**

doing/Leistungsvollzug, Mitwirkung und **Einschätzung des subjektiven Leistungsvermögens.**

Welche Kindereinsichten verbergen sich hinter den Kategorien? Ich stelle sie nach Häufigkeitsschwerpunkten vor.

Die Kategorie **able by doing** oder **Leistungsvollzug** ist mit ihren vielfältigen Unterkategorien am weitaus häufigsten zu Schulbeginn vertreten. Paraphrasiert in Kindermund gelegt könnte sie lauten **„Ich tue, also kann ich.“** Kinder haben dabei die Frage nach der Attribuierung mit dem schlichten Verweis auf bereits durchgeführte entsprechende Tätigkeiten beantwortet. Kriterien irgendwelcher Art spielten dabei keine Rolle. Die Unterkategorien **Verweis auf Realisationen** bzw. **Präsentation des Könnens** unterscheiden sich in der Präsentationsform des Leistungsvollzuges. Manche der Fähigkeiten waren in der Interviewsituation nicht aktuell vollziehbar (z.B. Kuchen backen, schreiben), so dass die Kinder auf sie verwiesen haben:

- **wiederholt:**

  „Ja, ich schreibe manchmal." (Dilec 9.)

  „Weil ich oft male." „Ich habe viel geschrieben." (Gundula 9.)

Die wiederholte Ausführung einer Tätigkeit ist für die Kinder Beweis ihrer Fähigkeit. Diese Begründung war sieben Wochen nach Schulbeginn das überwiegende Argument.

- **beispielhaft:**

  „Auf der Straße einen Igel aufgelesen, ja aber der war noch lebendig." (Rolf 9.)

  „Weil ich sie (die Buchstaben, U.G.) so gut schreiben konnte." (Timo 6.2)

Diese Kinder belegen mit einmaligen Beispielformulierungen, dass sie etwas können.

- **habitualisiert:**

  „Weil ich schon 'ne Weile fahr'." (Tom 9.)

Dieses Können ist für das Kind schon eine vertraute, eingespielte Fähigkeit. Die Formulierung legt nahe, dass das Kind sein Können ein Stück mehr als Teil seiner Persönlichkeit sieht als wenn es nur auf die wiederholte Tätigkeit verwiesen hätte.

- **Strategiewissen:**

  „Und da hab' ich also gezählt und da hab' ich's gewusst." (Sabine, nach dem Fingerrechnen 9)

Sabine erklärt, wie sie zu ihrem Ergebnis gekommen ist, das sie zu der Überzeugung geführt hat, sie könne gut rechnen. Hier liegt ein erstes sach- bzw. prozessorientiertes Kriterium vor.

Die **Präsentation des Könnens** haben Kinder gewählt, die von einer Fähigkeit sprachen, die sich in der Interviewsituation vorführen bzw. gestisch simulieren ließ. Dabei kamen zwei Varianten vor:

- **verbal mit gestischer Simulation:**

    „Und wenn die (Eisenbahnschienen, U.G.) auseinander machen willsch, brauchsch se ja bloß so umknicken, dann gehen sie schon auseinander, zerbrechen und zusammenstecken, einfach so zusammenstecken." / „Und wenn du die auseinander machen willst, brauchst du sie ja bloß so umknicken, dann gehen sie schon auseinander, zerbrechen und zusammenstecken, einfach so zusammenstecken." (Julius 9.)

    Julius hat seine Erzählung plastisch mit Gesten unterstützt. Er „beweist" seine Fähigkeit durch seine vorführende Erklärung.

- **vollziehend:**

    „Weil ich weiß ich 1 + 1 hab' ich gerechnet, gibt 2, das gibt 2; und 2 + 2 gibt 4." (Sabine 9.)

    Sabine vollzieht den Rechenakt als Beweis ihrer Fähigkeit.

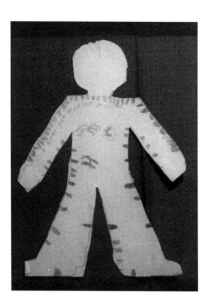

Abbildung 6: Figur „Was ich schon gut kann!" (Nr. 7) Dieses Kind kann nach eigener Einschätzung gut Fransen malen. Es hat diese Fähigkeit durch eine aktuelle Realisation ausgedrückt. Den Text hat es erst nach der ersten Irritation der Lehrerin diktiert. Die Irritation war beim Präsentieren der ausgefüllten Figur entstanden. Niemand von uns Erwachsenen hatte erkannt, welche Fähigkeit das Kind mit den gemalten Fransen ausdrücken wollte. Es war zunächst der Eindruck entstanden, das Kind hätte die Aufgabe falsch verstanden. Ob das Kind „erst" durch dieses Missverständnis und das Beispiel anderer Kinder darauf aufmerksam geworden ist, dass es seine Fähigkeit auch metakognitiv ausdrücken kann, oder ob ihm der Weg der aktualisierten Fähigkeit näher lag, blieb offen.

Die Attribuierung **„Ich tue, also kann ich"** wird am Schuljahresende auffallend weniger häufig genannt als zu Beginn. Es ist zu vermuten, dass nach einem Jahr Schule, in dem die ausgeführten Tätigkeiten eine sachorientierte, kriteriale Rückmeldung erfuhren (Hinweise auf Richtiges und Benennen von Fehlern), Kinder bemerkt haben, dass die Tatsache des Ausführens noch kein Gütekriterium ist – auch wenn in Klassenzimmern häufig die kriterienfernen Pauschalurteile „toll", „super", „hast du gut gemacht" fallen. Sie haben Formen der *Beurteilung* von Tätigkeiten und Werken kennengelernt.

Zu dieser Begründung passt auch die in der siebten Schulwoche noch häufige Argumentation mit dem **Besitz des Leistungsmediums**, paraphrasiert zusammenfassbar als: **„Ich habe, also kann ich"**[120]:

VL'in: „Woher weißt du, dass du gut Inliner fahren kannst?"
Emanuelos: „Weil ich hab' Inliner." (9.)

VL'in: „Woher weißt du, dass du gut Keyboard spielen kannst?"
Theo: „Weil i oins han." / "Weil ich eins habe." (9.)

In Erwachsenenaugen erscheinen diese Begründungen realitätsfern. Für Kinder verwirklicht sich darin möglicherweise eine erste Annäherung an Fähigkeiten durch Nachahmung dessen, was sie von einer Fähigkeitsausübung an äußerer Tätigkeit bei Erwachsenen wahrnehmen, z.B.: Es gibt Kleinkinder, die nehmen ein Buch zur Hand, schlagen es auf, schauen hinein – um sich dem Lesen zu nähern. Sie vollziehen dabei nach, was sie bei dieser Fähigkeit an äußerer Tätigkeit beobachten. Oder – wie kürzlich in der Schulpraxis erlebt, wo Studierende häufig „hinten" sitzen und mitschreiben. Ein paar ZweitklässlerInnen nahmen auf den Stühlen der Studierenden Platz, hielten einen Block vor sich, schrieben darauf („Gekritzel") und verkündeten: „Wie sind jetzt Studenten."

Vielleicht spricht aus den Aussagen zum Besitz des Leistungsmediums auch ein Stück magisches Weltbild. In jedem Fall gerät diese Vorstellung in der Schule an die Grenzen des Sachanspruchs, den jede Aufgabe kennzeichnet. Zu glauben, dass eine Fibel zu besitzen bedeutet, „Ich kann lesen" dürften die Kinder im besten Sinn des Wortes im Verlauf des Schuljahres „verlernt" haben.

Bei der Attribuierung **Mitwirkung** – paraphrasiert: **„Wir tun es gemeinsam, also kann ich"** - unterscheiden die Kinder zwei Richtungen:

- die **Mitwirkung signifikanter Anderer:**

   „Davidos hat es mir beigebracht." (Rolf 9.)

Hier wird ein Vermittlungsprozess angesprochen, an den wohl auch gedacht ist, wenn Kinder ohne Personennennung eine Vermittlungsinstanz nennen:

   „weil ich im Schwimckurs bien." / „Weil ich im Schwimmkurs bin." (Richard 6.2.)

---

[120] Diese Formulierung verdanke ich einer „verbalen Spontangeburt" meiner Kollegin Gertrud Binder in einem Gespräch zur Absicherung der IntercoderInnen-Reliabilität.

- **eigene Mitwirkung:**

„Da helf ich meiner Mama immer." (Miriam 9.)

Sie beschreibt dabei, wie sie das Mehl in den Teig gibt, und bezeichnet das im Sinne einer „pars pro toto"-Teilhabe als „Ich kann gut Kuchen backen."

Auch diese Attribution nimmt im Verlauf des Schuljahres ab. In der Schule ist die häufigste Leistungserfahrung: Ich muss alleine etwas tun – zumindest wenn es um Bewertungen geht. Bewertbare Tests im Sinn von Einzelleistungen fanden in beiden Klassen regelmäßig statt.

Die **persönliche „Investition"** gliedert sich in zwei Unterkategorien, die im Laufe des Schuljahres eine deutliche Gewichtsverlagerung erleben. Kurz nach Beginn der Einschulung sprechen die Kinder vom „Lernen":

„weil i des glernt han." / "Weil ich das gelernt habe." (Thea 9.)

„weil ich gut rechnen gelernt habe" / „Weil ich gut rechnen gelernt habe." (Gundula 6.2)

Ich habe diese Aussagen zur persönlichen Investition gezählt, weil Lernen immer ein ureigener subjektiver Akt ist. Niemand kann für eine/n Andere/n lernen. Jede/r muss dabei individuelle Kräfte investieren. In den Äußerungen der Kinder bleibt eine nähere Bestimmung ihres Lernbegriffs allerdings verborgen.

Bei der zweiten Erhebung findet sich das Lernen erneut. Auffällig ist, dass jetzt, nach weiteren neun Monaten Schule, eine andere Vokabel die Antworten erobert:

„Wail ich geüb hab" / „Weil ich geübt habe." (Ariel 6.2)

„Weil ich am am Amfaen filgeüb habe." / „Weil ich am Anfang viel geübt habe." (Jan 6.2)

„Weil ich Mit meinenRechen trener fertikbin." / „Weil ich mit meinem Rechentrainer fertig bin." (Anna 6.2)

Durch Übung kann in den Augen der Kinder eine Fähigkeit erworben werden. An welche Strategien des Übens sie denken, ist nicht Gegenstand ihrer Äußerung. Anna benutzt das Wort „üben" nicht, sondern verweist auf ein erledigtes Pensum, das in ihren Augen allein durch die Tatsache der Fertigstellung die Fähigkeit zu sichern scheint.

Es ist interessant, dass das Üben erst am Ende des Schuljahres als Attribuierungsmuster auftaucht, am Anfang überhaupt nicht genannt wird. Dabei ist den Kindern die Tätigkeit des Übens, wie es Erwachsene häufig verstehen, durchaus vertraut: etwas immer wieder tun, bis man es kann. Wie sich bei der Kategorie **able by doing** gezeigt hat, benennen die Kinder diese Form des Fähigkeitserwerbs anders, nämlich indem sie sagen, dass sie etwas wiederholt getan haben. Sie verstehen das wohl nicht als Aneignungsweg, sondern als vermehrt vorliegenden Beweis ihres Könnens. Wahrscheinlich liegt diesem wiederholten Tun auch nicht die Absicht einer Fähigkeitssicherung wie beim Üben zu Grunde.

Die Kategorie **Fähigkeitsselbstkonzept** konnte hauptsächlich aus Antworten des zweiten Erhebungszeitpunktes generiert werden. Sie bildet zwei Unterkategorien aus:

- **globales Fähigkeitsselbstkonzept:**

  „Und ich bin auch gut meistens" (Jan 9.)

  „Weil ich so Filgutkn" / „Weil ich so viel gut kann." (Claudia 6.2)

Diese Kinder sehen ihre Fähigkeit als ziemlich gefestigten Teil ihrer Persönlichkeit. Kriterien oder sachorientierte Beweise entfallen.

- **Teilfähigkeitsselbstkonzept:**

  „wegen ich ... Läufer bien über 2,7 Kilomerer" / „Weil ich Läufer bin über 2,7 Kilometer." (Sebastian 6.2)

  „Weitiches einfa ch gut kann" / „Weil ich es einfach gut kann." (Karsten 6.2)

Diese Kinder beziehen ihre Selbstkonzepte auf Teilbereiche: Sebastian benennt den Bereich, bei Karsten scheint er im Personalpronomen „es" auf. Sebastian formuliert nicht nur ein Können, sondern geradezu ein „Sein".

Die Kategorie Fähigkeitsselbstkonzept vereinigt bei der zweiten Befragung die zweithöchste Anzahl der Nennungen auf sich. Im Laufe eines knappen Schuljahres scheinen sich also bei einigen Kindern (einem Siebtel des Gesamtsamples) festere Leistungsselbstkonzepte ausgebildet zu haben.

Neben diesen schwerpunktmäßigen Kategorien ließ sich aus den Antworten des zahlenmäßig überschaubaren Samples eine große Kategorienvielfalt generieren. Sie spiegelt die Diversifikation der Attribuierungsmuster wider. Ich will ihr deshalb Geltung verschaffen, indem ich jede Kategorie erläutere.

Die **Orientierung am Objekt** vermittelt einen engen Sachbezug:

VL'in: „Woher weißt du, dass du gut Sterne malen kannst?"

Carlotta:	„Vom Himmel."
VL'in:	„Und woher weißt du, dass du gut Blumen malen kannst?"
Carlotta:	„Von der Wiese." (9.)

Es klingt zunächst wie eine Antwort auf die Frage „Woher weißt du, wie man Sterne bzw. Blumen malt?" Aber die Sachlage ist anders. Vermutlich macht die Vorlage „Sterne am Himmel" und „Blumen in der Wiese" im Vergleich mit ihrem Malprodukt die Fähigkeit evident. Man hat den Eindruck, Carlotta ist in direktem Dialog mit den Dingen, ohne Vermittlung.

In einem weiteren wird der Aspekt der Nachahmung deutlich angesprochen:

> „Des kann man von die Tiere, die Sprachen. Die Tiere, also, die verstehn mich. Das weiß ich, weil ich tu ihre Stimme nachmachen." / „Das kann man von den Tieren, die Sprachen. Die Tiere, also, die verstehen mich. Das weiß ich, weil ich tu ihre Stimme nachmachen." (Rolf 9.)

Er spricht nicht davon, dass er um das Verstehen der Tiere weiß, weil sie ihm etwa „antworten" oder tun, was er ihnen per Tierstimme vermittelt. Für Rolf ist klar: Er kann mit Tieren sprechen, weil er ihre Sprachen nachahmt.

Deutlich sachorientierter argumentieren Kinder innerhalb der Kategorie **sachorientierte Erfolgskriterien:**

> „Ich kann gut puzzeln, weil ich immer die Teile find'." (Claudia 9.)
>
> (gut Fahrrad fahren) „Weil ich auch nicht hinflieg." (Claudia 9.)
>
> „Ja, ich brauche dazu koin Sturzhelm, aber ich zieh', ich soll's normal anzieh'n noch, also ich fall' nicht mehr hin." (Tolga 9.)

Die Argumentation orientiert sich am inhaltlich Positiven der gefundenen Teile bzw. am überwundenen Defizit des Hinfallens. Dabei ist die Schutzfunktion des Helmes nur unvollständig erfasst, denn ein anderer Verkehrsteilnehmer kann ja Ursache für einen Sturz werden. Hier wird deutlich, wie selbstbezogen Tolga denkt, wie viel Gelingen er von seinen Kräften abhängig macht.

Die Sachorientierung spielt auch im **Gewahrsein günstiger sachlicher Gegebenheiten** eine Rolle:

| VL'in: | „Woher weißt du, dass du gut Lager bauen kannst?" |
| Tolga: | „Weil da Bäume sind." (9.) |

Er sieht weniger die Fähigkeit „an sich", sondern die Bedingungen der Fähigkeitsausübung. Dabei hat er sicher konkrete Orte vor Augen. Seine Äußerung hätte auch auf die Frage „Warum hast du an dieser Stelle ein Lager gebaut?" gepasst.

Personenbezogener begründet dasselbe Kind seine Fähigkeit mit dem **Gewahrsein relevanter Dispositionen:**

VL'in: „Woher weißt du, dass du gut tauchen kannst?"

Tolga: „Weil ich lang d'Luft anhalten kann und schnell." (9.)

Er beschreibt sein Voraussetzungskönnen, das ihn zu dem angesprochenen Vermögen befähigt.

In einer Gruppe von Kategorien wird das **Leistungsvermögen** auf verschiedenen Ebenen thematisiert:

- **Taxierung des Schwierigkeitsgrades:**

„Weil dann kann man gut 'ne CD rein tun." (Claudia 9.)

Der Schwierigkeitsgrad wird an der Aufgabe, also einer außerhalb der Person liegenden Größe „gemessen".

- **Einschätzung des subjektiven Leistungsvermögens:**

„Weil Mir das so leicht Fält" / „Weil mir das so leicht fällt." (Michael 6.2)

Hier wird der Schwierigkeitsgrad am subjektiven Kräfteaufgebot festgemacht.

- **Positionierung:**

„Spiele gewinne ich auch oft ... Ich, ich hab' mal mit meinem Bruder Olympia gemacht, mit noch so 'nem Freund von mir und da war ich Zweiter, Mario mein Bruder Erster und der Andere Letzter, äh, Dritter." (Jan 9.)

„Na ja, Computer spielen kann jeder gut, das geht leicht." (Julius 9.)

Bei Jan wird das Leistungsvermögen an der Allokation in einer Gruppe bestimmt. Julius positioniert sich in Form einer Abwertung: Was jeder kann, kann nicht schwer sein.

- **Antizipation:**

Julius begründet seine Fähigkeit „Woher weißt du, dass du gut Kabel verlegen kannst?" mit einem Vorgriff:

> „Na ja, weil ich Elektriker werden will." (9.)

Paraphrasiert kann das verallgemeinert werden: **„Ich möchte, also kann ich",** Ausdruck des kindlichen Wunsch-Ichs.

Im **Gewahrsein von Leistungsentwicklungen** legen andere Kinder prozessorientierte Beobachtungen zu Grunde:

- **individueller Fortschritt:**

> „Ich hatte immer Stützräder und dann hat's mein Papa rausgetan und dann hab'
> und dann konnt' ich das Fahrrad fahren." (Gustavios 9.)

Hier wird der individuelle Fortschritt mit einem Sachkriterium[121] verbunden. Gustavios beschreibt die Phasen seines Fortschritts und spricht erst dann von „Fahrrad fahren", als er es ohne Stützräder vermag.

- **abgeschlossener Entwicklungsprozess:**

VL'in:	.... Jetzt hast du gesagt, du kannst jetzt besser Auto spielen als früher. Habe ich das richtig verstanden?
Tolga:	Ja! Ich kann besser Auto spielen Ich hab' jetzt zwar – ich spiel' immer noch ein bisschen Autos, aber ich kann's immer noch gut.
VL'in:	Wodurch hast du denn gelernt, besser mit Autos zu spielen?
Tolga:	Dass - weisch, nicht dass man da wie ein kleines Kind wieder so die anderen Autos rumknallt und rumflitzen lässt.
VL'in:	Mhm.
Tolga:	Des han ich früher immer g'macht. Ich wois au' net, warum ich des g'macht hab'. Deswegen sind nämlich meine Autos manche kaputt. Bei manchen sind die Scheiben kaputt, manche stehen mit einem halben Rad da.
VL'in:	Ja, und wo hast du gelernt, anders damit zu spielen?
Tolga:	*Pause*

---

[121] S.o. unter „sachorientierte Erfolgskriterien" auch das Beispiel von Tolga: der Sturzhelm.

VL'in:	Wois net. Von klein auf hab' ich des mal g'spielt und dann hab' ich mich – und dann haben sie immer gesagt: „Nicht so spielen, nicht so!" Und dann hab' ich irgendwann mal gedacht ich spiel' ja wirklich grottenblöd.
VL'in:	Grottenblöd?
Tolga:	Und dann – *kleine Pause* – ... (*unverständlich*) langsam, wie ich nachgelassen hab' – bis zur der Schule. Jetzt kann ich's.
VL'in:	Wie spielst du jetzt mit Autos?
Tolga:	Nicht mehr so viel. Ich hab' ja jetzt 'ne Autobahn. (9.)

Tolga erzählt eine Leistungsgeschichte, die ihn am Ende einen abgeschlossenen Prozess konstatieren lässt. Phasenübergänge wie Gustavios benennt er nicht. Vielleicht kann er es nicht. Seine Erzählung ist im Hinblick auf die Rückmeldung durch die Erwachsenen, so wie er sie erlebt hat, sehr aufschlussreich. Tolga bringt sein Unverständnis zum Ausdruck, warum ihn niemand in positiver Weise zu einem anderen Spielverhalten angeregt hat. Ihm wurde durch das „so nicht" seine Strategie genommen und gleichzeitig wurde er in die Leere entlassen. Er erinnert zumindest nichts, was ihn wenigstens ermutigt hätte, etwas Anderes zu erproben. So versteht er sich selbst am Ende nicht, weil er ja einerseits die Ermahnung der Erwachsenen ernst genommen hat, sich andererseits bei der Suche nach Alternativen alleine gelassen sah. Er beschreibt seinen Weg, wie er denn nun anders spielt, nicht. Für sich kann er aber feststellen, dass er jetzt nicht mehr wie im Kindergarten spielt. Er macht den individuellen Fortschritt an dem Wechsel der Bildungsinstitution fest. Der Vergleich mit dem Kindergarten muss auf dem Hintergrund gehört werden, dass er zum Zeitpunkt der Befragung die erste Klasse wiederholt.

Andere Kinder können ihr **Strategiewissen** benennen:

„Wan ich ab kuke dan mach ich feler" / „Wenn ich abgucke, dann mach ich Fehler." (Ercan 6.2)

„Weil ich zeit gewne dan kann ich strategi überlegen." / „Weil ich Zeit gewinne, dann kann ich Strategie überlegen."(Paul 6.2)

Ercan bringt in der Benennung eine hinderliche Strategie zum Ausdruck: Abgucken führt zu Fehlern. Warum das so ist, lässt er offen. Möglicherweise hat er schon einmal etwas abgeschrieben und das hat sich als fehlerhaft erwiesen. Lieber vertraut er seiner eigenen Leistungsfähigkeit. Paul hingegen weiß ganz genau, was ihm hilft: Er braucht Zeit. Ihm scheint die Idee, mit Strategien zu arbeiten, schon sehr vertraut.

Ganz selten wird auf die **Rückmeldung durch signifikante Andere** rekurriert:

> „Ich hab' 'nen Flötenlehrer, der sagt des." (Claudia 9.)

Die Fähigkeit wird durch Fremdrückmeldung glaubhaft.

Es ist erstaunlich, wie viele eigene Attribuierungen die Kinder neben dieser Fremdrückmeldung finden. Darauf muss Schule antworten. Denn in der großen Diversifikation eröffnet sich der subjektive Wahrnehmungshintergrund, auf den die Fremdrückmeldungen der LehrerInnen bei den Kindern treffen.

Bleiben am Schluss noch zwei Attribuierungen zu erwähnen.

Tätigkeitsfreude kann für Kinder zum Gütekriterium werden:

> „wel mir es Schdasi macnt" / „Weil es mir Spaß macht." (Viktor 6.2)

Die Lernemotion macht die Leistung. Da findet sich eine Übereinstimmung mit der Erkenntnis, dass von Freude begleitetes Lernen effektiver und nachhaltiger ist.

Auf einer ganz äußeren Ebene, dem **Ort des Fähigkeitserwerbs**, begründet Stina ihr Können:

> „Des lern' ich auch bei mir zu Hause." (9.)

Dieser Lernort scheint für sie ein Garant des Könnenserwerbs zu sein. Stina ist ein Kind, dessen Mutter sehr viel mit ihr zu Hause lernt.

Die **verbale Bekräftigung** besteht in einer Wiederholung des zu Begründenden:

> „Weil ich gut schwimmen kann." (Carlotta 9.)

> „Weil ich kann schwimmen." (Viktor 9.)

> „weilich so gut faren kann" / „Weil ich so gut Fahrrad fahren kann." (Norbert 9.)

Das ähnelt einer Definition durch die Behauptung. Interessant ist, dass diese Kategorie vom ersten zum zweiten Erhebungszeitraum fast verschwindet.

2.2.2   Fallbeschreibungen[122]

Peter

Peter antwortet in der siebten Schulwoche (Erhebung 9) im Bereich folgender Kategorien:

- **Leistungsvollzug** („Ich tue, also kann ich") - Unterkategorie: **Verweis auf Realisationen – wiederholt:**

  „Und im Schwimmbad hüpf' ich oft vom Sprungbrett."

  „ ... da spiel' ich das (Mensch-ärgere-dich-nicht, U.G.) oft."

- **Besitz des Leistungsmediums** („Ich habe, also kann ich"):

  „Weil zu Hause hab' ich einem weichen/weißen (?) Baseball-Schläger und einen Ball."

  „Und mein Dad, der hat ein Gewicht, bloß mit runden Scheiben" (seine Fähigkeit: Gewicht heben).

- **Strategiewissen - eigenständige Beweisführung:**

  VL'in: „Woher weißt du, dass du gut schlafen kannst?"

  Peter: „Weil ich immer nach zehn Sekunden einschlaf'. Hab' ich einmal gezählt."

  Peter hat sich in der für Kinder so wichtigen Zu-Bett-Geh-Situation wohl die Aufgabe gestellt, einmal zu überprüfen, wie lange er für das Einschlafen braucht. Das heißt wohl, dass er das Einschlafen bzw. Schlafen an sich als Aufgabe akzeptiert hat und nun die Zeit im Bett nutzt, um sein Einschlafverhalten überprüfbar zu testen.

- **Positionierung:**

  VL'in: „Und woher weißt du, dass du Mensch-ärgere-dich-nicht so gut kannst?"

  Peter: Weil meine Oma hat das auch und da spiel' ich das oft."

  VL'in: „Ah ja. Und gewinnst du dann oft oder spielst du fair – was ist denn das „gut"?"

  Peter: „Ich hab' schon zehn mal gewonnen."

---

[122] Vgl. Teil II Kapitel 2.1, Abschnitt „Einzelfallbeschreibungen" und Anhang D, in dem eine Übersicht über die einzelnen Erhebungsergebnisse der drei Kinder aus Teilprojekt 1 und 3

Zunächst bleibt Peter mit seiner Begründung im Bereich des wiederholten Leistungsvollzuges. Erst auf die detaillierte Nachfrage definiert er „gut" als „gewinnen" in einem Wettkampfspiel, in dem hauptsächlich der Zufall oder das „Glück" die Positionierung bestimmen.

Bei der Erhebung am Schuljahresende verweist er auf einen **habitualisierten Leistungsvollzug:**

> „Wel w das immer wide r tun. das Schreiben machenwirauchimmer wider dar um kann ich das so gut" / „Weil wir das immer wieder tun (das Rechnen, U.G.). Das Schreiben machen wir auch immer wieder, darum kann ich das so gut."

Der Leistungsvollzug bleibt bei ihm auch am Schuljahresende ein Attribuierungsmuster. Die anderen Kategorien entfallen. Das kann mit dem genannten Fähigkeitsbereich zusammenhängen. Das als Entwicklung zu bezeichnen, wäre angesichts der zwei Nennungen „schreiben" und „rechnen" zu gewagt, zumal die anderen Kategorien zu Schuljahresbeginn andersartige Fähigkeiten attribuierten.

Miriam

Miriams Fähigkeitsbegründungen finden sich bei der Befragung zu Schuljahresbeginn unter folgenden Kategorien:

- **Leistungsvollzug** („Ich tue, also kann ich") - Unterkategorie: **Verweis auf Realisationen – wiederholt, mit Verweis auf reflexive Werkzuwendung:**

  VL'in: „Woher weißt du, dass du gut malen kannst, Miriam?"

  Miriam: „Im Kindergarten hab' ich immer so schöne Bilder gemalt."

  VL'in: „Fandest du die selber schön, oder hat das jemand gesagt?"

  Miriam: „Die fand ich selber schön."

Die reflexive Werkzuwendung ist Ergebnis einer gezielten Nachfrage. Immerhin: Sie verweist auf ihr eigenes Urteil.

- **Leistungsvollzug** („Ich tue, also kann ich") – Unterkategorie: **Präsentation des Könnens: verbal mit gestischer Simulation:**

  VL'in: „Und woher weißt du, dass du gut Heuschrecken fangen kannst?"

  Miriam: „Guck, die kitzeln zwar immer in der Hand, aber so gut kann ich sie auch nicht einfangen."

---

vorliegt.

Vordergründig scheint Miriams Antwort gar nichts mit der Einstufung „gut" zu tun zu haben. Möglicherweise liegt das an der Kategorie Leistungs**vollzug**, in der die Kinder weniger ein Gütekriterium zum Ausdruck bringen als auf die Tatsache der ausgeführten Realisation verweisen. Das Erlebnis des Tuns steht im Vordergrund, hier in der Erinnerung assoziiert mit einer taktilen Erfahrung – und der auf dem Fuß folgenden Abwertung. Dieses Selbsturteil am Schluss legt nun doch wieder nah, dass Miriam eine Vorstellung von „gut" hat. Sie bleibt allerdings offen.

- **eigene Mitwirkung („pars pro toto")**

  VL'in: „Und woher weißt du, dass du gut kochen und backen kannst?"

  Miriam: „Backen, da helf' ich halt meiner Mama immer. ... Da mach' ich immer das meiste rühren und Puderzucker, halt und Zeugs rein tun."

Mittun als Fähigkeit – daraus spricht die Achtung vor jedem Teilaspekt einer Gesamtleistung. Dass die Mutter wahrscheinlich noch viel dabei hilft (Menge des Mehls bestimmen etc.) empfindet Miriam nicht als Leistungsminderung.

Am Schuljahresende argumentiert sie mit einem **Teilfähigkeitsselbstkonzept:**

„Ich hate das sofortim grif." / „Ich hatte das sofort im Griff." (das Rechnen)

Bei dieser globalen Aussage fehlt jede Konkretion – sowohl was Inhalte als auch mögliche Strategien betrifft. Die Nachfrage danach läge bei einem Interview auf der Zunge.

Richi

Richi verweist bei seiner Fähigkeitsattribuierung zu Schuljahresbeginn auf das **Ergebnis eines Lernprozesses** als einer **persönlichen Investition:**

  VL'in: „Woher weißt du, dass du gut lesen kannst?"

  Richi: „I lern's."

  VL'in: „Du lernst es. Und woher weißt du, dass du gut schreiben kannst?"

  Richi: „Au gelernt."

„Lernen" wird hier als abstrakter Begriff gebraucht, der über mögliche Strategien nichts verrät.

Zu Schuljahresende begründet er seine Fähigkeit mit der **Einschätzung des subjektiven Leistungsvermögens:**

„wal das mir leich feld" / „Weil mir das leicht fällt." (Fußball spielen)

Wenig Anstrengung scheint für Richi beim Fußball spielen kennzeichnend zu sein. Dieses „Leichtfallen" sieht er als Gütekriterium für „gut Fußball spielen können".

2.2.3   Schlüsselsituation

Roberts „Self-enhancement-Ansatz"

Frage:	„Hast du schon einmal etwas gelernt, von dem du gesagt hast: „Toll, dass ich das kann!""
Robert:	„toll, dass ich schie-faren kann und das ich – gut lesen kann und Malen" (6.3)
Frage:	„Wer hat dir dabei geholfen?"
Robert:	„Mein glauben anmich selPst" / „Mein Glaube an mich selbst." (6.4)

Robert sucht bei der Frage, die die Hilfe eines Außenstehenden nahe legt, nicht bei einer anderen Person. Er antwortet auch nicht mit „niemand" – eine Antwort, mit der er auch die Frage „richtig" beantwortet, aber in der Negation geblieben wäre. Er benennt seinen eigenen Anteil: sein Glaube an sich selbst. Es klingt fast wie ein Bekenntnis, als beschriebe er einen Persönlichkeitssockel, auf dem er sein Leistungshandeln aufbauen kann. Konkretionen, wie diese Wirkursache im Gegenstandsbereich Skifahren, Lesen und Malen mediatisiert wird, bleiben offen. Was er sieht, konnte in der Tendenz für Wirkzusammenhänge zwischen Selbstkonzept und Leistungen in der SCHOLASTIK-Studie nachgewiesen werden (SCHOLASTIK 1997, Kapitel X).

Erhebungen / Erhebungsitems: (Erhebungs-Nr.)	voraus gegangen war jeweils die Frage: „Welches Wort, findest du, ist dir heute am besten gelungen?" (Kind wählte aus und punktete das Wort)		
	„Was ist dir daran gelungen?" (2.1)	„Was ist dir daran gelungen?" (3.1)	„Warum?" (4.1)
Erhebungszeitpunkt	11. – 13. Schulwoche	20. und 22. Schulwoche	32. und 33. Schulwoche
Erhebungssituation	diagnostische Situation parallel zum Unterricht – im Anschluss an die Lernbeobachtung Schreiben von M. DEHN („November")	diagnostische Situation parallel zum Unterricht im Anschluss an die Lernbeobachtung Schreiben von M. DEHN („Januar")	diagnostische Situation parallel zum Unterricht im Anschluss an die Lernbeobachtung Schreiben von M. DEHN („Mai")

Tabelle 7:   Übersicht zum Erhebungsbereich *Gelingen*

Die Frage nach Gelingenskriterien wurde jeweils im Anschluss an die Lernbeobachtung *Schreiben* gestellt. Wir haben die Lernbeobachtungen Schreiben in einer diagnostischen Einzelsituation erhoben: Die Kinder befanden sich mit mir als Versuchsleiterin in einem gesonderten Raum. Da sie die Lernbeobachtung ohne Hilfe (wie z.B. Anlauttabelle) erledigten, stand ich ihnen als Ansprechpartnerin zur Verfügung. Es war vereinbart, dass sie mich fragen konnten. Ich habe die Buchstaben, die sie erfragt haben, am Rand der jeweiligen Schreibzeile vermerkt. Andere Hilfsgesuche habe ich ebenfalls so auf dem **Lernbeobachtungsblatt** notiert, dass die Leistung des Kindes deutlich werden konnte. Wenn ein Kind z.B. hörte, dass in einem Wort noch Buchstaben folgten, es diese aber nicht lautieren konnte, habe ich mit dem Kind ein Zeichen vereinbart - in diesem Fall einen Strich an der Stelle des noch nicht erkannten Buchstabens -, das deutlich machte: „Gundula weiß, dass hier noch Buchstaben folgen." Diesen Kommentar habe ich in Anwesenheit des Kindes dann auch dazu geschrieben.

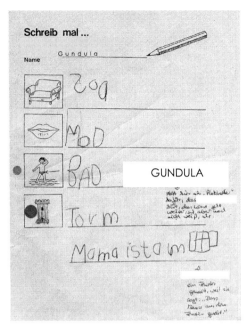

Abbildung 7: Gundulas Lernbeobachtung *Schreiben* „November". Ihren Name neben „Bad"
hat sie im Original selbst geschrieben.
Meine schriftliche Erläuterung, die ich Gundulas vorgelesen habe, da sie selbst noch nicht lesen konnte (deshalb auch meine Handschrift und nicht Druckschrift) lautet: (a) oberer Text „steht hier als „Platzhalter" dafür, dass Gundula hört, das Wort geht weiter, sie aber noch nicht weiß, wie"; (b) unterer Text: „Gundula hat ein Fenster gemalt, weil sie sagt: „Dass Mama aus dem Fenster guckt.""
(Der größere Punkt steht für den im Original roten Punkt des „Gelungenen", der kleinere für den blauen Punkt des „Anstrengenden" – ebenso in den Abbildungen auf den Seiten 206, 208, 209 und 302).

Durch diese Dialogmöglichkeit war gewährleistet, dass die Aufgabenstellung die Kinder nicht in eine Situation führte, in der sie an produktive Leistungsmomente stießen (etwa „hier höre ich ein „f", weiß aber noch nicht, wie der Buchstabe geschrieben wird") und ihnen keine Hilfe zur Selbsthilfe angeboten würde. Das hielte ich überhaupt und erst Recht in den ersten Schulwochen für fatal, weil die Kinder dabei lernen würden: Von mir werden Dinge verlangt, die ich nicht können muss, bei denen ich merke, da erkenne ich etwas Wesentliches – und Material zum selbst entdeckenden Lernen fehlt. Eine solche Situation riskiert den so wichtigen Leistungsstolz.

Im Anschluss an die Lernbeobachtung *Schreiben* habe ich jeweils ein Leitfadeninterview durchgeführt, dessen erste Frage immer dem „heute am besten gelungenen Wort" galt. Das ausgewählte Wort haben die Kinder dann mit einem roten Klebepunkt versehen. Die weiterführende Frage nach den Gelingenskriterien lautete zwei Mal „Was ist dir daran gelungen?" und bei der dritten Lernbeobachtung „Warum?". Die erste Formulierung sollte den Kindern helfen, ihren Focus des Gelingens zu thematisieren. Wir wollten mit dieser Frage erstens der Komplexität des Wortkonstruktionsprozesses gerecht werden (Wortschatzwissen, hören, lautieren, Grapheme zuordnen, Grapheme schreibmotorisch realisieren) und zweitens eine Argumentation nahe am Leistungsgegenstand ermöglichen. Die zweite Formulierung richtete die Aufmerksamkeit eher auf die Gelingensbegründung. Die Antworten zu beiden Fragestellungen unterschieden sich inhaltlich nicht auffallend, deshalb habe ich die drei Fragen zu den Gelingenskriterien gemeinsam kategorisiert.

2.3.1 Tabellen und Kategorienleitfaden

Bevor ich den Kategorienleitfaden präsentiere, sei eine Übersicht über die gepunkteten gelungenen Wörter in den drei Lernbeobachtungen Schreiben eingefügt.

Vergleich „gelungenes Wort" bei den Lernbeobachtungen Schreiben nach M. DEHN

Wort	Lernbeobachtung Schreiben „November" (2.1) Angabe in %	Lernbeobachtung Schreiben „Januar" (3.1) Angabe in %	Lernbeobachtung Schreiben „Mai" (4.1) Angabe in %
Sofa	17,9 Richi	23,1 Miriam	20,9
Mund	7,7	2,6	7,0
Badehose	7,7	10,3	9,3
Turm	43,6 Peter	25,6 Peter Richi	9,3 Richi
Reiter	/	5,1	9,3
Kinderwagen	/	7,7	14,0 Miriam
Lieblingswort	33,3 Miriam	28,2	27,9 Peter

Tabelle 8: Ergebnisse Erhebung 2.1, 3.1, 4.1: „Welches Wort, findest du, ist dir heute am besten gelungen?"

Auffällig ist der hohe Stellenwert des *Lieblingswortes*, in Lernbeobachtung *Schreiben* zwei und drei nimmt es den höchsten Rang ein, im „Mai" sogar mit großem Abstand zur zweithöchsten Nennung. Hier bestätigt sich die Wichtigkeit der emotionalen Bedeutung des schriftsprachlichen Leistungsgegenstands. Das Wort *Turm* ist in der Lernbeobachtung *Schreiben* eins und zwei Spitzenreiter der per Bild vorgegebenen Wörter, wobei ein deutlicher Prozentverlust von „Dezember" bis „Januar" zu verzeichnen ist. In der zweiten Lernbeobachtung *Schreiben* war *Mund* der Gelingensverlierer (häufig wurde im Bild das Wort *Lippen* erkannt, wobei ich die Kinder dabei manchmal korrigierte). Die beiden komplexesten Wörter *Badehose* und *Kinderwagen* steigen jeweils von der ersten zur zweiten bzw. von der zweiten zur dritten Lernbeobachtung *Schreiben* in der Gelingenseinschätzung.

Kategorien des *Gelingens*[123]			Lernbeobachtung *Schreiben* „Nov." (Schulwoche 11-13) (2.1)			Lernbeobachtung *Schreiben* „Jan." (Schulwoche 20 u. 22) (3.1)			Lernbeobachtung *Schreiben* „Mai" (Schulwoche 32 u. 33) (4.1)			Lernbeobachtungen *Schreiben* gesamt		
			M	J	ges	M	J	ges	M	J	ges	M	J	ges
n: Klasse 1a			8 (8)	12 (12)	20 (20)	8 (8)	11 (12)	19 (20)	8 (8)	13 (13)	21 (21)			
Klasse 1b			7 (7)	12 (12)	19 (19)	7 (7)	13 (13)	20 (20)	8 (8)	13 (13)	21 (21)			
Prozessorientierung			4	7	11	8	14	22	9	10	19	21	31	52
Leistungsvollzug			2	5	7	5	9	14	-	-	-	7	14	21
Leistungsvollzug mit Gütekriterium			0	1	1	0	2 R	2	3 M2	2 P R	5	3	4	7
Leistungsvollzug mit Taxierung des Schwierigkeitsgrades			1	0	1	0	1	1	2	4	6	3	5	8
Leistungsvollzug mit Einschätzung des subjektiven Leistungsvermögens			1	1	2	3	2	5	4	4	8	8	8	16
Produktorientierung			2	5	7	0	4	4	2	4	6	4	13	17
Werkverweis			2 M	5 R	7	0	4 P	4	-	-	-	2	9	11
Werkverweis mit Gütekriterium			-	-	-	-	-	-	1	2	3	1	2	3
... als Selbstreflexionsprozess präsentiert			-	-	-	-	-	-	1	2	3	1	2	3
Mischform:														
Leistungsvollzug mit Werkverweis			2	3	5	0	3	3	-	-	-	2	6	8
schriftsprachliches Metawissen			6	4	10	2	3	5	1	2	3	9	9	18

---

[123] Wegen der Komplexität der Tabelle finden Sie hier die Beschreibungen der „Fallkinder" in das jeweilige Tabellenfeld **per Anfangsbuchstabe** integriert: P für Peter, M für Miriam, R für Richi.

objektive Aspekte der schriftsprachlichen Metaebene:												
a) Phonem-Graphem-Analyse	3	2	5	0	1	1	-	-	-	3	3	6
b) Durchgliederungsüberblick	2	1	3	-	-	-	1	0	1	3	1	4
subjektiver Aspekt: Ressourcengewissheit	1	1 P	2	2	2	4	0	2	2	3	5	8
Einzelkategorien												
Erfolgsroutine	0	2	2	1	0	1	1	1	2	2	3	5
Ersterlebnis einer Bemeisterung	0	1	1	-	-	-	--	-	-	0	1	1
Teilfähigkeitsselbstkonzept	-	-	-	2	1	3	1	0	1	3	1	4
Nutzen einer vorgegebenen Orientierungshilfe	0	1	1	-	-	-	-	-	-	0	1	1
emotionaler Bezug zum Gegenstand	-	-	-	0	1	1	1	1	2	1	2	3
semantisch-pragmatische Ebene	4	1	5	2	1	3	3	7	10	9	9	18
geweckte Sammelleidenschaft von Gelungenem	1	1	2	-	-	-	-	-	-	1	1	2
verschlossene Metaebene	-	-	-	-	-	-	0	2	2	0	2	2
bekundetes Nichtwissen	0	1	1	1 M	0	1	1 M1	1	2	2	2	4

Tabelle 9: Kategorien *Gelingen*

Kategorienleitfaden

Ein Teil der Kategorien ließ sich unter den Oberbegriffen **Prozessorientierung, Produktorientierung** und **schriftsprachliches Metawissen** bündeln.

Bei der **Prozessorientierung**, der mit Abstand am häufigsten genannten Kategorie, haben die Kinder den **Leistungsvollzug** im Blick:

„Die (Buchstaben) zum schreibe." (Marc 2.1)

„Des zum schreiben." (Anna-Lisa 3.1)

„Das schreiben."[124] (Manuel 3.1)

Bei diesen Nennungen bleibt offen, ob die Kinder den Prozess der schreibmotorischen Realisation, den gesamten Wortkonstruktionsprozess bzw. Teilaspekte dieses Prozesses oder das Schreiben als ihnen gestellte Aufgabe verstehen.

Der Verweis auf den Leistungsvollzug ohne nähere Kennzeichnung findet sich nur zum ersten und zweiten Erhebungszeitraum.

Differenzierter argumentieren Kinder, die den **Leistungsvollzug mit** einem **Gütekriterium** versehen:

> „Wo ich „Tor" (Turm, U.G.) geschrieben hab', ganz schnell." (Ercan 3.1)

> „Weil ich's da so schön geschrieben han." (Thea 4.1)

Ercan kennzeichnet seinen Leistungsprozess als „schnell". Thea führt das Kriterium „schön" an, was dieses Beispiel fast schon in die Nähe der Produktorientierung rückt, denn „schön" lässt sich am fertig konstruierten Wort erkennen. Ich habe die Beispiele mit der Kennzeichnung „schön" dennoch unter Leistungsvollzug eingeordnet, weil die Kinder dieses Kriterium in der Formulierung „schön geschrieben" präsentieren. Etwas schön zu schreiben ist eine Leistung des Vollzuges, der dann am Produkt abzulesen ist.

Andere Kinder verbinden den **Leistungsvollzug** mit der **Taxierung des Schwierigkeitsgrades**:

> „Leichtes Wort." (Torben 3.1)

> „Weil das so einfach isch." (Friederike 4.1)

> „Mh, der is leicht richtig zu schreiben." (Sebastian 4.1)

Diese Kinder attribuieren ihr Gelingen in dem von *außen* an sie herangetragenen Leistungsanspruch der Aufgabe. Woran sie die Kriterien „leicht" und „einfach" messen, blieb ungefragt.

Dagegen hoben sich Aussagen ab, in denen die Kinder z.B. „einfache" **Leistungsvollzüge** deutlich als **Einschätzung ihres subjektiven Leistungsvermögens** bekunden:

> „Find' ich einfach zum schreiben." (Friederike 3.1)

> „Mn, weil ich's recht gut schreiben konnte ..." (Jan 4.1)

Diese Antworten finden die Ursachenattribuierung im subjektiven Erleben des Aufgabenvollzuges.

Neben der Prozessorientierung steht – mit weitaus weniger Nennungen – die **Produktorientierung** mit ihren **Werkverweisen**:

> „Die alle." (fährt die Buchstaben mit der Hand entlang) (Norbert 2.1)

---

[124] Ich habe *schreiben* klein geschrieben, weil analoge Antworten vermuten lassen, dass dialektal bedingt ein „zu" fehlt.

„der T." (Paul 2.1)

„Alles." (Michael 3.1)

Diese Kinder verweisen auf Teile oder das Ganze des erbrachten Leistungsproduktes. Kriterien bleiben offen.

Wie beim Leistungsvollzug findet sich auch der nicht näher kommentierte Werkverweis nur zum ersten und zweiten Erhebungszeitpunkt.

In anderen Antworten wird der **Werkverweis mit einem Gütekriterium** versehen:

„Mh, mh, weil es schön isch." (Gundula 4.1)

Einige Kinder präsentieren ihren Werkverweis mit Gütekriterium als **Selbstreflexionsprozess:**

„Weil ich weiß, dass es richtig geschrieben." (Torsten 4.1)

„Weil ich denk', dass des richtig ist mit dem Sofa." (Viktor 4.1)

„Weil ich denk', das ist ganz richtig." (Heike 4.1)

Die Kinder beziehen den kognitiven Akt ihres Urteils in ihre Formulierungen mit ein. Diese Form der Äußerung findet sich erst beim dritten Erhebungszeitpunkt am Ende des ersten Schuljahres.

Eine **Mischform** zwischen Prozess- und Produktorientierung bietet der **Leistungsvollzug mit Werkverweis:**

„Des zum schreiben und die Buchstaben." (Anna-Lisa 2.1)

Hier klingt an, dass Gelingenskriterien in verschiedenen Leistungsdimensionen gefunden werden können.

Einen ebenso großen Stellenwert wie die Produktorientierung hat das **schriftsprachliche Metawissen.** Es gliedert sich in **objektive** und einen **subjektiven** Aspekt. Die **objektiven** Aspekte betreffen zwei Bereiche:

- **Phonem-Graphem-Analyse:**

„[t][o][r][m], das kann ich schon ganz lange." (Karsten 2.1)

„Weil man das gut aussprechen kann ..." (Carmen 2.1)

„Beim Buchstabieren geht das so leicht." (Sebastian 3.1)

Karsten lautiert das Wort vor, er vollzieht also aktuell die Phonemanalyse. Carmen und Sebastian stehen bereits metakognitive Vokabeln für die Phonem-Graphem-

Analyse zur Verfügung. Eine ausführlichere Erklärung, die zudem die Reihenfolge der zu verschriftenden Phoneme mitberücksichtigt, bietet Julius:

> „Ich hab' zwei Wörter, die mir gut gelungen sind. Also SSoofaa (*gedehnt gesprochen*). Also der Trick ist, also man hört das ja, was als Nächstes kommt. SoSSoofa – SSo – und dann noch mal S – Sofa ....“ (Julius 2.1)

Julius muss bei seiner Demonstration mit dem Problem zurechtkommen, dass er Sofa als <Sosa> verschriftet hat. Was er als „Trick" bezeichnet, sind die wichtigen Einsichten, dass die *Phonemanalyse* (Einsicht a) und diese *in der richtigen Reihenfolge* (Einsicht b) ein Schlüssel zur Verschriftung sind.

Diese Kategorie taucht nur zu den beiden ersten Erhebungszeitpunkten auf. Das mag daran liegen, dass die meisten Kinder bis zum Ende des ersten Schuljahres die Strategie des alphabetischen Schreibens routiniert nutzen können.

- **Durchgliederungsüberblick:**

> „weil man das so gut aussprechen kann und <u>es ein kurzes Wort</u> ist." (Hervorhebung U.G.) (Carmen 2.1)
>
> Das oben zitierte Beispiel von Julius kann hier auch dazu zählen.

Ich habe den Durchgliederungsüberblick der Phonem-Graphem-Analyse nebengeordnet, obwohl er eine bestimmte Qualität der Phonem-Graphem-Analyse beschreibt. Mir war wichtig, dass hier die Länge bzw. Kürze eines Wortes zum Argument wurde. Eine nähere Bestimmung, ob die Kürze der Lautanalyse, der Orientierung während des Konstruktionsprozesses „Wo bin ich im Wort?" oder der schreibmotorischen Realisation gilt, bleibt offen.

Die Nebenordnung erleichtert zudem einen Vergleich mit den Anstrengungskategorien, wo der Durchgliederungsüberblick eine relativ hohe Anzahl von Nennungen aufweist.

Als **subjektive** Kategorie der schriftsprachlichen Metaebene konnte die **Ressourcengewissheit** generiert werden:

> „Weil ich da alle Buchstaben gekennte hab'." (Stina 3.1)
>
> „Da musstest du ... da hab' ich alle Buchstaben gekonnt." (Timo 3.1)
>
> „Dass mir gleich eingefallen ist, dass das B zwei Bogen hat." (Heike 3.1)

„ ... und da konnte ich auch alles am Wort schreiben, nicht überlegen oder so was, also zwei Mal schreiben." (Timo 4.1)

Ich habe den Kategorienbegriff gezielt aus der subjektiven Perspektive formuliert (anstatt etwa „ausreichende Graphemkenntnisse"), weil es den Kindern wichtig war, dass sie über all das Wissen verfügen, das zum Bestehen der gestellten Aufgabe nötig ist. Daraus spricht die Erfahrung, dass Kinder die ihnen gestellten Aufgaben erfüllen möchten und dass sie solche Aufgaben bevorzugen, für die sie sich gerüstet sehen. Gelingen heißt dann übersetzt: „Ich konnte das Wort alleine, ohne fremde Hilfe schreiben." Ein zweiter Aspekt des Gelingens ist das „gleich wissen", also die schnelle und sichere Verfügbarkeit der lösungsnotwendigen Kenntnisse.

Weitere Einzelkategorien konnten gebildet werden:

Die **Erfolgsroutine** beschrieben Kinder mit unterschiedlichen Akzenten:

> „[t] [o] [r] [m], das kann ich schon ganz lange." (Karsten 2.1)
> „Weil des all Tag zu schreibe isch." / „Weil das jeden Tag zu schreiben ist." (Theo 4.1)
> „Dass i des so gut schreibe kennt und dass, wenn i was abschreibe muss, nur einmal gucken muss und schon kann ich das schreiben, ohne dass ich jeden einzelnen Buchstaben angucken muss." / "Dass ich das so gut schreiben kann und dass, wenn ich etwas abschreiben muss, nur einmal gucken muss und schon kann ich das schreiben, ohne dass ich jeden einzelnen Buchstaben angucken muss." (Carmen 3.1)

Karsten formuliert es in Form einer habitualisierten Fähigkeit. Das deutet sich auch bei Theo an: Die Wiederholung scheint den Erfolg zu sichern. Carmen lenkt ihre Aufmerksamkeit weg von der vorliegenden Lernbeobachtung *Schreiben* und erläutert ihren Erfolg beim Abschreiben durch das schnelle Einprägen von Wortschemata. Sie formuliert ihre Erfolgsroutine als Teilfähigkeitsselbstkonzept.

Beim **Ersterlebnis einer Bemeisterung** scheint das Kind fasziniert von der erstmaligen Erfolgserfahrung:

> „Tum zu schreiben das erste Mal." (Robert 2.1)

Bei seiner Äußerung waren die Spannung und Erregung zu spüren, die dieses Erlebnis in ihm ausgelöst haben. Hier deutet sich die emotionale Bedeutung von

Erfolgserlebnissen an – besonders in der Grund-legenden Erstbegegnung mit Aufgabenstellungen.

Mit einem **Teilfähigkeitsselbstkonzept** antworten folgende Kinder:

> „Dass ich das kann." (Gundula 3.1)
>
> „Weil ich des so gut schreiben kann." (Sabine 3.1)

Beide Kinder sprechen im Präsens und machen damit eine allgemein gültige Aussage, die dadurch nicht nur auf das vorliegende Werk bezogen wird. Es bleibt in der Hinsicht ein *Teil*fähigkeitsselbstkonzept, als sich die Kinder auf die Vorlage des gelungenen Wortes beziehen und nicht etwa sagen „Ich kann überhaupt gut schreiben."

Davidos bezieht seine Aussage auf den umfassenderen Bereich des gelingenden Schreibens von anspruchsvolleren Wörtern:

> „Immer des untere, weil des ein längeres Wort und schwerer (ist)." (Davidos
> 3.1)

Er knüpft die Beurteilung des Gelingens offenbar an ein Schema, das er in der nun schon zum zweiten Mal vorliegenden Lernbeobachtung *Schreiben* und möglicherweise auch in anderen Arbeitsblättern oder Schulbuchseiten erkannt zu haben glaubt: Es gibt einen Aufbau vom Leichteren zum Schwierigeren. Er verbindet mit seiner Aussage wohl auch einen Anspruch an sich selbst: dass ihm „immer" das Schwere gelingt. Er selbst steigt in seiner Lieblingswort-Wahl in dieses Schema ein. Denn er hat in allen drei Lernbeobachtungen Schreiben jeweils seine Lieblingswörter gepunktet:

> „Leopard, SmBanzen" / „Leopard, Schimpansen" (2.1)
>
> „ANAKNdA, KöNICSKbra" / „Anakonda, Königskobra" (3.1)
>
> „Elefant, Igel, Königskobra" (4.1)

Diese Wörter sind in der Tat für einen Schriftsprachanfänger anspruchsvoll.

Das **Nutzen einer vorgegebenen Orientierungshilfe** sieht das Gelingen außerhalb der Wortkonstruktion:

> „Dass das zeigt, wo die Badehose ist." (Gustavios 2.)

Er meint einen Pfeil auf dem Bild, das das zu verschriftende Wort darstellt. Auf dem Bild ist ein Junge mit einer Badehose zu sehen und der Pfeil deutet auf die

Badehose.[125] Ein wichtiger Schritt zum Gelingen der Aufgabe liegt für Gustavios in der Klarheit der Aufgabenstellung. Er muss nicht erst raten, was er von dem vorgegebenen Bild verschriften soll. Denn dass er nur ein Wort hinschreiben soll, steht für ihn (und von der bisherigen Aufgabenstellung her) fest.

Es ist wichtig, dass Kinder in Aufgabenbegegnungen nicht raten müssen, was sie eigentlich tun sollen. Sonst werden sie dazu erzogen, jeweils zu erahnen, was die Lehrerin bzw. Aufgabenstellerin will, anstatt sachorientiert zu arbeiten.

Für andere Kinder spielt der **emotionale Bezug zum Gegenstand** in der Frage des Gelingens die entscheidende Rolle:

> „Meine Buchstaben – die kann ich so gut." (Karsten 3.1)
>
> „Weil mein Name ist immer am besten." (Karsten 4.1)
>
> „Mh, des isch mein Lieblingswort." (Charlotte 4.1)

Mit seiner ganzen Mimik und Gestik betont Karsten „*Meine* Buchstaben." Die Faszination, seinen eigenen Namen schreiben zu können, bleibt für ihn lange erhalten (4.1 am Schuljahresende). Charlotte begründet ihr Gelingen damit, dass das gepunktete „Raiter" (Reiter) ihr Lieblingswort sei. In beiden Fällen bleibt eine schriftsprach- oder aufgabenbezogene Argumentation außen vor. Wohl findet das Wort als Gegenstand des Gelingens Beachtung.

Das verhält sich bei der Kategorie der **semantisch-pragmatischen Ebene** anders:

> „Dass man da drauf sitzen kann." (auf dem Sofa) (Carlotta 2.1)
>
> „Ich war noch nie in einem Turm drin." (Thea 2.1)[126]
>
> „Da hab' ich ganz viele Anziehsachen." (bei *Puppe(nwagen)*) (Thea 3.1)
>
> „Em, weil ich mag so gerne Pferde." (bei *Reiter*) (Gustavios 4.1)
>
> „Weil des ist meine Lieblingskatze." (beim Lieblingswort, wo er den Namen seiner Katze notiert hatte) (Davidos 4.1)

Diese Kinder bewegen sich sozusagen auf der Erlebnisebene des Wortes und übertragen ihre diesbezüglichen positiven emotionalen Assoziationen mit der Leistungskategorie des Gelingens.

---

[125] Vgl. Anhang B 1.

[126] Sie bleibt auch bei der Folgefrage „Wo hast du dich anstrengen müssen?" ganz auf dieser Ebene und fährt fort: „Da musch so viele Treppe nauflaufe." (Thea 2.2)

Bei anderen Kindern wurde die **Sammelleidenschaft von Gelungenem geweckt:**

> „Kann ich auch „Mimi" (punkten, U.G.)?" (Dilec 2.1)

> „Ich hab' zwei Wörter, die mir gut gelungen sind .... Mir ist noch was gut gelungen beim Schreiben ..." (Julius 2.1)

Es scheint, als habe die gestellte Frage eine Initialzündung: Die Kinder haben Freude am Entdecken und an der Kennzeichnung von gelungenen Werken. Diese Kategorie kam nur zum ersten Erhebungszeitpunkt vor.

Interessant ist, dass die **Metaebene** bei der dritten Erhebung zwei Kindern **verschlossen** bleibt, die bei den vorangegangenen Interviews auf diese Frage geantwortet hatten. Jetzt sagen sie:

> „Mh, so halt." (Manuel 4.1)

> „Mh, so halt, einfach so." (Fabian 4.1)

Von dieser eher diffusen Äußerung hebe ich die Kategorie des **bekundeten Nicht-Wissens** ab, weil hier die Kinder deutlich zu erkennen geben, dass sie den Grund nicht angeben können:

> „Weiß net." / „Weiß nicht." (Richard 4.1)

2.3.2   Fallbeschreibungen

Ich gebe bei jedem Kind zunächst eine Übersicht über die gepunkteten gelungenen Wörter, seine Antworten auf die gestellten Fragen und die dazugehörigen Gelingenskategorien. Die Originaldokumente der Lernbeobachtungen *Schreiben* finden sich im Anschluss daran.

Peter

Lernbeobachtung Schreiben 1		Lernbeobachtung Schreiben 2		Lernbeobachtung Schreiben 3	
gelungenes Wort	„Was ist dir daran gut gelungen?" (2.1)	gelungenes Wort	„Was ist dir daran gut gelungen?" (3.1)	gelungenes Wort	„Warum?" (4.1)
Turm	„Dass du mir keinen Buchstaben sagen musstest." **Ressourcengewissheit**	Turm	„Des u." **Werkverweis**	Soldat (Lieblingswort)	„Weil ich schön gemalt hab'." (Er hat analog zu den vorgegebenen Bildern ein Bild mit einem Soldaten vor die Verschriftungszeile gemalt.) **Leistungsvollzug mit Gütekriterium**
Schreibdokumente:[127]					

Tabelle 10:   Fallbeschreibung Peter – Gelingenskategorien

Peter nennt bei der ersten und zweiten Lernbeobachtung *Schreiben* dasselbe Wort, wobei er es beim zweiten Mal, also circa drei Monate später, an der letzten Graphemstelle anders verschriftet. Sein Gelingensfocus liegt bei der ersten Erhebung

---

[127] Die lila farbenen Buchstaben am Rand konnten die Kinder als Laute akustsich richtig diskriminieren. Da sie ihre Form noch nicht kannten, haben sie diese bei mir erfragt, woraufhin ich sie ihnen an Rand vorschrieb. Das war als Regel vereinbart.
Die Eigennamen bei allen abgebildeten Schreibdokumenten sind immer an der Stelle ersetzt, an der die Kinder sie platziert hatten.

auf der Ressourcengewissheit: Er kennt alle Buchstaben, muss mich nichts fragen. Auch in anderen Zusammenhängen legt er Wert darauf, dass er über die Buchstaben verfügt, die er braucht – sogar über solche, die er „noch gar nicht kennt".[128] Zu Beginn des zweiten Schulhalbjahres (mittlere Abbildung) ist ihm ein einzelner Buchstabe wichtig. Wenn man auf dem Schreibdokument das <u> in *Turn* mit dem <u> in *Mund* vergleicht, ist ihm das erstgenannte tatsächlich formgenauer gelungen. Bei der dritten Erhebung geht er in einen Bereich, der nicht gefragt war und den er in Analogie zur erfassten Aufgabenstellung selbst ergänzt: Er malt – wie schon bei Lernbeobachtung 1 - ein Bild zu seinem Lieblingswort, genau an die Stelle, an der sonst auf dem Blatt auch die Bilder platziert sind, vor die entsprechende Schreibzeile.

Für sein Bild wählt er das Kriterium „schön". Was bei der letzten Erhebung im Schuljahr (11.), der Portfoliopräsentation, klar zu Tage treten wird, deutet sich hier bereits an: Peter ist ein Kind, das genauestens die gestellten Aufgaben mit ihrem jeweiligen Arrangement erfasst und wiedergeben kann. Er denkt in Aufgabenkontexten. Deshalb ist in seiner Wahrnehmung die Antwort auf Frage 4.1 auch kein Ausweichen auf ein schriftsprachfremdes Terrain. Die „Wortvorgabe per Bild" gehört zum Verschriftungsprozess, denn hier erfährt er das Wort, das er schreiben soll.

Miriam

Lernbeobachtung Schreiben 1		Lernbeobachtung Schreiben 2		Lernbeobachtung Schreiben 3	
gelun-genes Wort	„Was ist dir daran gut gelungen?" (2.1)	gelun-genes Wort	„Was ist dir daran gut gelungen?" (3.1)	gelun-genes Wort	„Warum?" (4.1)
Mama im TUM *(Lieblings-wort)*	„Mama im Turm." **Werkverweis**	Sofa	„Weiß ich doch nicht." **bekundetes Nichtwissen**	Kinder-wagen	„Weiß nicht, weil ich da am schönsten geschrieben hab'." **bekundetes Nichtwissen, Leistungs-vollzug mit Gütekriterium**

---

[128] Vgl. unter 2.5.1 *Attribuierung von Leistungsemotionen – Schreibfreude* unter Fallbeschreibungen.

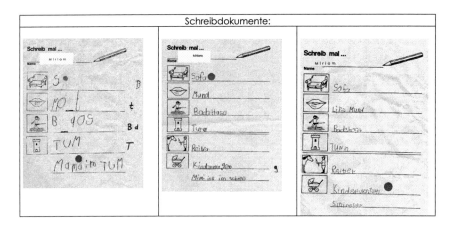

Tabelle 11: Fallbeschreibung Miriam – Gelingenskategorien

Miriam benennt zu den drei Zeitpunkten jeweils unterschiedliche Wörter. Ihre erste Kategorie ist ein Werkverweis: Sie zitiert die gepunkteten Worte. Beim zweiten und dritten Erhebungszeitpunkt bekundet sie ihr Nichtwissen in unterschiedlicher Ausprägung, denn bei ihrer Antwort „Weiß ich *doch* (Hervorhebung U.G.) nicht" ist Abwehr zu spüren. Die letzte Antwort ergänzt sie um eine inhaltlich positive Kategorie.

Aus der teilnehmenden Beobachtung kann ich ergänzen, dass die Wendung „Ich weiß nicht" (das Prädikat meistens sehr gedehnt gesprochen) zu einer Standardantwort bei ihr gehörte. In der ersten Lernbeobachtung *Schreiben* entspann sich daran ein Dialog, der möglicherweise die Bedeutung dieser Äußerung für Miriam enthüllen kann (s. dazu unter Teil II Kapitel 2.9.2).

Richi

Lernbeobachtung Schreiben 1		Lernbeobachtung Schreiben 2		Lernbeobachtung Schreiben 3	
gelun-genes Wort	„Was ist dir daran gut gelungen?" (2.1)	gelun-genes Wort	„Was ist dir daran gut gelungen?" (3.1)	gelun-genes Wort	„Warum?" (4.1)
S bei SofF	„S – Sessel." *Nachfrage:* „Was ist dir denn da gelungen?" „Der S." **Werkverweis**	Tum	„Dass ich des schnell geschrieben hab'." **Leistungs-vollzug mit Gütekriterium**	Turm	„Weil des mir schnell gelungen is(t)." **Leistungs-vollzug mit Güte-kriterium**
Schreibdokumente:					

Tabelle 12:   Fallbeschreibung Richi - Gelingenskategorien

Richi ist bei der ersten Erhebung das Detail wichtig: der Buchstabe <S>. Das entspricht sicher auch der Anfangszeit im ersten Schuljahr, wo es immer wieder um einzelne Buchstaben geht. Beim zweiten und dritten Erhebungszeitpunkt rückt für ihn – bei derselben Wortnennung - der Leistungsvollzug mit dem Gütekriterium „schnell" in die Aufmerksamkeit. Offensichtlich ist der Geschwindigkeitsanspruch in seinen Leistungsvollzügen für ihn relevant, möglicherweise wird er von außen an ihn herangetragen.

2.3.3   Schlüsselsituationen

Die beiden Schlüsselsituationen stammen aus anderen Erhebungszusammenhängen. Ich habe sie unter dem Stichwort **Gelingenskultur** erfasst.

Julius' Selbstrettungsversuch in einem Leistungskonflikt

Die erste Situation wurde per teilnehmender Beobachtung erhoben. Ich habe in ihr einen **Selbstrettungsversuch** eines Jungen **angesichts eines Leistungskonfliktes** gesehen. Es war in den ersten Schulwochen. Die Kinder behandelten das Thema „rechts – links". Mit dem Tageslichtprojektor wurde eine Folie an die Wand projiziert, auf der die Umrisse eines Clowns zu sehen waren. Seine Kleider waren so gestaltet, dass sich jeweils eine rechte und eine linke Seite ergab. Der Arbeitsauftrag stand auf der Folie. Die Lehrerin sprach ein Kind an: „Michael, du kannst doch schon lesen. Lies mal vor." Das tat er dann: welche Seite des Clowns mit welcher Farbe anzumalen sei. Die Kinder und die Lehrerin fuhren in ihrem Unterrichtsgespräch fort. Nachdem es nach einiger Zeit zur Pause geläutet hatte, ging ich im Strom der Kinder aus dem Klassenzimmer und hörte, wie Julius zu einem Mitschüler sagte: „Es ist gar nicht gut, wenn man schon lesen und schreiben kann, wenn man in die Schule kommt." Ich wurde hellhörig und nahm den Gesprächsfaden auf: „Warum denkst du, dass das nicht gut ist?" Julius: „Das weiß ich auch nicht so genau, da kannst'e Probleme kriegen. Mit Rechschreiben oder so."

Was hat diese Situation mit Gelingenskriterien zu tun? Zu Julius muss man wissen, dass er vor seiner „Einschulung" in diese Klasse eine Förderklasse besucht hatte. Seine Leistungen im ersten Schuljahr ließen den Grund dafür nicht mehr erkennen. Er wirkte sehr wach und „intelligent", war bestrebt, alles als leicht einzustufen und Leistungen, die er vollbracht hatte, eher herabzuwürdigen (s. Fähigkeitsattribuierungen „Na ja, Computer spielen kann jeder gut, das geht leicht." 9.) Und nun hat er die Leistung seines Mitschülers durch seinen Kommentar relativiert. Was war passiert? Ich lese in seiner Äußerung den Versuch, sich selbst retten zu müssen. Offensichtlich war ihm das Problem „Lesen können vor Schuleintritt" auf irgendeine Weise vertraut. Er kannte wohl Argumente, dass das nicht gut sei; ich vermute, aus der Erwachsenenwelt. Wahrscheinlich hat er diesen Urteilen getraut. Nun muss er erleben, dass diese

Fähigkeit, die zu diesem Zeitpunkt zwar noch von niemand in der Klasse verlangt wird, aber dennoch gefragt ist; so sehr, dass der Lesekundige sein Können öffentlich in den Dienst des gemeinsamen Fortschreitens in der Klasse stellen darf. Ich vermute, Julius hat solche Kommentare wie „da kannst'e Probleme kriegen" selbst zu hören bekommen und wurde eventuell in seinem selbst-gesteuerten Zeitpunkt des Schreib- und Leseinteresses gestoppt. Wenn das so wäre – und es gibt immer wieder Kinder, denen das geschieht – dann hätte er gelernt, seinen eigenen Lernmotivationen und -zeitpunkten zu misstrauen. Ein fataler „heimlicher Lehrplan". Und obendrein muss er jetzt noch mit der Enttäuschung fertig werden, dass die Menschen, die ihm solches möglicherweise geraten haben, Unrecht hatten. Also auch hier ein Stück zerbrochenes Vertrauen.

Um die Leistungen Anderer würdigen zu können, scheint es mir wichtig, dass die Kinder lernen, ihr Eigenes zu würdigen: Leistungen, Lerninteressen etc. Dann wird eine Gelingenskultur noch mehr möglich.

Richis Dialoginitiative

Die zweite Situation betrifft ein Kind aus den Fallbeschreibungen: **Richi und seine Dialoginitiative**. Sie wird unter *Zusammenschau der Fallbeschreibungen – Richi* (Teil II Kapitel 2.9.3) noch einmal relevant. Um Doppelungen zu vermeiden, verzichte ich hier auf einen Abdruck und bitte, sie an der bezeichneten Stelle nachzulesen.

Erhebungen / Erhebungsitems: (Erhebungs-Nr.)	voraus gegangen war jeweils die Frage: „Wo hast du dich anstrengen müssen?" (Kind wählte aus und punktete das Wort)		
	„Was war anstrengend?" (Nr. 2.2)	„Was war anstrengend?" (Nr. 3.2)	„Warum?" (Nr. 4.2)
Erhebungszeitpunkt	11. – 13. Schulwoche	20. und 22. Schulwoche	32. und 33. Schulwoche
Erhebungssituation	diagnostische Situation parallel zum Unterricht im Anschluss an die Lernbeobachtung *Schreiben* von M. DEHN („November")	diagnostische Situation parallel zum Unterricht im Anschluss an die Lernbeobachtung *Schreiben* von M. DEHN („Januar")	diagnostische Situation parallel zum Unterricht im Anschluss an die Lernbeobachtung *Schreiben* von M. DEHN („Mai")

Tabelle 13: Übersicht zum Erhebungsbereich *Anstrengung*

Für die Erhebungssituation gilt dasselbe, was ich unter *Kategorien gelungener Leistung* skizziert habe. Die Frage „Wo hast du dich anstrengen müssen?" folgte jeweils als zweite des Leitfadeninterviews. Die Reihenfolge sollte sicherstellen, dass im Sinne der Vermittlung von Erfolgserlebnissen zunächst der Blick auf das Gelungene gerichtet wurde, damit die Konfrontation mit dem Anstrengenden, zumindest potenziell, von Erfolgszuversicht getragen war. Die Kinder punkteten ihren Anstrengungsbereich mit einem blauen Klebepunkt. Die Frage „Wo hast du dich anstrengen müssen?" war bewusst nicht auf ein Wort bezogen (also: „Bei welchem Wort hast du dich anstrengen müssen?"), denn wir wollten den gesamten Bereich der Wortkonstruktion einschließlich der Aufgabenstellung für Anstrengungsnennungen offen halten. Analog zur Gelingensfrage blieben auch hier die Fragen zur Anstrengungskategorie bei Erhebung 2 und 3 gleich, während sie bei 4 wechselte. Ebenso wie bei den Gelingenskriterien habe ich die Antworten zu allen drei Erhebungszeiträumen gemeinsam kategorisiert.

2.4.1   Tabellen und Kategorienleitfaden

Die Tabelle gewährt einen Überblick über die als anstrengend gepunkteten Wörter.

Vergleich „anstrengend" bei den Lernbeobachtungen Schreiben nach M. DEHN

Wort	Lernbeobachtung *Schreiben* „November" (2.2) Angabe in %	Lernbeobachtung *Schreiben* „Januar" (3.2) Angabe in %	Lernbeobachtung *Schreiben* „Mai" (4.2) Angabe in %
Sofa	15,4 Miriam	2,5	4,8
Mund	17,9 Peter	0,0	9,5
Badehose	53,8 Richi	22,5	11,9
Turm	10,3	7,5	7,1
Reiter	/	12,5	11,9
Kinderwagen	/	47,5 Peter Richi	47,6 Richi
Lieblingswort	10,3	0,0	0,0

Tabelle 14:   Ergebnisse der Erhebung 2.2, 2.3, 2.4: „Wo hast du dich anstrengen müssen?"

Es zeigen sich eindeutige Tendenzen: Die jeweils komplexesten Wörter *Badehose* und *Kinderwagen,* beides zusammengesetzte Namenwörter, führen die Liste der Nennungen mit Zahlen um 50 %. *Badehose* wird dabei bei den Lernbeobachtungen Schreiben zwei und drei von dem neu hinzukommenden Wort *Kinderwagen* abgelöst, wobei *Badehose* bei Lernbeobachtung zwei immer noch eine hohe Nennung aufweist. Auffällig ist, dass das Lieblingswort – also das selbst gewählte Wort – bei Lernbeobachtung eins noch eine relativ hohe Anzahl von Nennungen auf sich vereinigt. Die Kinder, die hier gepunktet haben, verbinden wohl Anstrengung mit etwas Lustvollem, sind bereit zur Anstrengung, denn immerhin konnten sie ja hier das zu verschriftende Wort frei wählen. Bei den Lernbeobachtungen Schreiben zwei und drei gibt es beim *Lieblingswort* keine Nennungen mehr.

Die Verteilung der Kategorien auf die drei Erhebungszeitpunkte zeigt sich wie folgt:

Anstrengungskategorien[129]	Lernbeobachtung Schreiben „Nov." (Schulwoche 11 13) (2.2)			Lernbeobachtung Schreiben „Jan." (Schulwoche 20 u. 22) (3.2)			Lernbeobachtung Schreiben „Mai" (Schulwoche 32 u. 33) (4.2)			Lernbeobachtungen Schreiben gesamt		
	M	J	ges	M	J	ges	M	J	ges	M	J	ges
n: Klasse 1a	8 (8)	12 (12)	20 (20)	8 (8)	11 (12)	19 (20)	8 (8)	13 (13)	21 (21)			
Klasse 1b	7 (7)	12 (12)	19 (19)	7 (7)	13 (13)	20 (20)	8 (8)	13 (13)	21 (21)			
keine Anstrengung (als bewusster Äußerungsakt)	0	1	1	4 M	0	4	2 M	2	4	6	3	9
Prozessorientierung	3	2	5	3	4	7	3	3	6	9	9	18
Leistungsvollzug	3	2	5	3	3	6	1	0	1	7	5	12
Leistungsvollzug mit Gütekriterium	-	-	-	-	-	-	0	1	1	0	1	1
Leistungsvollzug mit subjektivem Leistungsvermögen	-	-	-	-	-	-	1	0	1	1	0	1
allgemeine kognitive Anstrengung	-	-	-	0	1	1	1	2	3	1	3	4
Produktorientierung	4	11	15	4	10	14	1	1	2	9	22	31
Werkverweis • global	1	6	7	2	2	4	-	-	-	3	8	11
• differenziert	3	5 R	8	2	7	9	1	0	1	6	12	18
Werkverweis mit Taxierung des Schwierigkeitsgrades	-	-	-	0	1	1	1	3	4	1	4	5
schriftsprachliches Metawissen	12	9	21	10	11	21	10	21	31	32	41	73
Durchgliederungsüberblick	2	0	2	6	3	9	2	6 R	8	10	9	19
Phonemanalyse	1	0	1	1	1	2	1	0	1	3	1	4
Phonem-Graphem-Analyse	2	4	6	0	2	2	0	3	3	2	9	11
Graphemmenge	-	-	-	-	-	-	0	2	2	0	2	2
Graphemkenntnis als unterrichtliches „Vorauswissen"	-	-	-	1	1	2	-	-	-	1	1	2
mühevolle Graphemerinnerung	0	1	1	0	1	1	0	3	3	0	4	4
Graphem-Defizit-Wissen / Scio-quod-nescio-Wissen „Ich weiß, WAS ich nicht weiß."	2	2 P	4	2	1 P	3	0	3	3	4	6	10
Defizitbewusstsein / Scio-me-nescire-Wissen „Ich weiß, DASS ich nicht weiß."	4 M	1	5	0	1	1	-	-	-	4	2	6
Graphemrealisation	1	0	1	-	-	-	3	1	4	4	1	5
orthographische Entscheidungen	0	1	1	-	-	-	3	2	5	3	3	6

---

[129] Wegen der Komplexität der Tabelle finden Sie hier die Fallbeschreibungen in das jeweilige Tabellenfeld **per Anfangsbuchstabe** integriert: P für Peter, M für Miriam, R für Richi.

Einzelkategorien											
Orientierungssuche	-	-	-	0	1 R	1	1	2	3	1	3	4
Teil-Fähigkeitsselbstkonzept	0	1	1	-	-	-	2	0	2	2	1	3
Problemsolidarität	1	0	1	-	-	-	-	-	-	1	0	1
bekundetes Nichtwissen	-	-	-	1	0	0	-	-	-	1	0	0

Tabelle 15:   Kategorien *Anstrengung*

Kategorienleitfaden

Bei der *Anstrengung* lassen sich dieselben Hauptkategorien bündeln wie beim *Gelingen*: **Prozessorientierung, Produktorientierung** und **schriftsprachliches Metawissen**, wobei der letzte Bereich vielfältigere Unterkategorien aufweist und die höchste Anzahl von Nennungen auf sich vereinigt.

Die **Prozessorientierung** ist wie oben geprägt von

- **Leistungsvollzug:**
  „Badehose zum schreibe(n)." (Friederike 2.2)
- **Leistungsvollzug mit Gütekriterium:**
  „Em, weil des ich nicht gut gekennt habe ... das ganze Wort." / „Weil ich das nicht gut gekannt/gekonnt habe ... das ganze Wort." (Gustavios 4.2)
- **Leistungsvollzug mit subjektivem Leistungsvermögen:**
  „Des war schwer für mich zu schreiben, des war schon immer für mich schwer" (Theresia 4.2 bei „PaBnWagen" für *Kinderwagen*, das sie als *Puppenwagen* identifizierte).

Die subjektive Äußerungsform eröffnet einen realistischen und förderlichen Rahmen: Erstens fällt Theresia kein Gesamturteil über ihr Schreibvermögen, sondern bleibt auf das vorliegende Wort bezogen. Sie bezieht die Schwierigkeit „auf sich", auf ihr Leistungsvermögen bezüglich *dieses* Wortes, das ja jetzt zum zweiten Mal in der Lernbeobachtung *Schreiben* ansteht. Ich lese beides als Indizien dafür, dass sie wohl auch bereit ist zu schauen, was ihr Probleme macht.

Neu hinzu kommt im Vergleich zu den Gelingenskategorien die

- **allgemeine kognitive Anstrengung:**

  „Ich musste ein bisschen überlegen, wie des da geht." (Stina 4.2)

  „Weil i da überleg müsse hab'." / „Weil ich da überlegen musste." (Theo 4.2)

  „Weil ich erscht überlegen hab' müssen, welcher Buchstabe wann kommt mh, und ob doppelt oder nicht doppelt" (Rolf 4.2 bei „Puppenwagen", den auch er in dem Bild für *Kinderwagen* erkannt hat).

Das prägende Wort der kognitiven Anstrengung heißt „überlegen". Die Äußerungen unterscheiden sich in ihrer Differenziertheit: Während die einen allgemein bleiben, gibt Rolf an, was Gegenstand seiner Überlegungen war. Diese Kategorie erscheint erst in der zweiten und dritten Erhebung.

Die **Produktorientierung** ist ebenfalls vom **Werkverweis** geprägt, hier in den Ausprägungen:

- **global:**

  „Die zwei." (Dilec 2.2)

  Sie meint damit die beiden Wörter *Sofa* und *Mund*.

- **differenziert:**

  „Das <B> und das <E>." (von „BadoSE" / *Badehose)*(Carlotta 2.2)

  Carlotta kann von dem gepunkteten Wort die anstrengenden Teile benennen. Das <B> hat sie bei mir erfragt.

Manche Kinder kommentieren ihren **Werkverweis** mit einer **Taxierung des Schwierigkeitsgrades:**

  „Mir ist des gut gelungen, aber des nervt, des ist ein bisschen schwer." (Paul 3.2)

  „Warum? Weil des so kompliziert war." (Theo 4.2)

Paul hat dasselbe Wort, „Kinderwagen", als gelungen und anstrengend gewählt. Beide formulieren nicht, was sie als „schwer" bzw. „kompliziert" empfunden haben.

Die größte Gruppe bilden die Kategorien zum **schriftsprachlichen Metawissen**, in denen die Kinder ihre Kenntnisse über den Schriftspracherwerb argumentativ einbringen. Die Unterkategorien weisen eine breitere Fächerung auf als bei den Gelingenskategorien. Zunächst stelle ich die zu diesen parallelen Kategorien vor.

Der **Durchgliederungsüberblick** verlangte von vielen Kindern Anstrengung:

> „So ein langes Wort." (Friederike 2.2)

> „Dass das zwei Sätze sind: „Kinder" – „Wagen". Der <g>, der im „Keller"."
> (Carmen 3.3)

> „Weil da so viel Buchstaben waren, langes Wort. So viel Buchstaben waren
> des is ein langes Wort." (Jan 4.2)

> „Des is „Bade" und „Hose", des sind zwei Wörter. Mh, und des war
> anstrengend ..., welcher Buchstabe kommt." (Sebastian 4.2)

Friederike kostete die Länge des Wortes, Jan zusätzlich die große Anzahl der
Buchstaben Mühe. Carmen und Sebastian haben das Phänomen des Kompositums
erfasst. Carmen vertauscht noch die Begrifflichkeit, indem sie die Wörter als „Sätze"
bezeichnet; auch bei der Graphemzuordnung <g> wie in „Keller" erliegt sie einem
(möglicherweise dialektalen) „Irrtum". Aber sie argumentiert und erprobt damit ihr
Wissen.

Die Länge der Wörter und die Frage, welcher Buchstabe kommt, scheint ein Problem
der Orientierung im Wort zu sein: Die Kinder müssen bei „umfangreichen" Wörtern
einen langen Spannungs- und Konzentrationsbogen aufrecht erhalten, immer wieder
das bereits Geschriebene bis zu der Stelle im Wort, an der sie gerade den nächsten
Buchstaben finden wollen, realisieren.

Andere Kinder greifen in ihrer Begründung den Aspekt der **Phonemanalyse,** der auch
einer des Durchgliederungsüberblicks ist, heraus:

> „Zu sagen." (Emanuelos 3.2)

> „Weil, weil des is schwer zu „Kind" und dann, des is schwierig zum sagen, weil
> man da die Buchstaben ... ja wegen die Buchstaben." (Claudia 4.2)

Ich werte das „sagen" als lautieren. Die Buchstaben akustisch zu diskriminieren ist für
diese Kinder eine anstrengende Herausforderung.

Ein anderes Kind weiß um ihre Artikulationsprobleme:

Sabine:	„Weil man da so mache müsst hat."(Sie fährt das <R> nach.) „Aber den hab' ich trotzdem in meinem Namen."
VL'in:	„Daher kennst'e den?"
Sabine:	„Ja, aber nicht so gut, weil ich ihn nicht so gut aussprechen kann."
VL'in:	„Aber in deinem Namen kannst du ihn sagen."

Sabine: „Ja, bloß [s] ... kann ich sagen, aber buchstabieren kann ich ihn nicht." (2.2)

Für Sabine gehört zu „einen Buchstaben kennen" auch, ihn „richtig" aussprechen zu können. Es scheint fast, als bliebe sie dabei hängen, dass sie das [s] fehlerhaft artikuliert. Sie kann auch schon den Begriff „buchstabieren" einsetzen. Mit den genannten Begriffen kreist sie um das Problem der Phonemanalyse.

Einen weiteren Grad der Differenziertheit im schriftsprachlichen Metawissen haben die Kinder erreicht, die das Phänomen der **Phonem-Graphem-Analyse** beschreiben.

„Dass man das aussprechen muss und noch nicht die Buchstaben gelernt hat und nicht weiß, wie man sie schreibt." (Carmen 2.2)

Carmen kennt und benennt die Reihenfolge der Tätigkeiten im Verschriftungsprozess.

Die **Graphemmenge** ist schon oben beim Durchgliederungsüberblick im Beispiel Jans angeklungen. Andere Kinder benennen nur die Buchstabenfülle als Anstrengung:

„Weil des so viele Buchstaben waren." (Viktor 4.2)

Viktor kennzeichnet möglicherweise das Problem, sich an so viele Buchstaben *erinnern* zu müssen. Denn er hat keinen Buchstaben bei mir erfragt.

Die Graphemmenge wird erst zu Schuljahresende als Kategorie relevant. Das liegt sicher daran, dass bis dahin alle Buchstaben des Alphabets erarbeitet wurden.

In der **Graphemkenntnis als unterrichtliches „Vorauswissen"**[130] zeigen Kinder, dass sie ihr individuelles Können in Beziehung zum gemeinsamen Lerngang der Klasse setzen können:

---

[130] Für die Kinder, die Aussagen im Bereich dieser Kategorie machten, war es an mehreren Stellen Thema, dass sie Buchstaben kannten, die im gemeinsamen Gang des Fibelunterrichtes noch nicht „dran" waren. Ich habe deshalb aus pädagogisch-didaktischer Sicht unsinnigen Begriff des „unterrichtlichen Vorauswissens" geprägt, weil er folgendes Problem deutlich macht: Wenn ein Unterricht so angelegt ist, dass bei den Kinder die offizielle oder heimliche Botschaft ankommt „Es geht um das *gemeinsame* Lernen, das Voranschreiten im *Gleichschritt*.", kann das individuell unterschiedliche Können ein Problem werden. Die Kinder müssen dann versuchen, ihren eigenen Lernstand zu vereinbaren mit ihrer SchülerInnen-Rolle, in der sie bereit sind, sich den Klassenregeln anzupassen. Dabei kommt es dann zu Formulierungen wie „Ich kann Wörter mit Buchstaben schreiben, die ich noch nicht kenne" (s. 2.5.1 Fallberichte Peter) - ein logischer Widerspruch. Für das Kind ein Versuch, sein außerschulisches Fähigkeits-Ich mit dem Schüler-Ich zu verbinden. Das kann zu fatalen Auswirkungen führen. Ich weiß aus anderen Zusammenhängen von einem Jungen, der als Leser eingeschult wurde und um Weihnachten herum behauptet hat, er könne nicht lesen. Es ist erneut ein Unterricht zu fordern, in dem das individuelle Lerntempo und -vermögen in seiner ganzen Heterogenität als Lernschatz genutzt wird. Dann kann das Kind mit seiner gesamten Selbstwahrnehmung SchülerIn sein.

„Des <g> haben wir noch nicht gehabt. Aber ich kann's schon." (Karsten 3.2)

„Weil's so langes Wort isch und weil wir den da (das <g>) noch nicht hatten." (Sie kennt den Buchstaben von der Schwester.) (Heike 3.2)

Was daran anstrengend ist, einen Buchstaben einzusetzen, den ein Kind bereits kennt, aber in der Schule noch nicht „durchgenommen" hat, bleibt unklar. Möglicherweise fühlen sich Kinder bei den Buchstaben „sicherer", die sie in der in ihrer Klasse gewohnten Weise trainiert haben.

Diese Kategorie ist lediglich zu Beginn des zweiten Schulhalbjahres virulent. Das ist sicherlich auch dadurch zu erklären, dass Kinder, die um diese Zeit ihre schriftsprachliche Aufmerksamkeit erhöht haben, vermehrt schriftsprachliche Anregungen aus der Umwelt nutzen und so dem gemeinsamen Unterrichtsgang ihr individuelles Tempo gegenüberstellen.

Die **mühevolle Graphemerinnerung** zeugt von der Anstrengung, dass es Kinder Mühe kostet, sich an bestimmte geforderte Buchstaben zu erinnern:

Ercan:	„Dass ich das nicht kann schreiben." („PadeosE"; das <P> habe ich ihm auf Nachfrage vorgegeben; er nennt es im Folgenden [de]).
VL'in:	„Aber du hast es doch geschrieben?"
Ercan:	„Ja, ich hab' des schreiben, aber ich hab' das [de] wieder vergessen."
VL'in:	„Ah ja, habt ihr das in der Schule denn schon gelernt?"
Ercan:	„Hm, aber ich vergess' das immer." (2.2)

Es ist eine Leistung, zu wissen, dass der Buchstabe schon im Unterricht behandelt wurde, auch wenn er gerade nicht verfügbar ist. Ercan empfindet das als anstrengend. Er muss damit zurechtkommen, dass er etwas vergessen hat und es sich neu erfragen bzw. erarbeiten muss.

Bei den beiden folgenden Kategorien war mir die Würdigung unterschiedlicher Leistungen wichtig: Es ist jedes Mal eine Leistung – ob ein Kind weiß, WAS es nicht weiß, und ob es weiß, DASS es etwas nicht weiß.

Im **Scio-quod-nescio-Wissen, „Ich weiß, WAS ich nicht weiß"** benennen Kinder konkret ihr **Graphem-Defizit-Wissen**, indem sie nach dem Buchstaben fragen, den sie lautlich diskriminieren konnten:

> „Des mit dem <g> und mit dem <h>." (Dilec 3.2)

Beide Buchstaben hat Dilec erfragt. Auch Carmens Beispiel steht für diese Kategorie:

> „Dass man das aussprechen muss und noch nicht die Buchstaben gelernt hat und nicht weiß, wie man sie schreibt." (Carmen 2.2)

Anstrengend mag sein, die unbekannten (im Sinn von: noch nicht gezielt geübten) Phoneme selbstständig zu differenzieren, oder/und auch, das Graphem erstmalig formgetreu zu übertragen.

Von diesem Wissen unterscheidet sich das **Scio-me-nescire-Wissen, „Ich weiß, DASS ich nicht weiß"**, und noch nicht, was ich nicht weiß. Es handelt sich also nicht um ein Defizit-Wissen, sondern eher um ein **Defizitbewusstsein:**

> „Die anderen Buchstaben." (Gundula 2.2)

Gundula hat bei *Badehose* „BAD" verschriftet, hört, dass es weitergeht und kann noch keine weiteren Phoneme differenzieren. Wir haben dann vereinbart, dass sie ihren Namen als Platzhalter hinter „BAD" schreibt. Ich habe den Platzhalter schriftlich kommentiert mit „Gundula hört, das Wort geht weiter, sie weiß noch nicht, wie."
Diese Kategorie erscheint am Ende des Schuljahres nicht mehr. Das ist aus Gründen des vorangeschrittenen Unterrichtsgangs einleuchtend.

Eine weitere Kategorie spricht dezidiert die schreibmotorische **Graphemrealisation** an:

> „Weil i des <R> net so schön geschriebe han ... das große." (Thea 4.2)
> „Weil ich da einmal Schreibschrift machen wollte." (Fabian 4.2)
> „Well man da so mache müsst hat." (Sie fährt das <R> nach.) (Sabine 2.2)

Die Form der Grapheme zu erinnern, sie so nachzuempfinden, dass der Buchstabe als solcher erkennbar wird, ist für diese Kinder anstrengend, ebenso die Unterscheidung der verschiedenen Schriftarten. Die Komplexität des Verschriftungsprozesses wird hier erneut deutlich. Wie viele Entscheidungen zu treffen sind, bis ein Wort auf dem Papier steht!

Kinder, die schon andere Verschriftungsstrategien als die alphabetische nutzen, treffen auch auf weitere Anstrengungsbereiche wie z.B. **orthografische Entscheidungen:**

> „Ich dachte, der <e> wäre groß und der <o> klein. da hab' ich den <e> klein ... und wenn man alles groß macht, dann ist es falsch." (zu dem Wort „Leopard") (Davidos 2.2)

Davidos weiß schon um die Bedeutung von Groß- und Kleinbuchstaben und erläutert seine Überlegungen während des Schreibprozesses.

> „Weil des, wegen dem [ai] ... Vielleicht hätt's ja auch sein können <ei>" (bei *Reiter*, sie verschriftet „RaiTer"). (Heike 4.2)

Heike hat erkannt, dass ein Phonem durch verschiedene Grapheme abbildbar ist. Eine Ableitungsregel steht ihr noch nicht zur Verfügung.

> „Weil ich erscht überlegen hab' müssen, welcher Buchstabe wann kommt und ob er doppelt oder nicht doppelt." („Puppenwagen") (Rolf 4.2)

Rolf weiß bereits um das Phänomen der Konsonantenverdopplung. Eine Regel benennt er nicht.

Für diese Kinder scheinen die Überlegungen, die zu der entsprechenden orthografischen Entscheidung führen, anstrengend zu sein. Gemäß des voranschreitenden Schriftpracherwerbs bzw. zunehmend verfügbarer Schreibstrategien erscheint diese Kategorie am häufigsten zu Schuljahresende.

Als weitere Einzelkategorien konnten generiert werden:

Die **Orientierungssuche** korrespondiert mit dem **Nutzen einer vorgegebenen Orientierungshilfe** bei den Gelingenskategorien. Richard beklagt, dass er

> „vorhin nicht gewusst" habe, ob er *Reiter* oder *Pferd* schreiben soll (Richard 4.2)

Das Bild ist als Schreibaufforderung mehrdeutig. Richard empfindet es als anstrengend, herauszufinden, was die Aufgabensteller von ihm wollen.

> Dilec: „Weil da hab' ich des vergessen, da den Turm zu machen."
>
> VL'in: „Das versteh' ich nicht, du hast es doch geschrieben."
>
> Dilec: „Ja, aber ich hab' vergessen, ich hab' gedacht, das ist ein Schloss." (Dilec 4.2)

Auch Dilec sucht sich in der Aufgabenerfassung zurechtzufinden. Es ist für sie wohl anstrengend gewesen, das „nach-zudenken", was ein anderer mit dem Bild „gemeint" hat; ohne Einsicht in eine sachliche Begründung. Denn dass an dieser Stelle *Turm* steht, hat sprachwissenschaftlich-diagnostische Gründe, die für Dilec kaum einsichtig zu machen gewesen wären. Hier wird das Thema der Sinneinsicht in eine Aufgabe aktuell: „Schloss" zu verschriften wäre auch möglich gewesen, hätte die diagnostischen Gesichtspunkte verlagert bzw. individualisiert.

Auch **Teilfähigkeitsselbstkonzepte** werden im Zusammenhang des Anstrengenden geäußert:

> „Weil ich *Reiter* noch nicht so gut schreiben kann." (Carlotta 4.2)

Ercan:	„Dass ich das nicht kann schreiben." („PadeosE" / *Badehose*)
VL'in:	„ ... Aber du hast es doch geschrieben?"
Ercan:	„Ja, ich hab' des geschrieben, aber ich hab' das [de] (er meint das <P>) wieder vergessen... ich vergess' das immer." (2.2)

Carlotta bezieht ihre Aussage lediglich auf das zur Debatte stehende Wort. Ercan geht weiter: Er setzt die Aussage „Ich dann das nicht schreiben" trotz offensichtlich vorliegendem Gegenbeweis für den Teilaspekt, dass er einen Buchstaben immer wieder vergisst und in seiner Aussage ja auch aktuell verwechselt. Sein Focus „Ich vergess' das immer" versperrt ihm vor meiner Nachfrage den Blick für den größeren Teil des Wortes, den er zum allergrößten Teil beherrscht.

Eine letzte Kategorie ist die **Problemsolidarität**:

> „Hat sich Friedi hier au' anstrenge müsse?" / „Hat sich Friedi hier auch anstrengen müssen?" (Gundula 2.2)

Diese interessierte Nachfrage lag Gundula nahe, als ich mich nach dem Aspekt der Anstrengung erkundigte. Sie erfragte mögliche ähnliche Leistungsemotionen bei ihrer Freundin. Hier deutet sich ein für das Kind wichtiger Vergleich an: Hat nur sie bei dem Wort *Badehose* Anstrengung investieren müssen? Oder kann sie auf die Problemsolidarität hoffen? (Sie kann, was ich ihr gegenüber natürlich nicht offen legte.) Offenbar ist es für sie wichtig, mit einem Problem nicht alleine dazustehen. Es kann tatsächlich hilfreich sein zu erfahren, dass andere mit derselben Sache kämpfen. Fruchtbar ist dieses Problem-Sharing dann, wenn eine gemeinsame Lösungssuche daraus erwächst.

Wie aus der Tabelle zu ersehen ist, gaben einige Kinder an, dass sie bei **keinem** Wort **Anstrengung** empfanden. Nur ein Mädchen **bekundete** ihr **Nichtwissen** im Bezug auf die wahrgenommene Anstrengung.

Gleiche Wortwahl bei dem Kriterium „gelungen" und „anstrengend"

Ich möchte auf die Fälle hinweisen, in denen Kinder sowohl bei der Frage nach dem Gelingen als auch nach der Anstrengung dasselbe Wort gepunktet haben. Dieses Phänomen kam bei der ersten und zweiten Lernbeobachtung jeweils zwei Mal, bei der dritten Lernbeobachtung ein Mal vor.
Die Beispiele:

Torsten:	Mimi Oma Omi (2.1 und 2.2)
Davidos:	Leopard SmBanzen / Schimpansen (2.1 und 2.2)
Gundula:	BabeOse (3.1 und 3.2)
Paul:	Kinderwagen (3.1 und 3.2)
Rolf:	Pupenwagen (4.1 und 4.2)

Torsten wählt „Mimi" als gelungenes und „Oma Omi" als anstrengende Wörter. Alle drei Wörter hat er unter der Rubik „Lieblingswort" verschriftet, weswegen ich sein Beispiel hier anführe. Sowohl bei der Frage nach den Gelingens- als auch nach den Anstrengungskriterien gibt er einen **globalen Werkverweis**.

Davidos punktet ebenfalls unter der Rubrik „Lieblingswort" und zwar jeweils einen roten und blauen Punkt bei jedem der beiden Wörter. Anstrengend fand er bei „Leopard" die **orthografische Entscheidung**, dass nach dem Anfangsbuchstaben alle Buchstaben klein geschrieben werden, zu „Schimpansen" äußert er sich nicht. Die Frage nach den Gelingenskriterien ist aus nicht mehr nachvollziehbaren Gründen im Interview mit ihm leider entfallen.

Gundula beantwortet die Gelingensfrage mit einem **Teilfähigkeitsselbstkonzept**: „Dass ich das kann" (3.2), bei der Anstrengung schmunzelt sie auf meine Frage hin verlegen und gibt einen **globalen Werkverweis**: „Des alles."

Pauls Antwort ist zwei Gelingenskategorien zuzuordnen: „Alles, das Wort zu schreiben" (3.2) ist ein Hinweis auf den **Leistungsvollzug mit Werkverweis**; und in seinem Nachtrag, nachdem er auf das <g> verwiesen hat: „Den Buchstaben lernen wir diese Woche" (3.2) spricht er die **Ressourcengewissheit** an, mit der er sich auf dem aktuellsten Stand des klassenbezogenen Unterrichts befindet. Bei der Frage nach der Anstrengung bleibt er mit seinem **Werkverweis mit Taxierung der Aufgabenschwierigkeit** diffus: „Mir ist des gut gelungen, aber des nervt, des ist ein bisschen schwer ... das Wort war schwer. Aber es ist mir noch gut gelungen."

Rolf verweist auf seinen **Leistungsvollzug und gibt ein Gütekriterium** an: „Weil ich des so gut geschrieben hab'." Bei der Anstrengung findet er gleich drei Bereiche: **allgemeine kognitive Anstrengung, Phonem-Graphem-Analyse** und **orthografische Entscheidungen**: „Weil ich erscht überlegen hab' müssen, welcher Buchstabe wann kommt ... und ob doppelt oder nicht doppelt."

Bei Gundula, Paul und Rolf scheinen Anstrengung und Gelingen gut zueinander zu passen. Für sie spricht aus ihren Gelingensfeststellungen offenbar ein wenig Stolz auf die gemeisterte Anstrengung. Insofern konnte Anstrengung wohl geradezu zu einem Gütekriterium des Gelingens werden.

2.4.2 Fallbeschreibungen

Peter

Lernbeobachtung *Schreiben* 1		Lernbeobachtung *Schreiben* 2		Lernbeobachtung *Schreiben* 3	
Anstren-gung[131]	„Was war anstrengend?" (2.2)	Anstren-gung	„Was war anstrengend?" (3.2)	Anstren-gung	„Warum?" (4.2)
Munt (n) PadOse (d)	„Kann ich zwei nehmen? Weil ich den Buchstaben und den nicht gewusst hab'." **Graphem-Defizit-Wissen / Scio-quod-nescio-Wissen**	Kinderwa gen (g)	„Der <g>, den hab' ich nicht gewusst." **Graphem-Defizit-Wissen / Scio-quod-nescio-Wissen**	/	„Bei keinem." **keine Anstrengung**

Tabelle 16: **Fallbeschreibung Peter - Anstrengung**

---

[131] In Klammern sind die nachgefragten und von mir vorgegebenen Buchstaben genannt.

Für Peter ist es wichtig, dass er alle Buchstaben, die er braucht, auch kennt. So benennt er in Lernbeobachtung *Schreiben* eins und zwei nur die Wörter als anstrengend, bei denen er Buchstaben erfragen musste. Dabei nimmt er es genau: Er möchte bei der Lernbeobachtung eins zwei Stellen mit den blauen „Anstrengungs"-Klebepunkten markieren, denn er hat zwei Mal nachfragen müssen. Bei der letzten Lernbeobachtung empfand er dann nichts mehr als anstrengend – er hat auch alle Buchstaben selbst gewusst.

Miriam

Lernbeobachtung *Schreiben* 1		Lernbeobachtung *Schreiben* 2		Lernbeobachtung *Schreiben* 3	
Anstren-gung[132]	„Was war anstrengend?" (2.2)	Anstren-gung	„Was war anstrengend?" (3.2)	Anstren-gung	„Warum?" (4.2)
S (bei *Sofa)*	„Da hab' ich nur ein [es] hinge-macht." **Defizit-Bewusstsein / Scio-me-nescire-Wissen**	/	„Nix." **keine Anstrengung**	/	„Nirgendwo." **keine Anstrengung**

Tabelle 17: Fallbeschreibung Miriam – Anstrengung

Miriam empfindet nur bei der ersten Lernbeobachtung *Schreiben* etwas als anstrengend. Es ist das erste Wort auf dem Schreibblatt, bei dem sie lediglich den Anfangsbuchstaben verschriften konnte. Ihre Antwort macht deutlich, dass sie darum weiß: In diesem Wort gibt es noch mehr zu verschriften. Bei allen übrigen Wörtern der Lernbeobachtung *Schreiben* konnte sie den größten Teil der Buchstaben akustisch diskriminieren und verschriften.

Bei der Lernbeobachtung zwei und drei benennt sie keine anstrengenden Stellen oder Momente.

---

[132] S. Fußnote 131.

Richi

Lernbeobachtung Schreiben 1		Lernbeobachtung Schreiben 2		Lernbeobachtung Schreiben 3	
Anstren-gung[133]	„Was war anstrengend?" (2.2)	Anstren-gung	„Was war anstrengend?" (3.2)	Anstren-gung	„Warum?" (4.2)
NBOS (N) Punkt klebt bei N.	„Der, der da." (N) **Werkverweis - differenziert**	Kdrw (r)	„Dass ich erst das falsche gemacht hab'." (Er wollte Babywagen schreiben.) **Orientier- ungssuche**	Kinder-wagen	„Weil des so ein langes Wort ist." **Durch- gliederungs- überblick**

Tabelle 18:   Fallbeschreibung Richi - Anstrengung

Richi punktet jeweils das komplexeste Wort der Lernbeobachtung *Schreiben*: *Badehose* und *Kinderwagen*. Er kennt mehrere Anstrengungsdimensionen. Bei der ersten Lernbeobachtung verweist er auf den schwierigen Buchstaben, einen, den er erfragt hatte. Bei der zweiten Lernbeobachtung macht ihm zu schaffen, dass er in der Bildvorgabe ein Wort erkannt hat, das der Aufgabensteller nicht vorgesehen hat. Meine Bitte, doch *Kinderwagen* zu schreiben, kann einem Kind dann als Willkür vorkommen, denn der Aufgabenzusammenhang macht die Wortwahl nicht einsichtig. Bei der dritten Lernbeobachtung strengt ihn die Länge des Wortes an. Er konnte dem langen Wort orthografisch gerecht werden.

2.5 Attribuierung von Leistungsemotionen

2.5.1 Schreibfreude

Erhebungen / Erhebungsitems: (Erhebungs-Nr.)	„Warst du schon einmal froh, dass du schreiben konntest?" (Nr. 2.3)	„Wann hast du das letzte Mal Freude am Schreiben gehabt?" (Nr. 3.3)
Erhebungszeitpunkt	11. – 13. Schulwoche	20. und 22. Schulwoche
Erhebungssituation	diagnostische Situation parallel zum Unterricht im Anschluss an die Lernbeobachtung *Schreiben* von M. DEHN („November")	diagnostische Situation parallel zum Unterricht im Anschluss an die Lernbeobachtung *Schreiben* von M. DEHN („Januar")

Tabelle 19: Übersicht zum Erhebungsbereich *Leistungsemotion Schreibfreude*

Bei der Kategorienfindung ergab sich die Schwierigkeit, dass die beiden Erhebungsitems zu unterschiedlichen Antwortaspekten führten. Frage 2.3 legte eine Situations- oder Erlebnisbeschreibung nahe, während Frage 3.3 eher einen Verweis auf eine Schreibarbeit provozierte. Aus den Antworten zu letzterer Frage waren Kategorien der Schreibfreude weniger gut erhebbar. Wo es möglich erschien, habe ich sie gebildet und in den Gesamtüberblick einbezogen. In der Tabelle kann die Verteilung der Kategorien auf die entsprechenden Fragen nachvollzogen werden.

---

[133] S. Fußnote 131.

2.5.1.1   Tabelle und Kategorienleitfaden

Kategorien der Lernemotion Schreibfreude[134]	„Warst du schon einmal froh, dass du schreiben konntest?" (Schulwoche 11 – 13) (2.3.)			„Wann hast du das letzte Mal Freude am Schreiben gehabt?" (Schulwoche 20 u. 22) (3.3.)			gesamt		
	M	J	ges	M	J	ges	M	J	ges
n: Klasse 1a	8 (8)	12 (12)	20 (20)	8 (8)	11 (12)	19 (20)			
Klasse 1b	7 (7)	12 (12)	19 (19)	7 (7)	13 (13)	20 (20)			
Werkverweis	5	5	10	4	11 R	15	9	16	25
Verweis auf Leistungsvollzug: • abschreiben • eigenständiger Konstruktionsprozess	2	2	4	1	1	2	3	3	6
Ressourcengewissheit: • Graphemkenntnis als unterrichtliches „Vorauswissen" • Zuwachs an subjektiv bedeutsamen Graphemkenntnissen	0	2 P	2	0	1	1	0	3	3
individueller Fortschritt: • in schriftsprachlichen Voraussetzungsfähigkeiten	0	1	1	-	-	-	0	1	1
Fähigkeitsselbstkonzept	1	1	2	-	-	-	1	1	2
Schriftsprache in verschiedenen Funktionen: • Schreiben als Tätigkeit gegen Langeweile	1	0	1	-	-	-	1	0	1
• Schreiben in Selbstvergewisserungsfunktion	1	0	1	-	-	-	1	0	1
• Schriftsprache in sozialer Funktion	2	5 R	7	2	2	4	4	7	11
• Schriftsprache als Funktion eines Spiels	0	1	1	-	-	-	0	1	1

---

[134] Wegen der Komplexität der Tabelle finden Sie hier die Fallbeschreibungen in das jeweilige Tabellenfeld **per Anfangsbuchstabe** integriert.

• Schrreibhfreude als emotionale Konstante	-	-	-	1	1 P	2	1	1	2
Situationsqualität	0	1	1	4	0	4	4	1	5
Pensum	-	-	-	1	0	1	1	0	1
(erleichternde) Schreibmotorik	-	-	-	1 M	0	1	1	0	1
der Reiz des Neuen (Anfangssituation)	-	-	-	0	1	1	0	1	1
Diskrepanz von Schreibabsicht und Schreibvermögen	0	1	1	-	-	-	0	1	1
Schreiblernprozess mit Hilfe signifikanter Anderer	1	2	3	-	-	-	1	2	3
Rückmeldung durch signifikante Andere	0	2	2	-	-	-	0	2	2
Verweis auf Lesen	1	1	2	1	0	1	2	1	3
Verweis auf andere Lernbereiche	-	-	-	1	1	2	1	1	2
„Negativ"-Antworten:									
• bekundetes Nichtwissen	-	-	-	0	1	1	0	1	1
• keine Erinnerung	0	1	1	1	2	3	1	3	4
• Verneinung	1	1	2	1	0	1	2	1	3
• Schreibantipathie	-	-	-	0	2	2	0	2	2

Tabelle 20: Kategorien *Leistungsemotion Schreibfreude*

Kategorienleitfaden

Der **Werkverweis** erstreckt sich auf Hinweise verschiedenen Inhalts und Umfangs:

„Mimi ist im Haus" (Emanuelos 2.3)

„Formel eins" (Michael 2.3)

„Schreibschrift A" (Jan 3.3)

„Halloween-Buch, Horror-Buch" (Manuel 3.3)

„die Schreibprobe"[135] (Paul 3.3)

Gemeinsam ist diesen Antworten, wie beim Werkverweis unter den Gelingens- und Anstrengungskategorien, der Blick der Kinder auf die konkrete Leistung, der bei Frage 3.3. von der Formulierung her besonders nahe lag. Vermutlich sind die von den Kindern genannten Worte in einer Weise, die die Schreibfreude auslöst, subjektiv bedeutsam. Im Fall von „Formel eins" ist die subjektive Bedeutsamkeit evident, denn Michael hat diese Worte auf der Lernbeobachtung unter „Lieblingswort" notiert.

Auch der Verweis auf den **Leistungsvollzug** begegnet hier erneut (s. Fähigkeitsattribuierungen, Gelingens- und Anstrengungskategorien):

> „abschreiben vom Blatt ins rote Heft" (Anna 3.3)

> „Weil weil ich hab einfach mal buchstabiert, da hab ich geguckt, wie das zusammengehört, hab ich mal „r" „a" „ra" hab ich dann gelesen." (Sabine 2.3)

Die Beispiele reichen von der Erwähnung des Leistungsvollzuges „abschreiben" bis zur detaillierten Beschreibung der Lesestrategie des Synthetisierens, das als eigenständiger Konstruktionsprozess des Recodierens gilt.

Die **Ressourcengewissheit** ist auch für die Schreibfreude konstitutiv (s. Gelingenskategorien):

> „Da hab ich die Buchstaben daheim aufgeschrieben, die wo wir noch nicht gelernt haben, meine Schwester hat es mir gesagt, ein Blatt voll." (Marc 2.3)

> „Schreibschrift schreiben - Buchstaben, wo ich in der Schule noch gar nicht hab'." (Rolf 3.3)

Hier ist wieder der Reiz des unterrichtlichen Vorauswissens virulent. Es scheint für die Kinder darin eine Dimension von Individualität erlebbar zu werden, die dem gemeinsamen Unterrichtsgang abgeht. Der Sog wachsender Kompetenz (VIERLINGER 1999, 114) greift hier aus in alle möglichen Situationen, in denen die Kinder neuer Buchstaben habhaft werden können.

Die subjektive Relevanz eines Graphemkenntniszuwachses kommt in einem anderen Beispiel dezidiert zum Tragen:

Theresia:	„Des war, wo mers „m", „m" glent hend. Weil i i hen des kleine no net kenne." / „Das war, als wir das „m" gelernt haben. Weil ich hab' das kleine noch nicht gekonnt."
VL'in:	„Das große hast du schon können?" / „Das große hast du schon gekonnt?"
Theresia:	„Mhm."
VL'in:	„Und wofür hast du das kleine gebraucht?"
Theresia:	„Bei Oma." (2.3)

---

[135] Bezeichnung für die „Lernbeobachtung *Schreiben*".

Offensichtlich war ihr das Wort „Oma" wichtig. Und es hat ihr Freude bereitet, es jetzt vollständig verschriften zu können.

Im **individuellen Fortschritt** konstatiert ein Kind seine gewonnene Lesefähigkeit:

> „Ich hab' andauernd ha' ich immer die Schilder, o Mann, ich weiß gar nicht, wann man lesen kann, wie man das macht, und schreiben, wie man sich die ganzen Buchstaben merken kann, hab' ich gar nicht gewusst, aber jetzt weiß ich's." (Tolga 2.3)

Seine Verzweiflung an fehlenden Kriterien („wann man lesen kann") und der Fülle der Gedächtnisleistungen ist deutlich spürbar. Tolga wiederholt zum Zeitpunkt der Befragung die erste Klasse. Seine Lesefähigkeit in der ersten Lernbeobachtung *Lesen* nach MECHTHILD DEHN[136] bewegt sich auf der Ebene des sofortigen sinnverstehenden Lesens (außer bei „Rad"), seine Schreibstrategie in der Lernbeobachtung *Schreiben* „November" ist die alphabetische. Tolga erstaunt immer wieder mit seinem enormen Wortschatz, denn bei Erzählungen, die er lange ausdehnen kann, fehlt es ihm nicht an differenzierten semantischen „Treffern".

Am Schluss seiner obigen Äußerung konstatiert er seinen Wissenszuwachs. Ob der sich auf eine Memorierstrategie oder die Menge der behaltenen Buchstaben bezieht, ist nicht ganz auszumachen. Denn zwischen dem beklagten Nicht-Wissen und dem festgestellten Fortschritt fehlt das „missing link" einer formulierten Strategieeinsicht.[137] Für Tolga ist hier die Freude am Vorangeschrittensein wichtig. Es ist, als atme er mit dem letzten Satz erleichtert seine Anstrengung aus.

Auch **Fähigkeitsselbstkonzepte** werden bei der Frage nach der Schreibfreude in Worte gefasst. Eines ist „negativ":

> „Weiß ich nicht mehr ... schon lange her" (Torsten 2.3)

Es gelingt ihm keine konkrete Erinnerung.

Im zweiten Beispiel markiert das Kind mithilfe seiner Schreibfähigkeit einen Lebensabschnitt:

> „Bei den Hausaufgaben, weil wenn man dann, meinem Cousin, dem hab' ich als Kind gern einen Brief immer schreiben wollen. Und jetzt auch noch. Und da hab' ich noch nicht *Piet* schreiben können und jetzt kann ich *Piet* schreiben,

---

[136] „Uta malt ein rosa Rad.", vgl. Anhang B 2.

weil P – i – e – o – eh, ich mein' t. Und beim zweiten Cousin, bei *Paul* P – a – u – l." *(Sie hat den Brief geschrieben.)* "Weil die wohnen nämlich ein bisschen weiter weg." (Carmen 2.3)

Ihre Freude macht sie fest an der Erfahrung, sich einen lang gehegten Wunsch erfüllen zu können – dank des Fähigkeitszuwachses im Schriftspracherwerb. Sie bleibt den Beweis ihrer Fähigkeiten nicht schuldig, einschließlich einer Selbstkorrektur. Mithilfe der Schule konnte sie also einen selbst gewählten, realen Schreibanlass bewältigen. Das scheint ihr so bedeutsam, dass sie an dieser Fähigkeit den Lebensabschnitt „Kind" festklopft: „dem hab' ich als Kind gern einen Brief immer schreiben wollen." Als was sie sich jetzt versteht, bleibt offen. „Kindsein" heißt in diesem Beispiel für sie: einen Wunsch nach schriftlicher Kontaktaufnahme haben und nicht erfüllen können. Dieses Stadium hat sie überwunden.

Schreibfreude wird für die Kinder weiterhin in **verschiedenen Funktionen** erfahrbar:

- Schreiben als **Tätigkeit gegen Langeweile:**

Anna-Lisa:	„Im Urlaub – ich hab' eh *Kirschbaum* geschrieben, *Seerobbe* ... *Fisch*"
	(...)
VL'in:	„Warum hast du das geschrieben? *Kirschbaum* und *Seerobbe* und *Fisch?*"
Anna-Lisa:	„Weil mir halt nix eingefallen ist im Urlaub." (3.3)

Schreiben konnte in diesem Fall die „Stimmung heben", zur Abwendung eines unangenehmen Gefühls beitragen.

- **Schreiben in Selbstvergewisserungsfunktion:**

Heike:	„In der Schule, in Religion."
VL'in	„Was habt ihr denn geschrieben?"
Heike:	„*Ich.*"
VL'in:	„Und was habt ihr zu dem *Ich* dann noch gemacht?"
Heike:	„So eine Blume, da war das Innere, da stand *Ich* drin, und da waren die Blütenblätter, da da hat man reingeschrieben, was man, was man, wen man gut, wen man braucht." (3.3)

---

[137] Dabei kann man ihm zu Gute halten, dass wohl immer noch aussteht wissenschaftlich zu erforschen, was eigentlich passiert, wenn ein Kind plötzlich lesen kann.

Heike hat Gelegenheit erhalten, sich ihre soziale Einbindung bewusst zu machen und sich grafisch darin „einzubetten". Diese Aufgabe erforderte ein intensives Maß an Selbstzuwendung. Durch ihre schriftsprachlichen Fähigkeiten konnte sie bei der Ausführung der Aufgabe auch in der äußeren Arbeitsform bei sich bleiben. Es hat ihr Freude gemacht, ihr Beziehungsgeflecht signifikanter Anderer zusammenzustellen.

- **Schriftsprache in sozialer Funktion**:

Diese Dimension ist auch im Beispiel von Carmen und Heike schon angeklungen und wird in folgenden Äußerungen erneut beschrieben:

> „Mama zum Geburtstag" (Carlotta 3.3)
> „Brief an Oma" (Torben 3.3)

Es erfüllte diese Kinder mit Freude, dass sie den benannten Personen, in diesem Fall signifikante Andere, einen Brief oder Glückwunsch schreiben konnten, etwas, das sie der Erwachsenenwelt, in der der Schriftverkehr aus verschiedenen Anlässen eine Rolle spielt, ein Stück näher bringt.

- **Schriftsprache als Funktion eines Spiels**:

Kinder brauchen Schrift heute zunehmend auch, um die neuen Medien bedienen und nutzen zu können:

> „Ich hab' so 'nen Computer, und da drin hat's so ein Memory-Spiel, das spiel ich immer." (Ercan 2.3)

Er erwähnte im Gespräch, dass man bei diesem Spiel schreiben muss. Ercan erfährt, dass die Beherrschung der Schriftsprache ihm neue Möglichkeiten eröffnet.

Manche Kinder erleben **Schreibfreude als emotionale Konstante**:

> „Eigentlich immer. Weil da kann man so ganz gute Buchstaben lernen ... M, O oder so." (Claudia 3.3)

Sie ist in ihrer Freude ganz sachorientiert. Das Buchstabenlernen bereitet ihr Freude.

Für andere Kinder ist die **Situationsqualität** Quelle ihrer Schreibfreude:

> Heike erwähnt einen Stationenlauf, bei dem sie auf ein Blatt einen roten Punkt (als Zeichen für eine „gelungene Leistung") geklebt hat. Es war kein Schreibblatt. (3.3)

Offenbar hat ihr die Arbeitsform Freude bereitet.

Ein anderes Kind geht in seine vorschulische Zeit zurück:

> „Ich hab mit meiner Schwester, wo ich noch im Kindergarten war, Schule gespielt. Ja, deswegen ..., die hat mir immer ganz viel gezeigt und so und jetzt kann ich auch deswegen viele Buchstaben schon, ja und rechnen bissel." (Jan 2.3)

Für ihn war die antizipierende Simulation der für den Schriftspracherwerb zuständigen Institution „Schule" ein freudvolles Erlebnis. Es bedeutet gleichzeitig einen Gewinn von Ressourcenwissen im Sinn von „unterrichtlichem Vorauswissen".

Für ein anderes Kind ist das geleistete Schreib-**Pensum** Anlass zur Freude:

> Carmen erzählt, dass sie krank war. Sie habe viele Schreibblätter „nachmachen müssen ..., des war so ein Stapel" und habe sie „in einer Minute fertig gekriegt ... und schön sauber geschrieben." (3.3)[138]

Sicherlich spielt auch hier die besondere Situation eine Rolle: Sie war krank, hat in der Schule Stoff versäumt und musste ihn zu Hause nachholen. Der Akzent ihrer Äußerung scheint mir auf dem Pensum zu liegen, das sie in so kurzer Zeit mit Qualitätsanspruch erledigen konnte. Es erfüllt sie offensichtlich mit Stolz.

Bei der **erleichternden Schreibmotorik** wird ein Sachkriterium ausschlaggebend:

> „Da muss man nicht immer absetzen." (Miriam 3.3)

Miriam beschreibt das für ein Arbeitsblatt, auf dem die Schreibschrift Gegenstand der Übung war. Sie erlebt die neuen schreibmotorischen Anforderungen als Erleichterung.

Für andere Kinder ist der **Reiz des Neuen** mit Schreibfreude verbunden:

> „Ist schon ganz lang her, wo wir die alten Buchstaben gelernt haben: o, ü, m ... Heute gehen die alten Buchstaben leichter." (Sebastian 3.3)

Das Neue scheint Anziehungskraft und Faszination auszuüben und rangiert hier vor der Qualität der „leichteren" Verfügbarkeit.

---

[138] Carmen nutzt den Zeitfaktor als Kriterium, sie bleibt dabei auf der „objektiven" bzw. individuellen Ebene und verzichtet auf eine vergleichende Quantifizierung (wie sie Lentzen/Winter 1999, 37, bei den untersuchten ViertklässlerInnen als dominierend festgestellt haben).

Ein Junge erinnert eine Situation, die zunächst die Schwierigkeit der **Diskrepanz von Schreibabsicht und Schreibvermögen** aufgreift:

> „Nämlich bei dem Dings da, wir haben so 'ne Tabelle, da muss man manchmal abschreiben, da will ich immer schreiben können, aber manches können wir noch nicht." (Karsten 2.3)

Es bleibt ziemlich verborgen, was Karsten hier mit Schreibfreude verbindet oder ob ihm schlichtweg das Gegenteil eingefallen ist. Möglicherweise reizt ihn die Tabelle, die ihm das noch zu Lernende vor Augen führt. Zu beachten ist der Personalpronomenwechsel „da will **ich** immer schreiben können, aber manches können **wir** noch nicht." Bei der Fallbeschreibung zu Peter widme ich demselben Phänomen ausführlichere Aufmerksamkeit (s.).

Eindeutiger ist die Schreibfreude in der Kategorie **Schreiblernprozess mit Hilfe signifikanter Anderer** zu identifizieren:

> Gustavios: „In Griechenland, da hat meine Schwester mir gelernt Deutsch."
> VL'in: „Wie hast du denn das gemacht?"
> Gustavios: „Die hat mich immer so gesagt, wie soll ich das schreiben, und dann hab' ich das immer geschrieben, wie die mir das gezeigt hat. Und dann, und und jetzt schreib' ich." (3.3)

Er beschreibt einen Lernprozess, der ihm über den Weg der Nachahmung von Vorgegebenem gelungen ist. Vom Zeitpunkt der Erhebung her kann Gustavios' Erlebnis höchstens aus den Herbstferien bzw. aus den Sommerferien, das wäre noch vor Schulbeginn gewesen, stammen. Er hat im Heimatland seiner nationalen Herkunft in seiner Zweitsprache, in der er im Land seiner Beschulung lernt, Fortschritte gemacht, offenbar in einem Rahmen freier Motivation.

Das Beispiel von Jan, das ich unter „Situationsqualität" zitiert habe, passt auch zu dieser Kategorie. Auch bei ihm ist es die Schwester, die ihm zu Fortschritten verhilft.

Die Mutter spielt ebenfalls als signifikante Andere eine Rolle:

> „Ich war schon mal froh, zuhause, da hat meine Mama mir was auf die Tafel geschrieben. Und dann hab' ich das dann vorgeschrieben. Nachgeschrieben." (Claudia 2.3)

Bei Claudia läuft der Kenntniserwerb über den Weg des Nachahmens: Abschreiben als eine freudvolle Form der Schriftaneignung.

Die signifikanten Anderen beziehen sich in allen drei Äußerungen auf häusliche bzw. familiäre Situationen.

Die folgende Kategorie **Rückmeldung durch signifikante Andere** scheint mir mit ihrer geringen Gewichtung innerhalb unserer Erhebung sehr interessant:

Norbert: „Ich glaub, zu Haus."

VL'in: „Was hast du da geschrieben?"

Norbert: *„Oma*, und da hat Mami gesagt *richtig* und da war ich froh, dass ich das schon schreiben konnte." (2.3)

„Und dann hab' ich immer, hab' ich, hab' ich Wörter zusammengesetzt und die hab' ich dann einfach geschrieben und meine Oma hat immer *richtig* gesagt." (Rolf 2.3)

Nur zwei Kinder generierten diese Kategorie. Das scheint mir deshalb erstaunlich, weil ich weiter oben die These erhoben habe, dass in unseren Schulen die Fremdrückmeldung im Leistungsbereich dominiert. In den vorliegenden Beispielen waren die Rückmeldungen „richtig", jeweils von Familienmitgliedern ausgesprochen, Grund der Freude. Die sachliche Kriterienkenntnis von Mutter und Großmutter war für die Kinder nötig, um sich über die Richtigkeit der geschriebenen Wörter zu freuen.

Gleichzeitig unterstreicht die Nennung von nur zwei Kindern unser Forschungsinteresse. Denn wenn trotz oder angesichts der dominierenden Fremdrückmeldung die Kinder so viele andere für sie wichtige Kriterien finden, dann ist die Frage zu stellen: Was thematisiert die Fremdrückmeldung im Unterricht? Wie thematisiert sie es? Der so variantenreiche Blick der Kinder muss dabei mit einbezogen werden. Denn offensichtlich ist nicht nur die „Richtigkeit" ein Kriterium. Das wiederum eröffnet einen breiten Raum für die Begleitung einer selbstreflexiven Leistungskultur, die die Kinder schrittweise an Sachkriterien heranführt, indem sie ihnen bereits im Lernprozess sachbezogene Strategien transparent macht, aus denen sich Kriterien für eine (selbstreflexive) Rückmeldepraxis entwickeln lassen.

Drei Kinder antworten mit einem **Verweis auf Lesen**:

„Wo ich g'lesen han" / „Als ich gelesen habe." (Friederike 3.3)

„Weil weil ich hab' einfach mal buchstabiert, da hab' ich geguckt, wie das zusammengehört, hab' ich mal „r" „a" „ra" hab' ich dann gelesen." (Sabine 2.3)

Bei beiden ist der Zusammenhang mit der Frage undeutlich. Möglicherweise handelt es sich um das Re- bzw. Dekodieren von selbst verfassten Schreibprodukten. Dann wäre das ein Indiz dafür, dass die Kinder den Zusammenhang der schriftsprachlichen Akte *schreiben* und *lesen* so sehr verinnerlicht haben, dass sie auf eine Frage nach der Schreibfreude mit einer Episode aus dem Lesebereich antworten.

Zu dieser Kategorie gehört ein weiteres Beispiel, das in seiner Dimensionentiefe über die hier besprochene Kategorie hinaus Schlüsselqualität erreicht. Sie wird weiter unten unter „Schlüsselsituationen" besprochen (Sebastians „didaktischer Kommentar").

Mit einem **Verweis auf andere Lernbereiche**, die vordergründig eine Verbindung zum Schreiben vermissen lassen, antworten Kinder folgendermaßen:

„gerechnet und gemalt" (Thea 3.3)

Möglicherweise versteht Thea Zahlen schreiben bzw. Malen (z.B. im Sinn von „Buchstaben malen") auch als Schreiben, was es ja auch ist. Das hieße, Thea denkt nicht fächergebunden: „Schreiben gleich Deutsch", sondern sachbezogen.

Die **„Negativ-Antworten"** sind zu differenzieren:

Es gibt das **bekundete Nichtwissen**:

„keine Ahnung" (Davidos 3.3)

und die **Verneinung:**

Carlotta schüttelt den Kopf, auf Nachfrage ein zweites Mal (2.3).

Beide Unterkategorien deuten an, dass die Kinder entweder noch keine Freude erlebt haben oder ihnen keine Erinnerung bewusst ist.

Bei der Unterkategorie **keine Erinnerung** hingegen liegen gemilderte Formen der Erinnerungslosigkeit vor:

„Weiß ich grad nicht." (Theo 2.3)

Er lässt sich die Chance offen, zu einem anderen Zeitpunkt eine „positive" Antwort geben zu können.

Ein zweites Beispiel bringt mit der mangelnden Erinnerung eine konstante Gefühlsqualität in Verbindung:

„Weiß ich nicht mehr. Aber auf jeden Fall war es an dem Tag toll." (Peter 3.3)
Seine Antwort scheint in die Nähe einer Selbstkonzeptbildung zu kommen, denn auch ohne konkreten Anhaltspunkt ist er sich sicher, dass Tage, an denen Schreiben Freude macht, gute Tage sind.

Zwei Kinder haben eine explizite **Schreibantipathie** entwickelt:

> „Macht nie Spaß, da kann man nie spielen. Ich muss immer vier oder fünf Mal lesen." (Norbert 3.3)

Er sieht sich in seinem Spielbedürfnis eingeschränkt. Auch Norbert verbindet die Bereiche *schreiben* und *lesen* aufs Engste. Der in dem „ich muss ..." ausgedrückte Zwang hat ihm wohl die Lernfreude genommen.

Das zweite Beispiel macht deutlich, wie ein Kind mit negativen körperlichen Begleiterscheinungen umgeht:

> Karsten erzählt, dass ihm beim Schreiben immer die Hand weh tut. Ich frage nach, ob er dann Pause macht oder die Hand ausschüttelt. Er
> verneint: „Weil ich nicht schreiben will, weil ich schreiben hasse ... lieber rechnen, weil ich da fast alles weiß." (Karsten 3.3)

Er steht die Qual durch, könnte man sagen, verzichtet auf erleichternde Maßnahmen, so groß ist der Drang, das ungeliebte Sujet hinter sich zu lassen. Seine Begründung ist eindeutig: Freude macht ihm Rechnen, weil er sich da kompetent erfährt. Bei 2.3 hatte er noch die Diskrepanz zwischen Schreibabsicht und Schreibvermögen thematisiert (s.o.). Das war zweieinhalb bis drei Monate vorher. Offenbar hat sich die Fähigkeitserfahrung für ihn in dieser Zeit nicht stabilisiert. Seine Antwort ist ein deutliches Indiz für die vielfach erhobene Forderung, Kinder „auf die Erfolgsspur zu setzen" (TITZE 2000).

2.5.1.2   Fallbeschreibungen

Peter

Als erstes möchte ich die oben angekündigte Äußerung von Peter besprechen:

> Peter: „Zuhause hab' ich alle möglichen Wörter geschrieben, auch mit den Buchstaben, wo ich, wo ich noch nicht kenn."
>
> VL'in: „Wie hast du die dann gemacht?"

Peter:	„*Ofen* hab' ich ganz geschrieben, *Ute*, *Markus*."
VL'in:	„Und die Buchstaben, die du nicht kanntest?"
Peter:	„Der „f" kenn' ich, des ist der, und der „e", der kleine, ist der, und der große „E" geht so." (Er zeigt den jeweiligen Buchstaben auf dem Lernbeobachtungsbogen, der vor ihm liegt.) (2.3)

Für ihn besteht die Schreibfreude also in der Ressourcengewissheit, im Unterricht noch nicht behandelte Grapheme zu kennen. Alles oben zu dieser (Unter)kategorie Gesagte trifft auch hier zu. Ich möchte auf die mir wesentlich erscheinende semantische Un-Logik eingehen: zu sagen „Ich schreibe Wörter mit Buchstaben, die ich noch nicht kenne" scheint zunächst ein kontradiktorischen Gegensatz. Wie macht er das? Karsten hat in seiner Aussage (s.o.) in demselben Zusammenhang mit einem Personalpronomenwechsel gearbeitet: „.... da will *ich* immer schreiben können, aber manches können *wir* noch nicht" (2.3 bei Diskrepanz von Schreibabsicht und Schreibvermögen). Andere Kinder benennen einfach, dass sie Buchstaben schreiben können, die sie in der Schule noch nicht gelernt haben: „Schreibschrift schreiben, Buchstaben, wo ich in der Schule noch gar nicht hab'." (Rolf 3.3 bei Ressourcengewissheit – unterrichtliches „Vorauswissen"). Da scheint der Sachverhalt klar, Kinder wie Rolf trennen in individuelles Vermögen und „Klassenstand" bzw. Stand des gemeinsamen Unterrichtsganges. Aber Karsten und Peter?

Karstens Äußerung markiert eine Zwischenstufe zwischen Rolf und Peter: Er empfindet lediglich eine Diskrepanz zwischen seinen Schreib*absichten* und dem, was er im Rahmen des Unterrichtsganges, des „Klassen-Wirs" schon beherrscht. Peter steigert die Auswirkung eines möglicherweise „geheimen Lehrplans" fast bis zu einer Art gespaltenen Wahrnehmung: Er kann gleichzeitig sagen, dass er Wörter schreibt und das mit Buchstaben, die er noch nicht kennt. Das „noch" setzt eine Spur: Er weiß, dass er diese Buchstaben noch lernen wird. Es ist ihm nicht möglich, unterscheidend zu sagen „ich kann" und „in der Schule haben wir schon gelernt". Ich vermute, Schule ist ihm so wichtig, dass er die soziale Zugehörigkeit zur Schulgröße „Klasse" über sein individuelles Vermögen setzt. In manchen Klassen ist der Blick auf das individuelle Leistungsvermögen – unabhängig vom Klassenstoff – nicht erwünscht. Das kann ich für seine Klasse als Absicht der Lehrerin nicht bestätigen. Aber was Absicht ist und was als Botschaft manchmal beim Empfänger ankommt, kann durchaus disparat sein.

Ich hielte es für die Persönlichkeitsentwicklung eines Kindes für angebrachter, wenn es frei und stolz feststellen könnte: „Ich kann schon diese Buchstaben." Im optimalen Fall natürlich begleitet von einem Unterricht, der den Weg des individuellen Schriftspracherwerbs auch methodisch zu seinem Prinzip erklärt.[139]

Bei der Erhebung 3.3 bringt Peter zum Ausdruck, dass Schreibfreude konsequent die Tagesgestimmtheit positiv beeinflusst:

„Weiß ich nicht mehr. Aber auf jeden Fall war es an dem Tag toll."

Schreiben scheint ihm ein zuverlässiger Quell der Freude geworden zu sein. Ein schöner Erfolg am Ende des ersten Schulhalbjahres.

Miriam

Miriam macht bei 2.3 eine Ortsangabe:

Miriam:	„Ja."
VL'in:	„Ja? Wo war denn das?"
Miriam:	„Mh" (Pause) „In, in der – weiß ich nicht."
VL'in:	„War's in der Schule oder zu Hause?"
Miriam:	„Daheim."

Vom Inhalt kann sie nichts mehr erinnern. Ob der Ort eine Rolle spielt, lässt sich aus der Antwort nicht bestimmen.

Bei 3.3 verweist sie auf die **erleichternde Schreibmotorik:**

„Da muss man nicht immer absetzen."

Sie spürt durch die Beherrschung eines zweiten Graphemsystems eine Erleichterung in der schreibmotorischen Anstrengung.

Richi

Richi antwortet bei 2.3 im Bereich **Schriftsprache in sozialer Funktion:**

Richi:	„Mhm."
VL'in:	„Ja, wo war denn das?"
Richi:	„Daheim."
VL'in:	„Daheim? Was hast du denn geschrieben daheim?"

---

[139] Z.B. JÜRGEN REICHENS Konzept „Lesen durch Schreiben", vgl. Literaturliste.

Richi:	„Mama."
VL'in:	„Mama. Auf einen Zettel?"
Richi:	„Mhm."
VL'in:	„Und dann?"
Richi:	„Dann meiner Mama gegeben."
VL'in:	„Und die Mama?"
Richi:	„Dann, die hat sich gefreut."

Freude entsteht wohl durch das Geben und Nehmen. Richi kann dieses so elementare Wort „Mama" verschriften. Seine Mutter enthält ein Verschriftungsexemplar, ein wichtiger Schritt, das neue Können in die Beziehung hineinzunehmen.

Bei 3.3 wählt er den **Werkverweis** als Antwort.

Richi:	*„Klaus, Baum* und viel mehr ... musst ich schreiben (bei den Hausaufgaben)."
VL'in:	„Was macht dir Spaß?"
Richi:	„Dass man Buchstaben schreiben soll."

Auf meine Nachfrage hin kam noch der **Leistungsvollzug** hinzu.

2.5.1.3 Schlüsselsituation

Sebastians „didaktischer Kommentar"

Die Antwort von Sebastian, der auf eine besondere „Lesesituation" verweist, kann in ihrer Schlüsselqualifikation als **„Einsicht in das didaktische Arrangement"** umschrieben werden. Die Dialogsituation gestaltete sich wie eine Sinnsuche. Denn zuerst sah ich keinen Zusammenhang in seiner Aussage. Auf die Frage „Warst du schon einmal froh, dass du schreiben konntest?" begann er seine Antwort mit:

„Weisch, im Afang, wo i lesen lernen wollte, bei der Kirche." / „Weißt du, im Anfang, als ich lesen lernen wollte, in der Kirche."

Es folgte eine Reihe von Nachfragen nach möglichen Unterrichtsgängen zur Kirche in den letzten Stunden oder Tagen, die er alle als Missverständnis entlarvte, bis wir endlich die Spur fanden:

VL'in:	„War das da, wo ihr das Büchlein bekommen habt?"
Sebastian:	*lächelt* „Da han i's no gar nit lese könne." / „Da hab ich's noch gar nicht lesen können." *strahlt und lacht dabei*

Seine Mimik erschien mir wie ein milder, aber entlarvender Kommentar zu seltsamem Spiel. Was war passiert?

Sebastian sprach die Erstbegegnung der Kinder mit Schule an – in der Kirche. Am Tag der Einschulung fand ein (freiwilliger) Gottesdienst in der örtlichen Kirche statt, bevor die Kinder in die Schule zur gemeinsamen Feier in der Aula geladen waren und danach erstmals mit ihren MitschülerInnen und ihrer Lehrerin in ihr Klassenzimmer gehen durften; in dieser Reihenfolge ein gängiges Ritual des Übergangs und der Rolleneinführung in das SchülerInnen-Sein im Süden.

Im Gottesdienst passierte viel. Was Sebastian ansprach, war folgendes Element: Der Pfarrer hat als Grundlage seiner Ansprache an die Kinder, Eltern und Gäste ein kleines Bilderbüchlein mit Text an alle verteilt, so dass jetzt jedes Kind mit einem seiner Begleitpersonen vor diesem Büchlein saß und Seite für Seite die Gedanken des Pfarrers mitvollziehen konnte. Sebastian war mit „Metakognitionen" beschäftigt: Jetzt war er auf dem Weg, Schüler zu werden, und bekommt ein Büchlein präsentiert, das für das Verständnis des momentanen Geschehens relevant ist. Ihm ist versprochen, dass er in der Schule lesen lernen kann. In dieser ersten Stunde seiner Einschulung muss er erleben, dass er vor einem Anspruch sitzt, den er nicht erfüllen kann. Zugegeben: jetzt auch noch nicht erfüllen muss. Nur, und da scheint mir seine auf nonverbaler Ebene transportierte Kritik an der didaktischen Ungeschicktheit des Arrangements anzusetzen, warum bekommt er etwas vorgesetzt, mit dem er auf Grund seiner Kompetenzen nicht *selbstständig* umgehen kann? ER sollte doch heute Mittelpunkt sein, hat er sich sicher vorgestellt. Jetzt braucht er eine/n Erwachsene/n, die/der ihm das vorliest. Offenbar hat er sich unter Schule - mit Recht - vorgestellt, dass er selbstständig mit ihm vorgelegten Lerngegenständen umzugehen lernt, dass diese Lerngegenstände einen solchen Anspruch enthalten, bei dem er mit seinen Voraussetzungen eine Bemeisterungschance hat. Sebastian spricht hier aus Kinderperspektive an, was Ilse Lichtenstein-Rother und Hartmut Titze, um nur zwei zu nennen, fordern: Kindern Könnenserfahrungen zu vermitteln und sie auf die Erfolgsspur zu setzen. Er zeigt auch, dass er in dieser emotional sehr hoch geladenen, weil so wichtigen Stunde der Einschulung den Blick frei hatte für die beurteilende

Metaebene dieses von Planungsseite sicher sorgfältig ausgewählten Arrangements.[140]

2.5.2 Lernunlust

Erhebungen / Erhebungsitems: (Erhebungs-Nr.)	Manchmal macht das Lernen keinen Spaß. Warum? (Nr. 6.5)
Erhebungszeitpunkt	37. und 38. Schulwoche
Erhebungssituation	diagnostische Situation während des Unterrichts: Einzelarbeit im Klassenverband nach gemeinsamer Vorbesprechung

Tabelle 21: Übersicht zum Erhebungsbereich Lernemotion Unlust

2.5.2.1 Tabelle und Kategorienleitfaden

Kategorien *Lernunlust* Manchmal macht das Lernen keinen Spaß. Warum? (Nr. 6.5)	M	J	ges.	Fall- beschreibungen
n: Klasse 1a	8 (8)	13 (13)	21 (21)	
Klasse 1b	8 (8)	13 (13	21 (21)	
internale bzw. beim Subjekt *liegende Faktoren*	8	12	18	
ungestillte elementare Bedürfnisse • körperliche Bewegung • Ernährung	1	3	4	
„negatives" (Teil-) Fähigkeitsselbstkonzept	1	3 141	4	
persönliche „Investitionsbereitschaft"	2	0	2	
Unlust als Lernblockade	0	1	1	
Aufstellung der Gegenthese	1	1	2	

---

[140] Diese letzte Einschätzung ist mir wichtig. Denn bis zu Sebastians Beurteilung der Situation habe ich Einschulungsfeiern strukturell und inhaltlich ähnlich erlebt und mit durchgeführt – ebenfalls „in bester Absicht". Sebastian hat mir die Augen geöffnet, die Gestaltung im Dienste des Übergangs der Kinder zum SchülerInnen-Sein gründlich zu überdenken. Inzwischen weiß ich von Schulen, die längst „kindgerechter" vorgehen. S. auch Fußnote 168.
[141] Zwei der Jungen wiederholen die erste Klasse, einer von ihnen wechselte im Halbjahr von der zweiten in die erste Klasse.

243

unterrichtliches „Vorauswissen"	0	1	1	
Übergangsbereich *internal-external*:	3	3	6	
fehlender Stimulierungsfaktor	2	3	5	Richi
negative Fremdrückmeldung	1	0	1	Miriam
externale Faktoren	4	9	13	
Pensum	0	1	1	
Arbeitsbedingungen:	2	2	4	
• Geräuschpegel	2	1	3	
• Störungsfreiheit	0	1	1	Peter
Aufgabenschwierigkeit	0	3	3	
bereichsspezifische Nennungen	2	3	5	
keine Rückmeldung:	4	2	6	
keine Antwort	3	2	5	
unklar oder nicht mehr zu klären oder unverständlich	1	3	4	

Tabelle 22: Kategorien *Lernemotion Unlust*

Kategorienleitfaden

Die Kinder haben Kategorien generiert, die sich in zwei Großbereiche untergliedern lassen: **internale** bzw. im Subjekt liegende und **externale** Faktoren. Die Häufigkeitsverteilung innerhalb der untersuchten Klassen ist nicht auffällig.

Die internalen Faktoren werden von der Häufigkeit her angeführt von dem Themenbereich **ungestillte elementare Bedürfnisse** – im Bereich der

- **körperlichen Bewegung:**

    „das man immer sizen mus" / „Dass man immer sitzen muss." (Anna 6.5)

    „Weil Mer So Lang Sizen Mus" / „Weil man so lang sitzen muss." (Norbert 6.5)

- **bzw. der Ernährung:**

    „Weil ich hunger hap" / „Weil ich Hunger hab'." (Fabian 6.5)

Diese Kinder hatten offensichtlich ein Bewusstsein für die Ganzheitlichkeit ihrer am Lernprozess beteiligten Person. Sie spürten, dass Defizite im einen Bereich den anderen – in diesem Fall – negativ beeinflusste. Diese Fähigkeit ließe sich in Unterrichtsformen nutzen, die die individuelle Selbststeuerung zur Optimierung des Lernprozesses ermöglicht.

Die anderen Unterkategorien der internalen Faktoren kreisen inhaltlich „direkter" um den erfragten Themenbereich *Lernemotion Unlust:*

Drei Kinder antworteten mit einem **negativen (Teil-)Fähigkeitsselbstkonzept:**

> „wel i ch nicht Rechnen kann" (Thea 6.5)
>
> „Will ml nis kann" / „Weil man's nicht kann." (Tolga 6.5)
>
> „wen man es nicht kan" / „Wenn man es nicht kann." (Marvin 6.5)

Die beiden Jungs wiederholten zum Zeitpunkt der Befragung die erste Klasse.

Die Emotion Unlust wird hier auf ein mehr oder weniger globales Konzept der Fähigkeitsselbsteinschätzung zurückgeführt. Als Anschlussfrage könnte sich für diese Kinder ergeben, welche Perspektiven sie für die Überwindung ihrer Unlust sehen, wenn sie sie mit der relativ invariablen Größe Fähigkeit verbinden. Eventuell könnte eine solche Frage auch Aufschluss darüber geben, ob die Kinder hier Fähigkeit mit Anstrengung gleichsetzen.

Eine detailliertere Wahrnehmung bietet ein Kind, das sein negatives Teilfähigkeitsselbstkonzept differenziert sieht:

> „weil ich manchmal das Rechnen nicht gut, kan" / „Weil ich manchmal das Rechnen nicht gut kann." (Julius 6.5)

Dieser Junge gibt sich mit dem Wörtchen „manchmal" eine Chance, er kann offensichtlich Situationsqualitäten unterscheiden und muss nicht mit einer globalen Sicht sich selbst in einem gesamten Leistungsbereich aufs Spiel setzen. Er lässt sich die Möglichkeit offen, vor Beginn seiner Rechenaufgaben jeweils die Zuversicht zu hegen, dass jetzt nicht „manchmal" ist.

Wer seine Unlust auf **persönliche „Investitionsbereitschaft"** zurückführt, wie Charlotte

> „We.il ich zu faul bin" / „Weil ich zu faul bin." (Charlotte 6.5)

eröffnet sich – zumindest theoretisch – einen größeren Handlungsspielraum.

Denn Faulheit kann als individuell steuerbare Größe verstanden werden. Über die Wirkrichtung wird nichts ausgesagt: ob die Faulheit Unlust gebiert oder umgekehrt.

In dieser Hinsicht legt sich Theo deutlich fest, wenn er in der Unlust die **Lernblockade** sieht:

> „wailichmanchmaskaenelusthab und an waisichnicht mer witer" /

„Weil ich manchmal keine Lust hab und dann weiß ich nicht mehr weiter."
(Theo 6.5)

Was er beschreibt ist vielleicht so vorstellbar: In dem Moment des Arbeitsprozesses, in dem er sich seiner Unlust bewusst wird, stockt der Denkvorgang.

Ist bei den Kindern, die bei dieser Frage **keine Antwort** gaben, nicht zu klären, ob sie keine Unlust empfinden oder keine Antwort geben wollten, äußern sich die dezidiert, die eine **Gegenthese** aufstellten:

> „das Stiemnt nicht" / „Das stimmt nicht." (Davidos 6.5)
>
> „das stimt nich mir gefelt Die schule gans ark" / „Das stimmt nicht, mir gefällt die Schule ganz arg." (Heike 6.5)

Bei ihnen wird klar, dass sie die erfragte Situation wohl nicht kennen. Sie zeigen dabei ein Dialogverhalten, das nicht einfach in der gelegten Fragespur antwortet, sondern einen neuen, eigenen Gesprächsrahmen setzt.

Auf sachliche Kriterien führen die Kinder ihre Unlust zurück, die mit **unterrichtlichem „Vorauswissen"** argumentieren:

> „Wal ich Alebuchstaben schonkan" / „Weil ich alle Buchstaben schon kann." (Timo 6.5)

Unlust macht, dass eingeführt, erklärt und geübt wird, was dem Kind längst in der Anwendung vertraut ist. Da scheint der Reiz der Aufgabe, etwas Neues zu bewältigen, zu fehlen.

Explizit fehlt der Lernanreiz bei Kindern, die **fehlende Stimulierung** als Unlustfaktor angeben:

> „Lawalch" / „langweilig" (Claudia 6.5)
>
> „Will das manchmal langwalig ist" / „Weil das manchmal langweilig ist." (Ellen 6.5)

Die Nennung „langweilig" kann durchaus als Paraphrase von Unlust gelesen werden. Insofern wäre diese Antwort eher eine Wiederholung bzw. Bekräftigung der Frage. Auf jeden Fall sprechen diese Kinder ihr subjektives Empfinden aus, ohne auf Kriterien der Langeweile einzugehen. Deshalb habe ich diese Kategorie als Übergangsbereich zwischen internalen und externalen Faktoren eingeordnet – ebenso wie die **negative Fremdrückmeldung**, diese allerdings aus anderen Gründen.

Denn wenn Unlust als internaler Antriebsfaktor gesehen wird, kann die negative Fremdrückmeldung erst dann „innerlich" wirken, wenn eine Wechselbeziehung zwischen Rückmeldung von außen und innerem Antrieb besteht; wenn das Kind die Rückmeldung sozusagen „annimmt" und sich auch als abhängig davon erfährt.:

> „wail mainchmall jemandds der dis nichtgefeld" / „Weil manchmal jemand (da ist), dem das nicht gefällt." (Miriam 6.5)

Die Äußerung verdeutlicht umgekehrt, wie sehr dieses Kind in seiner Lernlust bzw. Lernunlust davon geprägt zu sein scheint, *wie* seine Leistungen „ankommen". Gefallen und Missfallen brauchen Kriterien, die Miriam offensichtlich vorenthalten werden. Mit Kriterien würde eine sachorientierte Gesprächsebene zwischen dem Kind und dem, der rückmeldet, eröffnet. Die Interaktion bliebe nicht auf die das emotionale Verhältnis der beiden Personen betreffende Botschaft „nicht gefallen" beschränkt.

Die **externalen Bedingungen** gliedern sich in Pensum und Arbeitsbedingungen. Mit **Pensum** ist eine subjektiv als zu groß empfundene Menge an Aufgaben beschrieben:

> „wenfolfilschreiist" / „Wenn du voll viel schreibst." (Ariel 6.5)

Die **Arbeitsbedingungen** beinhalten äußere Arbeitsbedingungen wie den Geräuschpegel und die Störungsfreiheit.

Beim **Geräuschpegel** reklamieren die betreffenden Kinder indirekt ihr Maß an akustischer Ruhe, das sie zu lustvollerem Arbeiten bräuchten:

> „Weils nicht leise ist." (Carlotta 6.5)

Die **Störungsfreiheit** hingegen ist inhaltlich nicht näher bestimmt:

> „Wen mich jimant schtört." / „Wenn mich jemand stört." (Peter 6.5)

Womit jemand stört, ob mit Geräuschen, mit Inanspruchnahme von gemeinsamem Platz oder indem er das Kind anspricht, bleibt offen. Interessant ist, dass die Kinder solche Störungen mit Unlust und nicht mit Ärger – wie ich aus Erwachsenensicht vermutet hätte – verbinden.

Die **Aufgabenschwierigkeit** habe ich zu den externalen Faktoren gezählt, obwohl man auch argumentieren könnte, dass sie jeweils am individuellen Leistungsvermögen bzw. der subjektiven Vorstellung des eigenen Leistungsvermögens festgemacht wird, also internal ist. Ich bin mit dieser Einordnung der Argumentationsebene der Kinder gefolgt, die ihre Äußerung eben nicht „internal" formuliert haben – also etwa: *Die Aufgabe ist manchmal schwer für mich*; sondern sie haben die Ursache auf der Ebene der Aufgabe belassen und begründen ihre Äußerung zum Beispiel so:

> „Wel es Manch mal Schwer ist." / „Weil es manchmal schwer ist." (Gustavios 6.5)

Der letzte Bereich der externalen Faktoren beinhaltet **bereichsspezifische Nennungen**:

> „Schrei.ben ma-cht kein Spaß" / „Schreiben macht keinen Spaß" (Gundula 6.5)
>
> „Wn wir im deusch hausauf gaben" / „Wenn wir in Deutsch Hausaufgaben (haben)." (Robert 6.5)
>
> „schreiben" (Rolf 6.5)
>
> „Schreiben find ich blet" / „Schreiben find ich blöd." (Viktor 6.5)
>
> „ins bet gehen weil man Schlafen mus" / „Ins Bett gehen, weil man schlafen muss." (Theresia 6.5)

Von den schulischen Lernbereichen wird nur Deutsch bzw. Schreiben erwähnt. Warum Schreiben oder Deutschhausaufgaben Unlust verursachen, bleibt unerwähnt. Theresia legt eine kleine Spur der Begründung: Offensichtlich macht ihr Unlust, dass sie etwas tun soll, was sie jetzt so nicht will:

> „ ... weil man schlafen *muss*." (Theresia 6.5)

Beachtlich ist, dass ihr dieser häusliche Bereich des Zu-Bett-Gehens einfiel, als nach der Unlust beim Lernen gefragt wurde. Offensichtlich empfindet sie ihn als Lernbereich, d.h. sie dachte in diesem Fall nicht schulreduziert, sondern lebensweltbezogen.

Ob die fünf Kinder, die keine Antwort gaben, Unlust beim Lernen nicht kennen oder nicht beantworten wollten, bleibt offen.

2.5.2.2 Fallbeschreibungen

Peter

Peter findet die Ursache für seine Unlust im Außenbereich und reklamiert
Störungsfreiheit:

> „Wen mich jimant schtört" / „Wenn mich jemand stört." (6.5)

Miriam

Miriam beklagt die **negative Fremdrückmeldung** als Unlustverursacher:

> „wail mainchmalljemandds der dis nichtgefeld" / „Weil manchmal jemand da
> ist, dem das nicht gefällt." (6.5)

Sie bezieht sich also auf für sie relevante BeziehungspartnerInnen.

Richi

Richi moniert den **fehlenden Stimulierungsfaktor**:

> „wal das kain schpas" / „Weil das keinen Spaß (macht)." (6.5)

Es bleibt ungesagt, was keinen Spaß macht.

2.6 Dimensionen des Strategiewissens

2.6.1 Strategiewissen Schriftspracherwerb

Erhebungen / Erhebungsitems: (Erhebungs-Nr.)	„Wenn ein Kind z.B. das Wort _____ (hier nannte ich das vorher von der/dem ProbandIn in ihrer/seiner Wahrnehmung gelungene und daraufhin gepunktete Wort) schreiben soll und Schwierigkeiten hat: Welchen Tipp würdest du ihm geben?" (Nr. 4.3)
Erhebungszeitpunkt	32. und 33. Schulwoche
Erhebungssituation	diagnostische Situation parallel zum Unterricht im Anschluss an die Lernbeobachtung Schreiben von M. DEHN („Mai")

Tabelle 23: Übersicht zum Erhebungsbereich *Strategiewissen im Schriftspracherwerb*

Die Frage bezüglich des Strategiewissens im Schriftspracherwerb[142] wurde im Rahmen eines an die dritte Lernbeobachtung *Schreiben* angefügten Interviews gestellt. Sie bezog sich jeweils auf das vom Kind kurz zuvor als „gelungen" gepunktete Wort. So war sichergestellt, dass sich die HelferInnenfrage auf einen Leistungsbeleg bezog, den das Kind emotional positiv besetzt hatte und der in seiner Wahrnehmung vom eigenen Leistungsanspruch her geglückt war, über den es in einem gewissen Maß verfügte. Denn es hatte vorher die Frage beantwortet, was ihm an dem betreffenden Wort gelungen war. So hatte es also schon eine Metaebene bezüglich des Gegenstandes betreten.

2.6.1.1 Tabelle und Kategorienleitfaden

Kategorien *Strategiewissen Schriftspracherwerb* „Wenn ein Kind z.B. das Wort ____ (hier nannte ich das vorher von der/dem ProbandIn in ihrer/seiner Wahrnehmung gelungene und daraufhin gepunktete Wort) schreiben soll und Schwierigkeiten hat: Welchen Tipp würdest du ihm geben?" (Nr. 4.3.)	M	J	ges.	Fall-beschreibungen
n: Klasse 1a	8 (8)	13 (13)	21 (21)	
Klasse 1b	8 (8)	13 (13)	21 (21)	
Hilfe durch Vorgabe:	8	13	21	
- Buchstaben: • akustisch • grafisch	6	9	15	Peter
- Wortvorgabe • zum Abschreiben • anstelle des Anderen	1	3	4	
- orthographische Erläuterungen	1	1	2	Miriam
Hilfe zur Selbsthilfe	6	12	18	

---

[142] EMIL SCHMALOHR spricht im Bereich des Lesens von „Eingreifwissen (Selbstanleitung)" (1997, 42).

* schriftsprachbezogen: - Anfang eines Buchstabens schreiben - Vorgabe eines Buchstabens – dann allein - akustische Vorgabe von Buchstaben an markanten Wortstellen (Anfangsbuchstabe(n), Anfang und Ende) - vor-lautieren - minuziöse schreibmotorische Beschreibung einzelner Buchstaben	2	5	7	Richi
* (schriftsprachbezogene) metakognitive Hinweise: - Verweis auf Buchstabentafeln im Klassenzimmer - Hinweis auf akustische Diskriminierung - Hinweis auf phonematische Schreibweise - Tipps für das Erkennen orthografischer Regeln - optische Diskriminierungsaufgabe - Selbstkontrolle („vier Buchstaben") - Ermutigung zum Probieren	4	7	11	
differenziertes Hilfsangebot: - ersten Wortteil selbst schreiben (Begründung: emotionale Nähe zur Wortbedeutung) - Vorgabe der akustischen Diskriminierung beim zweiten Wortteil (Kinder-Wagen)	1	1	2	
Einzelkategorien				
Verweis an signifikante Andere	0	1	1	
Verweis auf Aufgabenvorgabe	1	0	1	
persönliche „Investition"	1	0	1	
normsetzende Aufforderung	0	1	1	
Frage nach Hilfsbedarf	0	1	1	
bekundetes Nichtwissen	0	2	2	
keine Antwort	1	1	2	

Tabelle 24: Kategorien *Strategiewissen Schriftspracherwerb*

Die Kategorien des Strategiewissens im Schriftspracherwerb gliedern sich in zwei Großbereiche: **Vorgabe** und **Hilfe zur Selbsthilfe.** Während im ersten Fall auf verschiedenen Ebenen und in unterschiedlichem Ausmaß Vorgaben gemacht werden, die von dem „beholfenen" Kind übernommen oder gar für es ausgeführt werden sollten, werden unter der zweiten Oberkategorie mäeutische Angebote gemacht, die dem „beholfenen" Kind Wege der Selbsterkenntnis ermöglichen. Im Detail:

Bei den **Vorgaben** erstreckt sich das Hilfsangebot von **akustisch** oder **grafisch vorgegebenen Buchstaben**, die auf Papier oder in der Luft vorgezeichnet werden, manchmal unter Betonung der richtigen Reihenfolge im Wort, über **Wortvorgaben**, die zum Abschreiben angeboten bzw. vom helfenden Kind übernommen werden. bis hin zu **orthografischen Erläuterungen.**

Beispiele:

akustische oder grafische buchstabenweise Wortvorgabe:

> „Buchstaben sagen" (Charlotte 4.3)
>
> „Mh, dass man das große s schreibt, s, o, f und a." (Jan 4.3)
>
> „Dann zeig ich einfach die Buchstaben." (Er spricht seinen Namen und schreibt zugleich die Buchstaben in die Luft; Karsten 4.3.)

Die Leistung des „beholfenen" Kindes bestünde dann in der grafischen Realisation aufgrund „flüchtiger" Vorgaben, denn weder die Laute noch die in die Luft geschriebenen Buchstaben können noch einmal im individuellen Tempo nachvollzogen werden. (In der Realsituation hätte Karsten möglicherweise ein Blatt Papier zum Vorschreiben benutzt.)

Einen Sonderfall von **buchstabenweiser Wortvorgabe** möchte ich anfügen:

minuziöse schreibmotorische Beschreibung:

> „Dann sag ich dann einfach ein Strich und ein Dächle drüber, dann so ein, wie ein Loch, dann noch ein Strichle runter, dann wieder ein Strich und dann so ein Bögele rüber und dann noch ein Strich mit zwei Bäuchle." (Richi 4.3)

Obwohl im Laufe der Untersuchung vertraut mit dem Wortmaterial der Lernbeobachtungen, musste ich nachschauen, um in Richis Beschreibung das Wort „Turm" zu identifizieren. Er lebt scheinbar stark mit schreibmotorischen Bildern, die ihm die Erinnerung an Buchstabenformen erleichtern. Inhaltlich ist sein Hilfsangebot natürlich mit der Vorgabe von Buchstaben identisch. Die Form seiner

Hilfspräsentation verlangt allerdings ein großes Vorstellungsvermögen, um die gemeinten Buchstaben zu identifizieren, es sei denn, es gäbe unter den Kindern einen gemeinsamen „Bildercode" für Buchstaben.

Wortvorgabe:

> „Ich zeig des ihm wie beim Blatt, dann schreib ich des da drauf und er schreibt es ab." (Stina 4.3)

Sie setzt auf ein großes Maß an Vorgabe, das als Eigenleistung das Nachempfinden – „Abmalen" eingeschlossen – erfordert.

orthografische Erläuterungen:

> „Sag ich halt, wie das Wort geht, wie man des schreibt. Dann sagt ich, wenn z.B. wenn's nicht weiß, mh, dass da nur 'n „i" kommt, nicht 'n „ie", dann sagt ich des dem z.B." (Miriam zum Wort „Kinderwagen" 4.3)
>
> „Dass man des ohne „ha" schreibt, und dann einfach, einfach ohne „h" schreibt und kein Buchstabe doppelt." (Paul zum Wort „Sofa" 4.3)

Hier wird bereits mit einem Wissen argumentiert, das um rechtschriftliche Phänomene weiß und Kinder, die sich in vorgeschalteten Stufen der Schriftsprachentwicklung befinden bzw. die orthografische Strategie noch nicht benutzen[143], zu neuen Erkenntnissen führen oder auch verwirren kann.

Die Angebote **Hilfe zur Selbsthilfe** lassen sich untergliedern in **schriftsprachbezogene** und **(schriftsprachbezogen) metakognitive Hinweise.**

Erstere haben eine große Bandbreite von Hilfsvorgaben, die das „beholfene" Kind sozusagen auf die Erinnerungs- und damit Erfolgsspur setzen, indem Buchstabenteile oder Buchstaben an markanten Wortstellen vorgegeben werden. Beispiele:

den Anfang eines Buchstabens schreiben:

> Emanuelos: „Dann zeig ich ihm, welcher Buchstabe da ist und dann findet er's".

---

[143] Mir ist bekannt, dass manche Schriftsprachexperten, u.a. Peter May (mündlich auf einer Tagung), die Stufenmodelle eher als Strategiemodelle verstehen, nach denen nicht eine strenge Reihenfolge in der Entwicklung eingehalten wird, sondern das Kind unterschiedliche Zugriffsweisen wählt. Gleichwohl gilt die orthografische Strategie als die Zielstrategie.

VL'in:	„Du zeigst es ihm, welcher Buchstabe da ist und dann findet er's."
Emanuelos:	„Ja."
VL'in:	„Wie zeigst du's denn?"
Emanuelos:	„Mach ich von Anfang ein Strich, aber nicht ganz den Buchstaben machen, nur ein bisschen."
VL'in:	„Ah ja, so ein Teil, damit er gucken kann, wie der Buchstabe ganz heißt."
Emanuelos:	„Ja." (4.3)

Er gibt eine grafische Erinnerungshilfe für den gesuchten Buchstaben, fast detektivisch. Emanuelos unterstellt, dass das andere Kind irgendwo in seinem Schriftsprachvermögen die Ressourcen zur Lösung des Problems gespeichert hat.

Vorgabe einiger Buchstaben:

> „Ich sag dir die Buchstaben, zwei, drei, und na musch des alloi." / „Ich sag dir die Buchstaben, zwei, drei, und dann musst du alleine." (Claudia 4.3)

Sie gewährt ein größeres Maß an Vorgaben, akustisch, mit dem Ziel, dass das Kind dann alleine weitermacht. Welchen Gewinn die Vorgaben für die (ja nicht genau benannten) Schwierigkeiten des „beholfenen" Kindes zeitigen sollen, wird nicht deutlich.

akustische Vorgabe von Buchstaben an markanten Wortstellen:

> „Mit „d" hinten und dass es mit „m" anfängt." (Heike bei dem Wort „Mund" 4.3)

Sie gibt Stützen vor, orientiert, indem sie An- und Auslaut nennt, so dass das Kind schon mal ein Gerüst zur Verfügung hat. Dass häufig die Inlaute akustisch schwieriger zu diskriminieren sind, mag ihr nicht bewusst sein. Möglicherweise sind ihr der An- und Auslaut selbst leichter zugänglich.

vorlautieren:

> „Die Wörter durchsagen" (Gustavios 4.3)

Das deckt sich sachlich mit der Buchstabenvorgabe in der Wortreihenfolge. Dennoch habe ich diese Antwort hier anders eingeordnet, weil Gustavios in seiner Antwort seine Hilfe nicht vormacht, sondern auf der Metaebene beschreibt. Die Leistung des „beholfenen" Kindes bestünde dann in grafischen Realisation.

Die **(schriftsprachbezogenen) metakognitiven Hinweise** beschreiben eine nächst höhere Stufe der Abstraktion in der Hilfestellung. In ihnen sprechen die Kinder Strategien an, über die sie offensichtlich verfügen und bei deren Nennung sie voraussetzen, dass das andere Kind sie im Anwendungsfall realisieren kann.

Verweis auf Buchstabentafeln im Klassenzimmer

„Da ham ma so Ding, so bei Schule, Buchstaben, da zeig ich ihn ... Die hängen an der Wand." / „Da haben wir so ein Ding, in der Schule, Buchstaben, die zeig ich ihm ... Die hängen an der Wand." (Ercan 4.3)

Ercan verweist auf die „Buchstabentabelle" an der Wand, die mit der Einführung der Buchstaben während des Schuljahres wächst. Das „beholfene" Kind kann sich dort mit Hilfe der Bild-Buchstabenzuordnung noch einmal oder erstmalig die benötigten Grapheme erarbeiten. Gleichzeitig hätte es die Erfahrung der Nutzung einer ständig verfügbaren Lernhilfe gemacht, was ihm für ähnliche Situationen in Zukunft eine eigenständige Hilfsstrategie eröffnet.

Hinweis auf akustische Diskriminierung

Anna: „Dass, dass des einfach den Namen sagen muss."

VL'in: Das Wort?

Anna: „Ja, z.B. jetzt so: „Sofa" – dann des täte dann die Buchstaben eben kennen und dann täte es einfach "Sofa" sagen und dann täte es dahin schreiben." /

„Dass es einfach den Namen sagen muss ... z.B. jetzt so: „Sofa", dann würde es dann die Buchstaben eben kennen und dann würde es einfach „Sofa" sagen und dann würde es (das) dahin schreiben." (4.3)

Ich habe diese Äußerung unter dem genannten Stichwort kategorisiert, weil das Kind selbst nicht das betreffende Wort vorspricht, sondern den Hinweis gibt, es selbst zu tun. Es scheint zu wissen, dass akustische Diskriminierung für das Finden der Grapheme notwendig ist. Mit seinem Hilfsangebot belässt es den Erfolg der Wortkonstruktion – so sie glücken würde – in der Hand des Kindes, dem geholfen werden soll.

Eine noch abstraktere Stufe der Formulierung desselben Sachverhaltes bietet die Kategorie:

Hinweis auf phonematische Schreibweise

„Mer sollt erst mal üben, dass man so es halt schreibt, wie mas hört und dann ..." / „Man sollte erst mal üben, dass man es halt so schreibt, wie man es hört und dann ..." (Carmen 4.3)

Bevor ich das Zitat bei der nächsten Kategorie, in die Carmen es nahtlos hineinführt, weiterverfolge, sei angemerkt, dass sie eine Hilfestellung auf Regelniveau formuliert. Das Kind, dem geholfen wird, müsste jetzt selbst eine Vorgehensweise entwickeln: erst sprechen, akustisch differenzieren, die Reihenfolge einhalten, die Grapheme erkennen oder sich erarbeiten usw.

Dass Carmen im letzten Schuljahresdrittel schon viel von Schriftsprache verstanden hat, zeigt sie in der Fortführung ihrer Hilfestellung, die sie mit orthografischen Hinweisen anreichert:

Tipps für das Erkennen orthografischer Regeln

„ ... mh, mit den zwei „ss", des isch dann halt en bissl schwierig, aber des hört ma dann ganz langsam, einfach 'n „w", dann 'n „a" und dann „sss" und dann bei „Wassssser" sind die „sss" ja mehr länger als wie bei „Sonne". Sonne, des isch net, Wasser isch schon länger und dann schreibt mas halt mit zwei „ss", des weiß jeder." /

„ ... mh, mit den zwei „ss", das ist dann halt ein bisschen schwierig, aber das hört man dann ganz langsam, einfach ein „w", dann ein „a" und dann „sss" und dann bei „Wasssser" sind die „sss" ja mehr länger als wie bei „Sonne." Sonne, das ist nicht, Wasser ist schon länger und dann schreibt man halt mit zwei „ss", das weiß jeder." (Carmen zum Wort „Wasser" 4.3)

Auch wenn ihre Strategie zum Auffinden von Doppelkonsonanten nicht den sprachlichen Regeln des Deutschen entspricht, zeigt sie, dass sie eine ihr wohl von Erwachsenen vermittelte Beweisstruktur für Doppelkonsonantenschreibung begriffen hat und damit argumentieren kann. Wahrscheinlich ist sie schon auf der Ebene, dass ihr Wissen um Doppelkonsonanten bei den genannten Beispielwörtern bzw. ihr optisches Bild dieser Wörter ihre Aussprache zur Prüfung der Phänomene prägt.

Interessant ist, dass sie in ihrer Antwort, liest man sie im Verbund, in einer Reihenfolge argumentiert, die für den Schriftspracherwerb vorausgesetzt wird: erst phonematische, dann orthografische Schreibweise.[144] Sie bietet genau diese Reihenfolge an, vermeidet damit eine mögliche Überforderung des „beholfenen" Kindes.

optische Diskriminierungsaufgabe

Viktor bietet eine Übung an, die zunächst von dem konkreten Wort wegführt und eine Möglichkeit des Buchstabentrainings eröffnet, vermutlich eine Form, die ihm aus dem Unterricht vertraut ist:

Viktor:	„Dem die Buchstaben einfach beibringen."
VL'in:	„Und wie machst du das, was ist beibringen?"
Viktor:	„Halt so, immer so sagen, der Buchstabe isch da, und dann tu ich auf ein Blatt Buchstaben drauf schreiben, sag ich wer isch z.B. der „A"?
V'in:	„Ah, du schreibst sie vor und dann kann er's abschreiben, ja?"
Viktor:	„Nee, also wenn mirs „A" lernen, dann tu ich dem immer 's „A" sagen: „hier ischs A" und dann mach ich ganz viele Buchstaben auf ein Blatt und dann"
VL'in:	„Er muss das „A" finden."
Viktor:	„Ja." (4.3)

Er verrät auf Nahfrage, dass er auch andere Buchstaben als das „A" auf das Blatt schreiben würde. Viktor setzt also auf einer grundsätzlicheren Ebene des Vertrautwerdens mit einem Buchstaben an. Inwieweit sich diese Strategie für die anstehende Konstruktion eines einzelnen Wortes anbietet, sei einmal dahingestellt. Er zeigt, dass er eine Strategie, Buchstaben zu lernen, erfasst hat und fähig ist, sie anzuwenden. Das „beholfene" Kind könnte und müsste nach einer solchen Aufgabe den Transfer auf die eigene Aufgabe leisten.

Selbstkontrolle

Sebastian bietet eine Möglichkeit der Selbstkontrolle an:

„Das 's einfach vier Buchstaben sind." (Sebastian bei dem Wort Sofa 4.3)

---

[144] Vgl. 143.

Er setzt voraus, dass der Andere über die Fähigkeiten verfügt, die nötig sind, um ein Wort lautgetreu zu konstruieren. Seine Strategie funktioniert auch nur bei lautgetreuen Wörtern. Mit der Zählung wäre dann überprüfbar, ob sich z.B. bei deutlicherer Aussprache noch ein Buchstabe finden ließe. Sein Hilfsangebot setzt auf der Ebene der Überprüfung des Geleisteten an.

Ermutigung zum Probieren

"Mh, dass er's mal probieren soll." (Julius 4.3)

Julius verlässt die schriftsprachliche Metakognition, indem er allgemein zum Probieren ermutigt. Er spricht das Kind auf der Motivationsebene an. Am Lernstoff orientierte Sachkriterien entfallen hier.

Ein Kind bietet als **differenziertes Hilfsangebot** eine Mischform zwischen Vorgabe und Hilfe zur Selbsthilfe an.

"Als erschtes "Kind" schreibe, weil des isch ja, als erschtes "Kind" schreibe, weil er isch ja selber ein Kind. Und "Wage" tät i dem halt dann buchstabiere." / "Als erstes "Kind" schreiben, weil das ist ja, als erstes "Kind" schreiben, weil er ist ja selbst ein Kind. Und "Wagen würde ich ihm halt dann buchstabieren." (Theresia 4.3)

Theresia schließt von der semantischen Ebene, "selbst ein Kind zu sein", auf die Fähigkeit der Verschriftung dieser Tatsache. Sie sieht die Wortinhaltsebene mit der metakognitiven Ebene in direkter kausaler Verbindung. Mit "buchstabieren" zeigt sie, dass sie bereits Vokabeln der schriftsprachlichen Metaebene beherrscht.

Folgende Einzelkategorien konnten in den Kinderantworten weiterhin gefunden werden:

Mit dem **Verweis an signifikante Andere** wird die Hilfsanfrage weitergeleitet:

"Sag ich Frau Hermann, dann hilft Frau Hermann." (Ariel 4.3)

Entweder wird damit die eigene Hilfsbereitschaft weitergeleitet oder die eigene Hilfsfähigkeit so gering eingeschätzt, dass lieber auf die sichere Instanz der Lehrerin verwiesen wird. Welche der Deutungen zutrifft, müsste in einem weiteren Dialog geklärt werden. Diese Strategie bewegt sich auf der Ebene einer schriftsprachfernen

Hilfsmaßnahme. Das Kind braucht andere Personen, um schriftsprachliche Sicherheit im angefragten Fall zu gewinnen.

Ein anderes Kind führt mit seinem **Verweis an die Aufgabenvorgabe** zurück zur Aufgabenstellung, die in Form eines Bildes vorliegt:

> „Du sihsch ja den Mund." / „Du siehst ja den Mund." (Carlotta 4.3)

Dieses Kind scheint seine im Fall von „Mund" angewandten Strategien nicht versprachlichen zu können. Denn aus dem Bild lässt sich die Wortkonstruktion ja nicht von selbst erschließen. Möglicherweise hat sie „Mund" als Wortbild gespeichert und kann es „automatisiert" konstruieren, ohne sagen zu können, wie sie dabei vorgeht. Ein Fall von „Fachwissen", das die Kompetenz der Vermittlung noch gewinnen muss.

Eine weitere schriftsprachferne Strategie liegt in der Kategorie **persönliche „Investition"** vor:

> „Also dass muss man so machen, da muss man halt mit dem die Buchstaben und die Wörter üben."

Wie das geht, verrät Sabine erst auf Nachfrage:

> „Ich üb' mit dem Buchstaben, da geb' ich ihm halt ein Blatt und da schreibt der immer einen Buchstaben hin." (Sabine 4.3)

Mit ihrer ersten Antwort reproduziert sie wahrscheinlich einen oft gehörten Satz „Du musst mehr üben." Damit wird dem Kind ein Vorschlag im Bereich seiner Einsatzbereitschaft gemacht, einer steuerbaren und zeitvariablen Größe, die das Kind aber auch „schuldig" bleiben lässt, wenn die Übung nicht den gewünschten sachbezogenen Erfolg bringt. Übungsstrategien gibt Sabine erst beim zweiten Anlauf preis. Dabei bleibt sie auf einer allgemeinen und unspezifischen Ebene, denn die Buchstaben des erfragten Wortes erwähnt sie nicht.

Auf einer noch gegenstandsferneren Ebene liegt die Kategorie der **normsetzenden Aufforderung:**

> „Soll richtig schreiben lernen." (Marc 4.3)

Hier wird das Ziel gesetzt, es klingt fast wie eine moralische Verpflichtung. Zwischenschritte zur Zielerreichung werden nicht gegeben. Das Kind, dem geholfen werden soll, bleibt vor seiner unlösbaren Aufgabe sitzen. Es muss sich andere Hilfsadressen suchen.

Ein Kind bewegt sich mit seiner Antwort auf einer ganz anderen Ebene. Es thematisiert die Beziehungsebene im Hilfsgeschehen, wenn es fragt:

„ob i helfe kann" / „ob ich helfen kann" (Theo 4.3)

Mit dieser **Frage nach dem Hilfsbedarf** wird ein wichtiger Schritt in der HelferInnen-Beholfenen-Beziehung beachtet, nämlich die Frage, ob Hilfe erwünscht ist. Diese respektvolle Nachfrage scheint mir wesentlich zu sein, weil sie die Würde des „beholfenen" Kindes im Aspekt seiner Eigenständigkeit achtet. Oft wird Hilfe angeboten, bevor ein Kind die Chance hatte, selbst die Lösung zu finden oder selbst um Hilfe anzufragen. Möglicherweise liegt sein Hilfsbedarf an einer ganz anderen Stelle als die Helferin/der Helfer vermutet.

Das **bekundete Nichtwissen** kann bedeuten, dass durch die gestellte Frage ein Defizit aufgedeckt werden konnte: nämlich dass dem betreffenden Kind keine Hilfsstrategie bewusst ist. Das könnte Anlass sein, den Lernprozess deutlicher mit metakognitiven Impulsen zu begleiten.

2.6.1.2   Fallbeschreibungen

Peter
Peter antwortet mit der Strategie **akustische Buchstabenvorgabe in der Reihenfolge des Wortes**:

„Dann muss man „d", dann „a" und dann noch mal ein „d"." (4.3)

Er erklärt die Phonem-Graphem-Zuordnung wohl für einen Teil des Wortes „Soldat", das er zu seinem gelungenen Wort erkoren hatte und richtig mit „t" am Ende geschrieben hat.

Miriam
Miriam pendelt in ihrer Antwort zwischen **allgemeinen unspezifischen Äußerungen** und der **Weitergabe orthografischen Wissens**, das durchaus für ihr gelungenes Wort „Kinderwagen" relevant ist:

Miriam: *Schulterzucken*

               „Sag ich halt, wie das Wort geht, wie man des schreibt."

VL'in: „Wie machst du das aber genau?

Miriam:	„Dann sag ich, wenn z.B., wenn's nicht weiß, mh, dass da nur 'n
	„i" kommt, nicht 'n „ie", dann sag ich des dem zum Beispiel."
	(4.3)

Sie kennt die orthografische Schreibweise von Kinderwagen und kann sie ohne Erklärung reproduzieren. Damit bewegt sie sich im Bereich der Vorgabe.

Richi

Richi geht mit seiner **minuziösen graphomotorischen Buchstabenbeschreibung** auf eine ganz „elementare" Ebene der Vorgabe: die der optischen Form der Buchstaben. Er beschreibt sie, als ob ein Blinder, der keine Formerinnerung hat, sie malen müsste. Er gibt sein Wissen hier weiter ohne Einsicht zu geben in das, was er tut, dass er z.B. jetzt das „T" beschreibt. Sprachbetrachtungsbegriffe kommen in seinen Ausführungen nicht vor.

> „Dann sag ich dann einfach ein Strich und ein Dächle drüber, dann so ein, wie ein Loch, dann noch ein Strichle runter, dann wieder ein Strich und dann so ein Bögele rüber und dann noch ein Strich mit zwei Bäuchle." (Richi 4.3)

2.6.1.3 Schlüsselsituationen

Lesestrategie-Auffassungen zweier LeseanfängerInnen (Carmen und Thea)

Die beiden Schlüsselsituationen betreffen Strategiebegriffe vom Lesen.

Carmen gewährt Einblick in ihren Lesebegriff bei einem Gespräch, das sich zufällig ergab. Circa elf Wochen nach Schulbeginn führte ich die erste Lernbeobachtung *Schreiben* mit einem anschließenden Interview durch (Nr. 2). Dabei begleitete ich das Kind, das mit dem Interview fertig war, vom Interviewraum zurück zum Klassenzimmer, um wiederum das nächste „Test"-Kind zu geleiten. Diesmal wollte Carmen mitgehen. Beim kurzen Blick ins Klassenzimmer hatte ich gesehen, dass die Kinder gerade mit ihrer Fibel im Sitzkreis gesessen hatten. Auf dem Weg zum Interviewraum begann ich ein „Small-Talk"-Gespräch und fragte Carmen:

> „Habt ihr gerade in der Fibel gelesen?" Woraufhin sie antwortete:

> „Ich kann schon ganz gut ohne Buch lesen." (Carmen 2.)

Ihre Antwort geht weit über das Phänomen des Wortbildgedächtnisses hinaus. Sie beschreibt, dass sie über bestimmte (bekannte) Texte auswendig verfügt – ein Phänomen auch der visuellen Erinnerung an eine Buchseite: Wo steht da was? Ihr Lesebegriff ist „geeignet" für bekannte Texte. Sie verbindet mit diesem Lesen wohl auch Sinnverständnis. Das nehme ich auf Grund ihrer beobachteten Sprachfähigkeit an.

Ich habe ihren Prozess bezüglich des Lesebegriffs nicht weiter verfolgt. Für den Vermittlungsprozess wird deutlich, dass ein Kind mit einem solchen Lesebegriff an eine Grenze und in eine „Begriffs"-Krise gerät, wenn es unbekannten oder umfangreicheren Texten begegnet, die es sich erschließen soll. Möglicherweise hat ihr der Unterricht bis dahin wenig Möglichkeit dazu geboten.

Irgendwann wird ihr der Übergang zu einem erschließenden Lesen gelungen sein. Interessant wäre die Frage, wie sie den Vorgang des Re- und Dekodierens bei unbekannten oder umfangreicheren und komplexeren Texten bezeichnet hätte.

Irgendwann im ersten Schulhalbjahr. Die Aufgabe besteht darin, eine bestimmte Fibelseite für sich zu lesen. Die Kinder sitzen an Gruppentischen:

Gustavios	Thea
Gundula	Torben

Gundula syllabiert halblaut vor sich hin. Thea daraufhin zu ihr:

„Du sollsch läse, net buchstabiere!" / „Du sollst lesen, nicht buchstabieren."

Was ist für Thea Lesen? Sie präsentiert sozusagen einen „Abgrenzungsbegriff": „nicht buchstabieren", womit sie vermutlich das hörbare Zusammenschleifen von Buchstaben meint. Ob Lesen für sie nur noch auf fortgeschritteneren Strategien beruht (z.B. Sinnstützen nutzen), mit leisem Lesen verbunden ist oder Sinnentnahme bedeutet, bleibt ungesagt.

In einem solchen Dialog stellt sich die Frage, auf welchen Lesebegriff ihre Intervention bei Gundula gestoßen ist. Diese nämlich behauptete, sie könne nur so lesen. Im Weiteren war nur noch zu beobachten, wie Gundula ständig zu Thea hinlief und ihr vormachte, was sie gerade gearbeitet hatte.

Der fruchtbare Moment eines solchen Austauschs kann darin bestehen, dass verschiedene Lesebegriffe der Kinder aufeinander treffen, wobei der eine den der anderen in Frage stellt. Durch Verteidigen und Argumentieren kann eine Begriffserweiterung stattfinden. Im optimalen Fall wird den Kindern mit Hilfe der Lehrperson klar werden können, dass es verschiedene Strategien und Entwicklungsstufen mit verschiedenen Strategien gibt, die sich die Kinder in individuellem Tempo erarbeiten.

2.6.2 Strategiewissen Leistenlernen

Erhebungen / Erhebungsitems: (Erhebungs-Nr.)	Sicher hast du schon einmal gedacht: Das hätte ich besser gekonnt, wenn ... (Nr. 6.7)	Was könnte dir helfen, noch besser zu werden? (Nr. 6.9)
Erhebungszeitpunkt	36. und 37. Schulwoche	
Erhebungssituation	diagnostische Situation während des Unterrichts: Einzelarbeit im Klassenverband nach gemeinsamer Vorbesprechung	

Tabelle 25: Übersicht über die Erhebung *Strategiewissen Leistenlernen*

Die beiden der Strategie „Leistenlernen" zu Grunde liegenden Fragen folgen im Fragebogen unmittelbar aufeinander. Während 6.7 allgemein fragt und damit allgemeinere Schemata abruft oder sich darauf verlässt, dass die Kinder sich bei ihrer Antwort selbst auf ein konkretes Beispiel beziehen , wird für Frage 6.9 diese Konkretion in 6.8 vorbereitet: „Du kannst schon viel. Was möchtest du noch besser können: in der Schule? zu Hause?" Damit sollten „gegenstandsbezogenere" Aussagen provoziert werden.

2.6.2.1 Tabelle und Kategorienleitfaden

Kategorien *Strategiewissen Leistenlernen*	Sicher hast du schon einmal gedacht: das hätte ich besser gekonnt, wenn ... (6.7)			Was könnte dir helfen, noch besser zu werden? (Nr. 6.9)			Fall-beschrei-bungen
	M	J	ges.	M	J	ges.	
n: Klasse 1a	7 (8)	13 (13)	20 (21)	8 (8)	13 (13)	21 (21)	
Klasse 1b	8 (8)	13 (13)	21 (21)	8 (8)	13 (13)	21 (21)	
internale bzw. im Subjekt liegende Faktoren			33			15	
kognitive Anstrengung:	3	10	13	2	6	8	
• (nach)denken	1	1	2	0	1	1	
• Aufmerksamkeit	1	4	5	-	-	-	
- aufpassen	1	2	3	0	1	1	
- konzentrieren	0	2	2	-	-	-	
- akustische Aufmerksamkeit	-	-	-	1	4	5	
• Leistungsgeschwindigkeit	0	1	1	-	-	-	
• Genauigkeit	-	-	-	1	0	1	
persönliche „Investition":	4	2	8	2	3	5	
• mehr Anstrengung	2	0	2	-	-	-	Miriam (6.7.)[145]
• Übung	1	1	2	-	-	-	
• Lernen	-	-	-	2	3	5	
• Wiederholung	2	0	2	-	-	-	
• größeres Pensum	1	1	2	-	-	-	
Einzelkategorien							
Kern- oder Basiskompetenzen	3	8	11	-	-	-	Richi (6.7.)[146]
Leistungsvollzug	-	-	-	0	1	1	
emotionale Befindlichkeit	0	1	1	-	-	-	
Wunsch-Ich	-	-	-	0	1	1	
externale Faktoren			4			13	
Arbeitsbedingungen:	0	1	1	1	3	4	
• Arbeitsruhe	0	1	1	0	1	1	Peter (6.7.)[147]
• geeignetes Arbeitsgerät	-	-	-	0	1	1	
• geeignetes Lernmaterial	-	-	-	1	1	2	

---

[145] Bei 6.9. keine Antwort.
[146] Bei 6.9. keine Antwort.
[147] Bei 6.9. gibt Peter nur den Satzanfang „wenn" an – entweder wurde er beim Arbeiten gestört oder er hat die Antwort selbst unterbrochen, weil sie von seiner Angabe bei 6.8 her vermutlich deckungsgleich mit seiner Antwort bei 6.7 ausgefallen wäre.

Mitwirkung	1	2	3	7	2	9	
• (signifikanter) Anderer	1	2	3	7	0	7	
• Ausschluss der Mitwirkung signifikanter Anderer	-	-	-	0	2	2	
Übergangsbereich zwischen „internal" und „external": Stillen elementarer Bedürfnisse	-	-	-	1	2	3	
• körperliche Grundbedürfnisse	-	-	-	0	2	2	
• Pause	-	-	-	1	0	1	
irritiertes Teil-Fähigkeitsselbstkonzept	0	1	1	-	-	-	
Schule als Garant von Kompetenzerwerb	1	1	2	-	-	-	
missverständlich / unverständlich	2	3	5	0	2	2	
Frage falsch verstanden	-	-	-	0	2	2	
keine Antwort	1	1	2	3	4	7	

Tabelle 26: Kategorien *Strategiewissen Leistenlernen*

Beim auf das Leistenlernen bezogenen Strategiewissen lassen sich wie bei der Attribuierung von Leistungsemotionen der Unlust zwei große Bereiche gruppieren: internale und externale Faktoren. Die **internalen Faktoren** beinhalten Aussagen zur **kognitiven Anstrengung** und **persönlichen Investition**; die **externalen Faktoren** Aussagen zu **Arbeitsbedingungen** und der **Mitwirkung Anderer**. Einige Kategorien bewegen sich in **Übergangsbereichen** zwischen den beiden Großgruppen.

Was sagen die Kinder im Einzelnen? Bei der **kognitiven Anstrengung** werden folgende Bereiche unterschieden:[148]

Manche Kinder sprechen von **denken bzw. nachdenken:**

„Ich hede mer nach dengen so len bei rechnen" / „Ich hätte mehr nachdenken sollen beim Rechnen." (Carmen 6.7)

---

[148] Bei den Ankerbeispielen von 6.7 ist zur besseren syntaktischen Verständlichkeit immer der Vorsatz „Das hätte ich besser gekonnt, wenn ..." mitzulesen.

Was „nachdenken" ist oder wie das geht, bleibt unerwähnt.

Die **Aufmerksamkeit** erfährt einige Untergliederungen:

Für einige ist **aufpassen** wichtig:

> „Bers erim Rechnen Aufge Bast Haete" / „Besser im Rechnen aufgepasst hätte."(Claudia 6.7)

> „ich Beser Aufgepast Häte" / „Ich besser aufgepasst hätte." (Marcel 6.7)

> „Ich Aufge past hete" / "Ich aufgepasst hätte." (Norbert 6.7)

Die Aussagen unterscheiden sich hinsichtlich ihres Geltungsbereiches und ihrer Allgemeingültigkeit geringfügig. Die eingeschätzte Tragweite des Aufpassens wird in folgendem Beispiel deutlich:

> „Wenichaufpase wer-beicn fileicht Schulmeister" / "Wenn ich aufpasse, werde ich vielleicht Schulmeister." (Nico 6.9)

Die Bedeutungszuschreibung dieser Kategorie deckt sich mit den Ergebnissen von GABRIELE FAUST-SIEHL UND FRIEDRICH SCHWEITZER. In dieser Befragung haben ViertklässlerInnen im „Aufpassen" das wichtigste Moment der Leistungssicherung gesehen (1992, 51, 53 und 54).

Neben dem Aufpassen wurde auch das **Konzentrieren** genannt, entweder explizit oder, indem die ablenkende Handlung erwähnt wird, implizit:

> „ich mich konzentrire" / „Ich mich konzentriere" (Paul 6.7)

> „wen ich nicht gabbaelt ete Dan et ich Rechne" / „Wenn ich nicht gebabbelt hätte, dann hätte ich rechnen (können)." (Tolga 6.7)

Eine inhaltliche Präzisierung der Aufmerksamkeitstätigkeit benennen Kinder, die von **akustischer Aufmerksamkeit** sprechen – entweder gegenstandbezogen oder allgemein formuliert:

> „Bei geschichten Beser zuhören" / „Bei Geschichten besser zuhören" (Karsten 6.9)

> „einfach Beser zuhören" / „einfach besser zuhören" (Richard 6.9)

Diese Kinder haben wohl die Relevanz des akustischen Kanals im fragend-entwickelnden Unterrichtsgeschehen erkannt. Ob Zuhören als passive Aneignungsform in jedem Fall auch Verständnis sichert, sei dahingestellt. Was die Steigerung „besser" bedeutet, ist schwer zu entscheiden. Dieses Kind scheint ja von sich anzunehmen, *dass* es zuhört. Offensichtlich reicht das Ausmaß oder die Art des Zuhörens nicht – jetzt gerate ich in den Bereich der Spekulation. Es wäre bei einer anderen Untersuchung zu prüfen, wie die Qualität der jeweiligen mündlichen Ansprache in Verbindung zu ihren unterrichtlichen Absichten ist.

Unter der kognitiven Anstrengung wurde auch **Leistungsgeschwindigkeit** genannt:

„ich ncht So lam san wer" / „Ich nicht so langsam wäre." (Viktor 6.7)

Langsamkeit wird hier als Fähigkeitskriterium eingestuft. Das entspricht am ehesten dem physikalischen Leistungsbegriff. Was das Kind in seiner Zeit der „Langsamkeit" tut, wird dabei nicht gewürdigt.[149]

Als letzte Unterkategorie ließ sich die **Genauigkeit in der Aufgabenzuwendung** generieren:

„beser zu Lesen" / „besser zu lesen" (Claudia 6.9)

Claudia gibt diese Antwort auf ihren bei der vorangestellten Frage „Was möchtest du noch besser können?" genannten Bereich „rechnen". Möglicherweise spricht sie damit das Lesen von Aufgabenstellungen, auch in der komplexen Form der Textaufgabe, an.

Im nächsten Unterbereich der **internalen Faktoren** führen die Kinder **persönliche „Investitionen"** aus. Ich habe sie deshalb nicht zur kognitiven Anstrengung gezählt, weil sie abstraktere Nennungen, zum Teil auch unterrichtssprachliche Stereotypen, beinhalten:

So argumentiert ein Kind mit **Anstrengung:**

„ich mich me-r angestren-g hete Beieinne-n Schreibschr-ift Blat" / „ich mich mehr angestrengt hätte bei einem Schreibschriftblatt." (Gundula 6.7)

Worauf die Anstrengung zielen sollte - auf Formgenauigkeit? auf Rechtschriftlichkeit? - bleibt ebenso verborgen wie eine Konkretion der Anstrengung. Worin hätte sie bestanden? Denkbar wären: eine angemessene Körperhaltung beim Schreiben, auf das Blatt gucken statt mit NachbarInnen zu sprechen, Schreiblinien beachten ... Die Anstrengung als Strategie bleibt vage.

Eine ebenso allgemeine Aussage beinhaltet die **Übung:**

„ich beser gepüt hete" / „ich besser geübt hätte" (Anna-Lisa 6.7)

„Schraibsrift zum Üben" / „Schreibschrift zu üben" (Heike 6.9)

Worin die Übung besteht, wird nicht erwähnt. Aus der Aussage kann also nicht auf eine Strategie geschlossen werden.

Lernen ist die nächste Aussage ist diesem Bereich:

„Lernen" (Charlotte 6.9)

„das ich zu hause mer lerne" / „dass ich zu Hause mehr lerne" (Theo 6.9)

Das isoliert hingeworfene Wort „lernen" beinhaltet das höchste Maß an Allgemeingültigkeit. Es ist ein „Schulwort", denn in der Schule geht es ums Lernen. Was das ist und wie das vor sich gehen soll, darauf ist in Stichworten wie „das Lernen lernen" in den letzten Jahren ein Augenmerk gerichtet worden. Denn genau um den Strategieerwerb geht es. Es entsteht kaum eine konkrete Vorstellung von der Art der Auseinandersetzung oder Aneignung eines Stoffes, wenn ein Kind von „lernen" spricht.

Das zweite Ankerbeispiel spricht den „kompensatorischen" Ort des schulischen Lernens an: das Zuhause. Theo hat schon „gelernt", dass die häusliche Arbeit zum Lernen gehört und zur schulischen Leistungsverbesserung beitragen kann.

Die beiden letzten Unterkategorien des Bereichs **persönliche „Investition"** zeichnet ein höheres Maß an Strategienkonkretion aus:

Bei der **Wiederholung** ist klar, dass es um eine mehrmalige Durchführung derselben Aufgabe geht:

„ich es drei mal gemacht hete" / „ich es drei Mal gemacht hätte" (Friederike 6.7)

Das „drei Mal" kann eine beliebige Zahl sein oder auch als gängiges erfolgversprechendes Muster gelten.

Auch das **größere Pensum** ist als Strategie vorstellbar:

„ich hete was Mer schreiben Sollen" / „Ich hätte etwas mehr schreiben sollen." (Fabian 6.7)

---

[149] S. unter Teil II Kapitel 2.9.1 Peter – ein Leistungstyp des Orientiertseins. Dort wird beschrieben, wie die Lehrerin die im Unterricht beobachtete Langsamkeit von Peter als

„ich baim Rechnen etwas Mer nach genacht Haete." / „Ich beim Rechnen etwas mehr nach gemacht hätte" / „ich beim Rechnen etwas mehr nachgemacht hätte" (Heike 6.7)

Vielleicht liegt im ersten Fall eine mögliche Konkretion von „Üben" vor: die gefragte Tätigkeit in größerem Maß ausführen, etwas „einschleifen". Strategien finden hier keine Erwähnung.

Im zweiten Fall bin ich mir nicht sicher, ob es „nachgemacht" oder „noch gemacht" heißt. Auch dieses Kind sieht im größeren Umfang der geforderten Tätigkeit die Möglichkeit der Leistungssteigerung.

Wiederholung und größeres Pensum führen natürlich nur in bestimmten Fällen der Leistungskontrolle, z.B. bei automatisierten Tätigkeiten, zum Erfolg. Wenn beide Strategien nur auf das Auswendiglernen zielen, bleiben nachvollziehende Denkoperationen, mit denen ein Kind sich Sachverhalte erschließen kann, bzw. Transferleistungen auf der Strecke.

Mit ihren Antworten zu allen fünf Unterbereichen der **persönlichen „Investition"** legen die Kinder nahe, dass sie bei sich selbst noch Lern- und Arbeitskapazitäten sehen, dass die angesprochenen „Tätigkeiten" ihrer Selbststeuerung als einer variablen Größe zugänglich sind. Leicht können diese Konzepte in Schuldgefühle münden, wenn die erbrachte Übung oder Anstrengung nicht zum gewünschten Erfolg geführt hat und es bei der Rückmeldung bzw. einem Selbstkonzept im Bereich der persönlichen Investition ohne inhaltsbezogene Strategie bleibt.

Vier weitere Einzelkategorien konnten im Bereich der internalen Faktoren gefunden werden:

Viele Kinder nennen **Kern- oder Basiskompetenzen:**

> „Lesen und schreinben gekönetHabe" / „lesen und schreiben gekonnt hätte" (Ariel 6.7)
>
> „Rechnen" (Manuel 6.7)

Bei der Antwort ist unklar, ob die Kinder bei der allgemein gestellten Frage in ihrer Antwort an eine Schreib- oder Rechenaufgabe denken. Wenn ja, dann wäre die Frage, ob diese Antworten nicht anders kategorisiert werden müssten. Nachdem

---

Quelle seiner detaillierten Kenntnisse entdeckt hat.

aber fast alles Antworten sich auf das Schreiben, Lesen bzw. Rechnen beziehen, habe ich sie als Kernkompetenzen zusammengefasst, da Fähigkeiten in diesem Bereich Grundlage der meisten schulischen Aufgaben sind. Sie stehen der Kategorie **Ressourcengewissheit**[150] nahe, die ebenfalls ein Voraussetzungs- oder Sockelwissen für weitergehende Aufgabenstellungen anspricht.

Der schon aus anderen Erhebungsabschnitten bekannte **Leistungsvollzug** fand sich auch hier. Er beschränkte sich auf die Angabe der Tätigkeit:

> „schreiben" (Ercan 6.9)

Zwei Kinder greifen mit ihren Nennungen in ganz andere Bereiche aus.

Ein Junge sieht in seiner **emotionalen Befindlichkeit** den Grund für Leistungsschwäche:

> „Wen ich Nicht Schlecht Trauf wer." / „Wenn ich nicht schlecht drauf wär'."
> (Torben 6.7)

Inwiefern er seine Gestimmtheit als „Schicksal" auffasst oder sie für steuerbar hält, bleibt offen. Als variable Größe kann sie wohl allemal gelten.

Sein **Wunsch-Ich** spricht Sebastian an, wenn er sagt:

> „Erfider" / Ich lese „Erfinder" (Steffen 6.9)

Bei Frage 6.8 „Du kannst schon viel. Was möchtest du noch besser können: in der Schule? zu Hause?" hatte er angegeben: *Lesen* und *Hausaufgaben*. Der Zusammenhang seiner Antwort von Frage 6.9 zu 6.8 ist nicht eindeutig. Es könnte sein, dass er damit einen Berufswunsch anspricht. Oder er hängt einem magischen Weltbild an, indem er sich ausmalt, etwas erfinden zu können, das ihn in den genannten Bereichen „besser" werden lässt. Da eine kommunikative Validierung nicht mehr möglich ist, habe ich mich für die Bezeichnung Wunsch-Ich entschieden. Denn in jeder der beiden Lesarten spricht er von etwas, das zu erreichen mehr Wunsch als konkret umsetzbares Vorhaben bleiben muss.

Die **externalen Faktoren** gliedern sich in die Kategorien **Arbeitsbedingungen** und **Mitwirkung**.

---

[150] S.u. Gelingens- und Schreibfreude sowie unter Anstrengungskategorien – bei letzteren unter „unterrichtlichem Vorauswissen".

Bei den **Arbeitsbedingungen** nennen die Kinder Faktoren in verschiedenen Bereichen schulischen Lernens.

Da ist zunächst die **Arbeitsruhe**:

> „mich beim Rechnen minus nimant geschtert- hete." / „mich beim Minus-Rechnen niemand gestört hätte." (Peter 6.7)

> „dases nciht mer-so laut ist" / „dass es nicht mehr so laut ist" (Robert 6.9)

Im ersten Fall reklamiert das Kind Störungsfreiheit. Was als Störung empfunden wird, kann unterschiedlich sein: Ein anderes Kind fragt etwas, die Lehrerin gibt weitere Anweisungen mitten in den Arbeitsprozess hinein, jemand stößt gegen den Tisch. Offenbar empfindet Peter das „Dranbleibenkönnen" an einer Denkoperation als leistungssichernd.

Im zweiten Fall wird der Geräuschpegel angesprochen. Er wird ebenfalls als Störung empfunden. Akustische Ruhe scheint für manche Kinder bzw. manche Aufgaben ein leistungssichernder Faktor zu sein.

Weiterhin werden **geeignetes Arbeitsgerät** und **geeignetes Lernmaterial** unterschieden:

> „ein, besere bleischtüft" / „einen besseren Bleistift" (Viktor 6.9)

> „Noch mer Pleter" / „noch mehr Blätter" (Jan 6.9)

> „ich brauch noch aine tabele" / „Ich brauch noch eine Tabelle." (Thea 6.9)

Bei Viktor wird die Antwort einsichtig, wenn man seine Bereiche der gewünschten Leistungssteigerung mitliest: *Schreibschrift* und *Dino malen*. Der bessere Bleistift dient also nicht einer Verlagerung von Verantwortung im Sinne eines animistischen Weltbildes „der blöde Bleistift ist Schuld", sondern Viktor hat eingesehen, dass zur Vervollkommnung motorischer Fähigkeiten geeignetes Arbeitsgerät relevant sein kann.

Jan und Thea hingegen verlangen nach geeigneten Lernmaterialien: im einen Fall nach „mehr", was eher ein als hilfreich empfundenes Pensum anspricht; im andern Fall nach einer Selbsttätigkeitshilfe im Schriftspracherwerb, gemeint ist wohl eine Anlauttabelle.

Andere Kinder suchen im interaktiven Bereich der **Mitwirkung** nach Faktoren der Leistungssteigerung:

> „Mir Mein PaPa geholfen hete" / „mir mein Papa geholfen hätte" (Ellen 6.7)

„mir meinhe Mutter geholfen hete und mein Papa" / „mir meine Mutter geholfen hätte und mein Papa!" (Robert 6.7)

„Das mir jeman hilf" / „das mir jemand hilft" (Friederike 6.9)

„Viktor könte mir dabei helfen" / „Viktor könnte mir dabei helfen" (Carmen 6.9)

Sowohl **signifikante Andere,** Mutter, Vater und ein Mitschüler, als auch unbestimmte **Andere** werden als Hilfsinstanz in Betracht gezogen. Die Kinder, die konkret Hilfspersonen benennen, scheinen genau zu wissen, bei wem sie Hilfe erwarten können, und es liegt die Vorstellung nahe, dass sie diese Personen im Bedarfsfall auch ansprechen.

Zwei Kinder negieren im expliziten **Ausschluss** die **Mitwirkung (signifikanter) Anderer**

„Niemand" (Paul 6.9)

Das kann bedeuten, dass er sich von niemand Hilfe verspricht. Möglich ist, dass er auf weitere eigene Ressourcen vertraut oder dass er sich in leistungssteigernder Lernunterstützung alleine gelassen fühlt. Interessant ist, dass er auf die Frage „WAS könnte dir helfen, besser zu werden?" mit einer unbestimmten PERSONENangabe antwortet.

Schärfer formuliert ein anderes Kind seinen Ausschluss:

„Ales auser frau Winter." / „Alles außer Frau Winter." (Julius 6.9)

Frau Winter ist die Lehrerin. Julius formuliert sehr dezidiert. Diese Aussagen verlangt nach Deutung, die am besten durch eine kommunikative Validierung abzusichern wäre, die nicht mehr möglich ist. Möglicherweise hat er seine Lehrerin nicht als hilfreiche Helferin für das, was er möchte, erlebt. Oder er hat am Tag der Erhebung ein für ihn negatives Erlebnis mit seiner Lehrerin gehabt und jetzt transportiert er seine Emotionen gegen sie in diese Antwort hinein. Sie scheint auch keinen genauen Zusammenhang mit seiner Antwort auf Frage 6.8 zu haben: „Eigendlich nichz, Nein" / „eigentlich nichts, nein". Beide Antworten ergeben nur im rein logischen Sinn einen positiven Sinn: Wenn er wirklich als Nächstes nichts lernen will, dann kann ihm dabei sicher alles besser helfen als seine Lehrerin, deren Profession es ist, seine Lernprozesse zu aktivieren. Diese Deutung scheint mir allerdings zu gewagt.

Drei Kategorien bewegen sich in einem Übergangs oder Zwischenbereich zwischen externalen und internalen Bedingungen.:

Das **Stillen elementarer Bedürfnisse** spricht im weitesten Sinn auch Arbeitsbedingungen an, die ich aber dem Übergangsbereich zugeordnet habe, weil das Bedürfnis ein inneres ist und mit äußerer Hilfe befriedigt werden muss. Zwei Kinder glauben, das Stillen **körperlicher Grundbedürfnisse** kann zu einer Leistungssteigerung führen:

> „milschtrinken" / „Milch trinken" (Ariel 6.9)

> „ein Afelesen" / „einen Apfel essen" (Rolf 6.9)

Im Sinn einer gesunden Ernährung, die die physiologische Basis von Lernvorgängen sichern, ist dieser Gedanke beachtenswert. Als kurzfristiger Wirkautomatismus wäre er unrealistisch – abgesehen von einem möglichen Placebo-Effekt.

Ein anderes Kind erwägt eine langfristige **Pause** als Hilfsmaßnahme:

> „6 Wochen Ferien" (Anna 6.9)

Das ist ein interessanter Gedanke, der von manchen reformpädagogischen Schulkonzepten konkret umgesetzt wird: Sechs Wochen Auseinandersetzung mit bestimmten Fächern und Themen, dann sechs Wochen Beschäftigung mit anderen Fächern und Themen, um die bereits erworbenen Kenntnisse und Fähigkeiten „produktiv ruhen" zu lassen.[151]

Im **irritierten Teilfähigkeitsselbstkonzept** gewährt ein Junge Einblick in eine grundlegende Erfahrung wohl jeder Leistungsbiografie:

> „Ich dachte mal das ich das beser Rechnen Könnte." / „Ich dacht mal, dass ich das besser rechnen könnte." (Julius 6.7)

Im strengen Sinn formuliert er damit keine Strategie. Er verweist auf die Krise, die entsteht, wenn das Selbstkonzept mit einer gegenteiligen Rückmeldung aus der „objektiven Realität" konfrontiert wird. Dann ist die Arbeit zu leisten, dieses Selbstkonzept entweder zu revidieren oder gegen die Erfahrung der „Realität" aufrecht zu erhalten. Es bedarf erfahrungsgemäß einer individuell unterschiedlichen Zeit der Verarbeitung, bis sich jemand danach wieder der betreffenden Sache zuwenden kann.

Eine letzte Kategorie würdigt die **Schule als Garant von Kompetenzerwerb:**

---

[151] Diese Zeitintervalle werden an der Ecole d'Humanité in Hasliberg/Goldern in der Schweiz praktiziert.

„ich in der Schule bin ich konnte das noch nicht wo ich in dem Kindergarten war" / „ich in der Schule bin, ich konnte das noch nicht, als ich im Kindergarten war." (Carlotta 6.7)

Diese „Strategie" achtet die Schule als Institution, in der ein feststellbarer Lernfortschritt („Im Kindergarten noch nicht") stattfinden konnte. Auch wenn keine konkreten Schritte einer Leistungsverbesserung aritkuliert werden, so scheint dieses Kind doch im Rahmen der Schule Angebote bzw. Hilfen genug gefunden zu haben, die es dieser Einrichtung vertrauen lassen.

Da die Strategie des Leistenlernens mittels zweier unterschiedlicher Fragen erhoben wurde, bietet sich ein Vergleich der Kategorienverteilung auf die Antworten zu beiden Fragen an. Dazu sind zunächst die unterschiedlichen „Qualitäten" der Fragen zu beachten. Frage 6.7 spricht dezidiert eine Defiziterfahrung an, Frage 6.9 impliziert eine noch mögliche zukünftige Leistungssteigerung in einem konkreten Bereich, den die Kinder in 6.8 realisiert haben. Bei 6.9 halten sich die Aussagen zu internalen und externalen Faktoren fast die Waage, während die Differenz bei 6.7 zwischen den internalen und externalen Bedingungen um ein Vielfaches höher liegt. Die größere Häufigkeit im Bereich der internalen Faktoren bei Frage 6.7 kann auf dem Hintergrund der unterschiedlichen Frage-Qualitäten bedeuten. dass die Kinder recht schnell bereit sind, Defizite sich selbst zuzuschreiben, während sie bei der *Planung* einer besseren Leistung in höherem Maße externale Bedingungen reklamieren. Die Mitwirkung signifikanter Anderer nimmt bei den Mädchen dabei die Favoritenstellung ein.

Nur drei Kategorien werden von den Antworten beider Fragen abgedeckt: in der Sparte **internale Faktoren – kognitive Anstrengung - (nach)denken sowie Aufmerksamkeit: aufpassen** und unter **externale Faktoren – Mitwirkung (signifikanter) Anderer.**

Ein anderer Vergleich kann Parallelen aufdecken:

Im Bereich der Lernemotion Unlust fanden sich bereits ein Teil der auch hier generierten Kategorien. Es sind unter der Kategorie **Arbeitsbedingungen** der **Geräuschpegel** und die **Störung,** hier subsumiert unter **Arbeitsruhe,** und das **Stillen elementarer Bedürfnisse,** das bei der Unlust unter den internalen Faktoren rangiert, weil dort noch keine Bedürfnisbefriedigung stattgefunden hat. Die Frage nach der

Lernunlust liegt im Kinderfragebogen an fünfter Stelle, die hier behandelten Frageitems an siebter und neunter Stelle. D.h. die einmal aktivierten Inhalte liegen bei der Beantwortung unter Umständen erneut nahe.

2.6.2.2   Fallbeschreibungen

Ich bündle die Fragen nach den Erhebungen; zunächst zu Frage 6.7:

Peter
Peter reklamiert im Rahmen der Arbeitsbedingungen Störungsfreiheit:
> „mich beim Rechnen minus nimant geschtert- hete." / „mich beim Minusrechnen niemand gestört hätte." (s.o.).

Er arbeitet also im Bereich der externalen Faktoren.

Miriam
Miriam bemüht die Anstrengung als persönliche „Investition" innerhalb der internalen Faktoren:
> „ich mich mer an gestrebgthete Bei eine Schreib-Schrift Blat" / „Ich bei einem Schreibschrift-Blatt mehr angestrengt hätte bei einem Schreibschrift-Blatt."

Gundula hat dieselbe Antwort gegeben (s.o.). Möglicherweise haben die beiden sich über ihre Strategien verständigt.

Richi
Richi formuliert im Rahmen Einzelkategorien:
> „ich will deser Lesen" / „Ich will besser lesen."

Er spricht damit eine **Kernkompetenz** an, die er als Vorhaben fasst. Er gibt sozusagen eine Willenserklärung ab. Wie er diese Kompetenz schulen will, bleibt ungesagt.

Bei der Frage 6.9 geben alle drei Kinder keine Antwort.
Bei 6.8, auf der 6.9 aufbaut, geben die drei Kinder Folgendes an:

Peter: „in der schule das minus Rechnen, auf dem Computer bei adi junior lern prugnamdaszeitrechnen".

Er hat konkrete Vorstellungen, die er zum Teil schon bei 6.7 aktiviert hat. Zum „Minusrechnen" muss er sich dann bei 6.9 nicht mehr äußern, da er das schon unter 6.7 getan hat. D.h. weil er bei der allgemeineren Frage einen konkreten Lernbereich angegeben hatte, den er dann auch in der Antwort formuliert hat, erübrigt sich hier für ihn die Antwort. Warum er zu dem Bereich „Computer" schweigt, ist unklar.

Miriam hat auch bei 6.8 auf eine Antwort verzichtet. Ihr Schweigen bei 6.9 ist daher schlüssig.[152]

Richi gibt ebenfalls bei 6.8 keine Antwort, so dass auch sein Schweigen bei 6.9 konsequent ist, da er sich auf nichts beziehen kann.

2.6.2.3   Schlüsselsituationen

Aus der subjektiv empfundenen Ohnmacht zur Teilmächtigkeit (Miriam)[153]

Eine Schlüsselsituation betrifft Miriam, eines der Kinder aus den Fallberichten. Ich ordne sie hier unter Schlüsselsituationen ein, weil die Quelle der Situation aus einem anderen Erhebungskontext stammt. Es entspann sich bei der Durchführung der ersten Lernbeobachtung *Schreiben* (Nr. 2) folgender Dialog:[154]

> Miriam schrieb gerade an dem Wort „Mund" und stockte. Sie sagte: „Ich weiß nicht." - Betonung auf „weiß", das sie immer sehr langgezogen und betont aussprach.
> Diese Formulierung kannte ich aus vielfältigen Situationen mit Miriam. Sie schien eine Standardformulierung in ihrem Repertoire zu sein, wenn sie sich unsicher war und Bestätigung verlangte, bevor sie ihre Lösung selbst erprobt

---

[152] Miriam beantwortet im Fragebogen die Fragen 6.8 bis 6.15 nicht. Sie verließ wegen Krankheit an einem der Vormittage, an denen das Fragebogenheftchen Unterrichtsgegenstand war, frühzeitig die Schule. Vermutlich hat ihr Unwohlsein sie an einer intensiveren Zuwendung zu den Fragen gehindert.
[153] Die Begriffe habe ich RUTH C. COHNS Sentenz „Ich bin nicht allmächtig, ich bin nicht ohnmächtig, ich bin teilmächtig" (COHN/TERFURTH 1997, 145) entlehnt.
[154] Hier nur eine Zusammenfassung der Szene, der wörtliche Dialog findet sich in Teil II Kapitel 2.9.2.

hatte. Ihre Intonation des Satzes klang wie ein Jammer, der sofortige Hilfe verlangte.

Ich beschloss, ihr meine Deutung dieser Äußerung zu spiegeln und sagte: „Du möchtest gerne, dass ich dir immer sage, ob es richtig ist." Begeistertes und erwartungsfrohes Nicken war Miriams Antwort. Ich fuhr fort: „Es gibt manchmal verschiedene Sachen (gemeint waren Wege), etwas richtig zu machen." Pause. „Und ich möchte, dass du's heute so machst, wie du's für richtig findest. Das fänd' ich toll."

Daraufhin schrieb sie weiter und als sie bei einem der nächsten Buchstaben stockte, konnte sie ihre gewohnte Formulierung um eine sachliche Zielorientierung ergänzen: „Ich weiß den nächsten Buchstaben nicht."

Damit war ein Dialog über die gestellte Aufgabe möglich. Ich konnte ihr helfen, ihr Anliegen zu klären. Sie wirkte bei der Äußerung der Hilfsanfrage weniger resigniert. Es stand nicht mehr alles auf dem Spiel, sondern nur der nächste Buchstabe. Das war zu bewältigen.

Auch wenn ich es selbst initiiert habe, versuche ich eine Deutung. Ich vermute, dass Miriam sich durch meine Spiegelung verstanden fühlte. Ich ließ meine Deutung bewertungsfrei und eröffnete ihr den Raum einer konkreten Handlung („zuerst selbst versuchen"), die begrenzt und begleitet war: Sie sollte es „zuerst" selbst probieren, eine Hilfsanfrage im zweiten Schritt blieb damit möglich. Im neuen Versuch blieb ich präsent und war als Ansprechpartnerin verfügbar.

Vom Zeitfaktor im strategieorientierten Leistungshandeln (Paul)

Als zweite Situation möchte ich eine Antwort aus den Fähigkeitsattribuierungen (s.o.) wieder aufgreifen. Auf die Frage 6.2 „Warum kannst du das so gut?" antwortete Paul:

„Weil ich zeit gewne dan kann ich strategi überlegen." / „Weil (Wenn) ich Zeit gewinne, dann kann ich eine Strategie überlegen."

Ich sehe hier nicht nur ein hohes Maß an Selbststeuerung (wie ich es bei den Fähigkeitsattribuierungen ausgeführt habe), sondern auch ein Strategiewissen im Leistenlernen. Paul kennt eine seiner Bedingungen für gelingendes Strategiedenken: Er braucht Zeit. Wie er sie gewinnt, darüber verrät er nichts. Seine Äußerung hat sich auf die Angabe

„Fusbal spilen Als torwt kann ich Als bester" / „Fußball spielen, als Torwart kann ich es am besten / bin ich bester." (Antwort auf Frage 6.1 „Was kannst du besonders gut?")

bezogen. Bei seiner Äußerung erscheint mir sofort ein Spielfeld vor Augen, wie er versucht, Zeit zu gewinnen – möglicherweise, indem er sich auf irgend eine Weise aus dem Spiel herausnimmt, um dann mit seiner ersonnenen Strategie erneut „ins Feld hineinzustürmen" (sofern einem Torwart das nützt).

Es erscheint mir elementar, dass er den Zeitfaktor hier anspricht. Um Strategien zu erdenken, braucht ein Mensch Zeit. Ob viel oder wenig, ist dabei offen. Auf jeden Fall eine Zeit der Planung, damit er sich geordnet ans Werk machen kann. Das Gegenteil wäre: einfach mal drauf los legen.[155]

Was Paul hier anspricht, ist für die Planung von strategieanleitendem Lernen hoch relevant. Die Lehrerin muss Zeit einplanen, um Strategien zu besprechen, um Kinder ihre Strategien wahrnehmen und planen zu lassen und letztlich, um die angewandten Strategien einer (Selbst-)Überprüfung zugänglich zu machen.

2.7 Lernziele und ihre subjektive Bedeutsamkeit

Erhebungen / Erhebungsitems: (Erhebungs-Nr.)	Was möchtest du als Nächstes lernen? (Nr. 6.10)	Warum ist dir das wichtig? (Nr. 6.11)
Erhebungszeitpunkt	36. und 37. Schulwoche	
Erhebungssituation	diagnostische Situation während des Unterrichts: Einzelarbeit im Klassenverband nach gemeinsamer Vorbesprechung	

Tabelle 27: Übersicht über die Erhebung *Lernziele und ihre subjektive Bedeutsamkeit*

2.7.1 Tabellen und Kategorienleitfaden

Zunächst eine Übersicht über die Nennungen der Kinder im Bereich der erfragten Lernziele:

Lernziele **Was möchtest du als Nächstes lernen?** (Nr. 6.10) Kategorien mit einzelnen Nennungen[156]	M	J	ges.	Fall- beschrei- bungen
n: Klasse 1a	8 (8)	13 (13)	21 (21)	
Klasse 1b	8 (8)	13 (13)	21 (21)	
Schule:	11	13	24	
Schriftspracherwerb	5	4	9	
• schreiben (besser, schön)	2	2	4	
• Handhabung von neuem Schreib-/ Malgerät	0	1	1	
• Schreibschrift	1	0	1	
• lesen	2	1	3	Richi
Mathematik:	6	9	15	
• Multiplikation	2	5	7	
• Division	1	2	3	Peter
• Zahlenraumerweiterung (einmal bis 100)	3	2	5	
Sport:	3	6	9	
• schwimmen	3	1	4	
• tauchen	0	1	1	
• Technik eines 2-m-Sprungs	0	1	1	
• Fußball	0	1	1	
• Baum klettern / steil klettern	0	2	2	
Sprachen:	1	1	2	
• Englisch	1	0	1	
• ausländisch	0	1	1	
globale bzw. formale Nennungen:	1	2	3	
• alles	0	1	1	
• nichts	0	1	1	
• etwas Schwieriges (Carmen)	1	0	1	
Berufswünsche:	1	2	3	
• Blumenverkäuferin	1	0	1	
• Elektriker	0	1	1	

---

[155] Vgl. die kognitiven Stile „passiv-global" und „aktiv-analytisch" bei HEINZ HECKHAUSEN. Der aktiv-analytische Stil erweist sich als „feldunabhängig" und begünstigt das Problemlösen (1971, 203).
[156] Ranking im Bezug auf das Gesamtsample.

• Forscher	0	1	1	
Verkehr:	0	2	2	
• Auto fahren	0	1	1	
• Verkehrsschilder	0	1	1	
Spiele:	0	1	1	
• Playstation	0	1	1	
keine Antwort / unverständlich	1	3	4	Miriam

Tabelle 28: Ergebnisse *Lernziele: Was möchtest du als Nächstes lernen?*, Erhebung 6.10

Die meisten Nennungen liegen eindeutig im Bereich **Schule**. An zweitwichtigster Stelle steht für die Kinder der **Sportbereich**, der teils im Wirkbereich der Schule liegt, teils Freizeitaktivitäten anspricht. Immerhin ein Viertel der Äußerungen bewegt sich in außerschulischen Wichtigkeiten: **Sprachen, Berufswünsche, Verkehr, Spiele** und vereinzelte **globale Nennungen**.

Die Schule ist der am deutlichsten untergliederte Bereich. Die beiden Schwerpunkte sind zwei „**Hauptfächer**", die im ersten Schuljahr noch nicht so benannt werden und auch insofern keine Versetzungsrelevanz besitzen, als die Klassen eins und zwei in Baden-Württemberg als Einheit gelten. In der Wahrnehmung der Kinder bei der gestellten Frage dominieren diese Lernbereiche, was sicherlich deren Relevanz bei Lehrerinnen und Eltern und natürlich ihrer Bedeutung im Erwerb der Schriftsprachkultur und den mathematischen Grundkenntnissen entspricht.

Im **Schriftspracherwerb** werden vier Bereiche benannt:

Zwei davon beziehen sich aufs **Schreiben: besser schreiben, schön schreiben** – wobei unklar bleibt, ob „besser" auf Formgenauigkeit, Ausdrucksfähigkeit oder Rechtschriftlichkeit bezogen ist; eigens erwähnt wird die **Schreibschrift**; hier dürfte klar sein, dass das erstrebte Ziel im Schreibmotorischen und nicht etwa in der Ausdrucksfähigkeit liegt.

Ebenso aufs Schreibmotorische zielt der Wunsch, ein bestimmtes Schreib- bzw. Malgerät gut **handhaben** zu können:

Filstift schreiben, Filstift Malen / Filzstift schreiben, Filzstift malen (Ercan).

Es kann natürlich auch gemeint sein, dass er überhaupt damit schreiben und malen darf.

Der vierte Bereich ist **Lesen**. Es wird ohne weitere Ergänzung so von den Kindern genannt. Am Ende des ersten Schuljahres mag das erstaunen. Die meisten Kinder können zu dieser Zeit bereits sinnverstehend (entwicklungsangemessen) fremde Texte erlesen. Die drei Kinder, die „Lesen" angaben, erzielten bei der dritten Lesediagnose, dem *Tierrätsel* nach C. CRÄMER[157], die einen Monat vorher durchgeführt wurde, folgende Ergebnisse: Claudia konnte sinnverstehend und worterfassend lesen, Sabine fehlte bei der Erhebung (sie galt lange als „Sorgenkind" im Schriftspracherwerb), Richi las sinnverstehend und in sukzessiver Synthese (gedehnt). Keines der Kinder unterschied in seiner Antwort zwischen lautem Vorlesen und sinnverstehendem Lesen, was für eine differenzierte Fähigkeitswahrnehmung zumindest für Richi günstig gewesen wäre.

Es entsteht die Frage, inwieweit Kinder mit differenzierterem Sachwissen auch differenziertere Fähigkeitswahrnehmungen bzw. differenziertere Selbstkonzepte ausbilden.

Im Lernfeld **Mathematik** heben die Wünsche deutlich auf die **Erweiterung mathematischer Kenntnisse und Fähigkeiten** ab, denn sowohl die Multiplikation als auch die Division sowie die Zahlenraumerweiterung sind Lernstoff des zweiten Schuljahres, das zum Zeitpunkt der Befragung – angesichts der kurz bevorstehenden Schulberichte und des Schuljahreswechsels – „zur Debatte" stand. Zwar kann kein Kind in Baden-Württemberg im ersten Schuljahr sitzen bleiben; dennoch scheint für die Kinder der Übertritt ins nächste Schuljahr nicht selbstverständlich. Eine zweite Quelle für das Bewusstsein des bevorstehenden Lernstoffs sind häufig ältere Geschwister, bei denen die jüngeren mithören, mitlernen. Es bleibt erstrebenswert, was die Älteren können, denn die Jüngeren wollen „groß" werden.

Im **Sportbereich** mischen sich **Schulsport-** und **Freizeitsportthemen**. **Schwimmen** wurde in den beiden Klassen bereits im ersten Schuljahr unterrichtet, wobei das **Tauchen** – so Kinderäußerungen – wohl auch Thema war. Außerdem fand die Befragung im Juli statt. Es war Freibadsaison und das „tiefe Becken" lockte.

Sind die bisherigen Nennungen hauptsächlich im verpflichtenden sozialen Lernfeld Schule verwurzelt, setzen manche Kinder andere Akzente. Ihre Begründungen und

---

[157] S. im Anhang B 2.

die der Nennungen im Bereich Schule will ich aufgrund der folgenden Tabelle erläutern.

Kategorien *subjektive Bedeutsamkeit der Lernziele* Warum ist dir das wichtig? (Nr. 6.11)[158]	M	J	ges.	Fall-beschrei-bungen
n: Klasse 1a	8 (8)	13 (13)	21 (21)	
Klasse 1b	8 (8)	13 (13)	21 (21)	
emotionale Beziehung zum Lerngegenstand:	2	9	11	
- Freude (+ Gefallen am Beruf)	1	5	6	
- Neugier	0	1	1	Peter
- Interesse	0	2	2	
- ... zum Lernen als solchem	0	1	1	
- funktionale Fähigkeitserweiterung zwecks Beziehungspflege	1	0	1	
Fähigkeitserweiterung	6	3	9	
Selbststeuerung	0	2	2	
negatives Teil-Fähigkeitsselbstkonzept	2	2	4	
Sachinteresse	0	2	2	
vorgegebene Anforderung	1	1	2	
unterrichtliches „Vorauswissen"	1	0	1	
Schule als Bildungsinstitution	1	0	1	
„Bekenntnis" zur Schule	0	1	1	
keine Antwort	1	4	5	Miriam
missverständlich / unvollständig	2	3	5	Richi

Tabelle 29:   Kategorien *subjektive Bedeutsamkeit der Lernziele*

Die Frage „Warum ist dir das wichtig?" zielte auf die subjektive Relevanz der angestrebten nächsten Lern- und Leistungsbereiche.

Die meisten Kinder nennen ihre **emotionale Beziehung zum Lerngegenstand** als Grund. Inhaltlich wird die emotionale Beziehung konkretisiert als

• **Freude:**

---

[158] Ranking im Bezug auf das Gesamtsample

„Wal ich mir Kefelt" / „Weil es mir gefällt" (Emanuelos 6.11)

„Wail ich Der Beruf (blumen Fergeufer-ien) schön finde" / „Weil ich den Beruf (Blumenverkäuferin) schön finde" (Heike 6.11)

- **Neugier:**

„weiul ich es eim fach mal wissen möchte e wie das ist." / „Weil ich einfach mal wissen möchte, wie das ist." (Peter 6.11)

- **Interesse:**

„weil mir das endrisird" / „Weil mich das interessiert." (Richard 6.11)

Während die genannten Kinder bestimmte Inhaltsbereiche (Auto fahren, Division, Multiplikation) mit ihrer Freude, Neugier und ihrem Interesse belegt haben, findet sich auch eine allgemeine Begeisterung für **das Lernen als solches**:

„Weil ich spass hab" / „Weil ich Spaß habe." (Paul 6.11) -

zu ergänzen: an „allem", denn diese globale bzw. formale Nennung findet sich bei ihm als Antwort auf die vorhergehende Frage.

Die **funktionale Fähigkeitserweiterung** habe ich zu den emotionalen Beziehungen gezählt, weil das Kind hier deutlich sein Interesse an neuen Aspekten einer **Beziehungspflege** zum Ausdruck bringt; es begründet:

„Weil ich mit Gundula englisch sprechen möchte" (Stina 6.11)

Gundula ist eine Mitschülerin, die zweisprachig aufwächst und vor ihrer Einschulung in einem englischsprachigen Land lebte.

Es finden sich bei den subjektiven Lernrelevanzen weitere Einzelkategorien:

Bei der **Fähigkeitserweiterung** argumentieren die Kinder auf verschiedenen Ebenen: von bereichsspezifischen Begründungen

„naman waiter rechnen köenmir" / „Dass wir weiter rechnen können." (Charlotte 6.11),

über ein kriterienbezogenes Ziel

„Weil ich ... nicht runter falen." / „Weil ich nicht runter fallen will" (vom Seil beim Seil klettern) (Davidos 6.11) bis hin zu einem in einem Bereich umfassenden Wunsch-Ich bzw. Fähigkeitsselbstkonzept:

> „Weil ich gern Ale sprachen könen möchte" / „Weil ich gern alle Sprachen können möchte." (Robert 6.11)

Bei anderen Kindern steht die **Selbststeuerung** im Vordergrund. Sie nehmen ihren Lernwunsch ohne weitere Begründung ernst, ihr Wunsch reicht ihnen als Antriebsmotor:

> „Weil ich das will ..." (Davidos 6.11)
>
> „Wal ich halt die fer kersch schilder lernen Wil" / „Weil ich halt die Verkehrsschilder lernen will." (Timo 6.11)

Für andere Kinder war ihr **negatives Teilfähigkeitsselbstkonzept** Anlass, ihren Lernwunsch zu begründen:

> „Weil ichn icht gut Schömen kann" / „Weil ich nicht gut schwimmen
>
> kann." (Dilec 6.11)

Ein Kind formuliert es als Fehlerkonzept:

> „Manich Moll Mach-ich Feler" / „Manchmal mach ich Fehler." (Ercan
>
> 6.11)

Ein anderes Kind spricht ein zumindest teilweise überwundenes negatives Fähigkeitsselbstkonzept an, indem es einen Lernfortschritt beschreibt:

> „Weil früher garnicht schön schreiben konnte" / „Weil ich früher gar nicht schön schreiben konnte." (Anna-Lisa 6.11)

Offensichtlich arbeitet sie weiter an der Überwindung ihres „alten" Selbstbildes, wenn sie den Bereich des Schönschreibens trotz konstatierten Fortschritts weiter als Lernrelevanz nennt. Hier deutet sich möglicherweise an, dass Selbstkonzepte trotz gegenteiliger Erfahrung in der „Leistungsrealität" beibehalten werden. Angesichts dessen stellt sich die Frage nach der sog. „Realität".[159]

Ganz nah an der Sache bleiben Kinder, die ihren Lernwunsch mit ihrem **Sachinteresse** begründen:

> „fremte tiarten forsdchen" / „Fremde Tierarten (er)froschen"
>
> (Sebastian 6.11),

während wiederum andere die **vorgegebene Anforderung** als Motiv nannten:

> „wail wir dasuns mer ce'nmüsen" / „Weil wir uns das merken müssen" (Theo
> 6.11).

Bei diesen Kindern zeigt sich, dass sie die von außen an sie herangetragenen Anforderungen angenommen und zu ihren eigenen Zielen erklärt haben.[160] In diesem Fall ging es um das Rechnen bis Hundert. Anderen Kindern war es in diesem Feld schulischer Anforderungen wichtig, **unterrichtliches „Vorauswissen"** zu sichern bzw. anstehende Lernziele möglichst schnell einzuholen:

> „Weil mir das noch nicht haben." / „Weil wir das noch nicht haben." (Carlotta
> 6.11)

Sie zeigen damit, dass sie zu erobernde Lerngebiete im Blick haben.

In den beiden letzten Bereichen sprechen die Kinder grundsätzliche Einstellungen zur bzw. Einsichten in Schule an: Anna hat die **Schule als Bildungsinstitution** erkannt und wohl auch anerkannt:

> „Weilman inder Schule lernen kan" / „Weil man in der Schule lernen
> kann." (Anna 6.11)

Ein anderes, im allgemeinen Leistungsniveau schwaches Kind, gibt ein **„Bekenntnis" zur Schule** ab:

> „Schule ist mier wichtich" / „Schule ist mir wichtig." (Fabian 6.11)

Bei der vorangehenden Frage nach der Lernrelevanz hat er „Niz" („Nichts") geantwortet. Er scheint zu schwanken zwischen seinen erfahrenen Lernmöglichkeiten bzw. -grenzen und der Einsicht, dass eine positive Einstellung zur Schule sozial gefragt ist.

2.7.2   Fallbeschreibungen

Peter

Peter möchte als Nächstes „geteilt" lernen und begründet das mit seiner **Neugier**.

---

[159] S. dazu unter Teil II Kapitel 3.1.2 – Exkurs „werkorientierte Selbsteinschätzung".
[160] Vgl. unter Teil I Kapitel 2.1.2 die „Aufgabenhaltung" bei ILSE LICHTENSTEIN-ROTHER.

Miriam gibt bei beiden Fragen keine Antwort.[161]

Richi

Richi nennt als nächste Lernrelevanz das „Lesen" und schreibt bei der Frage „Warum?": „war Gut schbilnkn" (6.11); das bleibt **missverständlich**, eventuell könnte es heißen „Weil ich gut spielen kann".

2.8 Aspekte einer besonderen Leistungssituation: Hausaufgaben

Erhebungen / Erhebungsitems: (Erhebungs-Nr.)	Dieses Kind macht Hausaufgaben. Wer sagt was? Mama, Papa, Die Freundin, Der Freund, Die Lehrerin, Und du? (Frage zu einer bildlichen Darstellung; ausgewertet wurden die Aussagen des Kindes zu sich selbst) (Nr. 6.12)
Erhebungszeitpunkt	36. und 37. Schulwoche
Erhebungssituation	diagnostische Situation während des Unterrichts: Einzelarbeit im Klassenverband nach gemeinsamer Vorbesprechung

Tabelle 30:   Übersicht über die Erhebung *Aspekte einer besonderen Leistungssituation: Hausaufgaben*

Diese Frage inszeniert eine mögliche Hausaufgabensituation, die Kinder so oder ähnlich erleben können. Sie waren aufgefordert, den signifikanten Anderen Kommentare in den Mund zu legen. Woher sie diese Kommentare bezogen, muss offen bleiben. Die Palette reicht von realen Erinnerungen („schon so oder ähnlich gehört"), eingedenk der subjektiven Empfänger-Deutungen („was ich von dem höre/deute, was Andere mir sagen"), bis hin zu Vorstellungen („das könnte er/sie so sagen"). Als signifikante Andere haben wir gewählt: Mama, Papa, die Freundin, der Freund, die Lehrerin. Schließlich sollten die Kinder ihren eigenen Kommentar notieren.

---

[161] Vgl. Fußnote 152.

Kategorien *Aspekte einer besonderen Leistungssituation* Dieses Kind macht Hausaufgaben. Wer sagt was? Mama, Papa, Die Freundin, Der Freund, Die Lehrerin, Und du?[162] (Nr. 6.12)	M	J	ges.	Fall-beschrei-bungen
n: Klasse 1a	8 (8)	13 (13)	21 (21)	
Klasse 1b	8 (8)	13 (13)	21 (21)	
Leistungsbewertung:	7	11	18	
• Globalkriterium				
- positiv	6	7	13	Peter
- negativ	-	1	-	
• Vollzugskriterium Zeit	1	3	4	
Fähigkeitsselbstkonzept global	2	2	4	
Erfolgszuversicht	1	0	1	
Selbststeuerung	1	0	1	
Akzeptanz einer globalen Leistungsfremdbeurteilung	0	1	1	
explizite Aussagenverweigerung (in einem Dialog besteht auch diese Möglichkeit)	0	2	2	
keine Antwort	5	8	13	
• bei keiner der Personen	1	3	4	Miriam
• bei mehreren Personen				
- einschließlich des Kindes selbst	3	3	6	Richi
- bei mehreren/einer anderen Person	1	1	2	
• nur bei Kind nicht	0	1	1	
unverständlich	1	2	3	

Tabelle 31:   **Kategorien *besondere Leistungssituation Hausaufgaben***

Bei den Antworten auf „und du?" fällt folgendes auf: Manche Kinder bleiben bei dem **projektiven Angebot** und sagen selbst etwas zu dem abgebildeten Kind:

„du bist lam" / „Du bist lahm" (Robert 6.12)

Manche gehen explizit in die **Identifikation** und machen **Selbstaussagen:**

---

[162] Ausgewertet wurden die Aussagen des Kindes zu sich selbst.

„Ich bin gut" (Davidos 6.12)

Manche verstehen das Äußerungsangebot als **synchrones Gespräch** und antworten (im Rahmen der Identifikation) auf Ansprachen der signifikanten Anderen:

Mama:	„Bist du fertig"
Papa:	„Kom zu zum esen" / „Komm zum Essen!"
Freundin:	„bist du fer-tig" / „Bist du fertig?"
Freud:	„Mach dalie" / „Mach dalli!"
Lehrerin:	„Mach die Hausaufgaben"
und du?:	„ich mach ja schnel" / „ich mach ja schnell." (Julius 6.12)

Ob die Fälle, in denen die Kinder in der „du-Form" antworten, als fiktive Ansprache an das abgebildete Kind zu verstehen sind oder ebenfalls als Identifikation, also als Selbstgespräch, ist schwer zu klären. Ich habe mich in meinen Beschreibungen und ersten Deutungen nicht durchgängig festgelegt, weil sich dafür kein Kriterium ausmachen ließ.

Die Differenzierung nach diesem formalen Gesichtspunkt habe ich vorangestellt, weil ich mich bei der Kategorienfindung für eine Orientierung an inhaltlichen Gesichtspunkten entschieden habe.

Kategorienleitfaden

Die meisten Antworten bewegen sich im Bereich der **Leistungsbewertung**. Die Kinder formulieren Antworten auf der Ebene von **Globalkriterien:**

„Ich habe s tol gem acht" / „Ich habe es toll gemacht." (Carlotta 6.12)

„He du machscht das gaz gut unt schön" / „He, du machst das ganz gut und schön." (Dilec 6.12)

Alle Globalkriterien finden sich in **positiver Ausprägung**. Nur eine gibt es, „blöd" (Jan 6.12), die eine negative Ausprägung aufzuweisen scheint. Diese Deutung bleibt vage, weil Jan nur das isolierte Wort als Antwort bietet.

Es fällt auf, dass sich in den globalen Leistungsbewertungen keine Werkverweise und auch keine Differenzierungen finden, wie die Kinder sie bei den Fragen nach „Gelungenem" oder „Anstrengendem" geboten haben. Ich vermute, das liegt an der Inszenierung des Bildes, das eine allgemeine Situation abbildet und die konkrete Leistung, um die es geht, offen lässt. Wenn hierin der Grund liegt, wäre das ein Indiz für die auch in der Leistungsthematisierung geltende These: Die Fragestellung impliziert die Antwortmöglichkeiten. Wird global gefragt, müsste schon ein Kind selbst eine Beispielanwendung erfinden und formulieren. Im vorliegenden Fall hat es niemand getan, wenn auch vermutlich bei der Beantwortung innere Bilder von konkreten Situationen entstanden sind.[163]

Das einzige Leistungskriterium, das die Kinder hier generiert haben, liegt im Bereich des Leistungs*prozesses*, es ist das **Vollzugskriterium Zeit.** Hier findet sich eine breite Auffächerung:

- als **Aufforderung zur Beschleunigung**:

    „Mach Schneler" / „Mach schneller" (Anna-Lisa 6.12)

- als **Leistungshetze**:

    „ich mach ja schnel" / „ich mach ja schnell." (Julius 6.12)

- als **Situationsnot** (hier ist der ganze Dialog aufschlussreich):

Mama:	„bist du fertieg" / „BIst du fertig?"
Papa:	„ja gena-u" / „Ja genau."
Freundin:	„Komst du spiel-en" / „Kommst du spielen?"
Freund:	„kommst Du" / „Kommst du?"
Lehrerin:	„Noch 5 Minuen" / „Noch fünf Minuten."
und du?:	„ja gleich" / „Ja gleich." (Paul 6.12)

    Mit welcher Intonation Paul sein „Ja gleich" spricht, ob ruhig und gelassen oder genervt, verrät der Fragebogen nicht. Mir scheint, als beschreibe er mit der Häufung der zeitfocussierten Äußerungen der signifikanten Anderen ein Spannungsfeld von auf ihn einprasselnden Ansprüchen, in dem er sich orientieren muss.

In Form verschieden aufgefächerter **Fähigkeitsselbstkonzepte** finden sich folgende Antworten:

- globales **positives Fähigkeitsselbstkonzept**:

---

[163] Bei differenzierteren und in einer konkreten Situation gestellten Fragen (s.o. z.B. „Was ist dir daran gelungen?"), die einen Bezug zur vorliegenden Leistung ermöglichten, konnten die Kinder besser Kriterien generieren.

„ich bin super" (Anna 6.12)

- als **negatives Teilfähigkeitsselbstkonzept**, auf die Teilfähigkeit „Umgang mit Zeit" bezogen:

  „du bist lam" / „Du bist lahm." (Robert 6.12)

- als **Erfolgszuversicht**:

  „ich schafes" / „Ich schaff es." (Charlotte 6.12)

Hier scheint mir erneut das Fragearrangement zu greifen: Die imaginierten Personen sind weit weg von der Situation des Kindes platziert, sie sprechen aus der Ferne zu ihm hin. Eine gemeinsame Zuwendung zur Sache unterbleibt.

Ein Kind bringt deutlich seine **Selbststeuerung** im Sinn einer Abwehr ins Spiel. Heike beschreibt – ähnlich wie Paul – ein Stimmengewirr verschiedener Ansprüche, die auf das „Hausaufgabenkind" einstürmen:

Mama:	„Brauch nicht solang"
Papa:	„Schraib schön" / „Schreib schön."
Freundin:	„mach mal" / „Mach mal."
Freund:	„jetzt Mach Mal" / „Jetzt mach mal."
Lehrerin:	"Schraib richtig" / „Schreib richtig."
und du?:	"ichdet Mir nicht dioren Fol Blabern Lasen" / „Ich tät mir nicht die Ohren vollplappern lassen." (Heike 6.12)

Mit ihrer Antwort scheint sie eine Selbstvergewisserung im Stimmengewirr anzustreben.[164]

Ein anderer Junge reagiert auf ein ähnliches Anspruchsgewirr, das viele Kinder in ihrer Erfahrung zu teilen scheinen, mit der **Akzeptanz einer globalen Leistungsfremdbeurteilung**:

Mama:	„nach er knstu mit deinen fräude sch??n" / „Nachher kannst du mit deinen Freunden spielen."
Papa:	„Gut mvs du Gut" / „Gut machst du, gut."
Freundin:	„kom endl ch" / „Komm endlich."
Freund:	„beeldic" / „Beeil dich."

---

[164] Die Strategie, wie sie bei sich und ihren Vorstellungen bleiben kann, wäre in anderen Kontexten eine Nachfrage wert.
Vgl. zu diesem Beispiel auch die „Schlüsselsituationen" in diesem Kapitel.

| Lehrerin: | „mach sakt du mchs t das Gut" / „Mach, sagt, du machst das gut." |
| und du?: | „ja natür rlich" / „Ja natürlich." (Viktor 6.12) |

Es ist, als schließe er sich der Meinung der Anderen an, um endlich seine Ruhe zum Arbeiten zu bekommen.

Ein anderes Kind reagiert mit einer **expliziten Aussagenverweigerung** – in einem Kontext positiver Rückmeldungen: Während er allen anderen „toll", „super" oder „gut" in den Mund legt, antwortet er selbst:

„ich Sage nicht(s)" / „Ich sage nichts." (Karsten 6.12)

Mit dieser Möglichkeit muss im Rahmen von Dialogen nicht nur gerechnet, sie muss auch gewährt werden. Denn die Beteiligung ist freiwillig. Welchen Sinn Karsten damit in dieser Situation für sich bzw. für das Kind stiftet, bleibt unserer Vermutung anheimgestellt.[165]

Bleibt noch zu erwähnen, dass im Verhältnis der Gesamtkohorte eine relativ hohe Anzahl von Kindern **keine Antwort** gibt. Diese Kategorie erfordert eine Untergliederung in die Fälle:

- die ganze Frage wurde nicht beantwortet
- mehrere Personen wurden nicht „beantwortet" – ausschließlich oder einschließlich des Kindes selbst
- nur bei „und du?" ist eine Antwortlücke.

Vermutungen sind hier schwer am Material zu belegen. Es könnte eine gewisse Antwortmüdigkeit vorliegen, da es sich bereits um die zwölfte Frage im Fragebogen handelt (alles offene Fragen), die zudem noch eine schnell aufeinanderfolgende Empathie mit verschiedenen Personen verlangt. Möglicherweise spiegeln sich in den ausgelassenen Personen auch reale Beziehungsverhältnisse wieder wie Nicht-Präsenz und Verlust eines Elternteils oder ein (momentaner) Mangel an Freunden/Freundinnen.

---

[165] Vgl. zu diesem Beispiel auch die „Schlüsselsituationen" in diesem Kapitel.

2.8.2   Fallbeschreibungen

Peter

Peter legt sich auf eine **globale Leistungsbewertung** bei allen Personen fest:

Mama:	„gut"
Papa:	„gut"
Freundin:	„gut"
Freund:	„gut"
Lehrern:	„gut"
und du?:	„gut" (6.12)

Möglich ist, dass er sich in einem von allen genannten Personen geteilten, einheitlich positiven Beachtungskontext erfährt (Aussage als Selbstgespräch verstanden). Insofern spiegelte er hier eine Botschaft, die stark auf der emotionalen Ebene zu spielen scheint. Er ist umgeben von wohlwollenden Blicken. Kriterien benennt auch er keine.

Liest man seine Äußerung als Ansprache an das abgebildete Kind, würde er sich diesem wohlwollenden Blick der Anderen anschließen. D.h. er kann anderen Kindern eine solche positive Botschaft geben und muss nicht abwertend auf Leistungen Gleichgestellter reagieren.

Miriam lässt diese Frage ganz aus.[166]

Richi

Richi lässt nur die Mutter und den Vater antworten:

Mama:	„Kom, deine freunde waden" / „Komm, deine Freunde warten."
Papa:	„Kom das esen watet" / „Komm, das Essen wartet." (6.12)

Möglicherweise hat er die Hausaufgabensituation so konkret vor Augen, dass für ihn die Freundin, der Freund und die Lehrerin nicht hierher passen, und er selbst keine Antwort zu geben braucht, weil er den Aufforderungen, die von den Hausaufgaben wegführen, folgt.

---

[166] Vgl. Fußnote 152.

2.8.3 Schlüsselsituationen

In beiden Schlüsselsituationen der **Selbstzuwendung** möchte ich noch einmal die beiden Antworten von Heike und Karsten aufgreifen.

Selbstvergewisserung im Stimmengewirr Anderer (Heike)

Heike:

Mama:	„Brauch nicht solang"
Papa:	„Schraib schön" / „Schreib schön."
Freundin:	„mach mal" / „Mach mal."
Freund:	„jetzt Mach Mal" / „Jetzt mach mal."
Lehrerin:	„Schraib richtig" / „Schreib richtig."
und du?:	„ichdet Mir nicht dioren Fol Blabern Lasen" / „Ich tät mir nicht die Ohren vollplappern lassen." (Heike 6.12)

Sie scheint sich bewusst zu sein, dass es sich hier um eine Gruppe von für sie gleich berechtigten Personen handelt. Fast könnte man meinen, die Worte der Anderen klängen nur noch wie von Ferne an ihr Ohr, weil sie merkt, dass diese Anforderungen sie in ihrem Arbeitsprozess stören. Vielleicht kennt sie solche Situationen und ist in Sachen Selbststeuerung schon geübt. In diesem Fall macht es den Eindruck, als beschreibe sie eine „innere Distanzierung" von den einstürmenden Ansprüchen. Denn ihr Satz klingt wie eine Rede an sich selbst, nicht wie eine laut ausgesprochene Abwehr den Anderen gegenüber. Oder sie kennt solche Situationen gerade nicht und ist sich ihrer Absicht, an den Hausaufgaben weiterzuarbeiten, sicher.

Ich finde die aus ihrer Antwort strahlende Selbstsicherheit erstaunlich, handelt es sich doch um eine Erstklässlerin, für die die genannten erwachsenen Personen als signifikant für schulische Angelegenheiten gelten dürften.

Chairpersonship im Schweigen (Karsten)

Karsten:

Mama:	„Sagt tol" / „Sagt toll."
Papa:	„Sat gut" / „Sagt gut."
Freundin:	„sagt Super" / „Sagt super."

Freund:	„Sagt Schön"/ "Sagt schön."
Lehrerin:	„Sagt kut" / „Sagt gut,"
und du?:	„ich Sage nicht(s)" / „Ich sage nichts." (Karsten 6.12.)

Karsten teilt mit Peter (s. Fallberichte), dass er allen anderen globale positive Rückmeldungen in den Mund legt. Ob seine Aussagenverweigerung ein Spiegel möglichen eigenen Verhaltens ist oder ob er das abgebildete Kind vor einer sechsten Rückmeldung bewahren will, hängt von der Lesart der Antwort ab. In jedem Fall reklamiert er für sich das Recht der Antwortverweigerung sehr deutlich. Er ist der einzige, dem diese Weigerung einen ganzen Satz wert ist. Er betont damit seine Nichtantwort als Äußerungsakt. Das verlangt Respekt ab. Interessant wäre die Frage, was ihn dazu bewegt. Diese Möglichkeit gab es bei der Durchführung dieser Erhebung nicht.

Zu dieser Antwort passt ein Bild aus den ersten Schulwochen, das mir per Gedächtnisprotokoll von Karsten in Erinnerung geblieben ist. Er trug manchmal ein Kapuzen-T-Shirt. In manchen Unterrichtssituationen der Einzelarbeit kam es vor, dass er sich die Kapuze überzog und abgeschirmt von seinem Umfeld weiterarbeitete. Er wirkte wie ein versunkener Mönch, der seinen Blick durch „textilen Rückzug" auf *eine* Sache konzentriert. Karsten wusste sich zu helfen, um seine Konzentration zu sichern; ein Indiz für seine Selbststeuerungskompetenz in Sachen Arbeitsbedingungen.

2.9   Zusammenschau der Fallbeschreibungen

In diesem Kapitel versuche ich, für jedes der drei „Fallkinder" Tendenzen seines Leistungshandelns typologisch zu beschreiben. Zur Bildung charakteristischer Begriffe der drei Leistungsprofile lege ich zu Grunde: die oben dargestellten Ergebnisse der selbstreflexiven Leistungssituationen, ergänzt durch die Selbstverfassung eines Zeugnisses (Erhebung 6.15) und die Portfoliopräsentation II (Erhebung 11), die Untersuchungen zum Schriftsprachentwicklungsstand aus Teilprojekt 1 („Prävention von Analphabetismus")[167] sowie Gedächtnisprotokolle der teilnehmenden Beobachtung,

---

[167] S. den Ergebnisüberblick über die zu Grunde gelegten Untersuchungen für jedes der drei Kinder im Anhang D.

Von „selbstreflexiven" Leistungsprofilen spreche ich aus folgenden Gründen nicht: Erstens betreffen die selbstreflexiven Äußerungen der Kinder, auf denen meine Beobachtungen gründen, lediglich einzelne Leistungsaspekte. Im Leistungsprofil jedoch versuche ich in einer Gesamtschau „durchgängige" Motive und Muster zu bündeln. Die Ergebnisse dieser Durchsicht sind meine Interpretation. Zweitens habe ich die Portfoliopräsentation (II, Nr. 11) als weitere wichtige Erhebung zur Leistungsprofilbestimmung herangezogen. Diese Leistungsvorstellung bot den Kindern ein Forum, sich im Sinn eines „narrativen Interviews" zu ihren Leistungen zu äußern. Dabei präsentierten sie natürlich Aspekte ihres Leistungshandelns. Selbstreflexive Äußerungen hingegen wurden dabei nicht explizit provoziert.

2.9.1 Peter – ein Leistungstyp des Orientiertseins

Ich beginne die Übersicht über seine Erhebungsergebnisse mit einer Schlüsselsituation aus der teilnehmenden Beobachtung vom ersten Schultag:

Einschulung – „So ein Stress!"
oder: ein Missgeschick nach all der Orientierungsnot[168]

Der Einschulungstag begann mit einem ökumenischen Gottesdienst in der Kirche. Dort hatten die Kinder viele Aufgaben zu erledigen: Sie sollten zuhören, mussten ihre Schulranzen und Schultüten mit Hilfe ihrer Eltern „koordinieren": tragen, absetzen, festhalten, aufpassen, dass nichts umfällt ... Sie bekamen ein Bild-Text-Büchlein in die Hand gedrückt, in dem sie die Ansprache des Pfarrers mitvollziehen sollten – lesen konnten sie noch nicht. Sie waren aufgefordert, mit ihren Schulranzen in den Chorraum zu kommen, dort die Ranzen abzulegen, sich klassenweise – Wer gehört zu meiner Klasse? Wer ist meine Lehrerin? - im Kreis zu versammeln, dann wieder die

---

[168] Ich bin mir bewusst, wie viel Vorüberlegung vonseiten der LehrerInnen und anderer beteiligter Erwachsener in der Gestaltung eines Einschulungstages liegt und wie groß die Not der Ideen manchmal ist. Peters Kommentar hat mich mit anderem Blick auf die Choreografie dieses Vormittages schauen lassen: mit den Augen eines beteiligten Kindes. Natürlich ist meine Schilderung Deutung. Dennoch legt Peters Kommentar meiner Meinung nach ein Überdenken der Einschulungsfeier nahe: Wie kann sie so organisiert sein, dass sie den Bedürfnissen des Kindes: „Ich komme in die Schule!" entgegenkommt und gleichzeitig die Chance eines Rituals nutzt, das Kinder und Eltern in diesem Übergang begleitet. S. auch Fußnote 140.

Ranzen aufnehmen. Es folgte der Gang zur Schule, dort in die Aula – wieder Sitzplätze finden, sich von den Eltern trennen, Schulranzen händeln, denn im geschulterten Zustand ließ sich schlecht sitzen; aufpassen, dass man den richtigen Ranzen wieder findet; ins Klassenzimmer gehen, den Platz finden, Eltern draußen vor der Tür; sich orientieren, wer vor und neben und hinter einem sitzt; aufpassen, was die Lehrerin sagt; tun, was sie vorschlägt; erste Regeln wie „strecken" (schwäbischer Ausdruck für „aufzeigen") erproben, ausgeteilte Papiere einpacken ... und da passierte es. Am Ende seines Einschulungstages stand Peter an seinem Tisch, vor sich den geöffneten Schulranzen auf der Schreibplatte. Er wollte das ausgeteilte Papier hineinordnen, andere Kinder waren schon aus dem Klassenzimmer hinausgelaufen, sein Freund, ihm wollte er wohl hinterher, unter ihnen. Da fiel ihm der offene Schulranzen vom Tisch. Der Inhalt verteilte sich im Sturz. Peter stand da, nur noch fähig zu einem „So ein Stress!". Es klang wie der Kommentar zu einem schauplatz- und ereignisreichen Vormittag. Endlich durfte es heraus: Was die Erwachsenen ihm da alles zu bewältigen aufgegeben hatten!

Was in der Schlüsselsituation des Einschulungstages als Not zu Tage tritt, findet sich in positiver Wendung in Peters gesamtem Leistungshandeln als **Orientiert-Sein**. Besonders in seiner Lernschatzmappen-Vorstellung (Portfoliofeier II, Nr. 11) präsentierte Peter eindrücklich seine Orientiertheit in verschiedener Hinsicht und auf verschiedenen Ebenen. Hier eine Übersicht über die Bereiche seines Orientiertseins:

„Ich bin orientiert!"	bezüglich
	• Inhalt
	• Gegenstand
	• Aufgabenstellung
	• Arbeitsform
	• methodische Intention / Aufgabenstruktur
	• Medium
	• Ergebnis
	• Zeit
	• Defiziterfahrung
	• Selbstreflexion
	• Präsentationsstrategie

Bei der Portfoliopräsentation II hatten wir für jedes Kind mit seinen Gästen ca. zwanzig Minuten Zeit eingeplant. Ausgehend von einer Rahmung der Präsentation von etwa fünf Minuten blieben für die Vorstellung der eigenen Werke und das Gespräch darüber ca. fünfzehn Minuten. Peter präsentierte in souveräner Moderation vierzig Minuten lang einen Lernschatz nach dem anderen![169] Die Redeanteile des Transkriptionsprotokolls machen deutlich, dass er der Akteur der Veranstaltung war und aufgrund der inhaltlichen Güte seiner Präsentation nur wenige initiierende Anstöße von Seiten der Lehrerin brauchte. Denn bei jedem Werk erläuterte er mehrere der oben aufgeführten Ebenen: Er konnte – meist sofort und ohne Nachdenken – jeweils den **Inhalt** der betreffenden Arbeit, den **Lerngegenstand**, die **Aufgabenstellung**, das **Medium** und das **Ergebnis** benennen.

> „Da ham ma heut der X gelernt (*Lerngegenstand*), und da ham mir des Schreibschrift, der kleine Schreibschrift-x und der große Schreibschrift-X gelernt, und von der kleinen Hexe ham mer au noch ne Geschichte dazu gemacht (*Medium*), und hier ham ma Abraxas (*Inhalt*) geschrieben und da Hexe (*Inhalt*). Und da ham mer ein Rätsel gemacht, da musst ma hinschreiben, was die kleine Hexe gemacht hat (*Aufgabenstellung*), beim ersten da musst ma sechsen schreiben, beim zweiten Regen machen, beim zweiten hexen, beim dritten Abraxas, dann Frosch, Buttermilch und Tannenzapfen (*Inhalt* und *Ergebnis*), dann hab ichs von oben gelesen, da hab ichs falsch gelesen, da musst ichs von unten lesen und da hab ichs richtig gehabt (*Lösungsweg*)." (11., Peter 1)

Die **Arbeitsform** bzw. **Aufgabenform** kann er treffend benennen:

> „Des war n Wochenplan ..." (11., Peter 6)
>
> „... des hat ich als Hausi ..." (11., Peter 8)
>
> „Das ist so was ähnliches wie ein Quiz ..." (11., Peter 18)
>
> „Das war auch so was ähnliches wie ein Rätsel ..." (11., Peter 37)

---

[169] Hier erfüllte sich Peters Wunsch, den er als Reflexion nach der ersten Portfoliofeier zweieinhalb Monate vorher als Verbesserungswunsch geäußert hatte: „"Was würdest du das nächste Mal anders haben wollen?" – Peter: „Merzeit haben zum Schetze zeigen" (5.3.). Auch die Mutter stimmt darin mit Peters Urteil überein: „Was hat Ihnen weniger gut gefallen?" – Mutter: „Zu wenig Zeit beim Lernschatz zeigen" (5.5.) Die Präsentationsfreude Peters nahmen die Eltern schon bei der ersten Lernschatzfeier wahr: „Was haben Sie von der Lernschatz-Feier in guter Erinnerung?" – Vater: „Die Begeisterung der Kinder ihre Schätze zeigen zu dürfen" (5.4.); „Über welche Leistung Ihres Kindes haben Sie besonders staunen können?" – Mutter: „Spaß am Lernschatz zeigen" (5.6.)

„Da ham mer Kinder-Lotto gespielt ..." (11., Peter 39)

„Des isch auch ein Arbeitsblatt ..." (11., Peter 46)

Wo ihm die betreffende Vokabel fehlt, beschreibt er das Vorgehen:

„Da bin ich an dem Tisch gesessen und dann musst ich nach hintre laufen, und dann hat sie uns immer ein Wort gesagt, des da drauf stand und wir sind nach hintre geloffen und ham's gekuckt, wie mans schreibt, und dann musst ma's hier aufschreiben." (11., Peter 17)

Er erklärt hier eine dem Laufdiktat ähnliche Form.

Auch die didaktisch-methodische **Intention** kann er manchmal klar erfassen:

Lehrerin: „Kannst dem Thielo (Freund, den er als Gast mitgebracht hat) mal erklären, was des Mimibuch (Mimi = Fibelfigur) is, was es mit dem auf sich hat?"

Peter: *während er gleichzeitig das nächste Blatt sucht*
„Des machen wir immer, ne kleine Geschichte, dass man auch mit den Wörtern lesen kann."

Lehrerin: „Mit den Buchstaben, die wir hatten."

(11., L 10, Peter 23, L 11)

Peter weiß ohne Zögern, warum das Mimibuch eingesetzt wird. Das eröffnet ihm natürlich auch Kontrollmöglichkeiten seines Tuns. Denn wenn der Sinn ist, dass er die Wörter mit den neuen Buchstaben lesen lernt, kann er beim Lesen prüfen, inwieweit er nach eigenem Urteil diesem Anspruch genügt.

Er kann auch die **Aufgabenstruktur** erfassen:

„Des war im ... – Heft, des war Seite 56, da standen hier Wörter und hier stand Tafel, dann ham ses da abgebaut und dann stand nur der „h" da und dann harn ses weiter gemacht, so wie bei den andern, und dann ist es „Hose" geworden. Hier war's „Hand" und hier is es „Hut" geworden. Hier „Haus" und dann „Heft" geworden, hier „Hut" und dann „Hammer"." (11., Peter 41)

Peter verliert sich nicht im Machen, er ist sich der Metaebene bewusst und kann sich damit die Sinndimension erschließen.

Die Erfassung der Aufgabenstruktur belegt er auch bei den Lernbeobachtungen Schreiben „November" und „Mai", wo er bei dem Lieblingswort jeweils ein Bild des verschrifteten Wortes in einen den vorgegebenen Bildern entsprechend großen Rahmen zeichnet (Sonne und Soldat, Nr. 2 und 4).

Auch die orientierende **Datumsangabe**, die er auf einem Blatt vermerkt hat, ist ihm im Blick:

> „... des war am 4. Juli 2001." (11., Peter 15)

Peter kann **Defizite** bzw. **Defiziterfahrungen** bei der jeweiligen Aufgabe klar benennen:

> „... da hab ich's von oben gelesen, da hab ich's falsch gelesen, da muss ich's von unten lesen und da hab ich's richtig gehabt." (11.1)
>
> „Des war en Zug, da bin ich nicht ganz fertig geworden." (11.34)
>
> „... und dann war ich, hab ich fast alles falsch gehabt, alles wo ich angemalt hab, war falsch, ich hatte nur sechse Sachen richtig." (11.39).

Auch wenn es um aktuelle Defizite geht, geht er damit offensiv und sachlich produktiv um:

> „... (versucht das Wort zu entziffern) ich weiß nicht, was des heißt."
>
> (11.11)
>
> „(schaut das Blatt an und schüttelt den Kopf) Fällt mir gar nicht ein, was wir da haben." (11.12)

Mit dieser Klarheit eröffnet er der Lehrerin die Möglichkeit, ihm gezielt Hilfe zu geben, die er jeweils auch annimmt.

Bei den Lernbeobachtungen Schreiben ist ihm die Defiziterfahrung mangelnder Buchstabenkenntnis zwei Mal Kriterium für die Beurteilung „anstrengend" (Lernbeobachtungen „November" und „Januar", Nr. 2 und 3). Bei der dritten Lernbeobachtung "Mai" (Nr. 4), bei der ihm alle nötigen Buchstaben zur Verfügung stehen, gibt er schlüssigerweise an, dass „nichts" für ihn anstrengend war.

Woher kommt dieser souveräne Umgang mit Defiziterfahrungen? Das lässt sich nicht auf Grund unserer Erhebungslage belegen. Gleichwohl scheinen mir Peters Kommentare bei der simulierten Hausaufgabensituation (6.12) eine Antwort anzudeuten: Er legt allen beteiligten Personen das Wort „gut" in den Mund. Offensichtlich fühlt er sich wie von einem „emotionalen Kissen" wohlwollender und bestätigender Zuwendung getragen.

Hin und wieder lässt Peter auch **Selbstreflexionen** einfließen, die in den meisten Fällen seine Lernemotion anspricht

„hat Spaß gemacht",

und manchmal auch eine Selbstbewertung:

„... und des hat mir Spaß gemacht und ich find, dass ich da ganz schön geschrieben hab." (11.36)

Peter nutzt seine **Selbstreflexion** auch in Situationen, in denen er ganz für sich ist und **sich selbst eine Aufgabe** stellt. Bei den Fähigkeiten hat er zu Beginn des Schuljahres angegeben „Ich kann gut schlafen!" und beweist das damit, dass er „nach zehn Sekunden" einschläft. Er wisse das daher, dass er gezählt habe (9.).

Insgesamt kann Peter auf eine zuverlässige Erinnerung an viele **Details** bauen.

„... des ham mir mit Wasserfarben gemalt und dann ham sich manche Farben gemischt, hier hab ich rot und Deckweiß ..."(11.24)

Immerhin liegen die vorgestellten Arbeiten mindestens eine bis acht Wochen zurück. Bei der Präsentation musste er bei solchen Bemerkungen nicht lange überlegen, seine Erinnerung war sofort da.

Entsprechend dieses Vermögens hat Peter eine Präsentationsstrategie verfolgt, mit der er ein gelungenes Werk nach dem anderen mit den Aspekten und Betrachtungsebenen vorstellte, die ihm sogleich parat waren.

Seine Vorstellung bot der Lehrerin einen neuen Blick auf Peter und sein Arbeitsverhalten. Hat sie vorher im Unterrichtsalltag oft darunter gelitten, dass Peter vor allem seine Arbeitsplatzordnung nur zeitlich verzögert herstellte, konnte sie diesen Eindruck seines Arbeitstempos durch die Portfoliopräsentation in eine positive Leistungswahrnehmung wenden. Jetzt war ihr klar, dass er in der Zeit, die er mehr als andere brauchte, offensichtlich all die Dimensionen einer Aufgabe wahrnahm, die er dann auch zu präsentieren fähig war.[170]

In diesen Kontext ordnet sich auch die Kategorie der **Störungsfreiheit** ein, die Peter für eine Leistungssteigerung reklamiert (6.7) und als Ursache für aufkommende

---

[170] Laut Gedächtnisprotokoll einer spontanen Äußerung der Lehrerin nach der Portfolio-Präsentation.

Lernunlust angibt (6.5). Er braucht Ruhe, um die vielen geistigen Aktivitäten zu vollziehen, die ihm die detaillierte Orientierung ermöglichen.

Auf dem dargestellten Hintergrund wird die Szene des Einschulungstages transparenter: Welche Vielfalt an Situationen und Neu-Orientierungen Peter an seinem ersten Schultag – mit all der damit verbundenen emotionalen Erregung - durch seine enorme Aufnahmefähigkeit auf allen Ebenen zu bewältigen hatte! Die Zeit, die er für eine adäquate Verarbeitung gebraucht hätte, war wohl im Verhältnis zur Dichte der Ereignisse für ihn zu knapp. Immerhin hat er nach dem „Stress" des ersten Tages zu einer Aufmerksamkeitsform im alltäglichen Unterricht gefunden, die ihm sein Bedürfnis und seine Fähigkeit nach Orientierung zu leben erlaubten.

Mit dem Focus der Leistungstypologie „Ich bin orientiert!" möchte ich noch einmal auf die Schlüsselsituation eingehen, die ich unter der Fallbeschreibung des Abschnitts „Attribuierung von Leistungsemotionen - Schreibfreude" (Teil II Kapitel 2.5.1) ausgeführt habe. Die **Segmentierung seines Kompetenzbewusstseins** rückt durch die Kategorie des Orientiertseins noch in ein anderes Licht. Ich denke, Peter schafft in seiner Wahrnehmung Ordnungsstrukturen. Er ist bestrebt, alles, was er an sich wahrnimmt („Ich kann schon viele Wörter schreiben!") und was ihm in seinen sozialen Bezügen wichtig ist (der gemeinsame Lernstand der Klasse bzw. die Realisierung, was im Unterrichtsgang schon thematisiert wurde) zu sortieren und zu integrieren. Um beides gelten zu lassen, segmentiert er sein Kompetenzbewusstsein: Es gibt das ICH, das schon die besagten Wörter schreiben kann, und es gibt das Ich als Teil des Klassen-WIR, das bestimmte Buchstaben noch nicht kennen kann. Angesichts dieses auf logischer Ebene scheiternden Integrationsversuchs bleibt die Forderung bestehen, einen Unterricht zu gestalten, in dem das ICH und das KLASSEN-WIR-ICH ungeteilt – also in-dividuell(!) – agieren und sich selbst verstehen kann.

2.9.2   Miriam – Leistungshandeln als Träger persönlichkeitsbezogener Botschaften

Zu Beginn verweise ich auf die in der teilnehmenden Beobachtung erhobene Schlüsselformulierung „Ich weiß nicht!". In der ersten Lernbeobachtung entspann sich an ihr ein Dialog, auf den ich im Verlauf der Ausführungen schon mehrfach verwiesen habe. Hier die Szene in ausführlicher Schilderung.

Miriam bearbeitet gerade das Schreibblatt der ersten Lernbeobachtung. Sie wiederholt sehr oft „Ich weiß nicht." Ich spüre zweierlei: Ärger, den ihre jammernd-klagende Intonation in mir auslöst; und dass dieser Satz wohl eine Schlüsselfunktion für sie hat und beschließe, zu intervenieren. Miriam hat inzwischen ein <S> bei Sofa und ein <M> bei Mund geschrieben. Ich frage:

VL'in:	„Du möchtest, dass ich immer sage, ob's stimmt oder nicht?"
Miriam:	*nickt eifrig*
VL'in:	„Es gibt manchmal verschiedene Sachen (gemeint waren Wege), etwas richtig zu machen." Pause. „Und ich möchte, dass du's heute so machst, wie du's für richtig findest. Das fänd' ich toll."
Miriam:	*schreibt sofort <O> bei Mund, dann schaut sie auf und sagt:* „Den nächsten weiß ich nicht. Den nächsten weiß ich nicht."
VL'in:	„Sollen wir da einen Strich machen? Das ist ja auch was gekonnt: Da kommt einer, du weißt nur *noch* nicht, wie er heißt."

Abbildung 8: Lernbeobachtung *Schreiben* "November"
Bei "Mund" und "Badehose" finden sich zwei Platzhalterstriche als Würdigung eines "Noch-Nicht-Wissens", das durch den Dialog als solches in den Blick kommen konnte.

In ihrer Reaktion sehe ich einen Fortschritt: Sie benennt jetzt, was sie nicht weiß, nämlich den nächsten Buchstaben. Ihre Intonation hatte sich geändert: Sie stellt nun eine Frage, auf die ich auf der sachbezogenen Ebene eingehen kann.

Am Ende des Schuljahres findet sich „ihr" Satz immer noch in Miriams aktivem Wortschatz:

> „Weiß nicht, weil ich da am schönsten geschriebenhab'."
>
> (4.1)

Er ist im Gegensatz zum Schuljahresanfang weniger aggressiv, klingt eher wie eine verbliebene Floskel. Und auch hier „besinnt" sie sich und geht vom Nichtwissen in eine inhaltlich positive Antwort über.

Welche persönlichkeitsbezogene Botschaft höre ich in ihrem Satz? Mir scheint, dass Miriam in dieser Äußerung eine enge Verknüpfung von Leistung und Person thematisiert. Es klingt jeweils – und damit greife ich ihre Intonation auf -, als stünde für sie in diesem Moment alles auf dem Spiel: nicht nur der Buchstabe, den sie jetzt noch nicht kennt, sondern sie selbst. Mit diesem Eindruck korrespondiert eine ihrer Antworten bei den Fähigkeitsattribuierungen: "Ich hate das sofortim grif" / "Ich hatte das sofort im Griff" (s. Teil II Kapitel 2.2, Erhebung 6.2). Es geht um alles oder nichts, jetzt oder nie. Ich habe den Eindruck, die zitierten Äußerungen rufen nach einer Zuwendung zur Miriam als Person, nicht zu dem z.B. jetzt gerade noch nicht gekannten Buchstaben.

Diese Deutung wird unterstützt durch die vielen Momente der teilnehmenden Beobachtung, in denen Miriam sich häufig ungefragt vor dem Objektiv meiner Videokamera, die ich aufnahmebereit in der Hand und ab und zu zur Aufnahme auf Kinder gerichtet hielt, präsentierte. Mal hielt sie eine vollendete Arbeit in die Kamera, mal sprang sie hoch und winkte. Meistens wählte sie für diese Präsentationen einen Moment, in dem ich offensichtlich gerade andere Kinder aufnahm. Sie schob sich dazwischen, „intervenierte" und sicherte sich so Aufmerksamkeit. Dabei war es möglich, dass die Kinder mich um konkrete Aufnahmen bitten konnten, wenn sie etwas festgehalten wissen wollten. Diese Möglichkeit nutzte sie nicht. Ich las in ihrem Verhalten die Botschaft: „ICH bin jetzt dran!" Der Inhalt des Präsentierten war dabei beliebig.

In einem Gespräch mit der Mutter, das sich in der Mitte des Schuljahres ergab, teilten wir beide die Beobachtung, dass Miriam oft sehr resignativ wirkte. Ihr sachbezogener

Leistungsstand gab dazu keinen Anlass (s. die im Anhang D 2 dokumentierten Ergebnisse zur Schriftsprachentwicklung).

In der Portfoliopräsentation II zeigte sich an einer Stelle, dass Miriam mit einer sachbezogenen Hilfsanfrage sehr zurückhaltend umging:

Mutter: „Aber warum hast du denn dann nicht gefragt?"

Miriam: „Ich wollte nicht" (11., M34, Miriam 45).

Den Grund behält sie für sich.

Ansonsten überraschte Miriam in der Lernschatzpräsentation mit einem recht sicheren Auftreten gegenüber der Mutter, die sie zur Hauptadressatin ihrer Ausführungen gemacht hatte (anwesend waren noch die Lehrerin und eine ihrer beiden älteren Schwestern). Am Schluss fällt auf, dass sie in ihren Lernaktivitäten personenbezogen agiert. Sie fragt an einer Stelle „Bin ich jetzt fertig?" (K 78). Bis dahin hatte sie sehr selbstständig entschieden, was und wie sie es präsentiert. Die Eindrücke wechseln, insgesamt überwog Miriams Personenbezogenheit. Bereits in der Rückmeldung zur ersten Lernschatzfeier hat sie als „besonders liebe Erinnerung" die bestätigende Rückmeldung durch ihre Mutter erwähnt: „Denke noch einmal an das Lernschatz-Fest: Woran erinnerst du dich besonders gerne?" – Miriam: „Wio meine Mama gesagt hat das ist ser ser schön" (5.1). Die Mutter gibt zum selben Zeitpunkt an, dass sie die Lernschätze ihrer Tochter beeindruckt haben: „Über welche Leistung Ihres Kindes haben Sie besonders staunen können?" – Mutter: „Einfach alles in der Schatzmappe" (5.6). Miriams deutlich artikulierte Angewiesenheit auf die Bestätigung durch Andere erweist sich auch in der allein von ihrer Aussage getragenen Kategorie "negative Fremdrückmeldung" bei der Lernlust (Teil II Kapitel 2.5.2):

"wail mainchmalljemandds der dis nichtgefeld" / "Weil manchmal jemand da ist, dem das nciht gefällt." (6.5)

Sofern meine Deutungen zutreffen, bestätigen sie die Erfahrung, dass ein Mensch persönlich-emotional „gesättigt" sein muss, damit er sich möglichst ungehindert der anstehenden Sache zuwenden kann. Ist dies nicht der Fall, bedarf es unbedingt der Beachtung der persönlichen Botschaften, die z.B. auch im Leistungshandeln transportiert werden können. In diesem Zusammenhang scheint mir die Beobachtung aus dem obigen Dialog wichtig: Miriam ließ sich durch meine Intervention ein Stück mehr auf die Sachebene lenken. Zugegeben, das war eine Momentaufnahme. Für eine nachhaltige Wirkung bedarf es sicherlich konsequenter

Begegnungsversuche der Lehrerin, was im täglichen Unterricht ja möglich ist. Ein solcher Einsatz, der im BUBERSchen Sinn immer wieder "Aktualität" im erzieherischen Verhältnis herstellt (Teil I Kapitel 5.2 (7), lohnt sich. Denn nach HARTMUT VON HENTIG geht es um die Forderung: „Die Menschen stärken, die Sache klären" (VON HENTIG 1993, 231). Schön, wenn Leistungshandeln ein Kind in beiden Bereichen stärken kann.

2.9.3   Richi – ein Leistungstyp der „gefundenen Erfolgsspuren"[171]

In den Schlüsselsituationen zu den Unlust-Kategorien (Teil II Kapitel 2.3) habe ich auf eine Szene unter dem Titel **„Richi und seine Dialoginitiative"** verwiesen. Sie wird hier dargestellt. Richis Dialoginitiative zeigt, wie er exemplarisch die von der Lehrerin beharrlich insistierte Gesprächsstruktur **aktiv** übernommen hat.

Die Situation: Im Laufe der zweiten Schuljahreshälfte hatte die Klasse im Rahmen der Portfolioarbeit folgendes Leistungsrückmelderitual etabliert. Den Kindern wurde im Laufe des Vormittags ein Haltepunkt angeboten, an dem sie eine Arbeit des Tages auswählten, die in ihrer Eigeneinschätzung gelungen war. Sie hatten dann zunächst Zeit, sich diese Arbeit noch einmal selbst anzusehen und sich dessen zu vergewissern, was sie daran für gelungen hielten. Danach war Raum, sich die gewählten Leistungsvorlagen der MitschülerInnen anzuschauen – auf freiwilliger Basis. Dazu gab es verschiedene Formen. An diesem Vormittag wählte die Lehrerin den Modus des „stillen Rundgangs": Die Kinder, die ihre Leistungen auch von Anderen wahrnehmen lassen wollten, legten sie auf ihrem Platz aus. Die Kinder eines Gruppentisches gingen um diesen herum, um die Arbeiten der Anderen anzusehen. Auf ein akustisches Zeichen hin wechselten die Gruppen den Tisch, bis alle überall die Leistungen der Anderen beachtet hatten. Danach gab es Gelegenheit, das beim Rundgang Be-Achtete dem betreffenden Kind mitzuteilen. Dabei legte die Lehrerin Wert auf Kommunikationspatterns: Erstens sollten die Kinder einander ansprechen, also z.B. „Bei Dir, Petra, hat mir gefallen ..." (statt wie oft üblich zur Lehrerin hin zu sagen „Bei der Petra hat mir gefallen); zweitens sollten sie begründen, warum ihnen etwas gefallen hat.

---

[171] Nach der Formulierung von EDELTRAUD RÖBE „Kinder auf die Erfolgsspur setzen" (nach TITZE 2000).

Für Richi ereignete sich Folgendes. Er war zum Erhebungszeitpunkt ein Schüler im unteren Leistungsbereich. Richi hatte an diesem Vormittag ein Schreibblatt ausgelegt. Ein Kind meldete sich und gab ihm Rückmeldung: „Richi, an deinem Schreibblatt hat mir gefallen ..." Die Lehrerin ermunterte das Kind mit der Frage „Warum?" zu einer Begründung, die es dann auch gab. Im Laufe der Wortmeldungen widmete ein zweites und ein drittes Kind Richis Leistungsvorlage seine würdigende Aufmerksamkeit – jeweils mit einer von der Lehrerin durch die Frage „Warum?" initiierten Begründung. Richi wurde schon ganz aufmerksam: Drei Kinder in wenigen Minuten, die ihn sachbezogen lobten. Ein viertes Kind kam dran und wieder wurde Richi angesprochen. Er wuchs förmlich auf seinem Stuhl, strahlte in Richtung Paul, der ihm gerade sagte, was ihm seinem Richis Schreibblatt gefallen habe. Paul endet. Richi wirft einen schnellen Blick zur Lehrerin nach vorne, um sich sofort wieder Paul zuzuwenden und selbst die Frage anzuschließen: „Warum?"

In dieser Situation liegt für mich ein Lernerfolg im Bezug auf den Dialog über gelungene Leistungen, den ich auf die von der Lehrerin beharrlich verfolgte Gesprächsstruktur zurückführe. Richi hat durch die Häufung der ihm zugewandten Rückmeldungen – die natürlich nicht zu planen sind und die ihm einen aufbauenden Vormittag bescherten – wiederholt erlebt, wie der Dialog über seine Leistungen aussehen sollte: Er sollte angesprochen werden und er konnte auf eine Begründung hoffen. Als das vierte Kind die Begründung nicht von sich aus lieferte, ergriff Richi selbst die Initiative und erbat sie. Er hat in dieser Situation gelernt und angewandt, wie er sich eine Rückmeldung erbitten kann. Die in Form von Redepatterns von der Lehrerin eingeforderte Gesprächsstruktur gab ihm die Sicherheit, dass er anfragen und was er anfragen darf. Dabei wirkte natürlich auch die durch das Rückmelderitual geschaffene Atmosphäre: Ich darf über Gelungenes reden. (In manchem Klassenzimmer immer noch eine Revolution, der die Kinder erst trauen lernen müssen.)[172]

Als Selbstaussage könnte Richis Verhalten so lauten: „Setz' mich auf die Erfolgsspur, dann kann ich selbst gehen." Das belegen einschlägig auch andere Situationen. So

---

[172] Leider kann hier kein Transkriptionsprotokoll der per Video dokumentierten Szene geliefert werden, weil das betreffende Videoband bei der Präsentation auf einer Fortbildung verloren ging.

benutzt er bei der Portfoliopräsentation II häufig die Wendung „Mir ist gelungen"[173]. Sie war eine der ersten Gesprächshilfen, die wir im Rahmen der alternativen Rückmeldekultur zu Schuljahresbeginn eingeführt hatten. Die Lernschatzpräsentation fand in den letzten Schulwochen statt. Richi hielt an dieser Form fest. Ein eigener flexibler Umgang damit war zur Untersuchungszeit noch nicht zu beobachten. Er scheint ein Kind zu sein, das eine feste Strukturvorgabe braucht. Ein „Negativbeispiel" macht deutlich, dass er in manchen Lernbereichen eine Fülle von Einzelinformationen zur Verfügung hat, die er mangels durchschaubarer Strukturen nur schwer nutzbar machen kann – s. seine minuziöse graphomotorische Buchstabenbeschreibung beim Strategiewissen im Schriftspracherwerb (Teil II Kapitel 2.6.1 Kategorienleitfaden und Fallbeschreibungen).

Zur Charakterisierung des Umgangs mit Erfolg gehört auch die Beachtung des anderen Pols der Leistungsbandbreite: der Umgang mit Defiziterfahrungen.

Richis diesbezüglicher Selbstkonzeptaspekt drückt sich aus im „Vergessen". Diese Vokabel benutzt er bei der ersten Lernbeobachtung *Lesen* in der 13. Schulwoche („Der vergess' ich immer" - gemeint ist das <d>) ein Mal und bei der Portfoliopräsentation wörtlich oder im übertragenen Sinn sechs Mal (Richi 25, 27, 29, 33, 37, 71). Im Lesegespräch zur ersten Lernbeobachtung Lesen wird nicht ganz deutlich, ob der Buchstabe zur Testzeit schon eingeführt ist. Laut Versuchsleiterin ist er es nicht, Richi widerspricht. Wenn er ihn vom gemeinsamen Unterrichtsgang her kennt, dann noch nicht lange. Sein habitualisierendes „vergess' ich *immer*" macht hellhörig. Er scheint mit dem Vergessens-Konzept in jedem Fall eine Lernfunktion seines Gedächtnisses anzusprechen, eine, die er im landläufigen Verständnis – das unterstelle ich hier – trainieren kann. Also liegt bei dieser Attribuierung der Investitionsfaktor auf seiner Buchungsseite – wohl verbunden mit Schuldgefühlen, wenn er "schon wieder" etwas vergisst. Dieses dominierende Konzept, verbunden mit seinem Maß an Struktureinsicht (s. obiges Beispiel vom Strategiewissen im Schriftspracherwerb), macht es ihm möglicherweise schwer, selbst Lernstrategien zu entwerfen. So antwortet er auf die vergangenheitsbezogene Frage nach einer Strategie im Leistenlernen "Das hätte ich besser gekonnt, wenn ..." mit einer Absichtserklärung im Bereich der Kernkompetenzen:

---

[173] S. Transkriptionsprotokoll im Anhang D 3.5: Richi 9, 16, 24, 46, 52, 66, 70, 76, 83, 95, 96, 97, 99, 105, 109, 116, 119, 120. In der negativen Wendung nur: Richi 3 (hier von der Formulierungsvorgabe der Lehrerin übernommen).

"... ich will deser Lesen" / "Ich will besser lesen" (6.7).[174]

Aus dieser Aussage sprechen für mich Richis Lernwille und seine gleichzeitige Hilflosigkeit. Fast klingen seine Worte wie eine Beteuerung und ein Versprechen. Er will die für ihn wichtigen Menschen nicht enttäuschen.[175] Das bestätigt noch einmal, dass Richi ein Kind ist, das auf die Erfolgsspur gesetzt werden will und muss, damit er sie findet. In der Portfoliopräsentation ist das im Gesprächsverlauf zu beobachten, als die Rede auf die Geschichte von „Kalif Storch" kommt. Nachdem er hier zu etwas ausführlicheren Redeanteilen gelangt, scheint „das Fis gebrochen". Im Folgenden gelingen ihm dann bei Erzählungen über Inhalte (Richi 41, 46, 49, 69) öfter ausführlichere Redebeiträge. Bei Handlungsbeschreibungen ist er detailfreudiger: Bezüglich des Schiffbauvorhabens (Richis 31) kann er benennen, welchen Sinn die Planungsskizze hat. Ich vermute, dass die Handlungsorientierung ihm die kognitive Erkenntnis erleichtert.

Aus meiner teilnehmenden Beobachtung möchte ich ergänzen, dass Richi ein „dankbares" Kind ist, dankbar für Orientierung. Das war auch in der eingangs beschriebenen „Warum?"-Situation deutlich zu beobachten: Sein Gesicht hellte sich in dem Moment auf, als er sich entschied, selbst die Dialoginitiative zu ergreifen. Offensichtlich hat er in diesem Moment bzw. kurz davor verstanden, welches Redemuster gilt. Das ließ ihn auch körperlich „wachsen", indem er sich zur Tat aufrichtete.

Was Peter sich in innerer Eigeninitiative an Strukturen erarbeitet, dafür braucht RIchi Vorgaben. Das bedeutet für den Unterricht, dass er auch im Bereich des kognitiven Meta-Lernens differenziert vorgehen muss.

---

[174] Bei den folgenden beiden diesbezüglichen Fragen (6.8 und 6.9) gibt er keine Antwort.

KAPITEL III: Ergebnisinterpretation

3.1   Zusammenfassung und Kommentierung der Ergebnisse

3.1.1   Grundlegung selbstreflexiven Leistungshandelns im ersten Schuljahr

Die Implementierung selbstreflexiven Leistungshandelns im ersten Schuljahr ist nach unserer Studie grundsätzlich möglich. Schon die jüngsten Schulkinder nahmen die Angebote zur dialogischen Selbstreflexion an. Die quantifizierten Kategorien zeigen, dass der überwiegende Anteil der Kinder – quer durch alle Leistungsniveaus - Antworten gab, die zu Kategorienbildungen führten. Die Sparte „bekundetes Nichtwissen" wurde nur von einem sehr geringen Anteil der Kinder gewählt. Ob die Kategorie „keine Antwort" eine „positive" Wahl bedeutet - denn die Selbstreflexion ist ein freiwilliges Angebot – oder aus Nichtwissen erwachsen ist, konnte nicht in jedem Fall geklärt werden. Möglicherweise ist bei einigen Kindern das autobiografische Gedächtnis (KÖHLER 2001) noch auf dem Weg zu seiner vollen Ausbildung. Dass die Kategorie „keine Antwort" bei dem Fragebogen am Ende des Schuljahres (Nr. 6) und da bei den weiter hinten platzierten Fragen am häufigsten vorkam, lässt sich wohl mit einer gewissen Antwortmüdigkeit angesichts der Länge des Instruments als auch mit der Form begründen. Denn bei dem Fragebogen waren die Kinder – nach der einführenden Besprechung in der Klasse – mit sich, dem Stift und dem Papier alleine. Es bleibt also eine Frage der Eignung von Instrumenten in diesem Schulalter bzw. die Notwendigkeit ihrer stetigen Verbesserung. In den Formen dialogischer Selbstreflexion mit Anderen (Lehrerin, MitschülerInnen, Versuchsleiterin) bestand eher die Möglichkeit, nachzufragen, zu wiederholen, Gedanken weiterzuentwickeln. Grundsätzlich ist vor einer Überstrapazierung der Selbstreflexion zu warnen (WINTERHAGER-SCHMID 2002), die immer in Balance zur Lernproduktion im Sinne eines aktiv schaffenden Lernhandelns stehen muss. Dann kann die metakognitive Ebene zum Merkmal "guten Unterrichts" werden.[176]

Fazit: Vorbehaltlich der Weiterentwicklung, Verfeinerung und Variation geeigneter Instrumente bzw. Unterrichtselemente können wir feststellen: Selbstreflexion als selbst-

---

[175] Vgl. unter Teil I Kapitel 2.2.4 Rauschenbergers Thesen über die Auswirkungen uneingelöster Leistungsanforderungen auf die emotionale Beziehung zwischen Kinder und Eltern.
[176] In Ergänzung verschiedener Kriterien für „guten Unterricht" bei FRANZ E. WEINERT (1998).

vergewissernde und selbst-vergewisserte Lernproduktion ist vom ersten Schultag an möglich und für die Leistungsentwicklung[177] produktiv.

3.1.2 Diversifikation als Ausdruck individualisierten Leistungshandelns

Individualisierung im Leistungshandeln

In der Vielfalt der Kategorien scheint sich die Individualisierung der Kindheit auch im Bereich des leistungsthematischen Handelns widerzuspiegeln[178]: Die Kinder sehen und benennen *ihre* Wahrnehmungen. Sie erweisen sich damit im Sinn der "neuen Kindheitsforschung" (HURRELMANN/BRÜNDEL, 40ff) als Akteure ihrer Lern- und Leistungswelt im Bereich der Leistungsdeutung. Dafür ist natürlich eine offene Fragestellung Voraussetzung, damit sie ihre eigenen Antworten generieren können. Die Diversifikation scheint in verschiedenen Bereichen auf:

- Die Kinder formulieren Antworten auf der **Sach-** sowie auf der **affektiv-emotionalen** und **sozialen Ebene.** Sie haben sozusagen alle "Zielebenen" unterrichtsplanerischen Handelns "im Blick". Hier kommen Lehr- und Lernperspektive - je Invdividuum partiell - zur Kongruenz. In den lern- und leistungsbegleitenden Dialogen lässt sich bei einzelnen Kindern verfolgen, ob sie eine Ebene überhaupt oder zeitweise bevorzugen und wo die Stärken ihres leistungsthematischen Blicks liegen. Ebenso kann die Lehrerin durch weitere Dialogimpulse die bisher nicht beachteten Ebenen des Kindes in das Zentrum der Aufmerksamkeit rücken. Dadurch könnte mehr "Kompetenz" des Kindes in "Performanz" überführt werden. VON SALDERN wendet diese sprachwissenschaftlichen Begriffe auf den Leistungsbereich an (1999, 33-35): "Kompetenz" bezeichnet, was die Schülerin/der Schüler vermuteterweise kann, "Performanz" ist ihre/seine gezeigte Leistung. Leistungsdialoge können helfen, dass eine Verständigung über die "bewertete Leistungsperformanz" (VON

---

[177] "Entwicklung" kann sich im Bezug auf die vorliegende Arbeit nur auf die in Einzelsituationen – z.B. Schlüsselsituation – beobachtete Entwicklungsaspekte beziehen. Ob und wie eine kontinuierliche selbstreflexive Rückmeldekultur das Leistungshandeln langfristig beeinflusst, wäre eine Untersuchung wert.

[178] Die Erfahrung der Vielfalt der kindlichen Nennungen sowie der Gleich-Rangigkeit von schulischen und außerschulischen Leistungen deckt sich mit den Ergebnissen von KLAUS-DIETER LENZEN und FELIX WINTER (1999) in einer vierten Klasse. Auf das „breite Spektrum an Definitions- und Deutungsmöglichkeiten", die die Forschungen aus Kinderperspektive spiegeln, weist auch PETILLON (2002, 14) hin.

SALDERN 1999, 34f) erzielt wird, so dass möglichst wenig von der "potentiellen Leistungsperformanz" verloren geht. Letztere umfasst das gesamte Leistungshandeln einer Schülerin/eines Schülers. Zur Bewertung gelangt aus ihr, was den Filter der schulischen Leistungsrelevanzen und der selektiven Leistungswahrnehmung der Lehrperson durchläuft. Leistungsdialoge können das Filternetz tragfähiger machen, indem auch die Leistungspräferenzen der SchülerInnen, also das, was sie als leistungsrelevant ansehen, mitberücksichtigt werden.[179] Ebenso kann die Einschätzung einer Schülerin/eines Schülers "realistischer" werden, wenn die Kompetenz, die immer eine vermutete ist, angesprochen wird, so dass sie entweder in Performanz überführt wird oder sich als Vermutungsirrtum herausstellt.

- In einigen Bereichen unterscheiden die Kinder **internale** und **externale** Faktoren mit unterschiedlicher Zeitstabilität/-variabilität bzw. verschiedener Möglichkeit individueller Einflussnahme. Hier kann die Lehrerin in Dialogen gemeinsam mit dem Kind mögliche Interventionen bzw. Handlungsmöglichkeiten ausloten. Dabei ist der „Verfestigungsgrad" der Attribuierung zu beachten (s. nächster Punkt).

- Die Kinderantworten bewegen sich auf verschiedenen "**Verfestigungsniveaus**"[180]: von der Werknähe bis hin zu (Teil-)Fähigkeitsselbstkonzepten. Auch hier eröffnen sich für die Lernbegleitung wichtige Perspektiven. Denn je nach Ausprägung der (Teil-)Selbstkonzepte wird die Lernberatung individuell-differenziert zu gestalten sein.

Eigen-"Arten"[181] kindlichen Denkens

Manche Kategorien der Kinderantworten lassen vermuten, dass ihr leistungsthematisches Denken von ihrer kognitiven Entwicklung, ihrem Weltbild-Denken geprägt ist. Die beiden Fähigkeitsattribuierungskategorien „Ich habe, also

---

[179] Damit könnte die Forderung ANDREAS FLITNERS eingelöst werden, das von der Schule anerkannte „Spektrum der Leistungen" zu erweitern (1992, 13). Ebenso wäre in entsprechenden Verhandlungsdialogen Raum für das kooperative Aushandeln der in der zukünftigen Gesellschaft gelten sollenden Werte, wie es HARTMUT TITZE für die heutige Schule voraussieht (2000, 61).

[180] Dieser Begriff spricht die Generalisierungsebene in der Selbstkonzept-Hierarchie an (vgl. unter Teil I Kapitel IV die Ausführungen zum Aufbau der Selbstkonzepte).

[181] „Art" sei hier im deutschen und gleichzeitig englischen Wortsinn (Kunst) zu lesen.

kann ich" und „Ich möchte, also kann ich" scheinen noch sehr dem magischen Denken verhaftet zu sein. Allerdings bedürfte es hier einer Nachfrage an die Kinder: Denken sie, dass sie z.b. Keyboard spielen können, *weil* sie eines besitzen – so als komme mit dem Besitz die Fähigkeit ins Haus? (magisches Denken) Oder ordnen sie ihr jeweiliges Können - und sei es der erste Ton der ersten Unterrichtsstunde – als Leistung ein, die es ja auch ist? Erhellend könnte etwa die ergänzende Frage sein: „Und wenn jemand plötzlich kein Keyboard mehr hat, weil die Eltern es verkauft haben?" Entweder bekämen wir eine Antwort, die noch niemand ahnt; oder das Kind wird an die Grenzen seines bisherigen Denkmusters geführt, indem die vorgestellte neue Realität es in eine Krise führt: Verliert ein Mensch mit dem Verlust des Musikinstruments seine Fähigkeit zu spielen? Das Kind erhielte die Chance, ein neues, der Realität angemesseneres Deutungsschema zu entwickeln. Andererseits weist die Auffassung „Ich habe, also kann ich" stark in die „Werknähe" (s.u. 3.2.3), denn die Fähigkeit, Keyboard spielen zu können, kann jemand nur beweisen, wenn ihm eines zur Verfügung steht!

„Ich möchte, also kann ich" (z.B. „Ich kann gut Kabel verlegen, weil ich Elektriker werden will" – Julius) ist geeignet, die Diskussion des Begriffs „realistische Selbsteinschätzung", die in der Literatur immer wieder als Ziel genannt wird (z.B. SCHOLASTIK 1997, 375) anzuregen. Ist Julius' Fähigkeitsantizipation realistisch? Am sachorientierten Anspruch des Elektrikerberufs gemessen sicher nicht. Dass andererseits der Wille zu einem Ziel Kräfte freisetzen kann, zählt wohl zu den Erfahrungstatsachen. Inwieweit diese dann dem Anspruch des Berufs oder Standes genügen, liegt in der Verfügungsgewalt aufnehmender bzw. einstellender Institutionen, also der Fremdbewertung. ERIKSON ordnet ein solches antizipatorisches Denken entwicklungspsychologisch der Phase "Initiative gegen Schuldgefühle" zu (etwa Vier- und Fünfjährige) (2000, 87FF) zu, indem er aus Kinderperspektive formuliert: "Ich bin, was ich mir zu werden vorstellen kann" (2000, 98).

Exkurs: „werkorientierte" statt „realistischer" Selbsteinschätzung:

Für die Lehrerin ist es elementar, die Ebene zu kennen, auf der das Kind denkt. Denn nur dann kann sie ihre Rückmeldung so gestalten, dass sie an die Perspektive des Kindes anknüpfen kann, um diese im Sinn von Leistungsermöglichung zu bestätigen, zu ergänzen oder zu erweitern. Denn die immer wieder geforderte *realistische*

Selbsteinschätzung des Kindes kann nur in Korrespondenz mit *seiner (momentanen) Realität* gesehen werden. Was ist mit „realistisch" gemeint? In der Literatur legt dieser Begriff einen an der Sachnorm orientierten Realismus nahe.[182] Die Frage stellt sich, wie das Kind die Sachnorm bzw. was es von der Sachnorm auffasst. Schon der Dreischritt von MECHTHILD DEHN

1. „Was kann das Kind schon?"
2. „Was muss es noch lernen?"
3. „Was kann es als nächstes lernen?" (DEHN U.A. 1996, 16),
   von IRIS FÜSSENICH um die Frage ergänzt:
4. "Was will das Kind als nächstes lernen?"[183],

legt nahe, dass ein Kind, dessen Schriftsprachentwicklung sich auf der Kritzelstufe befindet, mit der „Norm-Realität" des orthografisch korrekten Schreibens überfordert wäre. Es hat noch keine Verstehensstrukturen für diese Ebene ausgebildet, könnte also mögliche Hinweise darauf gar nicht in Leistungserfolg umsetzen. *Seine Realität* auszumachen halte ich für ein pädagogisches Gebot, und das ist am besten möglich, indem die Lehrerin auf das Kind „hört". Das bedeutet nicht, die Realität des Kindes zur Norm zu erheben. Es bedeutet, seiner Realität den Rang der Wirklichkeit beizumessen, den sie ohnehin für das Kind hat. Als Analogie diene ein Vergleich aus einem anderen Bereich: Jeder weiß, dass ein englischsprechendes Kind nicht verstehen wird, was jemand in französisch zu ihm spricht. Es werden Dolmetscher gebraucht, die so sprechen, dass die Verständigungsstrukturen des Empfängers berücksichtigt werden. Wenn ein Kind wie Miriam bei vielen Fragen als Erstes denkt „Ich weiß nicht!", hilft es höchstens seinem momentanen Aufgabenbedürfnis, ihm den nächsten Buchstaben oder das Rechenergebnis vorzugeben. Selbstständigere Leistungsstrategien kann es dabei nicht entwickeln. Und als Lehrerin einfach zu behaupten „Doch, das weißt du!" scheint zunächst die Leistungsressourcen anzusprechen[184]. Doch solange sie für das Kind nicht erlebbare Realität geworden sind – wie soll es da sein Können in ein „realistisches Leistungsbild" integrieren?

---

[182] Auch der Bildungs- und Lehrplan Baden-Württemberg spricht im *Erziehungs- und Bildungsauftrag* im Abschnitt *Lernen und Leisten* davon, dass Grundschulkinder „ihre Leistungen noch kaum objektiv einschätzen" könnten (BILDUNGSPLAN FÜR DIE GRUNDSCHULE 1994, 12).
[183] In: Lehr- und Lernprozesse bei der Ausbildung und Entwicklung der Lese- und Schreibfähigkeit in der Primarstufe (2000, 10).
[184] „Kompetenz" als vermutete Fähigkeit (VON SALDERN 1999, 34f).

„Realistisch" scheint mir in der Literatur an die im jeweiligen Kontext gültigen Leistungsbeurteilungskriterien angelehnt zu sein: an den objektiven oder sachorientierten, den sozialen und den individuellen Maßstab – nach geltendem Recht im überwiegenden Teil eines SchülerInnen-Lebens in Noten gefasst. Dass Noten weder objektiv noch reliabel noch valide sind, gilt als nachgewiesen (z.B. VIERLINGER 1999, 40ff, SACHER 2002, 263). Dass der soziale Kontext der Lerngruppe als Bezugsgröße (Bezugsgruppeneffekt) eine Rolle spielt, relativiert bereits einen normorientierten Realismus. Der individuelle und auf Kriterien bezogene Maßstab scheint mir am ehesten einen Realismusbegriff widerzuspiegeln, der der „subjektiven" Wahrnehmung auch von Lerngegenständen gerecht wird: Was ein Individuum von einem bestimmten Lerngegenstand verstanden hat, das zählt zu seiner Realität, mit der es wahrnimmt und umgeht.

„Realistische Selbstwahrnehmung" heißt nach der Feststellung der Diversität in den Kinderantworten: die auf den jeweiligen Lerngegenstand und -aspekt bezogene Realität des Kindes wahrnehmen, indem die Lehrerin gemeinsam mit ihm und anderen (MitschülerInnen) auf konkrete Leistungsvorlagen blickt, die jeweils ein Stück Leistungsrealität bezeugen. An dieser Realität der Vorlagen kann – im Dialog verschiedener Sichtweisen - der Kontakt zwischen Selbstkonzept und Sache geknüpft werden. Ich schlage deshalb vor, von **„werkorientierter Selbsteinschätzung"**[185] zu sprechen. Damit wäre die Bindung einer Selbsteinschätzung an ein konkretes Lernhandeln und Lernprodukt gebunden, so dass persönlichkeitshinderliche Verallgemeinerungen eher vermieden werden könnten.[186] Zweitens würde der Realismusbegriff einer Klärung zugeführt, denn in der Werkbetrachtung können im dialogischen Kontakt zwischen Selbstkonzept und Lernprodukt u.U. verschiedene Realitäten in den Blick kommen: nämlich die der jeweils Beteiligten. Im Werk-Dialog besteht die Chance, dass das Kind (und u.U. auch die Lehrperson) aktiv seine (ihre) Sichtweise überprüft, beibehält, ändert. Je mehr Sichtweisen und „Welten"

---

[185] „Werkorientiert" will das Leistungshandeln nicht allein auf das Lernprodukt beschränken. Dennoch verzichte ich auf eine Begriffserweiterung „werk- und könnensorientierte Selbsteinschätzung". Denn ich möchte mit dem Begriff „werkorientiert" zum Ausdruck bringen, dass das investierte und im Leistungshandeln veräußerte Können sich in einem vorliegenden Werk manifestiert, darin konkret fassbar wird. „Werk" impliziert natürlich das ganze zum Leistungsprodukt führende Leistungshandeln. Dieses Spektrum eröffnen die Kinder in ihren Antworten.
[186] Das ist mit aller Vorsicht und allem Respekt vor der Komplexität der Selbstkonzeptentstehung und ihrer weiteren Prägung gesagt.

miteinander kommunizieren, umso mehr Wirklichkeit kommt zur Geltung – ein Realismus werkorientierter Sichtweisen.

Das Kind als Akteur seiner Leistungsreflexion[187] - geringer Anteil von Fremdbewertung

Der Anteil der rekurrierten Fremdbeurteilungen in den Antworten der Kinder ist sehr gering. Das kann natürlich am Schulalter liegen – die Kinder unseres Samples haben von Anfang an die unterrichtliche Sozialitätsformen einer selbstreflexiven Leitungskultur kennengelernt, so dass Schule nicht von vornherein mit der Erfahrung der einseitigen Beurteilungsrichtung Lehrerin-Kind verbunden war. Andererseits sind Kinder mit sechs Jahren schon stark vom Umgang mit Leistungen in der Familie und im Kindergarten geprägt. Wir konnten die familiale und die im Elementarbereich praktizierte Rückmeldekultur bei den untersuchten Kindern nicht gesondert erheben.[188] Von einer besonderen Ausprägung selbstreflexiver Formen in Familie und Kindergarten ist uns aus Gesprächen mit den LehrerInnen und Eltern nichts bekannt. Auf den Elternabenden, die die Lehrerinnen mit den Projektleiterinnen und -mitarbeiterinnen gemeinsam durchführten, spiegelte sich in einigen Elternbeiträgen die ein und andere Leistungsrückmeldepraxis. Zum Beispiel war es einer Mutter unvorstellbar, dass sie Schreib-"Fehler" im Heft ihres Sohnes stehen lassen sollte, weil diese Fehler möglicherweise einen Lernschritt markieren und ihre "Verbesserung" das Kind in seiner momentanen Schriftsprachentwicklung überfordern würden. Gleichzeitig gab es zwei Väter, die sich sehr positiv über die Leistungsselbstreflexionsangebote für ihre Kinder äußerten. Der eine freute sich auf einem Elternabend "öffentlich", dass seiner Tochter solche Leistungsselbstzuwendungen ermöglicht würden. Ein anderer zeigte sich erfreut, dass er durch die Projektarbeit - namentlich die Portfoliofeier I (Nr. 10) - Möglichkeiten kennengelernt habe, wie er mit seiner Tochter über deren Leistungen ins Gespräch kommen könne. Denn gewöhnlich sei, wenn er abends nach Hause käme, "Schule

---

[187] Dieser Ausdruck ähnelt einem Hendiadyoin, denn wer reflektiert, ist immer der/die Aktive. Ich wähle diese Ausdrucksweise hier, um die Analogie zur Formulierung das „Kind als Akteur seiner Lebenswelt" (WINTERHAGER-SCHMID 2002, 18) bzw. seines Leistungshandelns aufzuzeigen. Denn das Aktiv-Sein im Leistungshandeln, was das Reflektieren einschließt, ist eine Entfaltung der Figur „das aktive handelnde Kind" im Leistungsbereich.
[188] Frau Gertrud Binder hat im Folgeprojekt einen Fragebogen zu diesem Bereich eingesetzt.

schon gelaufen", die Hausaufgaben erledigt und der Ranzen für den nächsten Tag gepackt.

Wenn davon auszugehen ist, dass für (Klein-)Kinder zum Aufbau einer stabilen Persönlichkeit viel Lob gefordert und über Formulierungen wie „gut gemacht", „da hast Du Dich aber angestrengt", „das gefällt mir gut" transportiert wird, sind die Kinder im ersten Schuljahr mit Rückmeldungen Erwachsener natürlich vertraut. Entweder haben sie keine oder wenig positive erhalten, so dass sie bei unseren Fragen nicht auf sie rekurrieren konnten, oder sie haben sie nicht genutzt, weil sie ihre eigenen Antworten zur Geltung brachten. Angesichts der Theorie zur Selbstkonzeptbildung stellt sich die Frage, ob die Kinder in ihren eigenen Antworten nicht doch die erfahrenen Fremdrückmeldungen verarbeitet und als eigene Selbstkonzeptanteile geäußert haben. Sicher spielt bei der eigenen Werkbetrachtung der selbst erfahrene Fremdblick der signifikanten Anderen als Selbstkonzept eine Rolle. Das kann sich darin äußern, überhaupt etwas Positives an der eigenen Leistung sehen zu wollen oder sich auf die Defizite zu stürzen. In dieser Hinsicht haben wir mit unseren konkreten werkbezogenen Fragen natürlich versucht, einen hinderlichen Selbstkonzeptmechanismus zu durchbrechen. Eine "direkte" Reproduktion von Selbstkonzepten wurde zumindest bei den Fragestellungen erschwert, die sich ganz konkret auf das vorliegende Leistungsprodukt bezogen haben und bei denen die Antworten ebenso werkbezogen blieben – das war ein großer Teil. Die Zahl der in der Hierarchie des Selbstkonzeptaufbaus hoch stehenden, sehr verfestigten Selbstkonzeptaspekte blieb gering. Zudem waren viele davon inhaltlich positiv gefärbt „Mein Glaube an mich selbst" (Rolf), „Ich hatte das sofort im Griff" (Miriam), so dass sie dem Leistungshandeln nicht hinderlich gewesen sein dürften.

Könnenssicherung durch metakognitive Selbstvergewisserung oder:

Kinder als kompetente "FachvertreterInnen"[189] ihres jeweiligen Leistungsvermögens

Viele Dialoge über Leistungskriterien entwickelten sich zu kleinen Fachgesprächen. Die Kinder formulierten u.a. sprachwissenschaftliche Einsichten auf ihrem jeweiligen Sprachniveau, z.B. Phonem-Graphem-Analyse oder Durchgliederungsüberblick (s. schriftsprachliches Metawissen unter Gelingens- und Anstrengungskategorien), verschiedene Funktionen von Schrift (s. Lernemotion Schreibfreude) und die vielfältigen Hilfsangebote bei Schreibproblemen (s. Strategiewissen im Schriftspracherwerb).[190] Solche gegenstandsbezogenen Dialoge können Wissen sichern, verfügbar machen, denn die Kinder formulierten, was sie sonst – mehr oder weniger – unbewusst angewandt haben. Es ist bekannt, dass jemand das, was er erklären kann, auch verstanden hat. Insofern impliziert diese diagnostische Situation, in der der metakognitiv repräsentierte Lernstand des Kindes erfasst werden kann, auch eine Lernchance der fachinhaltlichen Sicherung.[191]

Hier gilt es zweierlei zu beachten: Erstens können Kinder nicht immer das, was sie als Einsicht formulieren, auch im Anwendungsfall umsetzen. Zweitens scheint die inhaltliche Differenziertheit der Selbstreflexion zu vorliegenden Lernprodukten mit dem Leistungsniveau zu korrespondieren. Kinder, die z.B. in der Schriftsprachentwicklung schon weit fortgeschritten sind, verfügen über mehr Reflexionskriterien. Wer z.B. schon orthografische Einsichten gewinnen konnte, kann sie zum Gegenstand der Reflexion machen.

An dieser Stelle verweise ich erneut auf die generative Kraft eines Dialogs unter den Mitgliedern einer Lerngemeinschaft, der "gleichgewichtig die Reflexivität der Kinder und die Reflexivität der Professionellen entwickelt" (SCHULZ 1994, 90). In einem solchen

---

[189] Natürlich entspricht der Wissensstand einer Schreibanfängerin/eines Schreibanfängers weder in Umfang noch Form denen einer „Fachvertretung" in Schule oder Hochschule, aus welchen Bereichen dieser Begriff stammt.   Die Kinder präsentierten sich in ihren Dialogbeiträgen wohl als FachvertreterInnen *auf ihrem jeweiligen Niveau*. Ich wähle diesen Begriff, um die Dialogsituation zu qualifizieren: In ihr begegnen Fachleute ihres jeweiligen Niveaus (was inhaltliches Verständnis und sprachliche Ausdrucksfähigkeit betrifft) einander.

[190] Hier erwies sich erneut die interdisziplinäre Verschränkung des Projekts als Vorteil.

[191] Es wird zumindest angenommen, dass „unzureichendes metabegriffliches Wissen ein Hindernis beim Erwerb bereichsspezifischen Wissens ist", genaue Untersuchungen stehen aus. „Von der empirischen Untersuchung [...] verspricht man sich Aufschluss über das Zusammenwirken von bereichsspezifischen und bereichsübergreifenden Veränderungen in der kognitiven Entwicklung. Solche Erkenntnisse könnten darüber hinaus auch für die pädagogische Psychologie von Bedeutung sein, da sie Aufschluss darüber geben können, ob (und wenn ja, in welchem Umfang) die Förderung des allgemeinen metakonzeptuellen

"respektvollen Dialog" (a.a.O., 90) begegnen die Kinder einander und der Lehrerin/dem Lehrer mit ihren unterschiedlichen Lern- und Leistungsvermögen. Wird ihnen die Teilhabe an selbstreflexiven Einsichten gewährt, können sie auf Leistungsaspekte aufmerksam werden, die ihr eigenes Vermögen erweitern. Sie werden in den Gesprächen das hören, wozu ihr Leistungsvermögen sie im nächsten Schritt führen kann. Hier kommt der „Realismus" im kommunikativen Gewand einher. In solchen Gesprächssituationen kann sozusagen eine „natürliche Auslese" dessen stattfinden, was das Kind zu seinem *nächsten* Entwicklungsschritt in dem einen oder anderen Lernbereich braucht. Die Selbststeuerung erfährt Nahrung auf der hierarchischen *und* symmetrischen Kommunikationsebene – eine Lernchance, die in der Heterogenität von Lerngemeinschaften wurzelt.

3.1.3   Werknähe und Können als Reservoir von Erfolgsspuren

Die Auswertungen bieten ein breites Spektrum von werknahen Kategorien. Die Kinder präsentieren sich in ihren diesbezüglichen Antworten nahe bei der Sache, um die es geht, oftmals so nahe, dass ihre Äußerungen eine verbale Wiederholung des Leistungsvollzugs oder ein verbaler Verweis auf diesen darstellen (Kategorien des Leistungsvollzugs/able by doing mit den vielfältigen Unterkategorien). Ein Leistungs*kriterium* scheint darin kaum fassbar. Die Vermutung liegt nahe, dass die Werkbezogenheit der Selbstreflexionsangebote diese Werknähe in den Antwortkategorien ermöglicht hat (s.o. die geringe Anzahl von Teilselbstkonzepten auf hohem „Verfestigungsniveau"). Ich sehe in dieser Werknähe Chancen

(1) für den Aufbau einer Gelingenskultur

(2) für die Integration differenzierter Leistungs-Teil-Selbstkonzepte in das eigene Persönlichkeitsbild

(3) für eine diagnosegestützte Förderung

(4) für die Anbahnung einer Kriterienorientierung

zu (1) Aufbau einer Gelingenskultur

Die Kategorien der Fragen nach gelungenen Leistungen zeigen, dass die Kinder zur Wahrnehmung von Gelungenem und Erreichtem fähig waren. Sie haben die Suche

---

Verständnisses für den Erwerb spezifischer inhaltlicher Kenntnisse von Bedeutung ist" (OERTER/MONTADA 2002, 466 und 468).

nach Gelungenem wie ein Reservoir von Erfolgsspuren genutzt, in dem sie je ihren individuellen Leistungsaspekt gefunden haben.

In den „gängigen" Leistungsrückmeldeformen von Notengebung und verbaler Beurteilung als reine Fremdbewertung sichern sich viele Kinder ihr Bedürfnis nach Erfolgserfahrungen in sog. „Leistungsnischen"[192], wohl unter Vermeidung der misserfolgsbesetzten Leistungsfelder. Das ist verständlich und in selbstwertdienlicher Hinsicht "klug". Als Problem bleibt dabei, dass die Kinder den Leistungsanforderungen in den schullaufbahnrechtlich relevanten Leistungsbereichen nicht ausweichen können (NITTEL 2001, 449). Sie zu verdrängen, wie es HANS RAUSCHENBERGER (1999) beschreibt, führt nur schlimmer in Misserfolgserlebnisse hinein. Für den gelingenden Aufbau des "Werksinns" ist es dagegen erforderlich, "das Gefühl zu haben, auch nützlich zu sein, etwas machen zu können und es sogar gut und vollkmmen zu machen" (ERIKSON 2000, 102).

Eine Leistungsreflexion, die Werknähe ermöglicht, bietet gemäß der vorliegenden Auswertung folgende Chancen:

- Der Leistungsgegenstand und das Leistungshandeln können zum begleiteten Reflexionsgegenstand werden. D.h. im Dialog, der natürlich gehalten sein muss von grundsätzlicher personaler Anerkennung (BUBER), kann das Kind seine Sicht der vorliegenden Leistung artikulieren.

- Die Unausweichlichkeit der Leistung wird durch eine werkbezogene Zuwendung erträglich und ertragreich. Denn Pauschalbeurteilungen, die so vielleicht nicht ausgesprochen, wohl aber beim Kind so ankommen können, werden vermieden, weil immer wieder der Blick auf das Werk zurückgebunden werden kann.

- Die Sicht des Kindes kann dabei zum Ansatzpunkt und zum Leitfaden der Lernbegleitung durch die zielkompetente Fremdsicht der Lehrerin werden.

---

[192] *Leistungsnischen* meinen subjektive Leistungserfahrungsfelder, die sich in einem vielschichtig angelegten Unterricht auftun und – dank der Reduzierung sozialer Vergleichsprozesse - auch schwächeren Kindern ermöglichen, gute Leistungen zu erbringen (WEINERT 1997, 382; HELMKE 1998, 130). Leider erweisen sich die Leistungsnischen für die „veridikale Wahrnehmung des eigenen Leistungsstandes eher abträglich" (WEINERT 1997, 382) (zur Diskussion um die „realistische Selbsteinschätzung" s.o. unter 3.1.2 den Exkurs).

zu (2) Integration differenzierter Leistungs-Teil-Selbstkonzepte in das eigene Persönlichkeitsbild

Bei einer intensiven Werkorientierung steht in der Leistungsreflexion nicht mehr die gesamte Person auf dem Spiel, wie es bei Noten oder formelhaften verbalen Rückmeldungen geschieht. In unserem Sample kamen pauschale leistungshemmende Formulierungen wie „Da hab ich gar nichts zu erzählen" (Torsten) rudimentär vor.[193] Das hängt natürlich auch an den erfragten Leistungsaspekten. Wir nahmen hauptsächlich das Gelungene in den Blick. Auch da waren positive Teil-Fähigkeitsselbstkonzepte auf hohem Verfestigungsniveau selten.

Die Werknähe ermöglichte auch in Bereichen wie der „Anstrengung" eine Sprache, die sachorientiert, bezogen auf die konkrete Leistung war. Natürlich bedeutet die Präsentation einer Leistung immer ein Stück Veräußerlichung, es steht „etwas", „ein Teil" der Person zur Debatte und zur Beurteilung – eben ein Teil, einzelne Fähigkeiten. So kann ein Kind feststellen „Es war anstrengend für mich, nicht alle Buchstaben zu kennen (die man für die vollständige Verschriftung des Wortes kennen muss)." Dabei bleibt die Defizitfeststellung auf das konkrete vorliegende Werk bezogen und entzieht sich einer leistungshemmenden Verallgemeinerung im Persönlichkeitsbild (wie etwa: „Ich kann nicht gut schreiben.")

(3) diagnosegestützte Förderung

Die Detailorientierung ermöglicht auch in Defiziterfahrungen noch eine positive Beachtung des Geleisteten wie zum Beispiel in der Kategorie „scio-me-nescire-Wissen"/„Ich weiß, DASS ich nicht weiß", s. Anstrengungskategorien). Dieses Defizitbewusstsein konnte in der konkreten Leistungssituation, die als Diagnosesituation von mir als Versuchsleiterin begleitet war, als Lernfortschritt vermerkt werden. Es fehlte dann z.B. auf dem Papier an der entsprechenden Wortstelle nicht einfach ein Buchstabe, sondern wir hatten ein Zeichen vereinbart, das deutlich machte: Das Kind weiß, dass hier etwas fehlt, und kann den entsprechenden Laut noch(!) nicht akustisch diskriminieren (s. Lernbeobachtung *Schreiben* 1, Miriam, Tabelle 11). Diese Erkenntnis auf Seiten des rezipierenden Erwachsenen wurde durch das Gespräch mit dem Kind offenbar und konnte so in eine Leistungswürdigung münden. Gleichzeitig blieb dem Kind seine Selbststeuerung erhalten: Ihm wurde seine eigene Zeit gelassen, den nächsten Lernschritt – Isolierung des Lautes – selbsttätig zu tun. In einer kontinuierlichen Lernbegleitung hätte die Lehrerin hier die Aufgabe, Lernangebote zu machen, die diesen Schritt ermöglichen.

(4) die Anbahnung einer Kriterienorientierung

Die Kinder haben bei entsprechenden Fragen ein breites, individualisiertes Spektrum von Leistungskriterien entwickelt. Damit bestätigt sich auch aus Kindersicht eine Dimensionenvielfalt, wie sie z.B. HANS-CHRISTIAN FLOREK (1999) eröffnet hat. Die Klage von ANDREAS FLITNER (1992), das von der Schule anerkannte Leistungsspektrum sei zu schmal, kann durch das Argument einer ausdifferenzierten Kindersicht ergänzt werden. Denn zwischen der Geltung von Leistungskriterien in verschiedenen Dialogformen zwischen Kind–Kindern–Lehrerin–Eltern im unterrichtlichen und schulischen Kontext und der beurteilenden Berücksichtigung dieser Kriterienvielfalt klafft noch ein Graben.

Die Kriterienentfaltung der Kinder in unserer Untersuchung wies – wie schon beschrieben - bestimmte Spezifika auf: von nachvollziehbaren Kriterien bis hin zu einer solchen Werknähe, die kaum als Kriterium zu identifizieren war (z.B. Produkt- und Prozessorientierung bei den Gelingens- und Anstrengungskategorien). Im Sinne der Selbststeuerung des Lern- und Leistungshandelns ist aus der Lehrperspektive eine zunehmende Kriterienorientierung wünschenswert und notwendig, denn in ihr geschieht die Vermittlung zwischen Lehrstoff- bzw. Zielvorgaben und Lernaneignung und -verarbeitung. Die schon im ersten Schuljahr generierte Werknähe bietet dabei einen Ansatzpunkt vertiefter Arbeit, da davon auszugehen ist, dass die Kinder mit ihrem inhaltlichen Lernfortschritt auch immer mehr Reflexionskriterien gewinnen. Denn je mehr jemand von einem Sachverhalt verstanden hat, umso mehr kann er zum Gegenstand der Betrachtung machen.[194] Die Bindung der Selbstreflexion an das vorliegende Lernprodukt verspricht dabei einen an der Sache orientierten Dialog.

---

[193] Wo sie vorkamen, sind sie mit dem absolut nötigen Ernst zu beachten und Möglichkeiten der Erfolgssuche zu gewähren. Auch Diagnosesituationen sehe ich nicht völlig von diesem Anspruch befreit.
[194] Meine Kollegin Gertrud Binder führt die in den vorgestellten Klassen begonnene Arbeit seit zwei Jahren weiter. Die Kinder sind inzwischen im dritten Schuljahr und haben den ersten Lehrerinnenwechsel erlebt. Die Leistungsrückmeldekultur wird durch weiterentwickelte

3.1.4 Selbstreflexive Dialoge als Verständigungsinstrument zwischen Lehr- und Lernebene

Hier sei noch einmal zusammengefasst, was in den bisherigen Ergebnisinterpretationen an verschiedenen Stellen immer wieder angesprochen wurde:

Zu den Aufgaben der Lehrerin gehört die Lernbegleitung und -beratung. Sie steht dabei in „doppelendiger"[195] Dienstverpflichtung: dem Bildungs- und Lehrplan mit seinen erzieherischen und fachlichen Zielen einerseits – und dem Kind mit seinen Voraussetzungen und Lernentwicklungsständen andererseits.[196] Eine der pädagogischen Aufträge der Lehrerin besteht darin, das Kind zu möglichst hoher Zielerreichung zu führen. Auf diesem Weg ist es unerlässlich, das Kind „auf Erfolgsspuren zu setzen" (EDELTRAUD RÖBE nach TITZE 2000).

Viel liegt an der Verständigung zwischen Lehrerin und Kind: Was wählt die Lehrerin aus dem, was es zu einem Lernprodukt alles zu sagen gäbe, aus, um es dem Kind rückzumelden? Die Auswahl muss bestimmt sein vom Diktum der Vermittlung von Könnenserfahrungen UND der Verständnisfähigkeit des Kindes. Weiß jede Erstklässlerin und jeder Erstklässler, was gemeint ist, wenn die Lehrerin sagt: „Dieses WORT hast du richtig geschrieben"? Dieser Kommentar setzt ein Wort-Konzept beim Kind voraus. Oder „Du musst dich mehr anstrengen"? Nach einigen unserer Kinderaussagen können manche Kinder dieser Aufforderung gar nicht nachkommen; die nämlich, die unter „anstrengend" verstanden haben, dass sie nicht alle Buchstaben zur Verschriftung des gefragten Wortes kannten (Graphem-Defizit-Wissen/Scio-quod-nescio-Wissen). In der Diagnosesituation konnten sie mich fragen. Dennoch blieb der Eindruck des Anstrengenden. Voraussetzung für die Erfüllung einer solchen Aufforderung wäre, dass den Kindern Aufgabenstellungen einschließlich notwendiger Lernmaterialien zur Verfügung stehen, die ein selbstständiges Ausgleichen der Wissenslücken ermöglichten, z.B. Anlauttabellen; und natürlich ein Unterricht, der ein freies Arbeiten damit ermöglicht und nicht ausschließlich an einen gemeinsamen Lerngang gebunden ist. Voraussetzung der Verständigung bleibt in jedem Fall, dass die Lehrerin sich ins Bild setzt, auf welche Verstehensgrundlage ihre

---

Formen der Portfolioarbeit und die dazugehörigen Selbstreflexions- und Dialogangebote zunehmend kriterienorientierter.

[195] Nach einem Begriff von FRIEDRICH FRÖBEL, zitiert in SCHWARTZ (1992, 16).

Vorstellungen beim Kind treffen. Dazu sind verständigende Dialoge über Leistung und Leistungsprodukte ein fruchtbarer Weg.

3.1.5   Ein um Kinderperspektiven erweiterter pädagogischer Leistungsbegriff

Unsere Studie bestätigt[197] die Sensibilisierung für die Vielschichtigkeit und Dimensionenvielfalt von Leistung und Leistungssituationen, wie sie HANS-CHRISTIAN FLOREK (1999) in seiner Zusammenschau präsentiert. Die Diversifikation der generierten Kategorien zeigt, dass auch die Kinder vielschichtig und in verschiedenen Dimensionen wahrnehmen und deuten. Allerdings bleibt zu beachten, dass für das einzelne Kind im Bezug auf seine Leistung immer die ein oder andere, manchmal zwei oder drei Dimensionen relevant sind. Das unterscheidet es von der Erwachsenensicht, die systematisch eine Vielzahl von Aspekten in den Blick nehmen kann. Natürlich sind die Kinder in ihrer weiteren Lernbiografie zu systematischeren, kategoriengeleiteten Selbstreflexionen anzuleiten.[198] Dennoch gibt die Aspektwahl des Kindes ein Orientierungskriterium für die Rückmeldung der Lehrerin vor. Denn die Aspektwahl markiert die Verständigungsebene.

Inwieweit selbstreflexive Werkbetrachtung das Kind befähigt, neben der nötigen Bestätigung von außen auch selbst seine Könnenserfahrungen für sich zu verbuchen, haben wir nicht systematisch untersucht. Die auf Videoaufnahmen zu beobachtende Mimik von Kindern, die sich gerade zu der Frage „Was ist dir daran gelungen?" äußern, zeigt ihre positive emotionale Bewegung dabei. Bei den Portfolio-Präsentationen, die ganz im Zeichen des Gelungenen (in Vorauswahl, Vorbereitung der Präsentation und Präsentation) standen, waren die Kinder fähig, von alleine ständig auf das hinzuweisen, was ihnen gelungen ist - vor einer Runde signifikanter anderer Erwachsener und Gleichaltriger. Angesichts des gesellschaftlichen Tabus, das immer noch über dem so betitulierten „Eigenlob" liegt, halte ich das für eine enorme Wertsetzung. Es bleibt zu hoffen, dass eine konsequente Leistungsselbstreflexion, die sich zuerst und betont dem Gelungenen widmet, langfristig die Fähigkeit etabliert, sich und die eigenen Leistungen

---

[196] Die Reihenfolge der Nennung intendiert keine Hierarchie!
[197] wie die oben besprochenen Untersuchungen von WEHR (1992) und LENZEN/WINTER (1999).
[198] Vgl. Fußnote 194.

wohlwollend zu betrachten und erfolgsorientiert zu verbuchen – Hand in Hand mit dem Blick dafür, welches Noch-Defizit als Nächstes in einen Erfolg überführt werden kann; begleitet auch von der Fähigkeit, eigene Grenzen anzuerkennen. Die leitende Vision dabei ist: Erwachsene, die nicht völlig von der Rückmeldung Anderer abhängig sind, sondern ihrem eigenen Urteil trauen.

Die durchgängige Forderung der pädagogischen Leistungsliteratur nach mehr Kindorientierung haben wir in dem Punkt umgesetzt, dass wir Kinder nach ihrer Sicht befragt haben. Inwieweit sie unseren Blick nach meinen Deutungen bereichern kann, habe ich ausgeführt. Dass auch die jüngsten Schulkinder schon ernst zu nehmende Dialogpartnerinnen und -partner in diesem Prozess sind, lege ich jeder Kollegin und jedem Kollegen, zu dessen Aufgabengebiet der Umgang mit Leistung gehört, ans Herz.

3.2   Konsequenzen

Mit den Ergebnissen der vorliegenden Untersuchung spreche ich mich für eine (weitere) Implementierung einer das Leistungshandeln der Kinder stärkenden selbstreflexiven Rückmeldekultur aus. Sie kann der Qualitätssicherung von Unterricht dienen und bedarf dazu spezifischer Qualifikationen auf Seiten der Lehrerinnen und Lehrer.

3.2.1   für die Qualitätssicherung von Unterricht

Kind als Akteur seines Lern- und Leistungshandelns

Schule muss auf die moderne Auffassung vom Kind als „Akteur seiner Lebenswelt" (WINTERHAGER-SCHMID 2002, 18) reagieren, will sie die Kinder ihrer Zeit erreichen. Entsprechend ist das Kind im unterrichtlichen Kontext (zunehmend)[199] als „Akteur seines Lern- und Leistungshandelns" zu beachten und als Gesprächspartner ernst zu

---

[199] Dieser und ähnliche Klammerzusätze wollen beachten, dass viele Lehrerinnen und Lehrer – mehr oder weniger beachtet und anerkannt – in ihrem täglichen Unterricht diese Forderungen bereits umsetzen.

nehmen.[200] Das gilt für das gesamte "Aufgaben"-Feld des Unterrichts. Denn in der Aufgabe konkretisiert sich der pädagogische Leistungsbegriff, in ihr wird dem Kind Leistungs- und Erfolgsspielraum eröffnet - so, dass das Kind diesen Raum in Besitz nehmen und seine Chancen darin ergreifen kann (vgl. RÖBE 2000).

Dialog als Verständigungsinstrument zwischen Lehrenden und Lernenden
Im Dialog über vorliegende Leistungen kommuniziert die Deutung des Kindes, die es auf seinem jeweiligen Lernstand vornimmt, mit der fachlich fortgeschrittenen, „zielkompetenten" Sicht der Lehrerin.[201] Die Lehrerin erfährt, auf welches Verständnis ihre Leistungswahrnehmung beim Kind tritt. Daraus folgt:

- Sie gewinnt diagnostische Einblicke.
- Sie kann ihre Verständigung mit dem Kind an dessen geäußerter Auffassung ausrichten, so dass in einem größeren Maß sicher gestellt ist: Das Kind versteht, wovon sie spricht.
- Die Lehrerin kann die „Zone der nächsten Entwicklung" ausmachen.

Lehrerin als Lernbegleiterin
Die Rolle der Lehrerin gewinnt in einer dialogischen Rückmeldekultur zusätzliche Aspekte der Lernbegleitung, die in vielen Unterrichtsformen längst vertraut sind. Sie wird zur Begleiterin auch des Leistungshandelns – und das ist der ureigene Prozess des Kindes. Ihre (heute noch meist) einseitige Fremdbestimmung des Kindes in der Beurteilung wird sie zu Gunsten eines Verständigungsdialoges aufgeben. Dass das zur

---

200 LUISE WINTERHAGER-SCHMID verweist auf die Forderungen des Zehnten Kinder- und Jugendberichts: „Schule muß nach neuen Wegen suchen, auf die Modernisierungsfolgen zu reagieren. Die gestiegene Erwartung von Kindern an einen selbst verantworteten Lebensstil paßt offenbar immer weniger zu den traditionellen Vorstellungen von der Schülerrolle" (Zehnter Kinder und Jugendbericht 1998, hg. vom Bundesministerium für Familien, Senioren, Frauen und Jugend, 211, in: WINTERHAGER-SCHMID 2002, 22). Entsprechend müsse auch die „Schulkindheit ... als „selbstverantworteter Lebensstil" verstanden werden" (WINTERHAGER-SCHMID 2002, 22 – s. auch ihre Relativierungen zugunsten einer Kindheit, die angewiesen bleibt und der Entwicklung zugestanden werden muss – S. 29/30).
201 Vgl. auch WOLFGANG SCHULZ: „Die Konzeption [subjekthaften Lernens in offenem Unterricht, U.G.) wird in dem Maße zur echten Alternative, in dem sie gleichgewichtig die Reflexivität der Kinder und die Reflexivität der Professionellen entwickelt sowie den respektvollen Dialog beider Ebenen kultiviert, um den Unterricht wie die Gesellschaft offen zu halten" (1994, 90).

Zeit ein Dilemma bleibt, weil die Dialogik in ein rechtlich verbindliches Zeugnis mit Noten mündet, steht außer Frage.[202]

Etablierung einer Gelingenskultur

Der gemeinsame Blick auf die vorliegenden Leistungen sollte von einer „Sammelleidenschaft des Gelungenen" beseelt sein. Hier kann Schule ihre Funktion als gesellschaftsverändernde Kraft wahrnehmen. Denn die „Defizit-Detektor-Kultur"[203] prägt – ganz im Zuge des größten Teils der Medienberichterstattung – auch einen Großteil der schulischen Fehlerkultur. Als Alternative gilt es (weiterhin) eine Gelingens- oder „Ressourcen-Würdigungs-Kultur" zu etablieren: Wahrnehmung von Gelungenem als Erfolg sichert die Leistungsbereitschaft.[204]

Teilhabe durch Lernerfolge

Eine dialogorientierte Rückmeldekultur, die sich an jeweils vorliegenden Lernprodukten orientiert, eröffnet Möglichkeiten für die Ausbildung differenzierter Leistungs-**Teil**-Selbstkonzepte. Deren konkrete inhaltliche Ausprägung bleibt offen für Veränderungen und Ergänzungen bei der nächsten Leistungsreflexion, der ein neues Werk zu Grunde gelegt wird. Die aktuelle Werkbezogenheit sichert die Teilhabe des einzelnen Kindes an Lernerfolgen.

Natürlich wird es auch in einer selbstreflexiven, werkbezogenen Rückmeldekultur Defiziterfahrungen geben. Die Konfrontation mit Enttäuschungen und „Versagen" gehört zu jedem (Schul- und Leistungs-)Leben. Die Schule steht in der Pflicht, diese Erfahrungen nicht noch zu verstärken, sondern erträglich und ertragreich zu gestalten.[205]

---

[202] vgl. VIERLINGER, dem der „letzte" Schritt der Etablierung seiner Portfolioarbeit als Alternative zum herkömmlichen Bewertungssystem behördlich versagt blieb (1999, 39) . In der Fortführung meiner Untersuchung, zur Zeit in Klasse 3, befindet sich dieser Konflikt in der Diskussion zwischen den Lehrerinnen und Projektmitarbeiterinnen. Denn die Lehrerinnen müssen beide „Systeme" integrieren und erleben das persönliche Dilemma, das die verschiedenen Rückmeldekulturen besonders im pädagogischen Bezug auslöst: die Lehrerin als Lernbegleiterin und -beraterin – die Lehrerin als „Richterin" in der Notengebung.

[203] Diesen Begriff habe ich aus der Lektüre eines Artikels in Erinnerung. Die Quelle ist leider nicht mehr nachvollziehbar.

[204] s.o. LICHTENSTEIN-ROTHER: Leistungsbereitschaft setzt Könnenserfahrung voraus.

[205] VIERLINGER schreibt dazu: „Keiner entgeht der ernüchternden Erfahrung, dass er nicht alles erreichen kann, dass andere erfolgreicher sind und dass er sich mit bestimmten Standards begnügen muss. [...] Die Schule müsste keinen zusätzlichen Aufwand treiben, um ihm bzw. der Gesellschaft diese Unterschiede einzubläuen" (1999, 124).

Dem Erziehungsziel *selbstständige und mündige BürgerInnen* verpflichtet

Kinder, die von Anfang an lernen, dass ihre Sicht der Dinge beachtet und für den Lernprozess genutzt wird, erfahren, dass ihre Selbststeuerungskompetenz gefragt ist. Sie lernen eher, ihren eigenen Motiven zu trauen und nicht nur Erfüllungsgehilfen fremdbestimmter Vorgaben zu werden.[206] Das dürfte einen hohen Motivationsgrad sichern und wird zunehmend in der Arbeitswelt als Kompetenz gefordert. Gerade eine leistungsorientierte Schule ist diesem Ziel der mündigen BürgerInnen verpflichtet.

Motivationssicherung

SchülerInnen, die merken, dass ihr Interesse, ihre Sichtweisen und Kompetenzen gefragt sind, zeigen eine höhere Motivation. Im Bezug auf den Schulanfang spreche ich deshalb bewusst von Motivations-*Sicherung*. Denn die Erfahrung ist, dass die SchulanfängerInnen – soweit sie in emotional zuverlässigem Umfeld aufwachsen konnten – mit hoher Lern- und Leistungsbereitschaft in die Schule kommen. Es gilt, dieses Kapital im Unterricht zu erhalten.

3.2.2 für die LehrerInnen-Ausbildung

Leistungsthematisierung

LehramtsstudentInnen müssen Gelegenheit erhalten, im Diskurs der theoretischen und empirischen Arbeiten zur Leistung, der aktuellen Diskussion um Leistungsstandards und der internationalen Leistungsvergleiche einen pädagogischen Leistungsbegriff zu etablieren, der für ihre aktuelle (Praktika) und spätere Unterrichtspraxis handlungsleitend werden kann. Dabei ist besonders auf die Pädagogisierung des leistungsthematischen Handelns zu achten, da Leistungsanforderungen in der Schule unausweichlich sind, bleiben werden und bleiben müssen[207] und sich **in ihnen** eine Erfolg-fördernde und Leistung-ermöglichende Leistungspraxis zeigen muss.

---

[206] Vgl. das Zitat im Eingangskapitel (Teil I, 1.1) von F. BÄCHTOLD: „Lehrerinnen und Schülerinnen bilden eine Leistungspartnerschaft. Wenn wir Heranwachsende zum selbstständigen, lebenslangen Lernen befähigen wollen, müssen wir ihre Fähigkeiten zur Selbstbeurteilung fördern" (auf einem Elterntag im November 2000, in: www.ecole.ch/elterntag.htm vom 15.03.2001).

Schulung der Dialogkompetenz

Um eine selbstreflexive Leistungsthematisierung zu initiieren und als festen Unterrichtsbestandteil zu implementieren, bedarf die Lehrerin der Dialogkompetenz. Mit der Vermittlung von Kommunikationstechniken ist dabei auf die Ausbildung einer Haltung zu achten, die das Kind bis in die einzelnen Formulierungen hinein als Gesprächspartner und kompetenten Vertreter seins Lern- und Leistungshandelns sieht. Eine Lehrerin mit einer solchen Einstellung kann akzeptieren, dass das Kind ein eigenständiges Wesen ist, dessen Sichtweise der Welt für es selbst zunächst einmal zutrifft. Eine solche Haltung zähle ich zu den für den Lehrberuf erforderlichen Persönlichkeitskompetenzen.

Gleichzeitig gilt es, Frage- und Implusfähigkeiten bei den LehrerInnen zu etablieren, mit denen sie Leistungsgespräche auf konkret vorliegende Werke und Leistungsprozesse richten. Dadurch können konkrete und sachbezogene Antworten der Kinder provoziert werden, in denen die Möglichkeit liegt, differenzierte Leistungsselbstkonzepte aufzubauen und immer wieder zu stützen oder - wo nötig - leistungsförderlich zu verändern.

Vertiefung des interdisziplinären Denkens

In jeder unterrichtlichen Anforderungssituation präsentiert sich eine pädagogische Botschaft. Lehramtsstudierende müssen in ihrer schulpraktischen und theoretischen Ausbildung lernen, diese Situationen gleichzeitig vom fachwissenschaftlichen und - didaktischen **sowie** vom erziehungswissenschaftlichen Standpunkt aus zu planen, zu gestalten, zu reflektieren.[208] Dann eröffnen sich den Kindern im pädagogische Setting der jeweiligen Unterrichtssituation Leistungsfelder an ihrem genuinen Ort: in der Vermittlungssituation sachlicher Anforderungen. Gerade die Ausbildung der Grund-, Haupt-, Real- und SonderschullehrerInnen kann hier die Stärke ihres verpflichtenden erziehungswissenschaftlichen Schwerpunkts zum Einsatz bringen.

---

[207] Auch die Kinder erwarten das von der Schule.

3.2.3 für die LehrerInnen-Fortbildung

Hier gilt zunächst das, was für die LehrerInnen-Ausbildung gesagt wurde.

Zusätzlich ist Folgendes zu fordern:

Ein Unterricht, der die Kinder als Akteure ihres Lern- und Leistungshandelns anspricht, muss sich immer wieder der Reflexion stellen, wenn er sich den Kindern seiner jeweiligen Zeit gegenüber als „kindfähig" erweisen will. Denn was die Kinder im Rahmen selbstreflexiv-dialogischer Angebote generieren, lässt sich nicht vorhersagen. Es unterliegt auch den sich immer wieder wandelnden Bedingungen des Aufwachsens. Deshalb ist die Auswertung von kindlicher Wahrnehmungs- und Deutungsarbeit mit dem Ziel einer adäquaten pädagogischen Reaktion stetig in Fluss zu halten.

---

208 Diese ständige Verquickung beider Komponenten ist HILBERT MEYER ein zentrales Anliegen verantworteter Unterrichtsplanung (1999, 257 u. 258).

Verzeichnisse

Abbildungen

Tabellen

ARTELT, CORDULA / DEMMRICH, ANKE / BAUMERT, JÜRGEN (2001):
Selbstreguliertes Lernen, in: Baumert, Jürgen u.a. (Hg.): Deutsches PISA-Konsortium: PISA 2000. Basiskompetenzen von Schülerinnen und Schülern im Internationalen Vergleich, Opladen, Kapitel 6, 271 – 298.

BÄCHTOLD, FREDERIC (2000):
„Wer gegen Noten ist, ist nicht gegen Anstrengung". Rede zum Elterntag im November 2000 an der Ecole d'Humanité, in: www.ecole.ch/elterntag.htm vom 15.03.2001.

BARTNITZKY, HORST / CHRISTIANI, REINHOLD (1987):
Zeugnisschreiben in der Grundschule: Beurteilen mit und ohne Zensuren, Leistungserziehung, Schülerbeobachtung, differenzierte Klassenarbeiten, freie Arbeit, Übergangsgutachten, Elternberatung, vollständig überarbeitete und wesentlich erweiterte Neubearbeitung, Heinsberg.

BARTNITZKY, HORST (1996):
Leistung und Leistungsbeurteilung. Leistung der Kinder? Leistung der Schule?, in: Handbuch Grundschule, Bd. 1, Allgemeine Didaktik: Voraussetzungen und Formen grundlegender Bildung, hg. von Dieter Haarmann, 3., unveränderte Auflage, Weinheim und Basel, 114 – 128.

BARTNITZKY, HORST / PORTMANN, ROSEMARIE(1992):
Leistung in der Schule – Leistung der Kinder, Reihe: Beiträge zur Reform der Grundschule – Sonderband S 53, hg. von Rudolf Schmitt und Renate Valtin, Frankfurt am Main (Arbeitskreis Grundschule – der Grundschulverband e.V.).

BECKER, KAI/GROEBEN, ANNEMARIE VON DER/LENTZEN, KLAUS-DIETER/WINTER, FELIX (HG.) (2002):
Leistung sehen, fördern, werten. Vollständige Dokumentation zur gleichnamigen Tagung, veranstaltet von der Laborschule und dem Oberstufen-Kolleg am 21. – 23.9.2000 in Bielefeld, Bad Heilbrunn / Obb.

BILDUNGSPLAN FÜR DIE GRUNDSCHULE (1994):
Ministerium für Kultus und Sport Baden-Württemberg (Hg.), veröffentlicht im Amtsblatt des Ministeriums vom 21. Februar 1994, Lehrplanheft 1.

BILDUNGSPLAN FÜR DIE HAUPTSCHULE(1994):
Ministerium für Kultus und Sport Baden-Württemberg (Hg.), veröffentlicht im Amtsblatt des Ministeriums vom 21. Februar 1994, Lehrplanheft 2.

BRONFENBRENNER, URIE (1976):
Ökologische Sozialisationsforschung, hg. von Kurt Lüscher (Konzepte der Humanwissenschaften), Stuttgart.

BUBER, MARTIN (1984):
Das dialogische Prinzip: Ich und Du, Zwiesprache, Die Frage an den Einzelnen, Elemente des Zwischenmenschlichen, Zur Geschichte des dialogischen Prinzips, Heidelberg.

BUFF, ALEX (1991):
Schulische Selektion und Selbstkonzeptentwicklung, in: Pekrun, Reinhard / Fend, Helmut (Hg.): Schule und Persönlichkeitsentwicklung. Ein Resümee der Längsschnittforschung, Reihe: Schneewind, Klaus A. / Vaskovics. Laszlo A./ Wurzbacher, Gerhard (Hg.): Der Mensch als soziales und personales Wesen, Band 11, Stuttgart, 100 – 114.

BUSCHBECK, HELENE (1992):
Nachdenken über Leistungserziehung und Leistungsbeurteilung, in: Bartnitzky, Horst / Portmann, Rosemarie: Leistung in der Schule – Leistung der Kinder. Beiträge zur Reform der Grundschule, Sonderband 53, Frankfurt am Main, 128 – 139.

CARR, MARGARET (2002):
Assessment in Early Childhood Settings. Learning Stories, Nachdruck, London u.a.

CHRISTIANI, REINHOLD (1999):
Pädagogische Leistungsbeurteilung als Konsequenz einer kindorientierten Leistungserziehung, in: Preuß, Eckhardt / Itze, Ulrike / Ulonska, Herbert (Hg.): Lernen und Leisten in der Grundschule, Bad Heilbrunn /Obb., 160 – 178.

COHN, RUTH C. (1997):
Von der Psychoanalyse zur themenzentrierten Interaktion. Von der Behandlung einzelner zu einer Pädagogik für alle, 13. erweiterte Auflage, Stuttgart.

COHN, RUTH C. / FARAU, ALFRED (1999):
Gelebte Geschichte der Psychotherapie. Zwei Perspektiven, 2. erweiterte Auflage in der Reihe „Konzepte der Humanwissenschaften", Stuttgart.

COHN, RUTH C. / KLEIN, IRENE (1993):
Großgruppen gestalten mit Themenzentrierter Interaktion. Ein Weg zur lebendigen Balance zwischen Einzelnen, Aufgaben und Gruppe, Reihe: Aspekte Themenzentrierte Interaktion, hg. von Karin Hahn, Marianne Schraut, Klaus Schütz, Christel Wagner, Mainz.

COHN, RUTH C. / TERFURTH, CHRISTINA (HG.)(1997):
Lebendiges Lehren und Lernen. TZI macht Schule, 3. Auflage, Stuttgart.

CRÄMER, CLAUDIA (2000):
„Ni:cht-s? – Ah, nix!" Diagnose und Förderung des sinnverstehenden Lesens, in: Grundschule 7/8 2000, Jahrgang 32, 39 – 49.

DEHN, MECHTHILD (1994A):
Schlüsselszenen zum Schrifterwerb. Arbeitsbuch zum Lese- und Schreibunterricht in der Grundschule, Weinheim und Basel .

DEHN, MECHTHILD (1994B):
Zeit für die Schrift. Lesenlernen und Schreibenkönnen, 4. überarbeitete Auflage, Bochum.

DEHN, MECHTHILD / HÜTTIS-GRAFF, PETRA / KRUSE, NORBERT (HG.)(DEHN U.A. 1996):
Elementare Schriftkultur. Schwierige Lernentwicklung und Unterrichtskonzept, Weinheim und Basel 1996.

DEUTSCHER BILDUNGSRAT (1972):
Empfehlungen der Bildungskommission. Strukturplan für das Bildungswesen, Stuttgart [4]1972, 25 – 37.

DEUTSCHES PISA-KONSORTIUM (HG.) (PISA 2001):
PISA 2000. Basiskompetenzen von Schülerinnen und Schülern im internationalen Vergleich, Opladen.

DIALOG (1991),
in: Philosophielexikon. Personen und Begriffe der abendländischen Philosophie von der Antike bis zur Gegenwart, hg. von Anton Hügli und Paul Lübcke, Reinbek bei Hamburg, 135.

DUNCKER, LUDWIG (2001):
Pädagogische Anthropologie des Kindes, in: Einsiedler, Wolfgang u.a. (Hg.): Handbuch Grundschulpädagogik und Grundschuldidaktik, Bad Heilbrunn, 109 – 114.

EINSIEDLER, WOLFGANG (O.J.):
Entwicklung des Selbstvertrauens und der Selbstkonzepte im Grundschulalter, unveröffentlichtes Manuskript.

ERIKSON, ERIK H. (2000):
Wachstum und Krisen der gesunden Persönlichkeit, in: ders.: Identität und Lebenszyklus. Drei Aufsätze. Übersetzt von Käte Hügel, 18. Auflage, Frankfurt am Main.

FABER, Werner (1967):
Das Dialogische Prinzip Martin BUBERs und das erzieherische Verhältnis, Reihe Beiträge zur Erziehungswissenschaft, hg. von Ernst Lichtenstein, 2. Auflage, Batingen bei Düsseldorf.

FAUST-SIEHL, GABRIELE / SCHWEITZER, FRIEDRICH (1992):
Anstrengung ist alles! – Wie Kinder schulische Leistungen verstehen, in: Bartnitzky, Horst / Portmann, Rosemarie: Leistung in der Schule – Leistung der Kinder. Beiträge zur Reform der Grundschule, Sonderband 53, Frankfurt am Main, 50 – 60.

FEHLKER, MARTHA (2001):
Der gesellschaftliche Hintergrund als „Globe". Notwendige Perspektiven in der Leitung von Gruppen nach der Themenzentrierten Interaktion, in: Hahn, Katrin / Schraut, Marianne / Schütz, Klaus Volker / Wagner, Christel (Hg.): Kompetente LeiterInnen. Beiträge zum Leitungsverständnis nach TZI, Mainz 2001, 29 – 48.

FLITNER, ANDREAS (1985):
Gerechtigkeit als Problem der Schule und als Thema der Bildungsreform, in: Zeitschrift für Pädagogik 21 (1985), Heft 1, 1 – 26.

FLITNER, ANDREAS (1992):
Leistung ist mehr als Schulleistung, in: Bartnitzky, Horst / Portmann, Rosemarie: Leistung in der Schule – Leistung der Kinder. Beiträge zur Reform der Grundschule, Sonderband 53, Frankfurt am Main, 10 – 14.

FLOREK, HANS- CHRISTIAN (1999):
Leistungsbegriff und pädagogische Praxis, Didaktik Band 5, Münster – Hamburg – London.

FLÜGGE, J. (1978):
Vergesellschaftung der Schüler oder „Verfügung über das Unverfügbare", Bad Heilbrunn /Obb., 9 – 23.

FÖLLING-ALBERS, MARIA (1999):
Die Freiheit, mehr zu leisten. Anforderungen im Kinderalltag, in: Schüler 1999. Leistung, mit hg. von Imbke Behnken, Maria Fölling-Albers, Klaus-Jürgen Tillmann, Beate Wischer, Hannover-Seelze, 10 – 14.

FREY, HANS-PETER / HAUßER, KARL (1987):
Entwicklungslinien sozialwissenschaftlicher Identitätsforschung, in: dieselben (Hg.): Identität. Entwicklungen psychologischer und soziologischer Forschung, Reihe: Schneewind, Klaus A. / Vaskovics, Laszlo A. / Wurzbacher, Gerhard: Der Mensch als soziales und personales Wesen, Band 7, Stuttgart, 3 – 26.

FRIEBERTSHÄUSER, BARBARA / PRENGEL, ANNEDORE (HG.) (1997):
Handbuch Qualitative Forschungsmethoden in der Erziehungswissenschaft, Weinheim – München.

GARLICHS, ARIANE / RÖBE, EDELTRAUD (HG.) (2000A):
Leistungen fördern und bewerten. Themendoppelheft der Grundschulzeitschrift 135/136, Hannover-Seelze.

GARLICHS, ARIANE / RÖBE, EDELTRAUD (HG.) (2000B):
Sich über Leistung verständigen. Eine Anregung für Eltern, Lehrerinnen und Lehrer. Begleitheft zur Grundschulzeitschrift 135/136, Hannover-Seelze.

GLASER, BARNEY G. / STRAUSS, ANSELM L. (1998):
Grounded Theory. Strategien qualitativer Forschung. Aus dem Amerikanischen von Axel T. Paul und Stefan Kaufmann, Bern – Göttingen – Toronto – Seattle.

GRIMM-SACHS, UTE (2002):
Eine bessere Unterrichtsqualität mit TZI? Der Ansatz von Themenzentrierter Interaktion und seine Bedeutung für die Schule. Wissenschaftliche Hausarbeit zur Ersten Staatsprüfung für das Lehramt an Grund- und Hauptschulen, eingereicht an der Pädagogischen Hochschule Ludwigsburg im Sommersemester 2002.

HÄCKER, THOMAS (2002):
Der Portfolioansatz – DIe Wiederentdeckung des Lernsubjekts? Rezeption und Entwicklungen im deutschen Sprachraum, in: Die Deutsche Schule, 94. Jahrgang 2002, Heft 2, 204 – 216.

HÄCKER, THOMAS / DUMKE, JÜRGEN / SCHALLIES, MICHAEL (HÄCKER U.A. 2002):
Weiterentwicklung der Lernkultur: Portfolio als Entwicklungsinstrument für selbstbestimmtes Lernen, in: Informationsschrift zur Lehrerbildung, Lehrerfortbildung und pädagogischen Weiterbildung, Band 63, 8 – 18.

HAHN, KARIN / SCHRAUT, MARIANNE / SCHÜTZ, KLAUS VOLKER / WAGNER, CHRISTEL (HG.) (2001):
Kompetente LeiterInnen. Beiträge zum Leitungsverständnis nach TZI, Mainz.

HARTKEMEYER, MARTINA UND JOHANNES, F. / DHORITY, L. FREEMAN (2001):
Miteinander Denken. Das Geheimnis des Dialogs, 3. Auflage, Stuttgart.

HECKHAUSEN, HEINZ (1971):
Förderung der Lernmotivierung und der intellektuellen Tüchtigkeiten, in: Deutscher Bildungsrat: Gutachten und Studien der Bildungskommission, Band IV: Begabung und Lernen, hg. von H. Roth, Stuttgart [7]1971, 193 – 228.

HECKT, DIETLINDE HEDWIG (2000):
Schule kooperativ gestalten. Kommunizieren und Konflikte lösen (Reihe: Profile hg. von Uwe Hameyer), Kronshagen.

HEINZEL, FRIEDERIKE (1997):
Qualitative Interviews mit Kindern, in: Friebertshäuser, Barbara / Prengel, Annedore (Hg.): Handbuch Qualitative Forschungsmethoden in der Erziehungswissenschaft, Weinheim – München, 396 – 413.

HELMKE, ANDREAS (1991):
Entwicklung des Fähigkeitsselbstbildes vom Kindergarten bis zur dritten Klasse, in: Pekrun, Reinhard / Fend, Helmut (Hg.): Schule und Persönlichkeitsentwicklung. Ein Resümee der Längsschnittforschung, Reihe: Schneewind, Klaus A. / Vaskovics. Laszlo A./ Wurzbacher, Gerhard (Hg.): Der Mensch als soziales und personales Wesen, Band 11, Stuttgart, 83 – 99.

HELMKE, ANDREAS (1998):
Vom Optimisten zum Realisten? Zur Entwicklung des Fähigkeitsselbstkonzeptes vom Kindergarten bis zur 6. Klassenstufe, in: Weinert, Franz E. (Hg.): Entwicklung im Kindesalter, Weinheim 1998 (Logik-Studie), 115 - 132.

HENTIG, HARTMUT VON (1993):
Die Schule neu denken. eine Übung in praktischer Vernunft, 5. Auflage, München und Wien.

HORSTER, DETLEF (1996):
Dialog, in: Metzler Philosophielexikon. Begriffe und Definitionen, hg. von Peter Prechtl und Franz-Peter Burkard, Stuttgart – Weimar, 103 – 105.

HURRELMANN, KLAUS / BRÜNDEL, HEIDRUN (2003):
Einführung in die Kindheitsforschung, 2., vollständig überarbeitete Auflage, Weinheim – Basel - Berlin.

INGENKAMP, KARLHEINZ (1976):
Sind Zensuren aus verschiedenen Klassen vergleichbar?, in: Lichtenstein-Rother, Ilse (Hg.) (1976): Schulleistung und Leistungsschule, Klinkhardts Pädagogische Quellentexte, 3., erweiterte Auflage, Bad Heilbrunn/Obb.

JENCKS, CHRISTOPHER U.A.(1973):
Chancengleichheit, deutsch von Jürgen Abel, Reinbek bei Hamburg 1973.

JERSUSALEM, MATTHIAS / SCHWARZER, RALF (1991):
Entwicklung des Selbstkonzepts in verschiedenen Lebensumwelten, in: Pekrun, Reinhard / Fend, Helmut (Hg.): Schule und Persönlichkeitsentwicklung. Ein Resümee der Längsschnittforschung, Reihe: Schneewind, Klaus A. / Vaskovics. Laszlo A./ Wurzbacher, Gerhard (Hg.): Der Mensch als soziales und personales Wesen, Band 11, Stuttgart, 115 - 128.

JERVIS, KATHE (2002):
The Concept of Portfolios – the American Experience, in: Becker, Kai / Groeben, Annemarie von der / Lentzen, Klaus-Dieter / Winter, Felix (Hg.): Leistung sehen, fördern, werten. Vollständige Dokumentation zur gleichnamigen Tagung, veranstaltet von der Laborschule und dem Oberstufen-Kolleg am 21. – 23.9.2000 in Bielefeld, Bad Heilbrunn / Obb. 2002, 280 - 290.

JOPT, UWE-JÖRG (1987):
Schulische Tüchtigkeitserziehung und Identitätsentwicklung – Eine Gratwanderung, in: Frey, Hans-Peter / Haußer, Karl (Hg.): Identität. Entwicklungen psychologischer und soziologischer Forschung, Reihe: Schneewind, Klaus A. / Vaskovics, Laszlo A. / Wurzbacher, Gerhard: Der Mensch als soziales und personales Wesen, Band 7, Stuttgart, 58 – 70.

KEMMLER, LILLY (1967):
Erfolg und Versagen in der Grundschule, Göttingen 1967.

KNÖRZER, WOLFGANG / GRASS, KARL (2000):
Den Anfang der Schulzeit pädagogisch gestalten. Studien- und Arbeitsbuch für den Anfangsunterricht, 5. überarbeitete und völlig neu ausgestattete Auflage, Weinheim und Basel.

KÖHLER, Lotte (2001):
Zur Entstehung des autobiografischen Gedächtnisses, in: Behnken, I. / Zinnecker, J. (Hg.): Kinder – Kindheit – Lebensgeschichte. Ein Handbuch, Seelze-Velber 2001, 65 – 83.

KÖNIG, ECKARD / BENTLER, ANNETTE (1997):
Arbeitsschritte im qualitativen Forschungsprozeß– ein Leitfaden, in: Friebertshäuser, Barbara / Prengel, Annedore (Hg.): Handbuch Qualitative Forschungsmethoden in der Erziehungswissenschaft, Weinheim – München, 88 - 96

KÖNIG, ECKARD / BENTLER, ANNETTE (1997):
Arbeitsschritte im qualitativen Forschungsprozeß – ein Leitfaden, in: Friebertshäuser, Barbara / Prengel, Annedore (Hg.): Handbuch Qualitative Forschungsmethoden in der Erziehungswissenschaft, Weinheim und München, 88 – 96.

KRAPPMANN, LOTHAR (2002):
Untersuchungen zum sozialen Lernen, in: Petillon, Hanns (Hg.): Individuelles und soziales Lernen in der Grundschule – Kinderperspektive und pädagogische Konzepte. Jahrbuch Grundschulforschung, Band 5, Opladen, 89 - 102.

KROEGER, MATTHIAS (1989):
Themenzentrierte Seelsorge. Über die Kombination Klientzentrierter und Themenzentrierter Arbeit nach Carl R. Rogers und Ruth C. Cohn in Theologie und schulischer Gruppenarbeit, vierte Auflage, Stuttgart – Berlin – Köln.

KROEGER, MATTHIAS (1995):
Anthropologische Grundannahmen der Themenzentrierten Interaktion, in: Löhmer, Cornelia / Standhardt, Rüdiger (Hg.): TZI. Pädagogisch-therapeutische Gruppenarbeit nach Ruth C. COHN, 3. Auflage, Stuttgart, 93 – 124.

KRUMMHEUER, GÖTZ / NAUJOK, NATALIE (1999):
Grundlagen und Beispiele Interpretativer Unterrichtsforschung, Reihe: Qualitative Sozialforschung, hg. von R. Bohnsack, Ch. Lüders., J. Reicherts, Band 7, Opladen.

LAMNEK, SIEGFRIED (1993 a):
Qualitative Sozialforschung. Band 1: Methodologie, 2. überarbeitete Auflage Weinheim.

LAMNEK, SIEGFRIED (1993b):
Qualitative Sozialforschung. Band 2: Methoden und Techniken, 2. überarbeitete Auflage Weinheim.

LANGEVELD, MARTINUS J. (1968):
Die Schule als Weg des Kindes. Versuch einer Anthropologie der Schule, 4. Auflage, Braunschweig.

LANG-KÖRSGEN, ROLF (2001):
Veränderungen im TZI-Leitungsverständnis durch gesellschaftspolitische Veränderungen, in: Hahn, Katrin / Schraut, Marianne / Schütz, Klaus Volker / Wagner, Christel (Hg.): Kompetente LeiterInnen. Beiträge zum Leitungsverständnis nach TZI, Mainz 2001, 9 – 28.

LANGMAACK, BARBARA (1996):
Themenzentrierte Interaktion. Einführende Texte rund ums Dreieck. 3. korrigierte Auflage. Weinheim.

LEHR- UND LERNPROZESSE BEI DER AUSBILDUNG UND ENTWICKLUNG DER LESE- UND SCHREIBFÄHIGKEIT IN DER PRIMARSTUFE (2000):
Forschungsantrag des Forschungs- und Nachwuchskollegs der Pädagogischen Hochschulen von Baden-Württemberg (FuN-Kolleg) von Iris Füssenich, Annegret von Wedel-Wolff, Manfred Wespel und Edeltraud Röbe in der Fassung vom 1. Februar 2000.

LEISTUNGEN FÖRDERN UND BEWERTEN (2000):
Die Grundschulzeitschrift, Heft 135-136, Juni/Juli 2000, 14. Jahrgang, Hannover-Seelze.

LENZEN, KLAUS-DIETER / WINTER, FELIX (1999):
Kinder wollen Sinnvolles tun. Was Schülerinnen und Schüler über Leistung denken, in: Schüler 1999. Leistung, mit hg. von Imbke Behnken, Maria Fölling-Albers, Klaus-Jürgen Tillmann, Beate Wischer, Hannover-Seelze 36 – 40.

LICHTENSTEIN, ILSE / RÖBE, EDELTRAUD (2003):
Grundschule – Der pädagogische Raum für Grundlegung der Bildung, 7. überarbeitete Auflage, Weinheim und Basel.

LICHTENSTEIN-ROTHER, ILSE (1964):
Das Problem der Leistung in der Schule, in: Die Deutsche Schule 1964, Heft 9, 469 – 485.

LICHTENSTEIN-ROTHER, ILSE (1987):
Leistungsbeurteilung in der Spannung zum pädagogischen Auftrag der Schule – erörtert am Beispiel ausgewählter Lernbereiche der Grundschule, in: Olechowski, R. / Persy, E. (Hg.): Fördernde Leistungsbeurteilung, Wien- München, 149 – 179.

LICHTENSTEIN-ROTHER, ILSE (HG.) (1976):
Schulleistung und Leistungsschule, Klinkhardts Pädagogische Quellentexte, 3., erweiterte Auflage, Bad Heilbrunn/Obb.

LISSMANN, URBAN (2001):
Die Schule braucht eine neue Pädagogische Diagnostik. Formen, Bedingung und Möglichkeiten der Portfoliobeurteilung, in: Die deutsche Schule, 93. Jahrgang 2001, Heft 4, 486 – 497.

LOGIK (1998):
hg. von WEINERT, FRANZ E.: Entwicklung im Kindesalter, Weinheim.

LÖHMER, CORNELIA / STANDHARDT, RÜDIGER (HG.) (1995):
TZI. Pädagogisch-therapeutische Gruppenarbeit nach Ruth C. COHN, 3. Auflage, Stuttgart.

MARTSCHINKE, SABINE (2001):
Identitätsentwicklung und Selbstkonzept, in: Einsiedler, Wolfgang u.a. (Hg.): Handbuch Grundschulpädagogik und Grundschuldidaktik, Bad Heilbrunn, 229 – 233.

MASER, PETER (1989):
BUBER, in: Metzler Philosophenlexikon. dreihundert biographisch-werkgeschichtliche Porträts von den Vorsokratikern bis zu den Neuen Philosophen, Stuttgart, 130 – 134.

MAYRING, PHILIPP (1999):
Einführung in die qualitative Sozialforschung. Eine Anleitung zu qualitativem Denken, 4. Auflage, Weinheim.

MENGE, HERMANN (1976):
Langenscheidts Taschenwörterbuch der lateinischen und deutschen Sprache, Bearbeitung von Erich Pertsch, Berlin – München – Wien – Zürich, 23. Auflage.

MENZEL, WOLFGANG (1997):
Diktieren und Diktiertes aufschreiben, in: Praxis Deutsch 1997, Heft 142, S. 15 - 26.

MEYER, HILBERT (1999):
Leitfaden zur Unterrichtsvorbereitung, Scriptor Ratgeber Schule, Band 6, Nachdruck der 12. Auflage, Berlin.

MUMMENDEY, HANS DIETER (1990):
Psychologie der Selbstdarstellung. Göttingen – Toronto – Zürich (Verlag für Psychologie Hogrefe), Kapitel 5: Selbst, Selbstkonzepte und Selbstkonzeptforschung, 77 – 101.

MUMMENDEY, HANS DIETER (1995):
Die Fragebogen-Methode. Grundlagen und Anwendung in Persönlichkeits-, Einstellungs- und Selbstkonzeptforschung, 2. korrigierte Auflage, Göttingen – Bern – Toronto – Seattle.

MUNOZ, VIVIANA (2002):
Biographische Einblicke – Wie entstand die Themenzentrierte Interaktion (TZI)?. Hauptseminararbeit im Bereich Erziehungswissenschaft an der Pädagogischen Hochschule Ludwigsburg, Sommersemester 2002.

NITTEL, DIETER (2001):
Kindliches Erleben und heimlicher Lehrplan des Schuleintritts. Über die Aneignung schulischer Sozialitätsformen, in: Behnken, I. / Zinnecker, J. (Hg.): Kinder – Kindheit – Lebensgeschichte. Ein Handbuch, Seelze-Velber 2001, 444 – 457.

OERTER, ROLF / MONTADA, LEO (HG.) (2002):
Entwicklungspsychologie, 5., vollständig überarbeitete Auflage, Weinheim – Basel – Berlin.

ORDNUNG (2003):
Die Grundschulzeitschrift, mithg. von Ariane Garlichs und Edeltraud Röbe, Januar 2003, 17. Jahrgang, Heft 161, Hannover-Seelze.

OSWALD, HANS (1997):
Was heißt qualitativ forschen?, in: Friebertshäuser, Barbara / Prengel, Annedore (Hg.): Handbuch Qualitative Forschungsmethoden in der Erziehungswissenschaft, Weinheim – München, 71 – 87.

OSWALD, HANS / KRAPPMANN, LOTHAR (1991):
Der Beitrag der Gleichaltrigen zur sozialen Entwicklung von Kindern in der Grundschule, in: Pekrun, Reinhard / Fend, Helmut (Hg.): Schule und Persönlichkeitsentwicklung. Ein Resümee der Längsschnittforschung, Reihe: Schneewind, Klaus A. / Vlaskovics, Laszlo A. / Wurzbacher, Gerhard (Hg.): Der Mensch als soziales und personales Wesen, Band 11, Stuttgart, 201 – 216.

PEKRUN, REINHARD (1987):
Die Entwicklung leistungsbezogener Identität bei Schülern, in: Frey, Hans-Peter / Haußer, Karl (Hg.): Identität. Entwicklungen psychologischer und soziologischer Forschung, Reihe: Schneewind, Klaus A. / Vaskovics, Laszlo A. / Wurzbacher, Gerhard: Der Mensch als soziales und personales Wesen, Band 7, Stuttgart, 43 – 57.

PETILLON, HANNS (1991):
Soziale Erfahrungen in der Schulanfangszeit, in: Pekrun, Reinhard / Fend, Helmut (Hg.): Schule und Persönlichkeitsentwicklung. Ein Resümee der Längsschnittforschung, Reihe: Schneewind, Klaus A. / Vaskovics, Laszlo A. / Wurzbacher, Gerhard (Hg.): Der Mensch als soziales und personales Wesen, Band 11, Stuttgart, 183 – 200.

PETILLON, HANNS (2002):
Vorschlag für eine Systematisierung der Inhaltsbereiche grundschulpädagogischer Forschung, in: ders. (Hg.): Individuelles und soziales Lernen in der Grundschule – Kinderperspektive und pädagogische Konzepte. Jahrbuch Grundschulforschung, Band 5, Opladen, 21 – 24.

PISA (2001):
PISA 2000, hg. vom Deutschen Pisa-konsortium, Basiskompetenzen von Schülerinnen und Schülern im internationalen Vergleich, Opladen.

PORTMANN, ROSEMARIE (1992):
Kinder und Leistungen. Einführung, in: Bartnitzky, Horst / Portmann, Rosemarie: Leistung in der Schule – Leistung der Kinder. Beiträge zur Reform der Grundschule, Sonderband 53, Frankfurt am Main, 48 – 49.

PREUSS-LAUSITZ, ULF (2002):
Die kindgerechte Leistungsschule – eine aktuelle Herausforderung für Eltern, Schule und Politik. Vortrag auf einer Tagung der GEW in Zusammenarbeit mit dem Grundschulverband am 16. März 2002 in der Pädagogischen Hochschule Ludwigsburg.

QUALITÄT ENTWICKELN: EVALUIEREN (2001):
Mithg. von Gerold Becker / Cornelia von Ilsemann / Michael Schratz, Friedrich Jahresheft 2001, Hannover-Seelze.

RAUSCHENBERGER, HANS (1999):
Umgang mit Schulzensuren. Funktionen – Entwicklung – Praxis, in: Grünig, B. u.a.: Leistung und Kontrolle. Die Entwicklung von Zensurengebung und Leistungsmessung in der Schule, Erziehung im Wandel, hg. von H. Rauschenberger, Band 4, Weinheim und München, 11 – 99, besonders 12 – 31.

REICHEN, JÜRGEN (2001):
Hannah hat Kino im Kopf. Die Reichen-Methode Lesen durch Schreiben und ihre Hintergründe für LehrerInnen, Studierende und Eltern. Hamburg und Zürich.

REISER, HELMUT / LOTZ, WALTER (1995):
Themenzentrierte Interaktion als Pädagogik, Reihe: Aspekte Themenzentrierte Interaktion, hg. von Karin Hahn, Marianne Schraut, Klaus Schütz, Christel Wagner, Mainz.

RÖBE, EDELTRAUD (1992):
Leistung in der Grundschule. Argumentationslinien von Ilse LICHTENSTEIN-ROTHER, in: Bartnitzky, Horst / Portmann, Rosemarie: Leistung in der Schule – Leistung der Kinder, Reihe: Beiträge zur Reform der Grundschule – Sonderband S 53, hg. von Rudolf Schmitt und Renate Valtin, Frankfurt am Main (Arbeitskreis Grundschule – der Grundschulverband e.V.) 1992, 29 – 45.

RÖBE, EDELTRAUD (1999):
Leistung in der Grundschule – Eine pädagogische Spurensuche. Antrittsvorlesung vom 28. April 1999, Eigendruck.

RÖBE, EDELTRAUD (2000):
Die Aufgabe als Brücke zur Leistung, in: Leistungen fördern und bewerten. Die Grundschulzeitschrift, Heft 135-136, Juni/Juli 2000, 14. Jahrgang, Hannover-Seelze, 12 – 17.

RÖBE, EDELTRAUD (2001):
„Vom gesellschaftlichen Leistungsdruck zur pädagogischen Leistungsoffensive" – Überlegungen aus der Perspektive der Grundschule. Eröffnungsvortrag am 6. Grundschultag, 8. März 2001, Merzig bei Saarbrücken, abgedruckt in: Lehrer und Schule heute. 52 (2001), Heft 9, 250 – 256.

RÖBE, EDELTRAUD (O.J.):
„So sind SchulanfängerInnen (auch)!", in: DIESELBE (HG.): Die Grundschulzeitschrift – Sammelband „Schulanfang", Hannover-Seelze, 6 - 11.

RUBNER, EIKE (2001):
Die Persönlichkeitsstruktur des Leiters. Wie wirkt sie in den verschiedenen Gruppenphasen auf die verschiedenen Persönlichkeitsstrukturen der Teilnehmer und wie reagieren diese?, in: Hahn, Katrin / Schraut, Marianne / Schütz, Klaus Volker / Wagner, Christel (Hg.): Kompetente LeiterInnen. Beiträge zum Leitungsverständnis nach TZI, Mainz 2001, 140 – 177.

SACHER, WERNER (2001):
Leistung und Leistungserziehung, in: Einsiedler, Wolfgang u.a. (Hg.):Handbuch Grundschulpädagogik und Grundschuldidaktik, Bad Heilbrunn, 218 – 229.

SACHER, WERNER (2002):
Die Notengebung ist unzureichend, in: Becker, Kai/Groeben, Annemarie von der/Lentzen, Klaus-Dieter/Winter, Felix (Hg.): Leistung sehen, fördern, werten. Vollständige Dokumentation zur gleichnamigen Tagung, veranstaltet von der Laborschule und dem Oberstufen-Kolleg am 21. – 23.9.2000 in Bielefeld, Bad Heilbrunn / Obb. 2002, 263 – 269.

SALDERN, MATTHIAS VON (1999):
Schulleistung in Diskussion, Hohengehren.

SCHÄFER, GERD E. (2002):
Selbst-Bildung als Verkörperung präreflexiver Erkenntnistheorie, in: Datler, Wilfried / Eggert-Schmitt Noerr, Annelinde / Winterhager-Schmid, Luise (Hg.): Das selbständige Kind. Jahrbuch für Psychoanalytische Pädagogik 12, Gießen 2002, 120 – 150.

SCHMALOHR, EMIL (1997):
Das Erlebnis des Lesens. Grundlagen einer erzählenden Lesepsychologie, Stuttgart.

SCHOLASTIK (1997):
hg. von Weinert, Franz E. / Helmke, Andreas: Entwicklung im Grundschulalter, Weinheim.

SCHRÜNDER-LENZEN, AGI (1997):
Triangulation und idealtypisches Verstehen in der (Re-)Konstruktion subjektiver Theorien, in: Friebertshäuser, Barbara / Prengel, Annedore (Hg.): Handbuch Qualitative Forschungsmethoden in der Erziehungswissenschaft, Weinheim – München, 107 – 117.

SCHÜLER 1999: LEISTUNG (1999):
Mithg. von Imbke Behnken / Maria Fölling-Albers / Klaus-Jürgen Tillmann / Beate Wischer, Hannover-Seelze.

SCHULZ, WOLFGANG (1994):
Offene Fragen beim offenen Unterricht, in: Kasper, Hildegard u.a.: Laßt die Kinder lernen. Offene Lernsituationen (Praxis Pädagogik), Braunschweig, 75 – 90.

SCHWARTZ, ERWIN (1992):
Leistung. Leistungsmessung und Grundschulreform, in: Bartnitzky, Horst / Portmann, Rosemarie: Leistung in der Schule – Leistung der Kinder, Beiträge zur Reform der Grundschule, Sonderband 53, Frankfurt am Main, 15 – 28.

SCHWARZ, JOHANNA (2001):
Die eigenen Stärken veröffentlichen. Portfolios als Lernstrategie und alternative Leistungsbeurteilung, in: Becker, G. / Ilsemann, C. von / Schratz, Michael (Hg.): Qualität entwickeln: evaluieren, Friedrich Jahresheft 2001, Hannover-Seelze 2001, 24 – 27.

SCHWARZER, RALF / JERUSALEM, MATTHIAS (2002):
Das Konzept der Selbstwirksamkeit, in: Zeitschrift für Pädagogik, 44. Beiheft: Selbstwirksamkeit und Motivationsprozesse in Bildungsinstitutionen, hg. von Matthias Jerusalem und Diether Hopf, Weinheim und Basel, 29 – 53.

SENGE, PETER M. (1996):
Die fünfte Disziplin. Kunst und Praxis der lernenden Organisation, Stuttgart.

SINGER, KURT (1998):
Die Würde des Schülers ist antastbar. Vom Alltag in unseren Schulen – und wie wir ihn verändern können, Reinbek bei Hamburg.

TITZE, HARTMUT (2000):
Zensuren in der modernen Gesellschaft. Zur Selbstbeurteilung und Fremdbeurteilung schulischer Leistungsdifferenzen, in: Schlömerkemper, J. (Hg.): Differenzen 6. Beiheft: Die Deutsche Schule. Weinheim, 49 – 62.

TRAUTNER, HANNS MARTIN (1987):
Geschlecht, Sozialisation und Identität, in: Frey, Hans-Peter / Haußer, Karl (Hg.): Identität. Entwicklungen psychologischer und soziologischer Forschung, Reihe: Schneewind, Klaus A. / Vaskovics, Laszlo A. / Wurzbacher, Gerhard: Der Mensch als soziales und personales Wesen, Band 7, Stuttgart, 29 – 42.

VIERLINGER, RUPERT (1999):
Leistung spricht für sich selbst. „Direkte Leistungsvorlage" (Portfolios) statt Ziffernzensuren und Notenfetischismus, Heinsberg.

VIERLINGER, RUPERT (2002):
Das Konzept der „Direkten Leistungsvorlage", in: Becker, Kai / Groeben, Annemarie von der / Lentzen, Klaus-Dieter / Winter, Felix (Hg.): Leistung sehen, fördern, werten. Vollständige Dokumentation zur gleichnamigen Tagung, veranstaltet von der Laborschule und dem Oberstufen-Kolleg am 21. – 23.9.2000 in Bielefeld, Bad Heilbrunn / Obb. 2002, 270 – 279.

VOLLSTÄDT, WITLOF / TILLMANN, KLAUS-JÜRGEN (1999):
Leistung, was ist das? Zwischen Fremdbestimmung und selbst gestellten Anforderungen, in: Schüler 1999: Leistung, mitherausgegeben von Imbke Behnken, Maria Fölling-Albers, Klaus-Jürgen Tillmann, Beate Wischer, Hannover-Seelze, 4 – 8.

WALKER, JAMIE (1995):
Gewaltfreier Umgang mit Konflikten in der Grundschule. Grundlagen und didaktisches Konzept. Spiele und Übungen für die Klassen 1 – 4, Lehrer-Bücherei: Grundschule, hg. von Horst Bartnitzky und Reinhold Christiani, Frankfurt am Main.

WEHR, DAGMAR (1992):
Grundschulkinder schätzen sich und ihre Leistung ein. Selbsteinschätzung der Kinder zur Vorbereitung für Berichts- und Notenzeugnisse, in: Bartnitzky, Horst / Portmann, Rosemarie: Leistung in der Schule – Leistung der Kinder. Beiträge zur Reform der Grundschule, Sonderband 53, Frankfurt am Main, 61 – 78.

WEINERT, FRANZ E. (1998):
Guter Unterricht ist ein Unterricht, in dem mehr gelernt als gelehrt wird, in: Freund, Josef/Gruber, Heinz/Weidinger, Walter (Hg.): Guter Unterricht – Was ist das? Aspekte von Unterrichtsqualität, Wien.

WEINERT, FRANZ E. (2002):
Schulleistungen – Leistungen der Schule oder der Schüler?, in: ders. (Hg.): Leistungsmessungen in Schulen, zweite Auflage, 73 – 86, Weinheim und Basel.

WEINERT, FRANZ E. (HG.) (LOGIK 1998):
Entwicklung im Kindesalter, Weinheim.

WEINERT, FRANZ E. / HELMKE, ANDREAS (HG.) (SCHOLASTIK 1997):
Entwicklung im Grundschulalter, Weinheim.

WENGERT, HANS GERT (1998):
Leistungsbeurteilung in der Schule, in: Bovet, Gislinde / Huwendiek, Volker (Hg.): Leitfaden Schulpraxis. Pädagogik und Psychologie für den Lehrberuf, zweite, erweiterte und bearbeitete Auflage, Berlin, 275 – 303.

WINTER, FELIX (1999):
Eine neue Lernkultur braucht neue Formen der Leistungsbewertung!, in: Böttcher, Wolfgang/ Brosch, Ulrich / Schneider-Petri, Henricke (Hg.): Leistungsbewertung in der Grundschule, Reihe: „Werkstattbuch Grundschule" hg. von Dieter Haarmann, Weinheim und Basel, 68-79.

WINTER, Felix (2002):
Chance für Schüler und Schule. Prüfung mit Portfolios, in: Erziehung & Wissenschaft 2/2002, 22 und 27.

WINTERHAGER-SCHMID, LUISE (2002):
Die Beschleunigung der Kindheit, in: Datler, Wilfried / Eggert-Schmitt Noerr, Annelinde / Winterhager-Schmid, Luise (Hg.): Das selbständige Kind. Jahrbuch für Psychoanalytische Pädagogik 12, Gießen 2002, 15 – 31.

WURZBACHER, GERHARD (1968):
Sozialisation – Enkulturation – Personalisation, in: ders. (Hg. in Gemeinschaft mit Anderen): Der Mensch als soziales und personales Wesen. Beiträge zu Begriff und Theorie der Sozialisation aus der Sicht von Soziologie, Psychologie, Arbeitswissenschaft, Medizin, Pädagogik, Sozialarbeit, Kriminologie, Politologie, 2., unveränderte Auflage, Stuttgart, 1 – 34.

ZULEHNER, PAUL M. (1994):
Ein Obdach der Seele. Geistliche Übungen – nicht nur für fromme Zeitgenossen, Düsseldorf.

A Detaillierte Untersuchungspläne

A 1 Systematisierungskriterium: Chronologie

(Abkürzungen entsprechen der Legende in Abbildung 5: Übersicht
Erhebungs-, Dokumentations- und Auswertungsverfahren)

Erhebungen chronologisch	Erhebungs-zeitraum	Erhebungs-verfahren	Dokumen-tationsart	Auswert-ungsme-thode(n)
1. Schlüsselszenen zum Leistungsselbstkonzept	Schul-woche 1 – 3 kontinuier-lich; ausgwählte Tage während des Schuljahres	teilB	GedP VA	grth
2. reflexive Unterrichtssituationen:				
2.1 „Was ich schon gut kann!"	Schulwoche 3 – 4 (2 Schul-vormittage)	(quEx) LFI / narrInt teilB	SchD F	quan.
2.2 „Was möchte ich als Nächstes können? / Was möchte ich bald können?"	Schulwoche 5 – 6 (2 Schul-vormittage)	(quEx) LFI / narrInt teilB	SchD F	quan.
2.3 „Woher weißt du, dass du das gut kannst?"	Schulwoche 7 (2 Schul-vormittage)	(quEx) LFI / narrInt	VA AA TP	quIA quan.
3. Lernbeobachtung Schreiben 1 (nach M. Dehn) + Leitfadeninterview:	Schulwoche 11 – 13 (6 Schul-vormittage)	(quEx) teilB LFI	SchD VA strP TP	quIA quan.
1. Welches Wort, findest du, ist dir heute am besten gelungen? Was ist dir daran gelungen?				
2. Wo hast du dich anstrengen müssen? Was war anstrengend?				
3. Warst du schon einmal froh, dass du schreiben konntest?				
4. Wenn du selbst Wörter schreibst, welches Bild passt dann zu dir?				
4. Lernbeobachtung Schreiben 2 (nach M. Dehn) + Leitfadeninterview:	Schulwoche 20 und 22 (6 Schulvor-mittage)	(quEx) teilB LFI	SchD VA strP TP	quIA quan.

1. Welches Wort, findest du, ist dir heute am besten gelungen? Was ist dir daran gelungen?				
2. Wo hast du dich anstrengen müssen? Was war anstrengend?				
3. Wann hast du das letzte Mal Freude am Schreiben gehabt?				
4. Was möchtest du als Nächstes lernen?				
5. Portfolio: Präsentation der Schulleistung in der direkten Vorlage (I)	Schulwoche 28 (Freitag Nachmittag)	(quEx) narrInt teilB	GedP F	
6. Fragebogen zur Portfolio-Präsentation an Kinder und Eltern:	Schulwoche 28	LFI	SchD	(quan. quIA)
1. Woran erinnerst du dich besonders gern?				
2. Was hat dir nicht gefallen?				
3. Was haben Sie von der Lernschatzfeier in guter Erinnerung?				
4. Was hat Ihnen weniger gut gefallen?				
5. Über welche Leistungen Ihres/des Kindes haben Sie besonders staunen können?				
7. Lernbeobachtung *Schreiben* 3 (nach M. DEHN) + Leitfadeninterview:	Schulwoche 32 – 33 (6 Schulvormittage)	(quEx) teilB LFI	SchD VA strP TP	quIA quan.
1. Welches Wort, findest du, ist dir heute am besten gelungen? Warum?				
2. Wo hast du dich anstrengen müssen? Warum?				
3. Welchen Tipp würdest du dem Kind geben? (beim Schreiben eines Wortes, das das befragte Kind schon schreiben kann, das „beholfene" Kind noch nicht)				
4. Wenn die Lernschatzmappe erzählen könnte, was würde sie zu dir sagen?				
5. Stell dir vor, das hier wäre ein Quiz, was würdest du denken?				

6. Einschätzung der Vorlese- und Lesefähigkeit eines fremden Kindes im Vergleich mit den entsprechenden eigenen Fähigkeiten				
8. **Portfolio: Präsentation der Schul-leistung in der direkten Vorlage (II)**	Schulwoche 35 – 37 (8 Nach-mittage)	(quEx) narrInt / (LFI) teilB	**VA** TP (selektiv)	**quIA** selektiv
9. **Fragebogen an Eltern**	Schulwoche 35 – 37	LFI	SchD	(quant.)
10. **Fragebogenheftchen an Kinder „Das kann ich schon!"**	Schulwoche 37 - 38	(quEx) LFI	SchD	quIA quan.
1. Was kannst du besonders gut?				
2. Warum kannst du das so gut?				
3. Hast du schon einmal etwas gelernt, von dem du gesagt hast: „Toll, dass ich das kann!"				
4. Wer hat dir dabei geholfen?				
5. Manchmal macht das Lernen keinen Spaß. Warum?				
6. Manchmal kann man etwas plötzlich. Hast du das auch schon einmal erlebt? Schreibe auf!				
7. Sicher hast du auch schon einmal gedacht: Das hätte ich besser gekonnt, wenn ...				
8. Du kannst schon viel. Was möchtest du noch besser können? In der Schule? zu Hause?				
9. Was könnte dir helfen, noch besser zu werden?				
10. Was möchtest du als Nächstes lernen?				
11. Warum ist dir das wichtig?				
12. Dieses Kind macht Hausaufgaben. Wer sagt was? Mama – Papa – Der Freund – Die Freundin – Die Lehrerin – und du?				
13. Wo lernst du besser: in der Schule? zu Hause? Warum?				
14. Welcher Satz ist dir lieber? „Streng dich an!" „Du schaffst es!"				

	Schulwoche 33	LFI	SchD	quIA selektiv
15. Stell dir vor, du schreibst dir selbst ein Zeugnis. Was schreibst du?				
13. Feedback-Fragebogen an LehrerInnen (s. Anhang B 4)				

Tabelle 32: Detaillierter Untersuchungsplan – Systematisierungskriterium: Chronologie

A 2 Systematisierungskriterium: Das Prinzip des Dialogischen

Begründung:

Das Ziel der Arbeit, Leistungsselbstkonzepte von ErstklässlerInnen im Schriftspracherwerb zu erheben, verlangt nach dialogischen Erhebungsmethoden,
a) weil Selbstkonzepte immer nur in ihrer geäußerten Form zu erfassen sind;
b) weil Selbstkonzeptualisierungen durch dialogische Anregungen gut zu initiieren sind;
c) weil ich – wo methodisch möglich – Kongruenz zwischen Inhalt bzw. Ziel der Fragestellung und Methode der Untersuchung angestrebt habe;
d) weil die Arbeit einen Beitrag zur Unterrichtsreform leisten will und deshalb Elemente erprobt hat, die in abgewandelter Form für eine differenzierte(re) Dialogpraxis in Schule und Unterricht nutzbar gemacht werden können;

Systematisierung:
- aktive Dialoge der Kinder („aufgeschnappte", nicht initiierte)
- reaktive Dialoge der Kinder (im engeren [direkte Befragung] und weiteren Sinn [umfassendere Aufgabenstellung]):
- in diagnostischen Situationen
- in reflexiven Unterrichtssituationen („qualitatives Experiment")
  + selbstreflexive Elemente
  + mitschülerInnenbezogene / klassenbezogene Elemente
- in selbstreflexiven Leistungspräsentationen (gleichzeitig selbstreflexive und eltern- sowie lehrerInnenbezogene Elemente)

Prinzip des Dialogischen	Erhebungs-zeitraum	Erhebungs-verfahren	Dokumen-tationsart	Auswert-ungsme-thode(n)
• aktive Dialoge der Kinder				
Schlüsselszenen zum Leistungsselbstkonzept	Schulwoche 1 – 3 kontinuierlich; ausgwählte Tage während des Schul-Jahres	teilB	GedP VA	grth
• reaktive Dialoge der Kinder				
- in diagnostischen Situationen				
„Woher weißt du, dass du das gut kannst?"	Schulwoche 7 (2 Schul-vormittage)	(quEx) LFI / narrInt	VA AA TP	quIA quan.
Lernbeobachtung *Schreiben* 1 (nach M. Dehn) + problemzentriertes Interview:	Schulwoche 11 – 13 (6 Schul-vormittage)	(quEx) teilB LFI	SchD VA strP TP	quIA quan.
1. Welches Wort, findest du, ist dir heute am besten gelungen? Was ist dir daran gelungen?				
2. Wo hast du dich anstrengen müssen? Was war anstrengend?				
3. Warst du schon einmal froh, dass du schreiben konntest?				
4. Wenn du selbst Wörter schreibst, welches Bild passt dann zu dir?				
Lernbeobachtung *Schreiben* 2 (nach M. Dehn) + problemzentriertes Interview:	Schulwoche 20 und 22 (6 Schulvor-mittage)	(quEx) teilB LFI	SchD VA strP TP	quIA quan.
1. Welches Wort, findest du, ist dir heute am besten gelungen? Was ist dir daran gelungen?				
2. Wo hast du dich anstrengen müssen? Was war anstrengend?				
3. Wann hast du das letzte Mal Freude am Schreiben gehabt?				
4. Was möchtest du als Nächstes lernen?				
Lernbeobachtung *Schreiben* 3 (nach M. Dehn) + problemzentriertes Interview:	Schulwoche 32 – 33 (6 Schul-vormittage)	(quEx) teilB LFI	SchD VA strP TP	quIA quan.
1. Welches Wort, findest du, ist dir				

	Schulwoche 28	LFI	SchD	quan. quIA
heute am besten gelungen? Warum?				
2. Wo hast du dich anstrengen müssen? Warum?				
3. Welchen Tipp würdest du dem Kind geben? (beim Schreiben eines Wortes, das das befragte Kind schon schreiben kann, das „beholfene" Kind noch nicht)				
4. Wenn die Lernschatzmappe erzählen könnte, was würde sie zu dir sagen?				
5. Stell dir vor, das hier wäre ein Quiz, was würdest du denken?				
6. Einschätzung der Vorlese- und Lesefähigkeit eines fremden Kindes im Vergleich mit den entsprechenden eigenen Fähigkeiten				
Fragebogen zur Portfolio-Präsentation an Kinder und Eltern:	Schulwoche 28	LFI	SchD	quan. quIA
1. Woran erinnerst du dich besonders gern?				
2. Was hat dir nicht gefallen?				
3. Was haben Sie von der Lernschatzfeier in guter Erinnerung?				
4. Was hat Ihnen weniger gut gefallen?				
5. Über welche Leistungen Ihres/des Kindes haben Sie besonders staunen können?				
Fragebogenheftchen an Kinder: „Das kann ich schon!"	Schulwoche 37 - 38	(quEx) LFI	SchD	quIA quan
1. Was kannst du besonders gut?				
2. Warum kannst du das so gut?				
3. Hast du schon einmal etwas gelernt, von dem du gesagt hast: „Toll, dass ich das kann!"				
4. Wer hat dir dabei geholfen?				
5. Manchmal macht das Lernen keinen Spaß. Warum?				
6. Manchmal kann man etwas plötzlich. Hast du das auch schon einmal erlebt? Schreibe auf!				
7. Sicher hast du auch schon einmal gedacht: Das hätte ich besser gekonnt, wenn ...				

8. Du kannst schon viel. Was möchtest du noch besser können? In der Schule? zu Hause?				
9. Was könnte dir helfen, noch besser zu werden?				
10. Was möchtest du als Nächstes lernen?				
11. Warum ist dir das wichtig?				
12. Dieses Kind macht Hausaufgaben. Wer sagt was? Mama – Papa – Der Freund – Die Freundin – Die Lehrerin – und du?				
13. Wo lernst du besser: in der Schule? zu Hause? Warum?				
14. Welcher Satz ist dir lieber? „Streng dich an!"; „Du schaffst es!"				
15. Stell dir vor, du schreibst dir selbst ein Zeugnis. Was schreibst du?				

- in reflexiven Unterrichtssituationen

+ selbstreflexive Elemente[209]

„Was ich schon gut kann!"	Schulwoche 3 – 4 (2 Schul-vormittage)	(quEx) LFI / narrInt teilB	SchD F	quan.
„Was möchte ich als Nächstes können? / Was möchte ich bald können?"	Schulwoche 5 – 6 (2 Schul-vormittage)	(quEx) LFI / narrInt teilB	SchD F	quan.

+ mitschülerInnenbezogene / klassenbezogene Elemente (symmetrische Kommunikationssituation)

Diese Unterrichtselemente sind nicht systematisch erhoben worden. Sie spielten innerhalb des Gesamtarrangements der „qualitativen Experimente" aber eine wichtige Rolle. Die ein oder andere Situation taucht als Gedächtnisprotokoll aus teilnehmender Beobachtung auf. Ich habe diese Rubrik hier aufgeführt, weil es sich hier um reaktive *Dialoge handelt (in Abhebung zu* aktiven *Dialogen oben).*

+ lehrpersonbezogene Elemente (hierarchische Kommunikationssituation)

„Woher weißt du, dass du das gut	Schulwoche 7	(quEx) LFI /	VA AA	quIA quan.

---

209 Natürlich sind alle Reflexionsangebote, die der späteren Veröffentlichung in einer Kommunikationssituation zugeführt werden, auch zunächst selbstreflexiv. In der hier benutzten Begrifflichkeit meint „selbstreflexiv" Elemente, die hauptsächlich der Selbstvergewisserung dienten, während die weiteren Elemente von vornherein klarer auf eine Kommunikation mit Anderen ausgerichtet waren.

kannst?" Dieses Element wird hier doppelt aufgeführt (s.o. diagnostische Situationen), weil die Erhebungssituation zweifach charakterisiert war: Sie fand innerhalb eines Stationenlaufs statt und wurde von mir als Versuchsleiterin durchgeführt.	(2 Schul-vormittage)	narrInt	TP	
in selbstreflexiven Leistungspräsentationen (selbstreflexive und eltern- sowie lehrerInnenbezogene Elemente)				
Portfolio: Präsentation der Schulleistung in der direkten Vorlage (I)	Schulwoche 28 (Freitag-nachmittag)	(quEx) narrInt teilB	GedP F	
Portfolio: Präsentation der Schul-leistung in der direkten Vorlage (II)	Schulwoche 35 – 37 (8 Nach-mittage)	(quEx) narrInt (LFI) teilB	VA TP (selektiv)	quIA selektiv

Tabelle 33: Detaillierter Untersuchungsplan – Systematisierungskriterium: Prinzip des Dialogischen

B 1   Lernbeobachtungen Schreiben nach M. DEHN (Nr. 2 – 4)

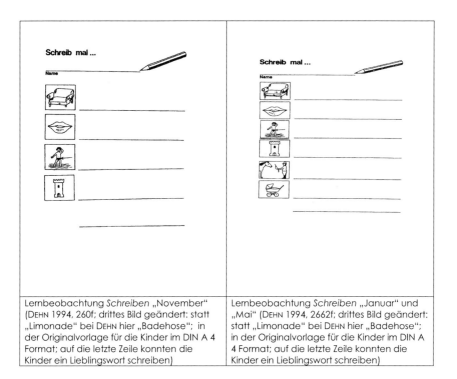

| Lernbeobachtung *Schreiben* „November" (DEHN 1994, 260f; drittes Bild geändert: statt „Limonade" bei DEHN hier „Badehose"; in der Originalvorlage für die Kinder im DIN A 4 Format; auf die letzte Zeile konnten die Kinder ein Lieblingswort schreiben) | Lernbeobachtung *Schreiben* „Januar" und „Mai" (DEHN 1994, 2662f; drittes Bild geändert: statt „Limonade" bei DEHN hier „Badehose"; in der Originalvorlage für die Kinder im DIN A 4 Format; auf die letzte Zeile konnten die Kinder ein Lieblingswort schreiben) |

Abbildung 9: Lernbeobachtungen *Schreiben* M. DEHN

B 2 Lernbeobachtung *Lesen* M. DEHN und Lesediagnoseaufgabe *Tierrätsel* C. CRÄMER

Lies mal ...

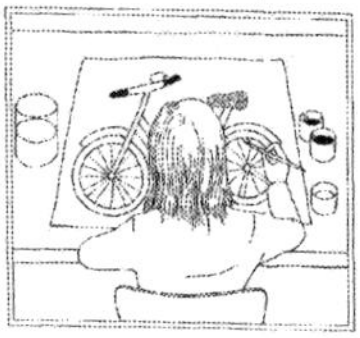

rosa

Rad

Uta malt ein rosa Rad.

Lernbeobachtung *Lesen* „November" (DEHN 1994, 266f; in der Originalvorlage für die Kinder im DIN A 4 Format)

Lies mal ...

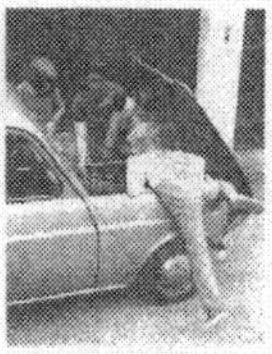

Olaf hat ein altes Auto.

Der Motor ist zu laut.

Lernbeobachtung *Lesen* „Januar" (DEHN 1994, 268f; in der Originalvorlage für die Kinder im DIN A 4 Format)

Tierrätsel:

Rätselkarten:

Das Tier mag Bananen.	Das Tier ist grau. Das Tier hat einen Rüssel.

Tierkarten:

Esel	Adler
Ameise	Ente
Affe	Elefant

Das *Tierrätsel* wurde von CLAUDIA CRÄMER in Anlehnung CRÄMER (2000) gestaltet: Die Rätsel- und Tierkarten lagen foliert vor. Die Kinder legten die von ihnen erkannten richtigen Tierkarten auf die entsprechenden Rätselkarten. Bei richtiger Lösung entstand als Selbstkontrolle ein Giraffenbild (Durchführung in der 34. Schulwoche).

Abbildung 10: Aufgaben zur Lesediagnose

B 3 Figur: „Was ich schon gut kann" (Nr. 7)

Vgl. z.B. unter Anhang D 1.1, D 2.1, D 3.1
(ausgefüllte Figuren der Kinder aus den Fallbeschreibungen)

B 4 Feedback-Fragebogen LehrerInnen (Nr. 14)

 - Gesprächs- und Diskussionsgrundlage für den

26. Juni 2001

Fragen, die Ihre Gedanken ins Rollen bringen könnten:

1. Sie arbeiten seit eineinhalb Jahren im Projekt „Lehr- und Lernprozesse bei der Ausbildung und Entwicklung der Lese- und Schreibfähigkeit" mit. Gibt es etwas, das Sie heute in Ihrem täglichen Unterricht anders machen?

2. In diesen Wochen verfassen Sie die Schulberichte für Ihre Schülerinnen und Schüler. Haben Sie beim Schreiben der Berichte Veränderungen bei sich bemerkt?
(z.B. Wahrnehmung des einzelnen Kindes in seinem Leistungsspektrum im Lesen und Schreiben; neue Aspekte, die Sie vorher nicht beschrieben haben; Vokabular und Formulierungen ...)

3. In unseren gemeinsamen Sitzungen wurden verschiedene Themen angesprochen. In welchem Bereich Ihrer Arbeit fühlen Sie sich jetzt sicherer? Wo bemerken Sie eine Verunsicherung?

4. • In unserer Arbeit kam es uns auch immer wieder auf die Gespräche im Unterricht und mit einzelnen Kindern an. Vielleicht haben Sie Erfahrungen mit den von uns vorgeschlagenen Gesprächsimpulsen gemacht? (Arbeitsaufträge; Leistungsrückmeldungen ...) Wenn ja, welche?

   • Wir Menschen sind auf Bestätigung unserer Leistungen angewiesen. Wie bestätigen Sie die Leistung eines Kindes?
   (z.B. Lob mit Worten; körperliche Nähe; materielle Belohnungen; Stempel; Leistungsbetrachtung der Kinder untereinander ...)

   • Gespräche mit KollegInnen sind oft ein Teil unserer pädagogischen Wahrnehmung und Reflexion. Haben Sie bei sich Veränderungen beim Sprechen über Kinder im LehrerInnen-Zimmer oder in Konferenzen wahrgenommen? Wenn ja, welche?

   • Die Pflege des Elternkontaktes gehört ebenfalls zu Ihren Aufgaben. Haben Sie Anregungen und Ergebnisse unserer Projektarbeit in der Elternarbeit nutzen können? Wenn ja, welche?

5. Wenn Sie ab dem nächsten Schuljahr eine Referendarin ausbilden sollten: Was

müsste sie Ihrer Meinung nach unbedingt für den Unterricht und die Führung eines ersten und zweiten Schuljahres nach ihrer Ausbildung wissen und können?

6. • Unser Projekt wird weitergeführt. Welche Veränderungen schlagen Sie für die Projektarbeit vor (bzgl. der Fortbildungen; der Arbeit in der Schule, der Tests und Diagnosen; ...), damit sich der Gewinn für die Kinder und für Sie und Ihre Arbeit optimieren kann?
   • In welchen Bereichen möchten Sie sich darüber hinaus gerne weiter fortbilden?

7. Hier ist Raum für das, was Sie in den bisherigen Feed-back-Aspekten vermisst haben und was Ihnen noch wichtig ist zu sagen.

Frage für die LehrerInnen, die an den Erhebungen von Teilprojekt 1 (Eingangsdiagnose, Lernbeobachtungen Schreiben und Lesen eins bis drei nach M. Dehn) teilgenommen haben:

Inwiefern konnten Sie die Diagnoseergebnisse nutzen?

✏ Vielleicht haben Sie am Schluss noch Lust auf eine andere Art von Kreativität (die ja zu Ihrem täglichen Kapital beim Unterrichten zählt). Dann freuen wir uns, wenn Sie sich der folgenden Idee widmen:

Heute werden wieder Lehrerinnen und Lehrer gesucht. In den Zeitungen kann man öfter Werbung dafür lesen.
Stellen Sie sich vor, Sie müssten das *Berufsbild LehrerIn* in einen Werbeprospekt anpreisen.
Wie heißt Ihr Werbetext? Oder wie sieht Ihre Werbeskizze aus?

Bitte vermerken Sie auf Ihrem Antwortbogen das Zutreffende:
O Ich habe an den Fortbildungen teilgenommen.
O Ich habe an den Erhebungen von Teilprojekt 1 teilgenommen.
O Ich habe an den Erhebungen von Teilprojekt 3 teilgenommen.

Wir danken Ihnen für Ihre Kooperationsbereitschaft.

In dem „qualitativen Experiment" der Portfolioarbeit haben wir uns an den Ausführungen von VIERLINGER (1999) orientiert. Ein Portfolio, ursprünglich eine Sammelmappe für Aktien, bezeichnet im schulischen Kontext eine Sammelmappe mit Leistungen der SchülerInnen in der direkten Vorlage. Die SchülerInnen wählen selbst aus, mit welchen Arbeiten zu bestimmten Themen oder Inhalten sie sich dort mit ihren Leistungen präsentieren möchten. In unseren Erhebungsklassen hieß das Portfolio „Lernschatzmappe".

Drei Formen von Portfolio-Mappen werden unterschieden (vgl. HÄCKER 2002):

- show-case-Portfolio: Nur Bestleistungen werden gesammelt und präsentiert („Lernschatzmappen"-Variante).
- professional-development-Portfolio: Die eigene Leistungsentwicklung wird dokumentiert.
- classroom-/process-Portfolio: Ganz „schlechte" und ganz „gute" Leistungsdokumente werden präsentiert, um die Veränderung zu zeigen.

Die Arbeit mit den Portfoliomappen kennzeichnet drei Prinzipien:

1. Kommunikation (z.B. über Lernen und Leisten)
2. Transparenz (z.B. Leistungsbeurteilung, Kriterien, Standards)
3. Partizipation (z.B. bei der Steuerung des Lehr-Lern-Prozesses).

Zur Portfolio-Arbeit gehört konstitutiv das Reflektieren.[210]

Die vielfältigen pädagogischen Vorteile der Portfolio-Arbeit als alternatives Beurteilungsinstrument[211] liegen auf der Hand (nach VIERLINGER 1999, 95ff):

- Orientierung an der Individual- und Sachnorm anstatt an der Kollektivnorm, die das Mittelmaß zum Maß erhebt und mit Versagern rechnet.

---

[210] Nach THOMAS HÄCKER auf einem Vortrag im Rahmen einer Rektorinnen-Fortbildung am 20.3.2003 in Dahenfeld. Vgl. auch HÄCKER U.A. (2002, 14): „Portfolioarbeit, wie wir sie verstehen, folgt den Prinzipien: Partizipation, Kommunikation und Transparenz. Die Güte eines Portfolioprozesses bemisst sich daher am Grad der Realisierung dieser drei eng miteinander verbundenen Prinzipien."

[211] Benutzt werden sie auch als (1) Entwicklungsinstrument, (2) Lehr-Lern-Instrument, (3) Forschungsinstrument und (4) (arbeitsmarkt)-politisches Instrument (nach HÄCKER 2002; VIERLINGER legt den Schwerpunkt auf Portfolio als alternatives Beurteilungs- und (arbeitsmarkt-)politisches Instrument.)

- Dienst an einem genesenden Schulklima, weil das Angst produzierende ständige Messen und Vergleichen entfällt.
- Sanierung des „pädagogischen Bezuges", weil die Doppelfunktion der Beratung und Beurteilung eine Betonung zugunsten der Beratung im Sinn einer Leistungspartnerschaft durch Kommentierung von beiden Seiten erfährt.
- Die Hoffnung auf Erfolg wird gestützt durch den „Sog wachsender Kompetenz" gestützt – statt einer gleichbleibend schlechten Note bei gestiegener Leistung.
- Einbeziehung der Lerngemeinschaft statt der vorherrschenden Sozialfigur „Konkurrenz".
- Läuterung des Verhältnisses zwischen Elternhaus und Schule, weil das Kompetenzgerangel um eine „gerechte" Note von der Betrachtung konkreter Leistungen abgelöst wird.
- Sozialisation für eine demokratische Gesellschaft, indem die Mündigkeit geschult wird (eigene Auswahl der Leistungen, mit denen die Schülerin/der Schüler sich präsentieren will) und die Kinder so lernen, den eigenen Motiven zu folgen statt nur von außen an sie herangetragene Erwartungen zu erfüllen (s. Zitat Bächtold 6 und 206).
- Erhaltung der Berechtigungsfunktion, indem die aufnehmenden Institutionen die Qualifikation anhand konkreter Leistungsvorlagen prüfen können.

Im Folgenden stelle ich den Plan der Arbeit mit den „Lernschatzmappen" vor.

Einführung: mit Beginn des zweiten Schulhalbjahres in der ersten Klasse

täglich: **Auswahl:**

Jedes Kind wählt **eine Arbeit des Vormittags**, die ihm in seiner **eigenen Einschätzung** gut **gelungen** ist, aus, **markiert** das Gelungene mit einem roten Klebepunkt (das kann ein Wort oder eine ganze Aufgabe oder eine Seite in einem Arbeitsheft sein) und legt das Blatt in die Lernschatzmappe.

Am Anfang haben die Lehrerinnen die gepunkteten Buchseiten kopiert, um sie in die Mappe legen zu können. Bald führten sie ein **„Buchführungsheft"** ein: Die Kinder klebten ein kleines Heftchen auf die Innenseite der Deckkladde in der Lernschatzmappe. In diesem Heftchen vermerkten sie mit entsprechenden lernbereichsspezifischen Farben (Deutsch rot, Mathematik blau ...) die Seite des Buches, auf der die gelungene Arbeit zu finden ist. Das gewährleistete, dass die Kinder bei einer Präsentation ihre Lernschätze gut wiederfinden konnten.

Präsentation:

In der **täglichen Präsentation** wechselten sich verschiedene „**Kleinformen**" ab: z.B. stilles Rundgehen und Wahrnehmen, was die MitschülerInnen ausgelegt hatten; sich mit dem Nachbarn/der Nachbarin über die Arbeiten austauschen. Immer ging – so die erste Regel - dieser Präsentation die **Zuwendung zur eigenen Arbeit voraus.** Als zweite Regel galt: „**Ich habe das erste Wort zu meiner Arbeit.**" Die Kinder konnten also selbst äußern, was ihnen an ihrer Arbeit gut gelungen sei. Danach wurde oft das **Gespräch** eröffnet, in dem die Kinder einander mitteilen konnten, was sie bei dem Werk des/der Anderen gut gelungen fanden (s. dazu die Schlüsselsituation bei *Kategorien gelungener Leistung*, Richi). Die dritte wichtige Regel war: Die Präsentation ist **freiwillig.**

wöchentlich: Im **Freitagskreis** zum Wochen-Ende stellten zwei bis drei Kinder eines ihrer in der Woche ausgewählten Werke der **gesamten Klasse** vor. Die anderen SchülerInnen konnten dann ebenfalls ihre **positiven Rückmeldungen** geben bzw. Fragen stellen.

ausgewählte
Zeitpunkte: An zwei ausgewählten Zeitpunkten veranstalteten wir „**Lernschatzfeiern**".

Portfoliofeier I: Die erste fand nach drei Monaten Portfolioarbeit an einem Freitagnachmittag statt. Sie war als Fest mit Rahmenprogramm organisiert. Kern des Festes war die Versammlung aller Kinder mit zwei Gästen, die sie selbst eingeladen hatten (meistens die Eltern, auch Geschwister, vereinzelt Großeltern)[212], in der Aula der Schule. Dort führte jedes Kind seine Gäste an einen von ihm

---

[212] Es war sicher gestellt, dass alle Kinder Gäste eingeladen hatten, die auch kommen konnten. Ein Kind hatte sich mit seinen Eltern wegen einer Trauerfeier entschuldigt.

selbst vorbereiteten und geschmückten Einzeltisch. Für ca. fünfzehn Minuten öffneten die Kinder dann im vertrauten Kreis die Mappen und präsentierten ihre Arbeiten. Folgende Stimmungen und Wirkungen stellten wir fest:

<u>Vorbereitung und Ortswahl</u>:

- Die Kinder kamen in der Gewissheit zu der Feier, dass in ihren Mappen das in ihren Augen Gelungene lag, das sie selbst zur Präsentation ausgewählt hatten – und nur das (Ermöglichung von Könnenserfahrungen).
- Der Ort der Feier war die Aula, in der auch die Einschulung und sonstige Jahreskreisfeiern stattfinden. Leistung kam an diesem mit bestimmten Feier-Ritualen verbundenen Ort zum Zuge.

Abbildung 11: Die Kinder betreten mit ihren „Lernschätzen" den von ihnen selbst in Zusammenarbeit mit älteren SchülerInnen vorbereiteten Raum der ersten Lernschatzfeier.

<u>Neue Balance im Dreieck *Kinder – Eltern – Schule*</u>:

- Die Kinder hatten das Wort (entgegen der häufig ausschließlichen Praxis, dass Eltern und Lehrerin ohne das Kind über das Kind und seine Leistungen, die auch in den Gesprächen häufig in den Ordnern abgeheftet bleiben, reden).
- Die Kinder hatten *am Ort ihres täglichen Lernens* das Wort („Heimvorteil").
- Ein Vater gab spontan folgende Rückmeldung: Er habe bei dieser Feier gelernt, wie er mit seiner Tochter abends über Schule und die Leistungen des Kindes sprechen könne. Denn wenn er nach der Arbeit nach Hause komme,

sei der „heutige" Schultag schon abgeschlossen und der Schulranzen gewöhnlich schon für den nächsten Tag gepackt.

Abbildung 12: Die Kinder hatten das Wort zu den von ihnen selbst als gelungen ausgewählten Leistungen. Sie wandten sich gemeinsam mit ihren Eltern, Geschwistern und Großeltern den vorliegenden Leistungen direkt zu. So kamen Eltern auf neue Weise mit den Leistungen ihrer Kinder in Kontakt.

<u>Atmosphärisches</u>:

- Der Raum war während der Präsentation von 40 Kindern mit ihren je zwei Gästen erfüllt von einer Atmosphäre des Wohlwollens und des „geneigten" Interesses (ganz wörtlich zu verstehen: Die Eltern neigten sich mit ihren Kindern über deren Leistungsvorlagen und steckten häufig darüber „die Köpfe zusammen").

- Es herrschte ein „Baden in der Fülle", denn es wurde an 40 Tischen nur über Gelungenes gesprochen.

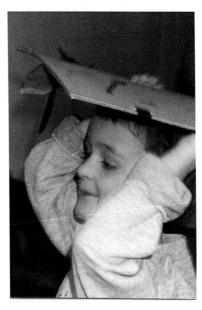

Abbildung 13: Ein Kind beim Verlassen des Raumes nach der ersten Lernschatzfeier. Erleichterung ...

<u>Leistungsstolz der Eltern</u>:

- Ein Vater trug beim Verlassen des Raumes die Mappe seiner Tochter auf den Händen, er balancierte sie regelrecht, und bemerkte mit einem Blinzeln: „Ganz schön schwer!"

- Zwei Väter konnten beobachtet werden, wie sie noch lange Zeit mit den Mappen ihrer Kinder unter dem Arm auf dem Flur standen und sich unterhielten.

Abbildung 14: Zwei Väter nach der Leistungsfeier im Gespräch – die Lernschatzmappen ihrer Kinder in der Hand.

Eine Annäherungsgeschichte:

Die abgebildete Szenenfolge ereignete sich während der ersten Lernschatzfeier, wurde zufällig beobachtet und konnte per Foto dokumentiert werden. Im Abbildungstext meine Deutung dazu.

Abbildung 15: Gustavios im Gespräch mit seinem Vater. Auf den ersten beiden Bildern, in zeitlicher Reihenfolge des Ereignisses abgedruckt, sind Vater und Sohn in einiger Distanz(iertheit) zu sehen. Die in der hinweisenden Hand körperlich ausgedrückte Zuwendung zu seiner Leistung wechselt zu einer sehr reserviert wirkenden Haltung: die verschränkten Arme; beim Vater die gleich bleibende „Ferne", aus der er zuschaut. Eine Aufnahme später hat Gustavios seinen Vater „erreicht". Dieser hält das Blatt mit der gelungenen Leistung in der Hand. Beide schauen gemeinsam drauf, während Gustavios etwas dazu erläutert. Dazu muss ein Möbelrücken notwendig gewesen sein, denn vorher stand der Tisch an der Wand.

Portfoliofeier II:[213] Sie wurde als **Einzelpräsentation** am Ende des Schuljahres durchgeführt. Sie unterschied sich von der ersten Feier dadurch, dass jetzt die **Lehrerin** bei der Vorstellung jedes Kindes dabei war. Deshalb waren auch die Raumverhältnisse günstiger und jedes Kind hatte die Möglichkeit, sich bis zu fünf Gäste einzuladen. Absicht dieser Veranstaltung war, dass **das Kind mit der Lehrerin und seinen Eltern bzw. Gästen in ein Gespräch über konkrete vorliegende Leistungen geführt** wird (vgl. VIERLINGER 1999). Als Präsentationsdauer waren jedem Kind circa zwanzig Minuten eingeräumt.

Die Transkriptionen der Videoaufnahmen von den Kindern der Fallbeschreibungen finden sich im Anhang (D 1.5, D 2.5, D 3.5), sie werden bei der Leistungstypbestimmung mit herangezogen.

Folgende Beobachtungen aus den Präsentationen der anderen Kinder (36 von 42 Kindern nahmen teil) seien erwähnt:

---

[213] S. auch die „Fotoalben" der zweiten Portfoliofeiern unter D 1.6, D 2.6, D 3.6.

- Einige der zweisprachig aufwachsenden Kinder bewiesen eine enorme Sprachflexibilität: Sie präsentierten der Mutter oder dem Vater in der Muttersprache ihre Lernschätze, wechselten kurz in Deutsch, um bei der Lehrerin etwas nachzufragen, und fuhren dann in ihren Ausführungen – durchsetzt mit deutschen „Schulvokabeln" (z.B. „Arbeitsblatt", „Lückentext") – in der Erstsprache fort. Auch Einwürfe und Fragen der Lehrerin auf Deutsch bedurften keiner Nachfrage, sie waren fähig, schnell zwischen beiden Sprachen zu wechseln.[214]

- Ein Junge vertiefte sich in die Präsentation von Mathematikleistungen. Er hatte Freude daran, sie seinem Vater – der sich eigens für diesen Mittag Urlaub genommen hatte – vorzurechnen. Dabei fiel auf, dass er sehr stark die Finger zum Rechnen benutzte – und zwar im Zahlenraum weit bis zwanzig und darüber hinaus. Wir stutzten. Was tat er? Er zählte nicht pro Finger einen Additions- oder Subtraktionsschritt, sondern pro Fingerglied. Der Junge stammte aus Pakistan, möglicherweise ist es dort üblich.

- Die Lehrerinnen bezeugten nach den Präsentationen, dass sie durch die intensive Einzelzuwendung, in der auch für sie zunächst die Kinder das Wort hatten, bei vielen Kindern neue Aspekte ihres Lern- und Leistungsverhaltens wahrnehmen konnten. Das betraf z.B. das neu bewertete langsame Arbeitstempo (vgl. Fallbschreibung Peter), das Staunen über die wendige Zweisprachigkeit mancher Kinder, ihre Fähigkeit, zusammenhängend etwas zu präsentieren. Zusätzlich erlaubte die Präsentation einen Einblick in familiale Gesprächskulturen über Schulleistungen. Gleichzeitig bot sich den Lehrerinnen die Chance, durch Gesprächsimpulse auch neue Gesprächsmöglichkeiten anzubieten.

Die **Lehrerinnen** der untersuchten Klassen nutzten den Feedbackbogen (14.), um die Portfolioarbeit des zweiten Schulhalbjahres der ersten Klasse zur reflektieren. Sie haben folgende Aspekte angesprochen:

- **wertschätzender Umgang mit Leistung:**

---

[214] Wir waren von der Selbstverständlichkeit überrascht, mit der die betreffenden Kinder in ihrer Muttersprache zu sprechen begannen. Da wir nicht damit gerechnet und das auch nicht mit den Kindern vorbesprochen hatten, haben wir ihnen ihre Initiative gelassen. Als alternative Bewertungsform muss natürlich gewährleistet sein, dass alle Betreffenden sich

„Auch der Umgang miteinander, die Leistung des anderen betreffend, war sehr wohltuend." (Dieses und alle folgenden Zitate aus Erhebung Nr. 14.)

- **Wahrnehmung und Bewusstmachung von Leistungserfolgen:**

  „Durch die gegenseitige Wertschätzung der Kinder in der Klasse bei der Präsentation ihrer Portfolio-Mappen wurde den Kindern ihre eigene Leistung richtig bewusst gemacht."

  „Sie [Die Kinder, U.G.] lernten sich selbst einzuschätzen und sich etwas zuzutrauen."

  „Kinder lernten sich gegenseitig in ihrer Leistung zu bestärken."

  „Auch ohne Frageimpulse stellten die Kinder fest: „Das ist mir gelungen" oder „Das ist dir aber gut gelungen.""

- **Professionalisierung der Leistungssicht:**

  „Ich habe Leistung in allen Bereichen berücksichtigt und bewusster beachtet und beschrieben."

  Als pädagogische Fachkompetenz für den LehrerInnen-Nachwuchs gaben die Kolleginnen an: „sich ihrer [der Kinder, U.G.] Leistung bewusst werden" und „Leistungen in ihrer Vielfalt erkennen, wahrnehmen und honorieren".

- **Selbststeuerungsaspekt:**

  Er hängt im weiteren Sinn mit der Portfolioarbeit zusammen und betrifft die Einsicht in die Bedeutung von Transparenz, sollen Selbststeuerung und Selbstreflexivität möglich sein.

  „Ich hätte auch nie gedacht, dass das „Transparentmachen" des Unterrichtsverlaufes den Kindern so ungeheuer wichtig ist!" (14.)

---

verständigen können. Das bedarf der sorgsamen Planung bei Familien, in denen die Erziehungsberechtigten nur wenig oder gar kein Deutsch verstehen.

D 1   Peter

Peter war zu Schuljahresbeginn 6; 06 Jahre alt. Er wächst als jüngerer Bruder einer älteren Schwester bei seinen Eltern auf. Peter hat den Kindergarten besucht.[215]

D 1.1   Schreibdokument „Was ich schon gut kann!" (Nr. 7)

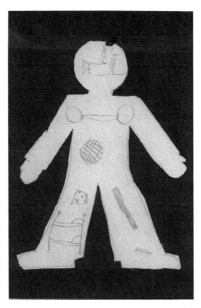

Abbildung 16: Ausgefüllte Figur „Was ich schon gut kann!" (Nr. 7, Schulwoche 4)

---

[215] Notiz zur Bildungsteilhabe seiner Eltern: Peters Mutter hat studiert und arbeitete zur Zeit der Erhebung im Angestelltenverhältnis (eine Stellung unterhalb des Ausbildungsniveaus). Sein Vater hat einen technischen Beruf erlernt und hatte zur Zeit der Erhebung eine leitende Position im Handel inne.

D 1.2 Ergebnisüberblick der zu Grunde gelegten Untersuchungen aus Teilprojekt 3

Untersuchungsbereich		
Erhebungsitem mit - zeitpunkt	**Antwort des Kindes**	**Kategorie**
Fähigkeitsattribuierungen:		
„Was ich schon gut kann!" (7., SW 4; 9., SW 7)	Zeichnungen auf Figur: - Mensch auf Sprungbrett - ein Gewicht (vom Gewichtheben) - Foot- oder Baseball - ein Hochbett - eine Würfelseite mit fünf Punkten - einen Baseballschläger - etwas nicht Erkennbares Bei dem Interview zu der Figur wurden folgende Fähigkeiten verbalisiert: - Fußball - Baseball - Football - spielen - schlafen - Gewicht heben - vom Sprungbrett hüpfen	**Bewegung – Sport** **Bewegung – Sport** **Bewegung – Sport** **Erholung – für sich Sein** **spielen** **Bewegung – Sport** **Wiederhol. von oben** **dto.** **dto.** **dto.** **dto.** **dto.** **Bewegung - Sport**
„Woher weißt du, dass du das kannst?" (9., SW 7)	„Und im Schwimmbad hüpf' ich oft vom Sprungbrett." „ ... da spiel' ich das (Mensch-ärgere-dich-nicht) oft." „Weil zu Hause hab' ich einen weichen / weißen (?) Baseball-Schläger und einen Ball." „Und mein Dad, der hat ein Gewicht, bloß mit runden Scheiben." (Gewicht heben) VL'in: „Woher weißt du, dass du gut schlafen kannst?"	**Leistungsvollzug („Ich tue, also kann ich"): Verweis auf Realisationen – wiederholt** **Besitz des Leistungsmediums („Ich habe, also kann ich")** **Strategiewissen - eigenständige Beweisführung**

	Peter: „Weil ich immer nach zehn Sekunden einschlaf'. Hab' ich einmal gezählt."	
	VL'in: „Und woher weißt du, dass du Mensch-ärgere-dich-nicht so gut kannst?" Peter: Weil meine Oma hat das auch und da spiel' ich das oft." VL'in: „Ah ja. Und gewinnst du dann oft oder spielst du fair – was ist denn das „gut"?" Peter: „Ich hab' schon zehn mal gewonnen."	**Positionierung**
Was kannst du besonders gut? (6.1., SW 37)	- Rechnen Plus - Schreiben - WochenPlan machen	**Schule** **Schule** **Schule**
Warum kannst du das so gut? (6.2., SW 37)	„Wel w das immer wide r tun. das Schreiben machenwirauchimmer wider dar um kann ich das so gut" / „Weil wir das immer wieder tun (das Rechnen). Das Schreiben machen wir auch immer wieder, darum kann ich das so gut."	**habitualisierter Leistungsvollzug**
Stell dir vor, du schreibst dir selbst ein Zeugnis. was schreibst du? (6.15., SW 37)	Er trägt seinen Namen ein, kreuzt „1. Klasse" an. „icharbeit gut in der Schule 1 eine 1" 18.7.01 Unterschrift mit Vor- und Zuname	
Kategorien des Gelingens:		
„Welches Wort, findest du, ist dir heute am besten gelungen?" „Was ist dir daran gelungen?" (2.1., SW 12)	Turm „Dass du mir keinen Buchstaben sagen musstest."	**Ressourcen-gewissheit**
„Welches Wort,	Turm	

findest du, ist dir heute am besten gelungen?" „Was ist dir daran gelungen?" (3.1., SW 20)	„Des u."	**Werkverweis**
„Welches Wort, findest du, ist dir heute am besten gelungen?" „Warum?" (4.1., SW 32)	Soldat (Lieblingswort) „Weil ich schön gemalt hab'." *(Er hat analog zu den vorgegebenen Bildern ein Bild mit einem Soldaten vor die Verschriftungszeile gemalt.)*	**Leistungsvollzug mit Gütekriterium**

Anstrengungskategorien:

„Wo hast du dich anstrengen müssen?" „Was war anstrengend?" (2.2., SW 12)	Munt (n) PadOse (d) „Kann ich zwei nehmen? Weil ich den Buchstaben und den nicht gewusst hab'."	**Scio-quod-nescio-Wissen / Graphem-Defizit-Wissen**
„Wo hast du dich anstrengen müssen?" „Was war anstrengend?" (3.2., SW 20)	Kinderwagen (g) „Der <g>, den hab' ich nicht gewusst." **Scio-quod-nescio-Wissen Graphem-Defizit-Wissen**	**Scio-quod-nescio-Wissen / Graphem-Defizit-Wissen**
„Wo hast du dich anstrengen müssen?" „Warum?" (4.2., SW 32)	„Bei keinem."	**keine Anstrengung**

Lernemotion: Schreibfreude

„Warst du schon einmal froh, dass du schreiben konntest?" (2.3., SW 12)	Peter: "Zuhause hab' ich alle möglichen Wörter geschrieben, auch mit den Buchstaben, wo ich, wo ich noch nicht kenn." VL'in: „Wie hast du die dann gemacht?" Peter: „*Ofen* hab' ich ganz geschrieben, *Ute, Markus*." VL'in: „Und die Buchstaben, die du nicht kanntest?" Peter: „Der „f" kenn' ich, des ist der, und der „e", der kleine, ist der, und der große „E" geht so." (Er zeigt den	**Ressourcengewissheit**

	jeweiligen Buchstaben auf dem Lernbeobach-tungsbogen, der vor ihm liegt.)	
„Wann hast du das letzte Mal Freude am Schreiben gehabt?" (3.3., SW 20)	„Weiß ich nicht mehr. Aber auf jeden Fall war es an dem Tag toll."	**emotionale Konstante**
Lernemotion: Unlust		
Manchmal macht das Lernen keinen Spaß. Warum? (6.5., SW 37)	„Wen mich jimant schtört" / „Wenn mich jemand stört."	**Störungsfreiheit**
Strategiewissen: im Schriftspracherwerb		
gelungenes Wort von Lernbeobachtung *Schreiben* „Mai" (4.1., SW 32)	Soldat	
„Wenn ein Kind z.B. das Wort __ schreiben soll und Schwierigkeiten hat. Welchen Tipp würdest du ihm geben?" (4.3., SW 32)	„Dann muss man „d", dann „a" und dann noch mal ein „d"."	**akustische Buchstabenvorga be in der Reihenfolge des Wortes**
Strategiewissen: im Leistenlernen		
Manchmal kann man etwas plötzlich. Hast du das auch schon einmal erlebt? Schreibe auf! (6.6., SW 37)	„den X x, den J j, das Schwimmen, den Stafelauf, den weitwurf, das Rechnen,"	**Graphemkenntnis** Sport – Bewegung Mathematik
Sicher hast du schon einmal gedacht. Das hätte ich besser gekonnt, wenn ..."(6.7., SW 37)	„mich beim Rechnen minus nimant geschtert- hete." / „mich beim Minusrechnen niemand gestört hätte."	**Arbeitsruhe**
Du kannst schon viel. Was möchtest du noch besser können: in der Schule? zu Hause? (6.8., SW 37)	„in der schule das minus Rechnen, auf dem Computer bei adi junior lern prugnamdaszeitrechnen".	**Mathematik Mediennutzung und Umgang mit Technik**
Was könnte dir helfen, noch besser zu werden? (6.9., SW	„wenn"	**unvollständig bzw. s. 6.7.**

37)			
Lern- und Leistungsrelevanzen:			
Was möchtest du als Nächstes lernen? (6.10.)	„geteilt"		
Warum ist dir das wichtig? (6.11.)	„weil ich es eim fach mal wissen möchte e wie das ist."	**Neugier**	
Aspekte einer besonderen Leistungs-situation: Hausaufgaben			
Dieses Kind macht Hausaufgaben. Wer sagt was? ... Und du? (6.12., SW 37)	Mama: „gut" Papa: „gut" Freundin: „gut" Freund: „gut" Lehrerin: „gut" und du?: „gut"	**globale Leistungs-bewertung**	

Tabelle 34: Ergebnisüberblick der zu Grunde gelegten Untersuchungen aus Teilprojekt 3 – Peter

D 1.3 Ergebnisse aus den Erhebungen des Teilprojekts 1 „Prävention von Analphabetismus in den ersten beiden Schuljahren"

Test	Schul-woche	Ergebnisse
Eingangs-diagnostik („Reutlinger Modell!")[216]	4	Wissen 1 („leeres Blatt"): verschriftete Buchstaben: / verschriftete Wörter: „PHILIPP", „MAMA" (2x), „Oma" (3x)
	4	Wissen 2 (Kategorisierung von Buchstaben, Zahlen und Wörtern): Zahlen richtig kategorisiert; alle Buchstaben (außer <O>) und Wörter unter „Wörter" kategorisiert; <O> zu Buchstaben zugeordnet
	4	Schrift 1 (gezinktes Memory): Schrift benutzt – „Hab' ich gesehn an den gleichen Buchstaben."
	5	Schrift 2 (Embleme): 10 von 12 erkannt
	4	Segmentierung 1 (Reimen): 10 von 10 erkannt
	5	Segmentierung 2 (Silben): 9 von 10 richtig segmentiert
	5	Segmentierung 3 (Phonemanalyse Anlaut): 9 von 10 richtig

---

[216] Die Originale der Protokollbögen finden sich in den Datenarchiven von Teilprojekt 1.

		diskriminiert
Lernbeobach-tung *Schreiben* „November" von M. DEHN	12	**SOFa** (Sofa) **Munt** (n)[217]; „anstrengend" **PadOse** (Badehose)(d) **Turm**; „gelungen" **SOne** (Lieblingswort); Peter hat ein Bild in entsprechender Größe und Rahmung wie die vorgegebenen dazugemalt.
Lernbeobach-tung *Lesen* „November" von M. DEHN	13	Transkriptionsprotokoll im Anhang (D 1.4) Lesetrategie: o sofortiges Lesen des richtigen Wortes sinnverstehend
Lernbeobach-tung *Schreiben* „Januar" von M. DEHN	20	**Sofa** **Mund** **Badehose** **Turm**; „gelungen" **Reiter** **Kinderwagen**; (g) „anstrengend" **Rakete** (Lieblingswort)
Lernbeobach-tungen *Lesen* „Januar" von M. DEHN	22	Transkriptionsprotokoll im Anhang (D 1.4) Lesetrategie: o sofortiges Lesen des richtigen Wortes sinnverstehend
Lernbeobach-tung *Schreiben* „Mai" von M. DEHN	32	**Sofa** **Mund** **Badehose** **Turm** **Reiter** **Kinderwagen** **Soldat** (Lieblingswort); „gelungen"; Peter hat ein Bild in entsprechender Größe und Rahmung wie die vorgegebenen dazugemalt.
Lesediagnose-aufgabe *Tierrätsel* von C. CRÄMER[218]	34	Lesestrategien (Protokoll Anhang D 1.4): o keine Bemerkung dazu (wahrscheinlich „sofort") richtiges Lösen des Rätsels

Tabelle 35: Ergebnisse aus den Erhebungen des Teilprojekts 1 „Prävention von Analphabetismus in den ersten beiden Schuljahren" (s. Untersuchungsplan unter Teil II, Kapitel I, 1.6) - Peter

---

[217] Buchstaben, die in Klammern verzeichnet sind, haben die Kinder im Sinne des „Scio-quod-nescio-Wissens" bzw. Graphem-Defizit-Wissen erfragt und ich habe sie ihnen dann grafisch vorgegeben, so dass sie sie abschreiben konnten.

D 1.4 Leseprotokolle[219]:

---

1. Lernbeobachtung *Lesen* DEHN „November" (Schulwoche 13): „Uta malt ein rosa Rad"
Frage: Was macht die Uta?

P: `N Mädchen, das malt `n Bild mit `nem Fahrrad.
VLin: Jetzt erzähl' mir mal bitte, was du auf dem Bild siehst.   Ja.

P: Uta   ... Uta malt
VLin:`Nen Bild mit `nem Fahrrad, gut. Jetzt lies mir mal bitte den Satz, der da unten steht.   ja   gut,

P: Uta malt ein   Fahrrad   rosa [O kurz]
VLin: das Wort heißt ein, das kannst du noch nicht wissen.   Ja   Lies mal, was da steht.

P: ... rosa Rad.   Die malt nen rosa Rad.
VLin: ro:- Wie heißt das Wort? ro:- , rosa; mhm, rosa   Ja, was macht die Uta?

Auswertung:

Sofortiges Lesen des richtiges Wortes; sinnverstehend.

---

2. Lernbeobachtung *Lesen* DEHN „Januar" (Schulwoche 22): „Olaf hat ein altes Auto. Der Motor ist zu laut."
Fragen: Was hat Olaf? Was ist mit dem Motor (los)?

P: Olaf hat ein altes Auto. Der Motor ist zu laut.
VLin:

Antworten: Ein Auto. Der ist zu laut.

Auswertung:
Alle Wörter werden sofort richtig erlesen.

---

3. Lesediagnoseaufgabe *Tierrätsel* von CLAUDIA CRÄMER (Schulwoche 34):
         1. Das Tier mag Bananen.
         2. Das Tier ist grau. Das Tier hat einen Rüssel.
         Tierkarten: Affe, Elefant, Esel, Adler, Ameise, Ente

Das Rätsel wird richtig gelöst.
Das Tier mag Banane.
Das Tier ist grau. Das Tier hat einen Rüssel.

Abbildung 17: Leseprotokolle – Transkriptionen und Auswertungskommentare

---

[218] s. Anhang B 2, Lesediagnoseaufgabe *Tierrätsel* CRÄMER".
[219] Die Leseprotokolle wurden von MitarbeiterInnen und studentischen Hilfskräften des Teilprojekts 1 erstellt (Dr. Cordula Löffler, Frau von Seltmann, Frau Ackermann).

D 1.5 Transkriptionsprotokoll Portfolio-Präsentation – Schulleistung in der direkten Vorlage II (Nr. 11)

Person	Gespräch	Handlungen und Geschehen
		Musik, Peter geht seine Mappe holen und öffnet sie, Musik aus
Peter 1	Da ham ma heut der X gelernt, und da ham mir des Schreibschrift, der kleine Schreibschrift- x und der große Schreibschrift-X gelernt, und von der kleinen Hexe ham mer au noch ne Geschichte dazu gemacht, und hier ham ma Abraxas geschrieben und da Hexe. Und da ham mer en Rätsel gemacht, da musst ma hinschreiben, was die kleine Hexe gemacht hat, beim ersten da musst ma sechsen schrieben, beim zweiten Regen machen, beim zweiten hexen, beim dritten Abraxas, dann Frosch, Buttermilch und Tannenzapfen, dann hab ichs von oben gelesen, da hab ichs falsch gelesen, da musst ichs von unten lesen und da hab ichs richtig gehabt.	*Neues Blatt*
M1	aha	
V1 / P1	Und wie heißt's	
Peter 2	Ein Rätsel	
V2 / P2	Nein, i mein des Lösungswort, wie heißt's	
Peter 3	Abraxas, des hab ich hier hingeschrieben. Da ham mir auch was mim x gemacht, da beim Wochenplan, da musst man nur die x hier anmalen, in Linien, und hier der x malen und hier der kleine x, hier musst man noch was schreiben, und da isch mir gut gelungen des x machen	*Neues Blatt*
M2	Des hat Spaß gmacht?	
Peter 4	Mhm!	*Blättert in seinen Unterlagen*
L1	Machs doch einfach weg, dann geht's besser.	
Peter 5	Murmelt vor sich hin	
Peter 6	Des war n Wochenplan, da hab ich alles geschafft, des hat mir gut gefallen, außer des hab ich da nicht geschafft. Und da musst ich ganz viel machen und da hab ich Spaß gemacht	
M3	... so viel?!	
Peter 7	Nickt Des war der ‚au' den ham mer da gelernt, und hier hab ich vergessen des nachzufahren und's Schreiben isch mir au gut gelungen.	*Legt das Blatt weg*

Peter 8	Des isch der Olli, des hat ich als Hausi Und hier unten musst ma hinschreiben ob des mit nem ‚eu' anfängt, oder ob ‚eu' in der Mitte isch. Und hier musst man hinschreiben wieviel des sind hier rein und da. Und hier musst man neue immer hin schreiben und hier der ‚eu' immer rein schreiben und da musst ich nachfahren.	*nimmt ein neues und schaut es kurz an*
		Gibt das Blatt seiner Mutter
Peter 9	Des war en Bild, da hat Frau H. uns ne Geschichte erzählt und da mussten wir des hier malen und da hat sie uns ne Geschichte erzählt das wir durch den Wald laufen und da kommt so ein großes Haus, wo ganz bunt ist und dann kommt da so ein Wichtel der uns herwinkt. Und dann hab ich da noch hingeschrieben was ich in meinem Traum gesehen hab. Und des hat mir auch Spaß gemacht.	*und sucht ein neues. M gibt das Blatt weiter*
L2	Möchtsch du uns des mal vorlesen, was du im Traum gesehen hast?	
Peter 10	„Ein Wichtel und viele andere Wichtel. Die Bäume waren bunt und der Garten in dem Haus war schön" und hinten hat's Frau H noch in Erwachsenenschrift geschrieben. Des war beim Wandern, auch von Frau H. mit Erwachsenenschrift drunter geschrieben, und da ham mer geschrieben wo uns Spaß gemacht hat und hier unten durften wir noch Bilder hin malen. Ich hab's Holz sammeln hingemalt und mh, ich wo Fuß, wo ich Fußball spiel und da is ein Tor wo Tor steht.	*Neues Blatt*
L3	Willst du uns des au noch vorlesen?	
Peter 11	Mh, „wir sind durch einen Wald gelaufen " (Pause, versucht Wort zu entziffern) ich weiß nicht was des heißt?!	
L4	Jetzt nimm doch mal, nimm doch mal des, was ich dir in Erwachsenenschrift hingeschrieben hab.	
Peter 12	„Wir sind durch einen Wald gelaufen, es war ganz neblig, wir haben Würstchen gegrillt, als wir den Berg hinunter liefen taten mir die Beine weh. Wir haben Fußball gespielt und wir haben 1 zu 0 verloren." *Schaut das Blatt an und schüttelt den Kopf* Fällt mir gar nicht ein, was wir da haben	*Neues Blatt*
L5	Jetzt erinnere dich mal zurück	
Peter 13	Der Vogel-V	
L6	Des war in der Woche auch, und dann hing da so was, an der Tafel, und hinten	
Peter 14	Des da	
L7	Da hingen so Zettel und dann musstest'd da was machen	

Peter 15	Ja, da musste ichs aufschreiben, und dann nach hintre laufen und dann musst ichs aufschreiben und dann hab ich alles richtig gehabt, außer der ä. des war am 4. Juli 2001	
M4	Da hing en Zettel im Klassenzimmer, des musst er lesen, an den Platz gehen und?	
Peter 16	Schaut zur Lehrerin	
L8	Erklärs mal nochmal, wie musstest dus machen	
M5	Wie ging des von Anfang an?	
Peter 17	Da bin ich an dem Tisch gesessen und dann musst ich nach hintre laufen, und dann hat sie uns immer ein Wort gesagt, des da drauf stand und wir sind nach hintre geloffen und ham's gekuckt wie mans schreibt, und dann musst ma's hier aufschreiben	
M6	Ach so, gut.	*Neues Blatt*
Peter 18	Und da ham mer en Vogel-V gelernt, da musst ich die Geschichte anmalen und noch Sätze dazu schreiben und dann hab ich und des hat mir Spaß gemacht und hier musst ich die ... machen weil... Das ist so was ähnliches wie ein Quiz, da musst ich immer die Sachen teilen dass es auf jeder Seite gleich viel sind, und drunter musst ich die Rechnungen machen und dann hab ich alles richtig gehabt, und des hat mir Spaß gemacht. Und hier da musst man 16 machen und dann minus 7 und dann 9 und dann hier, minus 6 gleich 10 minus 1 gleich 9.	*Neues Blatt*
P3	Ja mach des ohne Taschenrechner	
Peter 19	Mhm!	
P4	Echt!	
Peter 20	Aber wir haben da so ne Tabelle drin stecken, die wir dazu nehmen.	
P5	... (K u. P lachen)	
Peter 21	Des war en Mimibüchle, des mir gefaltet hat.	*Neues Blatt*
	Des war der ... und dann hat die Mimi der Lehrerin geschrieben und dann hat sie der Lehrerin einen Text an die Tafel geschrieben, und dann musst ...se, dann hat des alles gar nicht gequietscht	*Zusammenge faltetes Blatt*
L9	Was wollt se da denn testen?	
Peter 22	Ob die Lehrerin lesen kann.	
L 10	Kannst dem Thielo mal erklären was des Mimibuch is, was es mit dem auf sich hat.	*Peter sucht gleichzeitig*
Peter 23	Des machen wir immer, ne kleine Geschichte, dass man auch mit den Wörtern lesen kann	*nach dem nächsten Blatt*
L11	Mit den Buchstaben die wir hatten	"
Peter 24	Ja. Und des, des isch n Seerosenblatt. Da musst, hat se uns auch ne Geschichte erzählt und des hat mir Spaß gemacht, des ham mir mit Wasserfarben gemalt und dann ham sich manche Farben gemischt hier hab ich rot und Deckweiß und des hat	"

	mir Spaß gemacht.	
L12	Was hast du zuerst gemacht?	
Peter 25	Zuerst hab ich die Seerose gemalt, eh des blau	
L13	In drei Schichten gell ?!	
Peter 26	nicken, Und des wars letzte, des is auch en Q-blatt da musst man lauter Wörter hinschreiben und des hat mir Spaß gemacht und des Schreiben hat mir auch Spaß gemacht. Des war alles in der Klammer drin	Zur Lehrerin
L14	Du darfst auch gern noch andre zeigen, und ich find, du musst noch was zeigen, was dir ganz speziell gut gelungen ist und zwar in dem Heftchen vorne drin.	
Peter 27	Bei welchen Heft?	
L15	In deiner Mappe vorne drin...	
Peter 28	Nimmt die gezeigten Blätter Die lege ich da drauf,	
L 16	du musst erklären, was du damit machst	
Peter 29	Da ham wir ein Heftle und da kann man die Sachen reinlegen ... und des Buch ham ma hier angeklebt in die Schatzmappe, und dann schreiben mir des da drauf, wenn ma ma, mh, was im Buch gut gelungen isch. Und da schreiben wir HuS [Heimat- und Sachunterricht, U.G.] mit grün, Lesen mit gelb, Schreiben mit rot und Rechnen mit blau.	
L17	Zeigsch mal was	
Peter 30	Hier hab, isch mir gut gelungen des Mathe-Trainingsheft, des war Seite 40, da musst man ne ganze Seite machen, des war beim letzten Wochenplan und da bin ich fast nicht fertig geworden.	(stolz) Blättert
M6 → F1	Schreibet ihr au schon in Schul... bei euch	wieder in
F2	kopfschütteln	der Mappe
Peter 31	Des war en Boot, da isch mirs Basteln gut gelungen, da hab ich noch ein paar davon gemacht, da hab ich drei gemacht, weils mir spaß gemacht hat und da hab ich eins davon in die Schatzmappe gelegt. Da ham mer der ‚ch' gelernt und dann musst ma, dann hats da en Hinweis gegeben auf des, wo ma da machen musste, nud dann musst man da die Namen hinten drauf schreiben	
L18	Wie beim...	
Peter 32	Ja, wie beim ... bei der kleinen Hexe Des war ne Seite aus dem Mathe-Trainingsheft, des gehört nicht dazu, und da hab ich alles richtig gehabt, und ich find die gut. Da musst, da gibt des immer 1 und da musst ich 11 hinschreiben, also immer das gleiche, bloß hier mit zwei einsern und hier mit ner 5 und ner 1.	Neues Blatt
	Da ham mer der Mai gelernt, also der ‚ai' nicht der ‚ei' nud da ham mer so en Käfer gehabt, den musst ma anmalen und da lauter kleine und große ‚ai'	Neues Blatt

	reinmachen.	
V3	Was isch des für ein Käfer?	
Peter 33	Ein Maikäfer Des wars gleiche wie vorher, wo ma nach da hinten laufen tut.	*Neues Blatt*
M7	Und du hasch alles richtig?	
Peter 34	Schaut kurz Ja. Des war en Zug, da bin ich nicht ganz fertig geworden.	*Blättert weiter*
L19	Erklärst das mal	
Peter 35	Da musst ich hier unten die Rechnungen schreiben und dann musst ich da oben des anmalen, den Zug. Hier ham mer der ‚tz' gelernt, und des hat mir Spaß gemacht, und war ganz toll beim Schreiben.	*Neues Blatt*
L20	Obwohl's so schwierig isch, gell	
Peter 36	Nickt Des is der ‚L' der war auch schwierig, da ham mer en ganzes Blatt geschrieben, und des hat mir Spaß gemacht und ich find, dass ich da ganz schön geschrieben hab.	*Neues Blatt*
	Und da hat Frau H. uns ne Geschichte erzählt, da hat sie gesagt was ma auf dem Bild sehen, und dann musst ma des da rein schreiben, und dann musst man hier des noch anmalen, des hier.	*Neues Blatt*
L21	So einfach war des gar net, wie du des jetzt erklärst. Des war ein Bild, da musstet ihr selber was dazu schreiben. Wir ham des nur mitnander betrachtet aber beschrieben ham ses ganz alleine und ich find des is dem ganz toll gelungen	*Mutter nimmt sich das Blatt, um es an-zuschauen*
Peter 37	Des war auch so was ähnliches wie ein Rätsel, und da musst man des richtige Bild zu der richtigen Zahl dazu tun, und da gab es immer so einzelne Sätze und dann musst man gucken, wo das Bild dazu is, und dann die Zahl reinschreiben, da steht.	*Anderes Blatt*
M8	Des is auch ganz schön schwierig, gell, dass ma was doppelt hat.	
Peter 38	Einmal hab ich hier zuviel rein geschrieben, zwei einser. Was isch des für ein Blatt?	*Nächstes Blatt (leer)*
L22	Weiß ich nicht	
Peter 39	Da ham mer Kinder-Lotto gespielt, da hat Frau H. en Fernseher dran gemalt (zeigt zur Tafel), und dann war ich, hab ich fast alles falsch gehabt (kurzer Blick zur M), alles wo ich angemalt hab war falsch, ich hatte nur sechs Sachen richtig.	*Neues Blatt M weist P auf best. Blatt hin*
L23	Aber s hat dir trotzdem gefallen, die Aufgabe oder?	
Peter 40	Nickt ... Da ham wir de ‚st' gelernt. Musst ma n Text lesen und da draußen aufs Tonband da ham mir auf eim Tisch so n Kassettenrekorder stehn, und da müssn wir manchmal Sachen drauf... und dann mussten wir auf die Steine noch der ‚st' drauf malen.	*Neues Blatt*

	Des ham ma auch, des hatte ich, glaub ich, als Hausi oder zusammen gemacht und da musst ich immer drunter schreiben, was des für ein Tier isch und hier schreibt ma immer der oder der, das, die und dann musst man immer dahinter schreiben was des für ein Tier isch.	*Neues Blatt*
F3	...was für ein Tier..	
Peter 41	Guck da schreibt man...	
	Da ham mer den ‚s' gelernt. Und des war Schreibschrift, und dann der zweite ging ganz einfach bloß beim großen S, der muss ma so schräg nach vorne machen und von jedem eine ganze Zeile schreiben und dann noch zwei Wörter dazu schreiben.	*Neues Blatt*
	Des war im ...-Heft, des war Seite 56, da standen hier Wörter und hier stand Tafel dann ham ses da abgebaut und dann stand nur der ‚h' da und dann ham ses weiter gemacht, so wie bei den andern, und dann ist es ‚Hose' geworden. Hier wars ‚Hand' und hier is es ‚Hut' geworden. Hier Haus und dann Heft geworden, hier Hut und dann Hammer.	*Neues Blatt* *Zeigt auf d. Blatt die jew. Stelle.*
	Des war en ganz großes Blatt, des sollt en Osterhase sein mit n paar Eiern und des hat mir gut gefallen und da is en bisschen Farbe reingekleckert, grün. Und desda isch der Schwanz, und da hab ich n ganz dicken genommen und dann hab ich da immer so getupft und da hab ich immer nur braun genommen, für die Augen hab ich silber genommen.	*Neues Bild* *Zeigt die Stellen auf dem Bild*
?	Des is ein freundlicher Hase!	
L24	Warum hast du denn da so getupft?	
Peter 42	Dass es aussieht, als ob er ein Fell hat.	
F4	...	
Peter 43	...	
	des war Seite 55, also eine nach dem gelben, also nach dem anderen gelben da ham wir ‚h' gelernt, dann ham wir, des is da oben ein Hase geworden, und was des isch weiß ich nicht und hier musst ma die richtigen Wörter zum richtigen Bild verbinden.	*Neues Blatt*
	Da ham mer der ‚h' gelernt und hier ham wir n auch als Blatt gekriegt und dann standen da immer Wörter und dann musst man des dazu schreiben. Und hier gabs so ne Aufgabe, da stand hier die eins und dann musst man zuerst da runter, bis da ganz, und dann stand die zwei bis hier ganz runter und dann drei schräg eh Querstrich	*Neues Blatt* *Zeigt auf dem Blatt*
M8 ?	Warum schreibt ihr das mit Zahlen?	
Peter 44	Das wir wissen in welcher Reihenfolge wir die Striche machen müssen.	
	Des war im ...-Heft, Seite 82, ham mir in Pfennigen angefangen mit rechnen, und des hat mir gut	*Neues Blatt*

	gefallen.	
M9	Des war aber gar nicht so einfach, gell?	
Peter 45	Kopfschütteln	
P6	Hasch dein Sparschwein geräubert, und Pfennigstückle rausgeholt, um se zu zählen?!	
Peter 46	Kopfschütteln, lachen Hier ham mir wieder mit der Tabelle gerechnet und da stand zum Beispiel jetzt hier: 15 Pfennig + 3 Pfennig und hier sieht man s Ergebnis nicht so ganz, 18, 18 sind des dann. Und so ham mir des dann gemacht.	*Neues Blatt*
	Des isch auch ein Arbeitsblatt, da musst man immer die richtigen Wörter mit Sachen, mit den Bildern verbinden.	*Neues Blatt*
	Und hier sind dann Textaufgaben da stand drei + drei = vier und dann musst man richtig oder falsch ankreuzen, und da hab ich falsch angekreuzt, weil drei und drei isch sechs und nich vier. Und da sin zwei richtige und zwei falsche drin.	überlegt
	Des war s gleiche ehm, da musst man, also hier stand ein Wort, und das musst es geben, und des musst ich da verbinden in welcher Reihenfolge, und dann musst man der ,I' ,i' dann ,c' und an ,h' und an ,t'. Und hier musst ma s gleiche machen wie ganz da oben, auch hier die Sachen mit den Wörter verbinden, und hier musst man z.B. ,ein Hecht....schwimmt im Teich' , da muss immer ein passender Satz dazu.	Überlegt
	Da ham ma der ,i' gelernt, musst man der Igel auch anmalen hier und hier oben alle ,ch' – da ham mir, glaub ich, der ,ch' gelernt – einkreisen	*Neues Blatt*
L25	Weißt du noch warum der Igel mit dem ,ch' verbunden war, was hat der denn unter dem Laub gemacht?	
Peter 47	Weiß ich nich mehr	überlegt
L26	Was macht den der Igel im Winter?	
Peter 48	Winterschlaf	
L27	Und dann hat er ganz laut ge-	
Peter 49	-schnarcht des isch aus unserm lila Schreibheft, des war auch so was mim Zettel glaub ich, und dann musst ma es da hin schreiben. Und des hat mir Spaß gemacht.	*Neues Blatt*
	Und ham mir zwei Blätter zusammen geklebt da musst ma immer was zum ,m' schreiben in der ersten Zeile, und zu allen Buchstaben musst ma was schreiben vom ABC, also von allen Buchstaben vom ABC, wo im ABC drin sind, und dann musst man da des dazu schreiben, was dazu passen könnte.	*Neues Blatt*
	Da ham mir was mit HuS gelernt, da ham mir glaub ich die zwanzig gelernt, nd da passte fast in jedes so n Teil die zehn und da musst ma so Kärtchen mit	*Neues Blatt*

385

	Zahlen drauf rein legen und immer die Fünfer-Zahln also zehn mh, fünf, zehn, die musst ma rot machen, wie hier. Und dann musst ma den Bus noch anmalen, und da ham mir auch zwei Blätter zusammen geklebt.	
	Hier ham mir was mit der Goldenen Gans gelernt. Da musst ma, waren da immer so Sätze: ‚wer war ein netter, ein nettes Kind?' Und dann ‚der D....' musst ich dann hinschreiben und immer so Fragen und dann Sätze drunter schreiben.	*Neues Blatt* *Neues Blatt*
M10	...	
Peter 50	...	
	da ham mir ‚g' gelernt und da musst ma gut oder sch, immer gut rein schreiben, und dann wars zuerst so, da hab ich gut rein geschrieben und dann musst mas immer selber hin schreiben und da oben ham mir ‚g' geschrieben.	*Neues Blatt*
	Und hier ham mir ‚au' gelernt. Da isch der Junge auf die Straße gefallen und des war sein Bruder und der Junge heißt Klaus, und da ist ein Fahrradfahrer auf ihn drauf gefahren, und dann hat er halt ‚au' geschrien. Und dann musst ich des da rein schreiben und der da ruft ‚Klaus'; der da, der Bruder. Und dann musst ma da unten noch was hinschreiben, was auf dem Bild passiert is.	*Neues Blatt*
	Des war auch im Buch Seite 70, wenn man in die Schachtel 5 rein tut dann kommen nur noch dr, und 3 raus kriegt, eh 2 raus kriegt, dann bleiben 3 übrig. Und des ham die Kinder da mit Bilder... Und da hat Frau H. au so eine Maschine gemacht, wo ma vorne ... rein steckt hat, und noch ne Schachtel, da hat se immer Kärtchen rein gelegt und dann hat se immer ne Zahl rein gelegt und dann hat se, des weiß ich auch nich.	*Zeigt* *Nächstes Blatt*
L28	...	
Peter 51	Ja.	
	Des war im Buch Seite 77, da ham mir des mit den Punkten gemacht und des war unten, musst mer ins Heft schreiben, und hier musst mer des mit den Punkten machen, und Punkte dazu tun und dann noch die Rechnung schreiben, und des da und des musst ma abschreiben.	*Neue Blatt*
	Des da war aus dem ...-Heft, Seite 73, da ham mir mit Eiern und Stiften und Wachsmalstiften gerechnet, und des da musst ma abschreiben, und alles and, und hier musst ma noch die Rechnungen hin schreiben. 1+ 5, ne irgendwie anders gings, guck hier stand da die Rechnung und da musst man die da rein schreiben, und dann is des des geworden.	*Neues Blatt*
M11	Erscht die Zehner zusammen, und dann die Einer, so..	
Peter 52	Ja	

L29	Des isch au schon ganz a Weile her und weißt du was ich muss staunen, weißt du warum ich staunen muss?, was du noch alles weisch, und des isch ja wirklich schon ganz ganz lange her.	
Peter 53	Des war im ...-Heft, Seite 50, da musst mer der scharfe ‚s' lernen, und hier musst ma die, alle scharfen ‚s' anmalen, und hier musst ma ‚der Riese ist groß' da wurde immer was gefragt und dann musst ma was hinschreiben, mit m scharfen ‚s' , klein und groß. Des war vom Blatt mit dem ‚w', oder mim scharfen ‚s' mh, und des hat mir Spaß gemacht des Schreiben. Da ham mas gemischt gemacht, der ‚w' in Schreibschrift und in..., und in groß. Und hier in Schreibschrift.	*Unterbricht* *Neues Blatt*
L30	Wie kann man denn da erkennen, dass dir was so gut gelungen ist?	
Peter 54	Weil ichs hier so schön geschrieben hab.	
L31	Ja, aber wie können wir des denn erkennen, was hast du denn gemacht?	
Peter 55	Den Punkt hin geklebt, bei dem erkennt man des das da der Punkt is.	
M12	...	
Peter 56→P7	Da kleben wir immer den Punkt hin	
P8	Du oder dei Lehrerin?	
Peter 57	Ich, ich darf mir dann aussuchen und dann, des machen wir manchmal da vorne an der Tafel	*Kassetten-wechsel im Aufnahme-gerät*
Peter 58	Und hier stand immer was drüber und dann musst ma s drunter oder, drunter oder drüber oder daneben malen	
L32	Eigentlich möchte ich nur ungern unterbrechen, aber eins möchte ich das du noch deinen Gästen zeigst. Du hast am Freitag nämlich ein tolles Blatt gemacht und das find ich so spitze und jetzt müssn wir das nämlich mal deinen Eltern mal so zeigen, und deinen Gästen. (klappt die Schatzmappe zu) Am Anfang ham wir die Schatzmappe begonnen mit diesen Männchen. Da solltest du drauf schreiben, was du alles kannst, das war ganz am Anfang von der ersten Klasse, schau mal hast du damals schon was schreiben können?	
Peter 59	Mm	
L33	Und jetzt hast du am Freitag da drauf geschrieben, was du jetzt schon alles kannst,	

Peter 60	Da hab ich zwei Männchen dazu gemalt und das kleine Männchen soll uns an das große erinnern. Und dann musst man hin schreiben, was man in dem Schul, was man jetzt schon alles gelernt hat, und da hab ich zwei Schlangen dazu gemalt und dann hab ich noch so n Rahmen hin gemalt. „ Wir haben schon fast das ganze ABC, nur ein Buchstabe fehlt uns noch. Rechnen: wir haben Minus und Plus gelernt. Wir haben unseren Brieffreunde Briefe, einen Brief geschrieben. Wir konnten, können schreiben,	*Zeigt auf die Männchen*
L34	Schreibschrift	
Peter 61	Schreibschrift schon. Wir haben Schwimmen gelernt. Wir haben im Sport gelernt wie ein Staffellauf geht." ... immer so gemeinsam, da ham mir auch so Stäbe gekriegt,... mussten wir immer en paar Meter laufen.	
L35	Des hab ich gedacht, des müsst ich einfach zeigen, diesen wunderschönen ... so hast du begonnen mit den gelben Männchen, und des war letzte Woche	
M 13	des is wirklich toll; so viel	*K blättert in seiner Mappe*
L 36	Jetzt hast alles durcheinander gebracht, gell P.... jetzt musst deine Schätze schön wieder rein räumen denn es kommt nach dir noch mal jemand	
M14→ Peter 62	Des ganze Schuljahr isch des	
L39→S1	Bist du auch stolz auf deinen Bruder?	
S2	Ja nicken ja	
F5→Peter 63	Die Klammer!	
L40	Die kann er jetzt weg lassen, weißt du er hat nur die Sachen die jetzt neu waren mit ner Klammer zusammen geheftet, die neuesten Sachen. ... Des isch doch enorm was in der Zeit passiert isch.	*K schließt die Mappe und die Schlaufen*
Eltern1	nicken	
Peter 64	Bringt die Lernschatzmappe weg	
L41	Vielen Dank P.... für deine Präsentation	
Peter 65	Ja	
Gäste1	Super ja super	
L42	Und ich finds auch toll, dass du so viele liebe Gäste mitgebracht hast	
		..... (Ende)

Tabelle 36:   **Transkriptionsprotokoll Portfolio-Präsentation – Schulleistung in der direkten Vorlage II (Nr. 11, 37. Schulwoche) - Peter.**
Dauer der Präsentation: 40 Minuten; Transkription: Marit Arntz und Petra Karl (studentische Hilfskräfte).
Legende:
Personen: **M: Mutter; V: Vater: S: ältere Schwester; P: Patenonkel; F: etwa gleichaltriger Freund, Vorschulkind; L: Lehrerin;**
Zeichen: *kursiv: Handlungen und Gesten (hier: in dritter Spalte)*
... : unverständlich
?: Sprecherln unklar

D 1.6 Kleines Fotoalbum Portfolio-Präsentation – Schulleistung in der direkten Vorlage II (Nr. 11)

Bild 1
Eröffnung der Mappe zu Beginn der Präsentation

Bild 2
Erläuterungen zu einer Leistungsvorlage

Bild 3
Suchen nach dem nächsten Lernschatz, den Peter präsentieren möchte

Bild 4
Während der Erläuterungen im Blickkontakt mit den Gästen

Bild 5
Hinweise auf die Nutzung des Klassenzimmers als Lernraum: Peter zeigt auf die Stelle, an der sein Laufdiktatzettel hing (vgl. D 1.5, Peter 15 ff)

Bild 6
Verschiedene Lernemotionen begleiten auch die Präsentation: Freude (Bild links), Spannung durch Nachdenken.

Bild 7 und 8:
Peter erläutert die „Buchführung" der Lernschatzmappe: Vorne ist ein kleines Heft eingeklebt, in dem mit Datum und lernbereichsspezifischer Farbe ein Verweis auf das gelungene Werk des jeweiligen Tages vermerkt ist, z.B.: „S. 25 Mathebuch, Aufgabe 3" (vgl. D 1.5, Peter 29)

Bild 9
Während Peter schon ein neues Werk präsentiert, ist ein Gast noch in eine andere Leistungsvorlage vertieft.

Bild 10

Bild 11

Bild 12

Bild 13

Bild 14

Bild 15

Bild 16

Bild 10 – 16: „Hasenbilder" (vgl. D 1.5, Peter 41 – 42)

Peter erläutert Farbwahl, Pinselstärke, Tupftechnik ... und den grünen Farbfleck im braunen Fell. Auch Missgeschicke haben Platz neben den Hinweisen auf das Gelungene.

Die drei letzten Bilder dokumentieren das „Abschiednehmen" von einem präsentierten Werk in verschiedenen Schritten: Weglegen des Blattes – es liegt noch teilweise in Peters zu sich hin geöffneten Händen; dann die größere Distanz – das Bild liegt auf dem Stapel bereits präsentierter Leistungen, Blick- und Handkontakt sind noch vorhanden; schließlich ein letzter Hinweis mit einer Erläuterung, die rechte Hand liegt schon auf dem nächsten zu präsentierenden Lernschatz.

Miriam war zu Schuljahresbeginn 6; 06 Jahre alt. Sie wächst als jüngste von drei Schwestern bei ihren Eltern auf. Miriam hat den Kindergarten besucht.[220]

D 2.1 Schreibdokument „Was ich schon gut kann!" (Nr. 7)

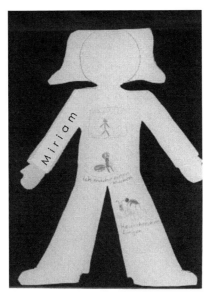

Abbildung 18: Ausgefüllte Figur „Was ich schon gut kann!" (Nr. 7, Schulwoche 4)
Die handschriftlichen Texte hat Miriam der Lehrerin diktiert.
Ihr Name, den sie selbst in Großbuchstaben geschrieben hat, wurde hier überschrieben.

---

[220] Notiz zur Bildungsteilhabe ihrer Eltern: Miriams Mutter hat einen Verwaltungsberuf erlernt und widmete sich zur Zeit der Erhebung haupt"beruflich" dem Familienmanagement. Ihr Vater hat einen Ingenieurberuf erlernt, den er im Erhebungszeitraum auch ausübte.

D 2.2 Ergebnisüberblick der zu Grunde gelegten Untersuchungen aus Teilprojekt 3

Untersuchungsbereich		
Erhebungsitem mit – zeitpunkt	**Antwort des Kindes**	**Kategorie**
Fähigkeitsattribuierungen:		
„Was ich schon gut kann!" (7., SW 4, 9., SW 7)	- „Miriam" - „Ich mache einen Kuchen" (mit Bild) - „Heuschrecken fangen" (mit Bild) - ein Fenster mit einem Menschen drin	**Schule** **Lebensmittel-zubereitung** **Umgang mit Tieren**
	Bei dem Interview zur Figur werden folgende Fähigkeiten verbalisiert: - gut gelernt haben - kochen - Kuchen backen - Heuschrecken sammeln - mit dem Fahrrad hüpfen (9.)	**Schule** **Lebensmittel-zubereitung** **Wiederholung von oben** **dto.** **Sport – Bewegung**
„Woher weißt du, dass du das kannst?" (9., SW 7)	VL'in: „Woher weißt du, dass du gut malen kannst, Miriam?" Miriam: „Im Kindergarten hab' ich immer so schöne Bilder gemalt." VL'in: „Fandest du die selber schön, oder hat das jemand gesagt?" Miriam: „Die fand ich selber schön." (9.)	**Leistungsvollzug („Ich tue, also kann ich") - Verweis auf Realisationen – wiederholt, mit Verweis auf reflexive Werkzuwendung**
	VL'in: „Und woher weißt du, dass du gut Heuschrecken fangen kannst?" Miriam: „Guck, die kitzeln zwar immer in der Hand, aber so gut kann ich sie auch nicht einfangen."	**Leistungsvollzug („Ich tue, also kann ich") – Präsentation des Könnens: verbal mit gestischer Simulation**
	VL'in: „Und woher weißt du,	**eigene Mitwirkung**

	dass du gut kochen und backen kannst?" Miriam: „Backen, da helf' ich halt meiner Mama immer. ... Da mach' ich immer das meiste rühren und Puderzucker, halt und Zeugs rein tun."	(**„pars pro toto"**)
Was kannst du besonders gut? (6.1., SW 37)	„Ich kann besonders gut Rechnen Ich kann einerechenaufga.Bhinschreiben 2 + 13 = ?15"	**Schule**
Warum kannst du das so gut? (6.2., SW 37)	„Ich hate das sofortim grif." / „Ich hatte das sofort im Griff." (das Rechnen)	**Teilfähigkeitsselbst-konzept**
Stell dir vor, du schreibst dir selbst ein Zeugnis. was schreibst du? (6.15., SW 37)	Frage nicht ausgefüllt.	
Kategorien des Gelingens:		
„Welches Wort, findest du, ist dir heute am besten gelungen?" „Was ist dir daran gelungen?" (2.1., SW 13)	Mama im TUM *(Lieblingswort)* „Mama im Turm."	**Werkverweis**
„Welches Wort, findest du, ist dir heute am besten gelungen?" „Was ist dir daran gelungen?" (3.1., SW 20)	Sofa „Weiß ich doch nicht."	**bekundetes Nichtwissen**
„Welches Wort, findest du, ist dir heute am besten gelungen?" „Warum?" (4.1., SW 33)	Kinderwagen „Weiß nicht, weil ich da am schönsten geschrieben hab'."	**bekundetes Nichtwissen, Leistungsvollzug mit Gütekriterium**
Anstrengungskategorien:		
„Wo hast du dich anstrengen	S (bei *Sofa*)	

müssen?" „Was war anstrengend?" (2.2., SW 13)	„Da hab' ich nur ein [es] hingemacht."	**Scio-nescire-Wissen / Defizitbewusstsein**
„Wo hast du dich anstrengen müssen?" „Was war anstrengend?" (3.2., SW 20)	„Nix."	**keine Anstrengung**
„Wo hast du dich anstrengen müssen?" „Warum?" (4.2., SW 33)	„Nirgendwo."	**keine Anstrengung**
Lernemotion: Schreibfreude		
„Warst du schon einmal froh, dass du schreiben konntest?" (2.3., SW 13)	Miriam: „Ja." VL'in: „Ja? Wo war denn das?" Miriam: „Mh" (Pause) „In, in der – weiß ich nicht." VL'in: „War's in der Schule oder zu Hause?" Miriam: „Daheim."	**Ortsangabe**
„Wann hast du das letzte Mal Freude am Schreiben gehabt?" (3.3., SW 20)	„Da muss man nicht immer absetzen."	**erleichternde Schreibmotorik**
Lernemotion: Unlust		
Manchmal macht das Lernen keinen Spaß. Warum? (6.5., SW 37)	„wail mainchmalljemandds der dis nichtgefeld" / „Weil manchmal jemand da ist, dem das nicht gefällt." (6.5.)	**negative Fremdrückmeldung**
Strategiewissen: im Schriftspracherwerb		
gelungenes Wort von Lernbeobachtung *Schreiben* „Mai" (4.1., SW 33)	Kinderwagen	
„Wenn ein Kind z.B. das Wort __ schreiben soll und Schwierigkeiten hat. Welchen Tipp würdest du ihm geben?" (4.3., SW 33)	Miriam: *Schulterzucken* „Sag ich halt, wie das Wort geht, wie man des schreibt." VL'in: „Wie machst du das aber genau?" Miriam: „Dann sag ich, wenn z.B., wenn's nicht weiß, mh, dass da nur 'n „i" kommt, nicht 'n „ie", dann sag ich des dem	**allgemeine unspezifische Äußerungen und Weitergabe orthografischen Wissens,**

396

		zum Beispiel."	

Strategiewissen: im Leistenlernen

Manchmal kann man etwas plötzlich. Hast du das auch schon einmal erlebt? Schreibe auf! (6.6., SW 37)	„Ich konnte eine rechenaufgabenichtundaufeinm- alkontelchse" / „Ich konnte eine Rechenaufgabe nicht und auf einmal konnte ich sie."	Schule	
Sicher hast du schon einmal gedacht. Das hätte ich besser gekonnt, wenn ..."(6.7., SW 37)	„ich mich mer an gestrebgthete Bei eine Schreib-Schrift Blat" / „Ich bei einem Schreibschrift-Blatt mehr angestrengt hätte bei einem Schreibschrift-Blatt." (6.7.)	**persönliche „Investition"**	
Du kannst schon viel. Was möchtest du noch besser können: in der Schule? zu Hause? (6.8., SW 37)	keine Antwort		
Was könnte dir helfen, noch besser zu werden? (6.9., SW 37)	keine Antwort		

Lern- und Leistungsrelevanzen:

Was möchtest du als Nächstes lernen? (6.10., SW 37)	keine Antwort		
Warum ist dir das wichtig? (6.11., SW 37)	keine Antwort		

Aspekte einer besonderen Leistungssituation: Hausaufgaben

Dieses Kind macht Hausaufgaben. Wer sagt was? ... Und du? (6.12., SW 37)	keine Antwort		

Tabelle 37: Ergebnisüberblick der zu Grunde gelegten Untersuchungen aus Teilprojekt 3 – Miriam

D 2.3 Ergebnisse aus den Erhebungen des Teilprojekts 1 „Prävention von Analphabetismus in den ersten beiden Schuljahren"

Test	Schul-woche	Ergebnisse
Eingangs-diagnostik („Reutlinger Modell!")[221]	4	Wissen 1 („leeres Blatt"): verschriftete Buchstaben: / verschriftete Wörter: „MELISSA", „MIMI", „MAMA", „PAPa"
	4	Wissen 2 (Kategorisierung von Buchstaben, Zahlen und Wörtern): Buchstaben, Zahlen, Wörter richtig kategorisiert
	4	Schrift 1 (gezinktes Memory): Schrift benutzt – „Lesen kann ich noch nicht – na macht nichts."; „Da überall Namen drauf sind."; „Da ist so 'ne lange Schrift." (bei „Regenschirm" und „Schmetterling"); „Die sind alle gleich lang." (bei „Regenschirm"); „Ganz gleich." (bei „Eis" – zeigt auf Schrift); beim Bär-Bild: „Ich will noch mal rumdrehen." (Sie vergleicht Schrift und findet.)
	5	Schrift 2 (Embleme): 7 von 12 erkannt
	4	Segmentierung 1 (Reimen): 10 von 10 erkannt
	5	Segmentierung 2 (Silben): 10 von 10 richtig segmentiert
	5	Segmentierung 3 (Phonemanalyse Anlaut): 8 von 10 richtig diskriminiert
Lernbeobach-tung *Schreiben* „November" von M. DEHN	13	**S** (Sofa) „anstrengend" **MO_t** (Mund)(t)[222] _ steht für „Scio-me-nescire-Wissen" bzw. Graphem-Defizit-Bewusstsein **B_qOS** (Badehose)(B)(d) **TUM** (Turm)(T) **Mama im TUM** (Lieblingswort); „gelungen"
Lernbeobach-tung *Lesen* „November" von M. DEHN	13	Transkriptionsprotokoll im Anhang (D 2.4) Lesestrategien: o sukzessive Synthese: lautieren, dann synthetisieren; o simultane Erfassung von Konsonant-Vokal-Gruppen (Wortteilen) o Entwurf eines Wortes ohne Kontrolle und Korrektur o sofortiges Lesen des richtigen Wortes sinnverstehend
Lernbeobach-tung *Schreiben* „Januar" von M. DEHN	20	**Sofa**; „gelungen" **Mund** **BadeHase** (Badehose) **Turm**

---

[221] Die Originale der Protokollbogen finden sich in den Datenarchiven von Teilprojekt 1.
[222] Buchstaben, die in Klammern verzeichnet sind, haben die Kinder im Sinne des „Scio-quod-nescio-Wissens" bzw. Graphem-Defizit-Wissen erfragt und ich habe sie ihnen dann grafisch vorgegeben, so dass sie sie abschreiben konnten.

		Reiter **Kinderwagen** (g) **Mimi ist im Schnee** (Lieblingswort)

Lernbeobach-
tung *Lesen*
„Januar" von M.
DEHN
	20	Transkriptionsprotokoll im Anhang (D 2.4)
		Lesestrategien:
		    o teilweise simultanes Erfassen von Lauten oder
		        Lautgruppen
		    o teilweise sofortiges Lesen
		sinnverstehend

Lernbeobach- tung *Schreiben* „Mai" von M. DEHN	33	**Sofa** **LiPe** (Lippe) **Mund** (Miriam hat beide Wörter, die sie im Bild erkannt hat, verschriftet) **Badehose** **Turn** **Reiter** **Kinderwagen**; „gelungen" Sitiroler (Lieblingswort)

Lesediagnose-
aufgabe
Tierrätsel von
C. CRÄMER[223]
	34	Lesestrategien (Protokoll im Anhang D 2.4):
		    o sofortiges Erfassen der richtigen Wörter und
		        Lösungen
		richtige Lösung des Rätsels

Tabelle 38: Ergebnisse aus den Erhebungen des Teilprojekts 1 „Prävention von Analphabetismus in den ersten beiden Schuljahren" (s. Untersuchungsplan unter Teil II, Kapitel I, 1.6) - Miriam

D 2.4 Leseprotokolle:[224]

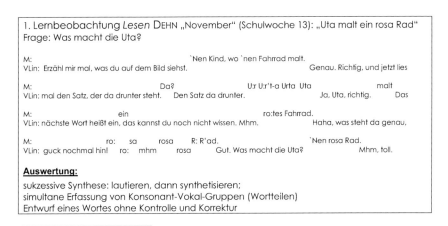

1. Lernbeobachtung *Lesen* DEHN „November" (Schulwoche 13): „Uta malt ein rosa Rad"
Frage: Was macht die Uta?

M: `Nen Kind, wo `nen Fahrrad malt.
VLin: Erzähl mir mal, was du auf dem Bild siehst.   Genau. Richtig, und jetzt lies

M: Da?   U:r U:r't-a Urta Uta   malt
VLin: mal den Satz, der da drunter steht.   Den Satz da drunter.   Ja, Uta, richtig.   Das

M: ein   ro:tes Fahrrad.
VLin: nächste Wort heißt ein, das kannst du noch nicht wissen. Mhm.   Haha, was steht da genau,

M: ro: sa   rosa   R: R'ad.   `Nen rosa Rad.
VLin: guck nochmal hin!   ro: mhm   rosa   Gut. Was macht die Uta?   Mhm, toll.

Auswertung:

sukzessive Synthese: lautieren, dann synthetisieren;
simultane Erfassung von Konsonant-Vokal-Gruppen (Wortteilen)
Entwurf eines Wortes ohne Kontrolle und Korrektur

---

[223] s. Anhang B 2, Lesediagnoseaufgabe *Tierrätsel* CRÄMER".
[224] Die Leseprotokolle wurden von MitarbeiterInnen und studentischen Hilfskräften des Teilprojekts 1 erstellt (Dr. Cordula Löffler, Frau von Seltmann, Frau Ackermann).

	sofortiges Lesen des richtigen Wortes

<table>
<tr><td>sofortiges Lesen des richtigen Wortes
sinnverstehend</td></tr>
<tr><td>2. Lernbeobachtung Lesen DEHN „Januar" (Schulwoche 20): „Olaf hat ein altes Auto. Der Motor ist zu laut."
Fragen: Was hat Olaf? Was ist mit dem Motor (los)?

M: Olaf ha:t hat ein a a altes Auto. Er Der Motor ist zu la laut.
VLin:

Antwort: Da ist ein Motor zu laut.

Auswertung:
Die meisten Wörter werden sofort richtig gelesen.
Manche werden erlesen, indem einzelne Laute oder Lautgruppen wiederholt werden.</td></tr>
<tr><td>3. Lesediagnoseaufgabe Tierrätsel von CLAUDIA CRÄMER (Schulwoche 34):
    1. Das Tier mag Bananen.
    2. Das Tier ist grau. Das Tier hat einen Rüssel.
    Tierkarten: Affe, Elefant, Esel, Adler, Ameise, Ente

Miriam erfasst sofort die richtigen Wörter und Lösungen.
Das Tier mag Bananen.
Das Tier ist grau. Das Tier hat einen Rüssel.</td></tr>
</table>

Abbildung 19: Leseprotokolle – Transkriptionen und Auswertungskommentare

D 2.5 Transkriptionsprotokoll Portfolio-Präsentation – Schulleistung in der direkten Vorlage II (Nr. 11)

Name	Gespräch und Geschehen	Notizen
L 1	... wir machen des so wie heut morgen, als erstes lass ich Musik laufen ok, ja? Jetzt geht's los	Musik
Miriam 1	*Holt die Mappe, öffnet sie, nimmt Blatt hoch* Erst mal des zum Schreiben und des... zum Schreiben	
M1	*Zeigt auf's Blatt*	
Miriam 2	*Zeigt auf verschiedene Stellen* des zum Schreiben und da zum Schreiben, und des da	
M2	Is ds schwer?, ja	
Miriam 3	*Nicken, lächelt* Des da is zum Lesen ... Und des is zum Lesen	
M3	Des c h und wie man's *spricht zeigt auf's Blatt*	
Miriam 4	Des kann ich auch lesen	
M4	Wie spricht man denn das?	
Miriam 5	*Überlegt, kommt nicht drauf*	
M5	C h schreibt man's und ch spricht man's, ganz schön schwer, ne	
Miriam 6	*nicken*	
M6	Und was noch, hast du noch was andres?	
Miriam 7	*Mh, nicken, weiter blättern*	

	da, des war des erste, was ich in die Schatzmappe gelegt hab, des war zum Schreiben auch	
M7	Was steht da?	
Miriam 8	Mimi fährt nach Italien *umblättern*	
M8	mh	
Miriam 9	Und da hat sie nachgedacht, wie sie darüber kommt, Mimi ist am Wasser, Mimi schwimmt mit ... dem Boot *Zurückblättern* da isch se mit ihrem Boot, und fährt mit dem Boot nach Amerika	
M9	Nach Italien! *Lachen*	
Miriam 10	Eh, ja nach Italien ... des isches andere Ohr	
M10	Toll!	
Miriam 11	*Holt nächstes Blatt*	
M11	Da isch se, guck mal wie sie uns zuschaut	(,,Maus" sitzt auch auf dem Tisch)
Miriam 12	Ja, blättern da, da ehm, da musst ich hinkleben, ganz gut	
M12	Mh	
Miriam 13	Und des hintre schreiben	
M13	... des hast du schön gemacht ...	
Miriam 14	...	
M14	Des hast du dir alles selber ausgedacht	
Miriam 15	Ja	
M15	*nicken*	
	...	
L2	Des is so toll geworden, da kannst noch mehrere zeigen	
Miriam 16	*Packt das Heft weg*	
L3	Willst nicht?	
Miriam 17	*Kopfschütteln, geht weg, um etwas zu holen*	
M16	...	
Miriam 18	*Kommt mit gelbem Heft, blättert*	
M 17 Miriam 19	*Reden leise miteinander*	
Miriam 20	*Findet gesuchte Stelle im Heft und vergleicht sie mit einem Blatt aus der Schatzmappe*	
L4	Wieso ham mir den das Blatt darein gelegt wenn des aus dem Heft is	
Miriam 21	Weil, weil des was war, was ganz gut war, was ich ganz gut gekonnt hab.	
Miriam 22	*Steckt das Heft in einen Ordner und legt das Blatt ordentlich auf den Stapel mit den gezeigten Blättern*	
Miriam 23	Des da, da könnt ich des so gut da rein schreiben.	Neues Blatt
M18	*Stellt Fragen und interpretiert das Blatt*	
Miriam 24	Und das ich des so gut wusste, was ich da reinschreibe. Die Zahlen...	
M19	Hast du zuerst die Zahlen geschrieben und dann die ...	

Miriam 25	Ja. Des, da konnt ich den Hasen gut malen	Osterhasen-bild
M20	Des sieht ja toll aus	
Miriam 26	Und die Eier hab ich so gut verteilt	
M21	...	
Miriam 27	... den Schwanz hab ich da gemacht ...	
M22 Miriam 28	*Unterhalten sich über das Bild*	
L5	Des war gar nicht so einfach, gell?	
M23	Und des is so getupft da.	
L6	Weißt du noch, warum wir des so getupft haben?	
Miriam 29	Des war recht am Anfang	
L7	Ja, aber warum ham wir den Hasen so getupft, kannst dich noch erinnern?	
Miriam 30	Damit s besser aussieht.	
L8	Und was sieht den besser aus?	
Miriam 31	Des is dann heller.	
M24 L9	*Reden über die Menge der Bilder und das inzwischen schon wieder neue dazu gekommen sind.*	
Miriam 32	Des hab ich so, des hab ich heute gemacht.	Neues Blatt
M25	Des hast du heute gemacht?	
Miriam 33	Ja. Des war ...	Neues Blatt
M26	War des...	
Miriam 34	Stationenlauf	
M27	Ah, Stationenlauf	
Miriam 35	Und hier, da konnt ich des gut hinschreiben, weil da hab ich des gut schreiben... und was da gemalt war , z.B. hier: *liest Stelle vor*	Neues Blatt
M28	Ah ja, *unterhält sich mit Miriam weiter über das Bild, Lachen*	
Miriam 36	Und da, da ...	Neues Blatt
M29	Ach so, des musstest du zu Ende malen und dann noch mal neu, oder?	
Miriam 37	Mh, und des da außen drum!	
L10	Du kannst ja vielleicht da des Original mal zeigen	
Miriam 38	*Greift das Heft heraus, und sucht die Seite, zeigt sie, und steckt es wieder zurück*	
Miriam 39 M30	*Schauen sich das Blatt an und lachen zusammen, dann liest Miriam den selbst geschriebenen Text mit einigen Schwierigkeiten vor*	Neues Blatt
L11	Ich hab drunter den Text so geschrieben wie ihn die Erwachsenen schreiben würden, guck doch mal ob dus da besser lesen kannst	
Miriam 40	*Liest den Text (übers Wandern) viel flüssiger vor*	
M31	Des war doch nach dem Grillfest ...	
Miriam 41	Nö, des war ...	
M32 Miriam 42	*Unterhalten sich, bis sie wissen, wann das war*	
Miriam 43	... Die Zahlen immer so rum... aber dann wusst ich nicht, dass man das zuerst ausrechnet, und dass ma da -	Neues Blatt
M33	in der Reihenfolge	

Miriam 44	Ja	
M34	Aber warum hast du denn dann nicht gefragt?	
Miriam 45	Ich wollte nicht.	
M35	Ach so, *sagt etwas dazu zur L*	
Miriam 46	Da hab ich was geschrieben, und des hab ich vergessen, und des war ganz schön, des war ja direkt am Anfang und da war es ganz schön.	Neues Blatt
M36	Aha, na des war wirklich noch am Anfang	
Miriam 47	Mh ja, aber es war ja am Anfang	
Miriam 48	Des war so was, wo man am Platz sitzt, und wenn man ganz hinten ist muss man nach vorne und wenn man da vorne is muss da hinten hin und wenn man in der Mitte is muss man da an die Tür.	Neues Blatt
M37	Ja, und wann schreibt ihr dann?	
Miriam 49	Jaa, dann kriegen wir immer Zeit und dann schreiben wir des da hin ...	
M38 Miriam 50	...	
Miriam 51	Hier, was soll des sein, ach Mann, ,p' und des da is nur n Strich, ,d', des is n ,d'	Neues Blatt
M39	*Schaut aufs Blatt, verwundert*	
Miriam 52	Des is n ,d' und des sind da so Punkte	
M40	*Möchte das Blatt nehmen, um richtig zu schauen, aber Miriam nimmt das Blatt zurück*	
Miriam 53	Erkennt man nur schlecht, ich seh's. *legt Blatt weg.* Des soll n ,h' sein oder?	Neues Blatt
M41	Ja des weiß ich auch nich.	
Miriam54 M42 L12	*Lachen*	
M43 → L13	Ich glaub die eigene Schrift is gar nich so einfach.	
L14	Und des is ja schon ganz lange her.	
M44 Miriam 55	*Unterhalten sich*	
M45	... das is doch nur ein Ratespiel	
L15	Machst du des heute auch noch?	
Miriam 56	Nö, ... weil ich des jetz schon langsam können muss.	
Miriam 57	*Beschreibt, was auf dem Blatt zu sehen ist* Da musst ich was hin malen und dann musst ich, und ehm, ehm, hinschreiben	Neues Blatt
L16	Schau mal, du hast in deine Schatzmappe noch zwei Blätter, die sind ja neuer, des sind ja Blätter, die hat deine Mama wahrscheinlich schon oben in der Aula gesehen. Aber zwei Bilder, schau mal ob du die findest die kennt deine Mama noch nicht.	Zieht blaues Bild aus dem
Miriam 58	Des da, des kannst du noch gar nicht kennen,	Stapel hervor
M46 Miriam 59	*unterhalten sich über das ,Nichtkennen' dieser beiden Bilder während die Mutter Miriam hilft, das zweite Bild hervor zu ziehen.*	Beide Bilder
Miriam 60	*beschreibt das Bild* ...da is so n Junge mit m Ball und	

	der trifft... der Kopf war halt n bisschen größer als	
M47 Miriam 61	*lachen*	
Miriam 62	...und da sind auch so Häuser die bunt sind...	
M48	War das ein Zauberbuch?	
Miriam 63	Weiß ich nich	
L17	Des war so ne Geschichte, da hat der geträumt, gell	MIRIAM ordnet die Sachen
Miriam 64	Ja,	in der
M49	... ausgedacht?	Mappe
Miriam 65	Ja, ausgedacht.	
M50 L18 Miriam 66	*Reden noch etwas über Geschichte*	Nimmt das
Miriam 67	Und hier, des ham mir recht am Anfang gemalt	zuerst raus gezogene noch nicht beschriebene Bild (1)
L19	*Greift das andere Bild, deutet auf den Text* kannst dazu vielleicht noch en bisschen was sagen?	
Miriam 68	Ja, ...	
L20	...	
Miriam 69	... In Erwachsenenschrift:	
M51	In Erwachsenenschrift, ok.	
Miriam 70	... Häuser eine Wichtel ...und einen Jungen Tiere , Häuser .... einen Tisch auf dem stand ... eine...	
M52 Miriam 71	*Reden kurz über Bild*	
Miriam 72	Hier des war -	Wieder (1)
M53	Is ja auch egal.	
Miriam 73	..und -	
L21	Des is schon ganz lange her, gell?	
Miriam 74	Ja	
L22	Wir haben eine Gedankenreise gemacht. Wo sind wir denn da hin gekommen?	
Miriam 75	Weiß ich nicht	
M54	Des hast du doch gemalt.	
Miriam 76	N Teich und da.. und da waren Seerosen und solche Dinger aber ich weiß nicht wie die heißen.	
M55	...	
Miriam 77	Mh	
L23	Und wie hast du das gemalt?	

Miriam 78	Des ganze Bild blau, dann hab ich Blätter, dann hab ich die ... ja. *Abwartend* Bin ich jetzt fertig?	*Hebt Blatt an*
M56	Ich weiß es nich.	
L24 M57	*Lachen*	
Miriam 79	... *Guck da, ... erklärt der Mutter das Bild, klappt es noch zwei mal wieder auf. Anschließend erklärt sie der Mutter in welcher Größenordnung die Blätter wieder einzuordnen seien*	*Zieht noch ein neues Bild hervor*
M58 Miriam 80	*Ordnen die Blätter in die Schatzmappe*	
Miriam 81	Des kommt nicht darein des nehm ich mit nach Hause	
Miriam 82	Fertig!	
L25	So jetzt hast du alle deine Schätze wieder in der Schatzmappe	
Miriam 83	Ja	
L26	Vielen Dank, du des war ganz toll und spannend!	
Miriam 84	*Lächelt*	
Miriam 85	*Kind darf noch zum Schluss durch die Kamera schauen.*	

Tabelle 39: **Transkriptionsprotokoll Portfolio-Präsentation – Schulleistung in der direkten Vorlage II (Nr. 11., 36. Schulwoche) - Miriam.**
Dauer der Präsentation: 25 Minuten; Transkription: Marit Arntz und Petra Karl (studentische Hilfskräfte).
Legende:
Personen: M: Mutter; S: ältere Schwester; L: Lehrerin;
Zeichen: *Kursiv*: Handlung und Gesten
... : unverständlich

D 2.6   Kleines Fotoalbum Portfolio-Präsentation – Schulleistung in der direkten Vorlage II (Nr. 11)

Bild 1 und 2:
Eröffnung der Lernschatzmappe

Bild 3:
Miriam wendet sich einem ihrer Werke erläuternd zu.

Bild 4:
Miriam stützt sich auf ihre Hände und überlegt – es wirkt wie einen Rückzugsraum, den sie sich mit dieser Geste schafft, um nachdenken zu können. Ein bisschen Verlegenheit war spürbar, weil sie wohl schnell die „richtige" Antwort geben wollte und noch Zeit dafür brauchte.

Bild 5

Bild 6

Bild 7

Bild 8

Bild 9

Bild 10

Bild 11

Bild 12

Bild 13

Bild 14

Bild 15

Bild 16

Bild 17

Bild 18

Bild 19

Bild 20

Bild 5 – 20:
Mit sich, verschiedenen Leistungen und der Mutter im Gespräch:
Miriam zwischen Erklärungen, konzentriertem Nachvollzug, genauem
Wiederentdecken und Freude.

D 3   Richi

Richi war zu Schuljahresbeginn 7; 01Jahre alt. Er hat eine ältere Schwester. Ihr gemeinsamer Vater ist verstorben. Richi lebte zum Erhebungszeitraum mit seiner Mutter und einer kleinen Schwester zusammen.[225]

D 3.1 Schreibdokument „Was ich schon gut kann!"

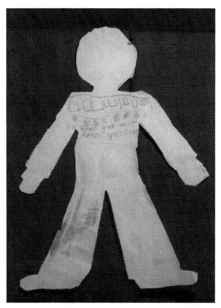

Abbildung 20: Ausgefüllte Figur „Was ich schon gut kann!" (Nr. 7, Schulwoche 3)
Den Text hat Richi der Lehrerin diktiert.

D 3.2 Ergebnisüberblick der zu Grunde gelegten Untersuchungen aus Teilprojekt 3

Untersuchungsbereich		
Erhebungsitem mit – zeitpunkt	**Antwort des Kindes**	**Kategorie**
Fähigkeitsattribuierungen:		
„Was ich schon gut kann!" (7., SW 3; 9., SW 7)	- „Ich kann gut mit Autos spielen" - ein LKW	**spielen – kreative Gestaltung dto.**
	Im Interview (9.) wurden folgende Fähigkeiten verbalisiert: - „O-P-A, O-M-A, Papa, Omi, Mimi, Uroma, Uropa, Mama"	**Schule**

---

[225] Notiz zur Bildungsteilhabe der Mutter: Sie hat einen Handwerksberuf erlernt und übte zur Zeit der Erhebung zwei verschiedene Tätigkeiten außerhalb ihres erlernten Berufes aus.

	schreiben können	
	- gerne schreiben	**dto.**
	- gerne lesen	**dto.**
„Woher weißt du, dass du das kannst?" (9., SW 7)	VL'in: „Woher weißt du, dass du gut lesen kannst?" Richi: „I lern's." VL'in: „Du lernst es. Und woher weißt du, dass du gut schreiben kannst?" Richi: „Au gelernt."	**persönliche „Investition" – Ergebnis eines Lernprozesses**
Was kannst du besonders gut? (6.1., SW 37)	„Fuspal"	
Warum kannst du das so gut? (6.2., SW 37)	„wal das mir leich feld" / „Weil mir das leicht fällt." (Fußball spielen) (6.2.)	**Einschätzung des subjektiven Leistungsvermögens**
Stell dir vor, du schreibst dir selbst ein Zeugnis. was schreibst du? (6.15., SW 38)	Er trägt seinen Namen ein, kreuzt nichts bei „1. Klasse / 2. Klasse" an. „im Stpord Ha, bich eine 1" keine Unterschrift	
Kategorien des Gelingens:		
„Welches Wort, findest du, ist dir heute am besten gelungen?" „Was ist dir daran gelungen?" (2.1., SW 11)	S bei SofF „S – Sessel." *Nachfrage:* „Was ist dir denn da gelungen?" „Der S."	**Werkverweis**
„Welches Wort, findest du, ist dir heute am besten gelungen?" „Was ist dir daran gelungen?" (3.1., SW 20)	Tum „Dass ich des schnell geschrieben hab'."	**Leistungsvollzug mit Gütekriterium**
„Welches Wort, findest du, ist dir heute am besten gelungen?" „Warum?" (4.1., SW 33)	Turm „Weil des mir schnell gelungen is(t)."	**Leistungsvollzug mit Gütekriterium**
Anstrengungskategorien:		

411

„Wo hast du dich anstrengen müssen?" „Was war anstrengend?" (2.2., SW 11)	NBOS (N) *Punkt klebt bei N.* „Der, der da." (N)	**Werkverweis - differenziert**
„Wo hast du dich anstrengen müssen?" „Was war anstrengend?" (3.2., SW 20)	Kdrw (r) „Dass ich erst das falsche gemacht hab'." (Er wollte *Babywagen* schreiben.)	**Orientierungs-suche**
„Wo hast du dich anstrengen müssen?" „Warum?" (4.2., SW 33)	Kinderwagen „Weil des so ein langes Wort ist."	**Durchgliederungs-überblick**
Lernemotion: Schreibfreude		
„Warst du schon einmal froh, dass du schreiben konntest?" (2.3., SW 11)	Richi: „Mhm." VL'in: „Ja, wo war denn das?" Richi: „Daheim." VL'in: „Daheim? Was hast du denn geschrieben daheim?" Richi: „Mama." VL'in: „Mama. Auf einen Zettel?" Richi: „Mhm." VL'in: „Und dann?" Richi: „Dann meiner Mama gegeben." VL'in: „Und die Mama?" Richi: „Dann, die hat sich gefreut."	**Schriftsprache in sozialer Funktion**
„Wann hast du das letzte Mal Freude am Schreiben gehabt?" (3.3., SW 20)	Richi: „*Klaus, Baum* und viel mehr ... musst ich schreiben (bei den Hausaufgaben)." VL'in: „Was macht dir Spaß?" Richi: „Dass man Buchstaben schreiben soll."	**Werkverweis mit Leistungsvollzug (letzteres auf Nachfrage)**
Lernemotion: Unlust		
Manchmal macht das Lernen keinen Spaß. Warum? (6.5., SW 37)	„wal das kain schpas" / „Weil das keinen Spaß (macht)." (6.5.)	**fehlender Stimulierungs-faktor**

Strategiewissen: im Schriftspracherwerb		
gelungenes Wort von Lernbeobachtung *Schreiben „Mai"* (4.1., SW 33)	Turm	
„Wenn ein Kind z.B. das Wort __ schreiben soll und Schwierigkeiten hat. Welchen Tipp würdest du ihm geben?" (4.3., SW 33)	„Dann sag ich dann einfach ein Strich und ein Dächle drüber, dann so ein, wie ein Loch, dann noch ein Strichle runter, dann wieder ein Strich und dann so ein Bögele rüber und dann noch ein Strich mit zwei Bäuchle."	**minuziöse graphomoto- rische Buchstaben- beschreibung**
Strategiewissen: im Leistenlernen		
Manchmal kann man etwas plötzlich. Hast du das auch schon einmal erlebt? Schreibe auf! (6.6., SW 37)	„Ich habes schon erlde"	
Sicher hast du schon einmal gedacht. Das hätte ich besser gekonnt, wenn ..."(6.7., SW 37)	„ich will deser Lesen" / „Ich will besser lesen."	**Kern- oder Basis- kompetenzen**
Du kannst schon viel. Was möchtest du noch besser können: in der Schule? zu Hause? (6.8., SW 37)	keine Antwort	
Was könnte dir helfen, noch besser zu werden? (6.9., SW 37)	keine Antwort	
Lern- und Leistungsrelevanzen:		
Was möchtest du als Nächstes lernen? (6.10., SW 37)	„Lesen"	
Warum ist dir das wichtig? (6.11., SW 37)	„war Gut schbilnkn"	**missverständlich**
Aspekte einer besonderen Leistungssituation: Hausaufgaben		
Dieses Kind macht Hausaufgaben. Wer sagt was? ... Und du? (6.12., SW 37)	Mama: „Kom, deine freunde waden" / „Komm, deine Freunde warten." Papa: „Kom das esen watet"	

		/ "Komm, das Essen wartet." (6.12.)	

Tabelle 40: Ergebnisüberblick der zu Grunde gelegten Untersuchungen aus Teilprojekt 3 – Richi

D 3.3 Ergebnisse aus den Erhebungen des Teilprojekts 1 „Prävention von Analphabetismus in den ersten beiden Schuljahren"

Test	Schul-woche	Ergebnisse
Eingangs-diagnostik („Reutlinger Modell!")[226]		Wissen 1 („leeres Blatt": verschriftete Buchstaben: / verschriftete Wörter: „RICHI"; neun weitere Jungennamen seiner Klasse orthografisch richtig, acht davon in richtiger Kombination von Groß- und Kleinbuchstaben; ein Mädchenname der Klasse mit richtiger Kombination von Groß- und Kleinbuchstaben, zwei davon nach oben bzw. unten gespiegelt; „AIUK"
		Wissen 2 (Kategorisierung von Buchstaben, Zahlen und Wörtern): Zahlen richtig kategorisiert
		Schrift 1 (gezinktes Memory): Schrift benutzt – „Da muss man immer die Buchstaben ... ? *schwer zu lesen*"; „Auch wieder mit die Buchstaben."
		Schrift 2 (Embleme): 10 von 12 erkannt
		Segmentierung 1 (Reimen): 6 von 10 erkannt
		Segmentierung 2 (Silben): 9 von 10 richtig segmentiert
		Segmentierung 3 (Phonemanalyse Anlaut): 9 von 10 richtig diskriminiert
Lernbeobach-tung *Schreiben* „November" von M. DEHN	11	**SofF** (Sofa)(f)[227](F); „gelungen" **MonT** (Munt)(n) **NBos** (Badehose)(N); „anstrengend" **LMT** (Turm) **Mimi** (Lieblingswort)
Lernbeobach-tung *Lesen* „November" von M. DEHN	13	Transkriptionsprotokoll im Anhang (D 3.4) Lesestrategien: o bereits thematisierte Laute sind nicht bekannt o sofortiges Lesen des richtigen Wortes sinnverstehend
Lernbeobach-tung *Schreiben* „Januar" von M.	20	**Sel** (Sofa; er will „Sessel" schreiben) **Mud** (Mund) **Badose**

---

[226] Die Originale der Protokollbogen finden sich in den Datenarchiven von Teilprojekt 1.
[227] Buchstaben, die in Klammern verzeichnet sind, haben die Kinder im Sinne des „Scio-quod-nescio-Wissens" bzw. Graphem-Defizit-Wissen erfragt und ich habe sie ihnen dann grafisch vorgegeben, so dass sie sie abschreiben konnten.

DEHN		**Tum**; „gelungen" **Rat** (Reiter) **Kdrw** (Kinderwagen); (r); „anstrengend" **Badose** (Lieblingswort)
Lernbeobach- tung *Lesen* „Januar" von M. DEHN	20	Transkriptionsprotokoll im Anhang (D 3.4) Lesestrategie: o meist sofortiges Lesen des richtigen Wortes sinnverstehend
Lernbeobach- tung *Schreiben* „Mai" von M. DEHN	33	**Sofa** **Libe** („Lippen") **Mund** (Richi hat beide Begriffe, die er im Bild erkannt hat, verschriftet) **Badehose** **Turm**; „gelungen" **Raiter** **Kinderwagen**; „anstrengend" **Sofa** (Lieblingswort)
Lesediagnose- aufgabe *Tierrätsel* von C. CRÄMER[228]	34	Lesestrategien (Protokoll im Anhang (D 3.5): o leise sukzessive Synthese bzw. gedehntes Lesen richtige Lösung des Rätsels

Tabelle 41: Ergebnisse aus den Erhebungen des Teilprojekts 1 „Prävention von Analphabetismus in den ersten beiden Schuljahren"(s. Untersuchungsplan unter Teil II, Kapitel I, 1.6) – Richi.

D 3.4 Leseprotokolle:[229]

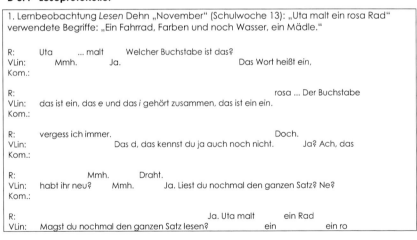

1. Lernbeobachtung *Lesen* Dehn „November" (Schulwoche 13): „Uta malt ein rosa Rad" verwendete Begriffe: „Ein Fahrrad, Farben und noch Wasser, ein Mädle."

R: Uta ... malt Welcher Buchstabe ist das?
VLin: Mmh. Ja.   Das Wort heißt *ein*,
Kom.:

R: rosa ... Der Buchstabe
VLin: das ist ein, das *e* und das *i* gehört zusammen, das ist ein *ein*.
Kom.:

R: vergess ich immer.   Doch.
VLin: Das *d*, das kennst du ja auch noch nicht. Ja? Ach, das
Kom.:

R: Mmh. Draht.
VLin: habt ihr neu? Mmh. Ja. Liest du nochmal den ganzen Satz? Ne?
Kom.:

R: Ja. Uta malt ein Rad
VLin: Magst du nochmal den ganzen Satz lesen?   ein ein ro

---

[228] s. Anhang B 2, Lesediagnoseaufgabe *Tierrätsel* CRÄMER".
[229] Die Leseprotokolle wurden von MitarbeiterInnen und studentischen Hilfskräften des Teilprojekts 1 erstellt (Dr. Cordula Löffler, Frau von Seltmann, Frau Ackermann).

Kom.:

R: rot   ros'a   ... Rad.
VLin: ros   Ja.
Kom.:

Antworten: Die malt ein Rad. Rosa.

Auswertung:
Bereits thematisierte Laute sind nicht bekannt; sofortiges Lesen des richtigen Wortes; sinnverstehend.

2. Lernbeobachtung Lesen DEHN „Januar" (Schulwoche 20): „Olaf hat ein altes Auto. Der Motor ist zu laut."
Fragen: Was hat Olaf? Was ist mit dem Motor (los)?

R: Olaf ( )   hat ein Auto   Ne.   altes Auto.   Der Motor ist ( )
VLin: Das ist ein „h".   Heißt das Auto?   Ne.   Gut.

R: zu, zu laut
VLin: Du hast gesagt zet, aber „z"

Antworten: Sein Motor ist zu laut.

Auswertung:
Die meisten Wörter werden sofort richtig erlesen.
Einmal wird eine falsche Hypothese gebildet, die nicht von allein verbessert wird.
„h" ist unbekannt, „z" wird als „zet" gelesen.

3. Lesediagnoseaufgabe Tierrätsel von CLAUDIA CRÄMER (Schulwoche 34):
        1. Das Tier mag Bananen.
        2. Das Tier ist grau. Das Tier hat einen Rüssel.
        Tierkarten: Affe, Elefant, Esel, Adler, Ameise, Ente

Leise sukzessive Synthese, bzw. gedehntes Lesen. Das Rätsel wurde richtig gelöst.
Das T Tier [ ] mag [ ] Bananen.
Das [ ] Tier ist [ ] grau. Das Tier hat einen Rüssel.

Abbildung 21: Leseprotokolle – Transkriptionen und Auswertungskommentare

D 3.5   Transkriptionsprotokoll Portfolio-Präsentation – Schulleistung in der direkten Vorlage II (Nr. 11)

Person	Gespräch und Geschehen	Notizen
	Ankunft man unterhält sich (P)	
L1:	Kommt gleich noch jemand?	

M1:	Ja ich weiß nich, ob sie kommt, wie spät ist es denn	
L2:	Da kommt sie ‚Hallo'	
L3:	Wenn sie vielleicht gleich neben Richi Platz nehmen, da ist der Ehrenplatz	
S1:	Aber natürlich	
L4:	Herzlich willkommen Richi, du mit deinen Gästen	
Richi 1:	Hallo	
L5:	Und wir machen's wie immer, wenn die Musik kommt weisch ja, was zu machen isch	
	Musik; er steht auf und holt seine Mappe und öffnet sie; Musik bricht ab	
L6:	*flüstert etwas zu Richi*	
Richi 2:	*nimmt ein Heft heraus und blättert, einige leere Seiten, dann hat er etwas gefunden*	
L7:	isch's dir net so gut gelungen reinzuschreiben, oder was, wie hasch dir des gedacht	
Richi 3:	*Nickt,* (P) net so gut gelungen, das zu machen. Des hier sucht nach Wort	
S2:	Hinkleben?	
Richi 4:	Hinkleben	
S3:	Und die Zahlen drauf zu schreiben	
Richi 5:	*nickt.*	Neues Blatt
Richi 6:	Und da, da ham mir schon bis Hundert gemacht	
L8:	(P) gell, legsch's einfach auf die Seite	
Richi 7:	*Legt das Heft weg*	
L9:	Willsch's einfach so der Reihe nach mache, oder(P)	
Richi 8:	*Nimmt oberstes Blatt*	
Richi 9:	Mir ist gut gelungen, das Blatt zu machen, da muss ich die 20 immer weiter runter	
S4:	*schaut und nickt*	
Richi 10:	*zeigt die Stelle auf dem Blatt*	
B1:	*brabbelt etwas*	
Richi 11:	schaut freundlich rüber	Neues Blatt
Richi 12:	Da wollte die Maus das Schiff und dann hat, dann wollte sie, dass die über den See könnte.	
?:	Und was war vorne	
Richi 13:	*dreht das Blatt um,* Dann hat sie sich vorgestellt, dass sie 'n Käse hat	
S5:	Ach so die sitzt da im Schiff drin und hat Käse	
Richi 14:	*Zeigt das Blatt herum*	
G1:	*nimmt es kurz*	
Richi 15:	Auf der anderen Seite ist ein Stückchen Käse	
M2:	...	Neues Blatt
Richi 16:	Mir ist gut gelungen das zu rechnen.	
L10:	Was hasch da alles ausgerechnet, erklär des doch mal	
Richi 17:	*zeigt drauf,* Des war am einfachsten	
S6:	Echt	
Richi 18:	Mh	

S7:	Was hasch da gemacht? Die Striche ...	
Richi 19:	*Nickt*, Da hab ich erst ein zehner, dann ein fünfer und dann ein (P) zweier und keine einser	
S8:	Was macht des zusammen	
Richi 20:	Siebzehn	
G2:	*nimmt Baby aus dem Buggy*	
S9:	...	
Richi 21:	Wir rechnen da schon mit Euro	
M3:	Euro!	
Richi 22:	*Nickt*	
M4:	Ich hab immer D-Mark gesagt	
S10 M4 L11:	*reden parallel*	
Richi 23:	D-Mark und Euro	
L12:	Mit Euro ham mir halt gerechnet, des haben wir dann auch an der Tafel gemacht, dass des dann nächstes Jahr besser klappt.	Neues Blatt
M5:	da ... mim Euro	
Richi 24:	Mir ist gut gelungen das zu malen	
M6:	Für was hast du die, die Frösche	
S11:	Die kann man so aufstellen	
M7:	Aha, ja	
?:	Quak	
Richi 25:	Da hab ich halt noch was vergessen zu machen	
M8 G3 S12:	*reden parallel*	
L13:	Weisch du noch, wie die Frösche geheißen habn?	
Richi 26:	Quäk (P)	
L14:	Ja	
L15:	stehts net drauf	
M9:	schaut nach	
Richi 27:	Vergessen	
M10:	Nee da steht nichts drauf	
L16:	Quäk, Quak und Quok	
Alle:	lachen	
Richi 28:	Quak (P)	
L17:	Quäk und Quok. Was ham denn die drei gemacht, weisch des noch ?	
Richi 29:	Schüttelt den Kopf	
L18:	Nicht mehr?	
L19:	Froschkonzert gell	Neues Blatt
M11:	Habt ihr des, eh [R: des Frei(P)] vorgefahrn vorm Anmalen?	
Richi 30:	Ja	
Richi 31:	Des is noch (P) vom Frei (P) tag, Freitag baun mir doch ein Schiff, und dann ham mir des, hab ich des vorgezeichnet, was ich mal tun will	
S13:	So hast dus gemalt	
M12:	So ein großes, ein Kreuzschiff- Kreuzfahrtschiff	
L20:	hast du schon des mit dem Material gesagt	
Richi 32:	Kopf schütteln	
Richi 33:	Hab's vergessen zu sagen	

M13:	Wir sollen uns überlegen, was wir sammeln können	
L21:	Ja man kann Styropor sammeln und ...	
M14:	ja Styropor kann man ja so zusammenstecken	
Richi 34:	Und mim Kleber zusammen kleben	
M15:	Ja	
M16:	Nee, er hat's mir heute erst gesagt	
Alle:	reden parallel	
Richi 35:	Mama, Mama, du musst ... aufmachen	
M17:	Ja	
Alle:	reden parallel	
Richi 36:	Mama, da konnten, da konnten zwei Männer sich ... in Störche, da mussten die sagen (P) ehm	
L22:	Weisch du's Wort noch	
Richi 37:	Kopfschütteln	
L23:	...	
Richi 38:	Drei mal in ... ‚Mutabor' sagen, dann sind die zu Störche geworden, da durften die nicht lachen, da haben andere Störche was witziges gemacht, da mussten die lachen	
M18:	Und dann?	
Richi 39:	Und dann konnten die sich nimmer zurück verwandeln	
M19:	Oh, dann mussten sie immer Störche bleiben	
Richi 40:	nickt	
L24:	erzähl doch noch ein bisschen, wie ging's denn hier weiter?	
Richi 41:	Dann sind sie nach, dann hat einer gesagt du, wir haben doch gelacht Und dann sind sie, und dann hat der ... gleich nimmer fliegen können, weil die des nicht so gewohnt waren	
M20:	War er müde	
Richi 42:	Mh	
S14:	Sind sie denn ganz weit weg geflogen?	
Richi 43:	Mh, bis nach ...	
L25:	Und wen ham sie da getroffen?	
Richi 44:	Ein ...	
L26:	–vv–	
Richi 45:	nickt	
L27:	gut	Neues Blatt
Richi 46:	Mir ist gut gelungen des anzumalen, auf des gelesen zu haben (?) und dann die Nummer nehmen.	
S15:	Musstest da ... und dann die Bilder zuordnen	
Richi 47:	Nee, da musst ich lesen und dann die Nummer nehmen	
L28:	könntest du davon eins vorlesen?	
Richi 48:	‚eine kleine Maus ... Käse'	

B2:	brummelt vor sich hin	
Richi 49:	Und dann ist die Maus da rein in den Stiefel rein gegangen, und dann hat die Katze da rein geguckt, und dann hat die Maus den Stiefel angeknabbert und dann is sie schnell rausgesprungen	
? :	schnell geflüchtet	
Richi 50:	Nickt	
Richi 51:	Da war sie müde	
M21:	Ja des glaub ich ...	Neues Blatt
Richi 52:	Mir ist gut gelungen das anzumalen die ... und die Wörter da hinzuschreiben	
Richi 53:	Und den ... auch mit blau angemalt	
G4:	...	
Richi 54:	weil's da dunkel ist	
S16:	...	
M22:	warum ist da der Mond drauf	
Richi 55:	weil dunkel ist	
B3:	ist langweilig	
M23:	...	
Richi 56:	Die Frau W(P). hat erzählt, dass sie mal ne Eule gehört hat	
M24:	Ja?	
Richi 57:	nickt	
L29:	~ in den Sommerferien siehst du vielleicht auch mal eine ~	
M25:	...	
L30:	... Ohren spitz	
Richi 58:	...	
M26:	was hasch'n sonst noch schönes?	
B5:	kräht vor sich hin	Neues Blatt
Richi 59:	Des Rechenheft zu machen eh, des Rechen (P)	
S17:	Blatt	
Richi 60:	Nickt, des Rechenblatt, da bin ich halt nicht ganz fertig geworden, da hab ich dann des Blaue reingemalt hier	
G5:	und Rot?	
Richi 61:	nein weil's Himmel war	
G6:	des war der Himmel?	
Richi 62:	Ja, und des soll der Blinklicht sein	
B6:	will runter	
Richi 63:	...	
L31:	dann zeigsch uns einfach's nächste	
L32:	hasch die Hefte nich da drin	
Richi 64:	welches	
L33:	des grüne	
Richi 65:	*Kopfschütteln*	Neues Blatt
Richi 66:	mir is gut gelungen der Rätsel zu machen	
?:	Und was hasch's da gemacht?	
Richi 67:	‚Der Tisch, die Maus, Salat, Haus, Hose', und da der	

	Salat, der Tisch, die Hose und der Haus	
?:	Das	
Richi 68:	Das Haus	
M27:	zeigt auf eine Stelle und fragt	
Richi 69:	Da, da musst ich des lesen was zusammen gehört, und dann, und da oben musst ich Sachen wo ‚h' drin is da musst ich n Kreuzchen hinmachen	
B7:	hat genug	Neues Blatt
M28:	also du darfst runter (→Baby)	
Richi 70:	Mir ist gut gelungen des .. Regenschirm zu machen und dann musst ich's ausmalen	
S18:	Was kam den da hin	
Richi 71:	Des geht zehn, zehn, alle zehner, da hab ich halt noch was vergessen	
S19:	Mh	
L34:	...	
M29:	sagt was zum Baby	Neues Blatt
Richi 72:	... und dann anzumalen	
S20:	musstest da die Buchstaben anmalen	
Richi 73:	... kopiert	
L35:	da haben wir die Originale kopiert ... zwei Streifen, wo man's zusammen kleben musste, gell?	
Richi 74:	Mh	
S21:	...	
Richi 75:	Hans ... ... ' liest stockend erst falsch, dann richtig vor. Will das Blatt weg legen und wird aufgefordert noch ein bisschen weiter zu lesen, liest leise vor und spricht das Wort dann laut aus, z.T. liest er auch einige Buchstaben laut und hängt sie dann aneinander.	
B8:	jammert	
L36:	gut	
M30:	~Jetzt passt er besser auf ham sie gmerkt, beim Lesen macht nicht einfach was dazu oder lässt was weg, gut~	Neues Blatt
Richi 76:	Mir ist gut gelungen des auf die Kassette zu lesen	
S22:	Auf die Kassette zu lesen?	
Richi 77:	beim Stationenlauf nickt	
L37:	Da musste man den Text lesen ...	
Richi 78:	Und dann hab ich des gelesen was die alles zum ... brauchen	
S23:	Wie heißt des Wort?	
Richi 79:	Braucht eine Weile und hat es dann raus	Neues Blatt
Richi 80:	Da hab ich da draußen da vorn gesehen, dass es eine rote Blüte gibt	
L38:	...	
M31:	Des isch selten	
L39:	Und was hasch dann dazu geschrieben	
Richi 81:	Was des alles heißt: ‚Blühte' (P) ‚Stängel, Blatt, Zwiebel, Wurzel'	

S24:	Gut, weißt auch wie die heißt?	
Richi 82:	Mm	Neues Blatt
Richi 83:	Mir ist gut gelungen des Pflanze (?) zu zeichnen und des Auto	
S25:	Weißt du noch, wie du zu der Pflanze(?) gekommen bist?	
Richi 84:	Mh, da bin ich von der 16 zur 14 und von der 14 zur 12 und so darüber	
M32:	... immer zweier ...	
S26:	Und beim Auto?	
Richi 85:	beim Auto hab ich genau des gleiche gemacht halt von da so, so	
S27:	~was is da drüben?~	
Richi 86:	des war falsch	
L40:	... sag mal die Zahlen laut	
Richi 87:	Null, 3, 6, 9, 12, 15, 18, 17	
S28:	Nee des is nicht von dem, bis 18 gings. Und weißt du auch, was des für 'n Schritt ist z.B. zwischen 0 und 3 oder zwischen 3 und 6?	
Richi 88:	Dreier-Schritte	
S29:	Dreier-Schritte sinds, genau.	Neues Blatt
B9:	niest	
M33:	Oh!	
Richi 89:	Des war ein, des ist ein Hexenhäusle, da geht's zum Keller runter, da sind die Keller und da ist ein Geheimgang zum Hof	
M34:	Und wer wohnt da drinnen?	
Richi 90:	ehm, (P) Rabe und da wohnt eigentlich, da wollte ich eigentlich noch ein Rabenhäusle machen	
M35:	...	
S30:	Der Rabe	
Richi 91:	Und ne Hexe	
?:	...	
Richi 92:	Der zweite und der dritte	
M36:	Des kommt auf die Geschichte an	Neues Blatt
Richi 93:	... Schreibblatt ... des war am einfach	
S31:	Und wie heißt der	
Richi 94:	J, und am einfachsten war des da, und dann hab ich hier geschrieben ‚Jojo'	
B10:	Zieht an der Tischdeck e	Neues Blatt
Richi 95:	Jetzt kommen noch alte Blätter. Hier is mir gut gelungen des auszurechnen und anzumalen und des zu lesen	
S32:	Was musstest du da machen?	
Richi 96:	Des lesen und dann da hin malen und die Farbe, dass ich weiß was da gibt (P)und mir ist ganz gut gelungen die Feder anzumalen, die Federn	Neues Blatt
Richi 97:	Mir ist gut gelungen des Heftblatt zu schreiben in blau und ehm, ‚...' gesch, das ich des geschrieben	

	hab, da haben ... noch ... gehabt	
S33:	... da musstest du letzte Woche ...(?)	
Richi 98:	Nur wenn man wollt	Neues Blatt
Richi 99:	Mir ist gut gelungen des b-Blatt zu machen	
L41:	Findescht, du kannst schon besser schreiben, wie am Anfang in der Schule und auch besser lesen oder	
Richi 100:	*Nickt*	
Richi 101:	Da hab ich Ball geschrieben ...	Neues Blatt
Richi 102:	Das sind Ameisen	
S34:	Ist des noch ganz vom Anfang, das Bild mit den Ameisen?	
Richi 103:	Ja. Des sind Ameisen die tragen Äpfel und Blätter zu ihrem Berg, da ist, sind Regenwürmer, Nacktschnecken, da ist der Weg von den Ameisen und was gut ging, des ist alles, des ganze Blatt	Neues Blatt
G7:	...	
Richi 104:	Das ich des weiß, dass ich des zur Schatztruhe rein tun kann	
S35:	Ach so	
Richi 105:	Mir ist gut gelungen des p-Blatt zu machen *Liest die Wörter auf dem Blatt vor* (Papa, Paul usw.)	
G8:	Des is en schweres Wort	
Richi 106:	...	
S36:	ja	
M37:	*schaukelt Baby auf dem Schoß*	
Richi 107:	*liest weiter*	
M38:	Des sind aber schwere Wörter da drauf	
Richi 108:	*nickt*	Neues Blatt
M39:	*Zieht das Tischtuch wieder zurecht*	
Richi 109:	Mir ist gut gelungen des zu verbinden	
Alle:	... Gelächter	
S37:	Des Wort mit was?	
Richi 110:	Des musst ich da so einkreisen und dann verbinden ,auch' (P) ,auch' ,ich'	
M40:	musst einen Buchstaben suchen?	
Richi 111:	Lauch	
S38:	aha	
M41:	auch, Lauch	
S39:	...	
Richi 112:	,Bauch' (P) *liest auch die anderen Worte vor*	
B11:	*kräht und bekommt eine Rassel zum Spielen*	
Richi 113:	*hat Schwierigkeiten mit einem Wort, die Mutter hilft ihm*	
B12:	*wird wehleidig, Mutter nimmt es zu sich*	
Richi 114:	*liest weiter*	
G9:	*steht auf setzt Baby in den Buggy und schaukelt ihn*	
Richi 115:	*schaut rüber und nimmt sich dann ein neues Blatt*	Neues Blatt
M42:	Hast so viel Schreibblätter rausgesucht, sind die dir so gut gelungen?	

Richi 116:	Nickt, Mir ist gut gelungen ,der Bauch' zu schreiben, liest auch die anderen (Silben-)Worte vor	
Richi 117:	... zum Schreiben	
S40:	... schön geschrieben	
Richi 118:	Ja	Neues Blatt
Richi 119:	Mir ist gut gelungen des e-Blatt zu schreiben, alle Wörter ,Emil malt' Letztes Blatt der Mappe	
Richi 120:	hält es seiner Mutter hin bevor er es vor sich legt Mir ist gut gelungen des r-Blatt zu schreiben (P) ehm	
S41:	was hast du da gemalt?	
Richi 121:	Eine Raupe und Wiese, Bach	
B13:	jammert	
Richi 122:	will das erste Wort vorlesen (P)	
L42:	Wie kann man zu Wiese noch sagen?	
Richi 123:	,Rasen' , Raupe' entfernt einen Aufkleber um das letzte Wort lesen zu können ,Turm' und klebt es wieder zurück	
Richi 124:	Mein letztes! und legt es auch auf die Seite	
L43:	Vielen Dank	
Alle:	klatschen	
S42:	Mir scheint du tusch gern schreiben?!	
Richi 125:	nickt ...	
L44:	macht Musik an	
Richi 126:	beginnt die Blätter wieder auf einen Stapel zu legen,	
M43:	Soll ich dir helfen, oder willsch du's alleine machen?	
Richi 127:	Mir egal, wie du willst	
M44:	Ja Mutter hilft beim Einräumen und legt die Blätter sorgfältig aufeinander Das Baby hat endgültig genug und muss von der Großmutter herumgetragen werden	
L45:	erklärt der Mutter noch etwas zu den Blättern	
Richi 128:	holt sich einen Kleber und klebt einen Frosch noch mal besser fest	
	Allg. Aufbruch	

Anmerkung: Allgemein war zu beobachten, dass Richi sich durch das Baby nicht stören ließ, manchmal schaute er freundlich herüber. Auf seinen Blättern hat er immer mit den Fingern angezeigt, wovon er sprach. Beim Vorlesen hat er erst leise überlegt und das Wort dann laut ausgesprochen. Wenn er Schwierigkeiten mit einem Wort hatte, las er einzelne Buchstaben laut, um sie dann zusammen zu hängen. Seine Großmutter hat in erster Linie zugeschaut und sich um das Baby gekümmert. Die Mutter und die Sozialarbeiterin haben ihm aufmerksam zugehört. Richi hat seine Blätter selbstbewusst gezeigt.

Tabelle 42: **Transkriptionsprotokoll Portfolio-Präsentation – Schulleistung in der direkten Vorlage II (Nr. 11) - Richi.**
Dauer der Präsentation: 35 Minuten; Transkription: Marit Arntz und Petra Karl (studentische Hilfskräfte). Legende: bitte umblättern.

D 3.6 Kleines Fotoalbum Portfolio-Präsentation – Schulleistung in der direkten Vorlage II (Nr. 11)

Bild 1
Richi eröffnet ein Leistungsdokument: behutsam, zugewandt, offensichtlich mit Freude.

Bild 2
Richi schaut zu seinem kleinen Geschwisterchen, das während der Präsentation viel Aufmerksamkeit einforderete.

Bild 3 und 4:
Leistungspräsentation im Vollzug: Richi liest etwas vor.

Bild 5:
Seine Leistungsbereitschaft ist ihm in seiner Aufgaben-„Haltung" anzumerken.

Aus unserem Verlagsprogramm:

Franz-Josef Käter
Schulische Betreuung von Kindern beruflich Reisender
Hamburg 2004 / 196 Seiten / ISBN 3-8300-1530-5

Alexandra Schubert
Der Einfluss der Schule auf das kindliche Wohlbefinden
*Zusammenhänge zwischen separierenden vs. integrativen Schulformen
und Teilbereichen des subjektiven Wohlbefindens*
Hamburg 2004 / 344 Seiten / ISBN 3-8300-1372-8

Susanne Koerber
Visualisierung als Werkzeug im Mathematik-Unterricht
*Der Einfluss externer Repräsentationsformen
auf proportionales Denken im Grundschulalter*
Hamburg 2003 / 250 Seiten / ISBN 3-8300-1226-8

Kristin Krajewski
Vorhersage von Rechenschwäche in der Grundschule
Hamburg 2003 / 262 Seiten / ISBN 3-8300-1073-7

Doris Bocka
"...guter Unterricht ist schwer zu halten."
*Eine explorative Studie über Unterrichtsqualität
unter besonderer Berücksichtigung der Schülersicht in der Sekundarstufe I*
Hamburg 2003 / 280 Seiten / ISBN 3-8300-0838-4

Ruth Nickenig
Pädagogische Zeitstrukturen
Rhythmisierung in der Grundschule
Hamburg 2000 / 188 Seiten / ISBN 3-8300-0208-4

Heidemarie Glöckner
Grundschüler in der Synagoge
Unterrichtsprojekte
Hamburg 1997 / 230 Seiten / ISBN 3-86064-652-4

VERLAG DR. KOVAČ
FACHVERLAG FÜR WISSENSCHAFTLICHE LITERATUR

Postfach 50 08 47 · 22708 Hamburg · www.verlagdrkovac.de · info@verlagdrkovac.de

Einfach
Wohlfahrtsmarken
helfen!